完善自由贸易试验区布局研究

WANSHAN ZIYOU MAOYI SHIYANQU BUJU YANJIU

姚星 王博 等著

图书在版编目(CIP)数据

完善自由贸易试验区布局研究/姚星等著.—成都:西南财经大学出版社,2021.12
ISBN 978-7-5504-5239-8

Ⅰ.①完… Ⅱ.①姚… Ⅲ.①自由贸易区—经济战略—研究—中国
Ⅳ.①F752

中国版本图书馆 CIP 数据核字(2021)第 270977 号

完善自由贸易试验区布局研究
姚 星 王 博 等著

责任编辑:李晓嵩
责任校对:王甜甜
封面设计:何东琳设计工作室
责任印制:朱曼丽

出版发行	西南财经大学出版社(四川省成都市光华村街 55 号)
网　　址	http://cbs.swufe.edu.cn
电子邮件	bookcj@swufe.edu.cn
邮政编码	610074
电　　话	028-87353785
照　　排	四川胜翔数码印务设计有限公司
印　　刷	四川永先数码印刷有限公司
成品尺寸	185mm×260mm
印　　张	24.25
字　　数	496 千字
版　　次	2021 年 12 月第 1 版
印　　次	2021 年 12 月第 1 次印刷
书　　号	ISBN 978-7-5504-5239-8
定　　价	98.00 元

从2013年中国自由贸易试验区工作启动以来，中国自由贸易试验区的建设布局逐步完善，从最开始在上海四个海关特殊监管区域内28.78平方千米开始，逐步优化，逐步扩展扩容，形成了覆盖东西南北中的全方位、有梯度的改革开放创新格局。中国自由贸易试验区在投资贸易自由化便利化、金融服务实体经济、政府职能转变等领域“大胆试、大胆闯、自主改”，取得了一系列可复制推广的制度创新成果，示范带动作用明显，为中国实现全方位对外开放发挥了“试验田”和“桥头堡”的作用。党的十九届五中全会通过的《中共中央关于制定国民经济和社会发展第十四个五年规划和二〇三五年远景目标的建议》中明确提出，要完善自由贸易试验区布局，赋予其更大的改革自主权，建设更高水平开放型经济新体制。在建设更高水平开放型经济新体制的过程中，完善自由贸易试验区布局是中国进行差异化制度创新探索和密切对接全球自由贸易区网络的必要举措，也是当前国际经贸格局深刻变化下中国建设更高水平开放型经济新体制需要解决的重要问题。

该书以完善自由贸易试验区布局作为研究的逻辑起点，以马克思主义的基本观点和理论为基础，以习近平新时代中国特色社会主义思想为指导，融合多学科理论方法，在把握自由贸易试验区布局理论、厘清自由贸易试验区现状问题、识别自由贸易试验区布局机制的基础上，提出了完善自由贸易试验区布局的战略路径，为畅通国内国际双循环、实行高水平对外开放、建设更高水平开放型经济新体制提供了重要的理论实证框架和探索范例。

林桂军

2021 年 12 月

前言

在建设更高水平开放型经济新体制的过程中，完善自由贸易试验区布局是中国进行差异化制度创新探索和密切对接全球自由贸易区网络的必要举措，也是当前国际经贸格局深刻变化下中国建设更高水平开放型经济新体制需要解决的重要问题。

在当前以国内大循环为主体、国内国际双循环相互促进的新发展格局（以下简称“双循环新发展格局”）的形成过程中，自由贸易试验区的功能和作用将更加凸显。自由贸易试验区作为推动新时代全面开放的新引擎，在对接国际高标准市场规则体系和优化营商环境方面取得的成果对促进国际循环无疑将起到引领性作用。因此，自由贸易试验区作为国内循环与国际循环的枢纽，分析其在构建双循环新发展格局之中将会面临的新发展机遇，对在有条件的区域率先探索形成新发展格局，打造改革开放新高地具有重要意义。此外，在双循环新发展格局下，充分发挥自由贸易试验区建设的制度优势，推动自由贸易试验区布局的组织协同、通道协同、产业协同、信息协同，不仅有利于助力中国经济的高质量发展，更能有效应对新冠疫情影响下世界经济格局的新变化新挑战，实现在危机中孕育新机。

党的十九届五中全会审议通过的《中共中央关于制定国民经济和社会发展第十四个五年规划和二〇三五年远景目标的建议》中明确提出，要完善自由贸易试验区布局，赋予其更大的改革自主权，建设更高水平开放型经济新体制。这是中国特色社会主义制度和国家治理体系具有的显著优势，也是在习近平新时代中国特色社会主义思想指导下关于对外开放的新理念和新举措。《“十四五”商务发展规划》进一步提出，完善自由贸易试验区布局，根据党中央、国务院决策部署，将重要开放设施及功能区域纳入自由贸易试验区，拓展发展空间和提高改革试点承载能力。

“十四五”期间，为了推进更大范围的改革创新，在创新驱动发展道路和构建双循环新发展格局进程中，进一步发挥自由贸易试验区改革开放的“试验田”和开放平台作用，我们需要统筹顶层设计，综合考量多重因素，全面把握发展诉求与地方功能定位，在现有21个自由贸易试验区基础上进一步完善布局，通过差异性制度创新，推进全方位对外开放，促进区域经济和产业发展。这是深化改革开放、构建双循环新发展格局的应有之义和必然选择。

因此，本书以习近平新时代中国特色社会主义思想为指导，以完善自由贸易试验区布局为导向，基于系统论的整合思想，采用多学科领域研究理论和技术方法，探究中国自由贸易试验区布局理论的内涵和特征事实，并剖析自由贸易试验区布局的主要问题，以如何解决问题作为研究的逻辑基点，以完善自由贸易试验区布局为主线，紧扣自由贸易试验区布局的空间布局、产业布局、功能布局三大维度，提出组织协同、通道协同、产业协同、信息协同四大动力机制，充分重视四者之间的区别和联系，并提出优化自由贸易试验区布局的战略路径。

在章节设计上，本书按照理论阐释→现状剖析→动力机制→战略设计的基本逻辑关系展开论证。总论部分对完善自由贸易试验区布局的研究背景及意义、研究内容和重要观点进行总体阐述；第一章至第七章分别从理论基础、发展历程及功能定位、国际比较与经验借鉴、成因及模式、评估机制、优化机制、战略路径等方面论证完善自由贸易试验区布局；第八章为自由贸易试验区政策梳理与汇编。本书为课题组集体智慧和辛勤汗水的结晶，具体撰写分工如下：总负责人为姚星；总论和第一章撰写人为姚星、王博、陈灵衫；第二章和第三章撰写人为姚星、蒲岳、许琳、陆华、杜宇；第四章和第六章撰写人为姚星、周茂、张永忠、曾昕怡；第五章撰写人为姚星、史代敏、李雨浓、杨孟恺、赵锋祥；第七章撰写人为姜玉梅、王博、邓富华、王宗芳；第八章撰写人为姜玉梅、王博、蒲岳、赵锋祥等。

我们认为，本书的研究不仅丰富了自由贸易试验区布局的理论，也为在双循环新发展格局下发挥自由贸易试验区布局空间维度、产业维度、功能维度的互联互通作用提供了重要理论指引，进而为加快构建双循环新发展格局提供了跨学科的理论和实证分析框架。

姚星

2021 年 12 月于成都

目录 CONTENTS

总论

第一节　研究背景及意义

一、研究背景

党的十九届五中全会中通过的《中共中央关于制定国民经济和社会发展第十四个五年规划和二〇三五年远景目标的建议》（以下简称"'十四五'规划"）提出要完善自由贸易试验区布局，赋予其更大改革自主权，建设更高水平开放型经济新体制。这是中国特色社会主义制度和国家治理体系具有的显著优势，也是在习近平新时代中国特色社会主义思想指导下关于对外开放的新理念和新举措。建设更高水平开放型经济新体制，实施更大范围、更宽领域、更深层次的全面开放，对坚持和完善中国特色社会主义制度，推进国家治理体系和治理能力现代化，推动构建人类命运共同体具有重大意义。在建设更高水平开放型经济新体制的过程中，完善自由贸易试验区布局是我国进行差异化制度创新探索和密切对接全球自由贸易区网络的必要举措，也是当前国际经贸格局深刻变化下我国建设更高水平开放型经济新体制需要解决的重要问题。当今世界正经历百年未有之大变局，新一轮科技革命和产业变革深入发展，国际力量对比深刻调整，和平与发展仍然是时代主题，人类命运共同体理念深入人心。同时，国际环境日趋复杂，不稳定性不确定性明显增加，新冠疫情影响广泛深远，经济全球化遭遇逆流，世界进入动荡变革期，单边主义、保护主义、霸权主义对世界和平与发展构成威胁。中国需积极倡导对外开放理念，弘扬极具中国特色的开放精神，坚持开放发展。因此，推动完善自由贸易试验区布局，必须服务于"十四五"规划提出的新要求，必须充分考虑我国面临的复杂变化的发展环境，充分认识外部环境考验的长期性和复杂性，充分理解完善自由贸易试验区布局的具体内涵与意义，才能依托我国大市场优势，促进国际合作，实现互利共赢，才能建设更高水平开放型经济新体制，开拓合作共赢新局面。

首先，从中国特色社会主义发展目的来看，推动完善自由贸易试验区布局，是"十四五"规划提出的重大目标，也是我国实行高水平对外开放，开拓合作共赢新局面的重要措施和手段。一方面，完善自由贸易试验区布局有利于推动差异化制度创新。通过对自由贸易试验区布局的完善，我国可以充分发挥自由贸易试验区的引领示范作用，促使各自由贸易试验区依托区域内比较优势，进行差异化制度创新，在更大的范围内加强改革试点经验的复制和推广。通过对自由贸易试验区地理布局和产业布局的完善，我国可以扩大自由贸易试验区网络覆盖范围，建设辐射作用更强以及产业功能更完善的对外开放高地。另一方面，完善自由贸易试验区布局可以促进我国进行产业升级。完善自由贸易试验区的产业布局，能够推动更多的外资投向先进制造业和现代农业，能够稳步推动金融、电信、教育、医疗以及文化等现代服务业的开放进程。通过进一步的政策创新和体制改革，我国实行更加自由化便利化的更高水平的投资和贸易政策，放宽市场准入并提高引进外资的质量，优化外资结构，从而建设更高水平的开放型经济新体制。通过推动完善自由贸易试验区布局，我国可以推动区域内差异化制度创新和产业结构升级。这对探索在国内其他地方可复制和可推广的经验、完善和发展中国特色社会主义制度、打造新时代中国特色社会主义现代化建设新亮点，均具有重要意义。

其次，从当前国际经济格局来看，推动完善自由贸易试验区布局，符合当前国际经贸规则发展新阶段、提升我国在当前经济格局中竞争力的要求。当前世界正面临百年未遇之大变局，国际经济格局竞争日趋激烈。世界经济下行压力依然存在，全球经济稳定增长的基础仍然薄弱，新技术革命加速突破，抢占价值链、创新链、产业链、供应链高端的竞争日趋激烈。国际经济格局延续“东升西降”态势，新兴经济体和发展中国家群体性崛起，大国博弈和战略竞争加剧。新冠疫情的全球蔓延为世界经济发展增加了更多不确定性，使实体经济严重受创于金融市场激荡，有悲观论认为，世界可能面临经济“大萧条”危机。据联合国贸易和发展会议组织发布的《2019 年全球投资趋势监测报告》预测，地缘政治风险以及对部分经济体进一步转向保护主义政策的担忧可能抑制全球投资预期，引发国际产业链供应链向内收缩。同时，国际社会正处在新一轮国际经贸规则的重塑期，全面与进步跨太平洋伙伴关系协定（CPTPP）、跨大西洋贸易与投资伙伴协定（TTIP）和美墨加三国协议（USMCA）等区域性自由贸易协定（FTA）成为构建国际经贸新体系的重要平台，新规则从以往降低关税和非关税壁垒的“边境开放”向以贸易和投资便利化乃至自由化、竞争中性等为特征的“境内开放”拓展和延伸的事实，凸显了服务贸易、原产地规则、技术性贸易壁垒、知识产权保护等领域的变革趋势，对我国参与全球经济治理构成了严峻挑战，增加了我国再次“入世”的风险。新一轮自由贸易试验区的建设，应该更好地辨识和适应国际环境中的有利条件和不利因素，通过优化完善布局以抵御风险冲击和新冠疫情等不利影响因素，牢牢掌握战略主动，更好地防范风险挑战。因此，无论是应对日趋激烈的国际竞争格局，还是适应国际经贸规则的深刻变化，推动完善我国自由贸易试验区建设既是我国基于新一轮国际经贸规则重构的关键，也是保证我国在世界贸易格局中竞争力的必然选择。

最后，从理论研究上看，深入探讨完善自由贸易试验区布局，既是对中国特色自由贸易区内涵的理论回应，又是对新时代自由贸易区理论研究的拓展。完善自由贸易试验区布局具有其深刻的理论渊源，这一渊源可以追溯到马克思主义对开放理论的初步探索。从中国改革开放的发展路径开始，在借鉴马克思主义实事求是理论内涵的基础上，我国提出了许多开创性的开放举措。从经济特区，到沿海开放港口城市，再到沿海经济开放区，又到内地经济开放，并提出建立自由贸易区，到现在的自由贸易试验区，我国的改革开放逐渐走向深入，并具有鲜明的时代特色。这些具有创新性开放战略的提出，正是建立在对马克思主义的不断批判继承和发展基础之上得来的。研究完善自由贸易试验区布局，既需要马克思主义与习近平新时代中国特色社会主义思想的理论指导，同时又有必要立足现实基础展开针对性研究，从而为推动中国和世界人类发展贡献具有中国特色的经验和智慧。

二、学术价值

首先，本书以优化自由贸易试验区布局作为研究的逻辑起点，阐释自由贸易试验区布局的概念，既是对自由贸易试验区布局内涵的理论拓展，又为深刻理解“十四五”规划中提出的“完善自由贸易试验区布局，赋予其更大改革自主权”提供了重要的理论解读。“自由贸易试验区布局”一词本身就是非常复杂、多维、抽象的概念，已有研究多集中探讨空间布局，较少涉及结合特定功能定位的布局。本书以马克思主义的基本观点和理论为基础，以习近平新时代中国特色社会主义思想为指导，融合空间经济学、区域经济学和网络经济学等理论，扎根中国特色的制度背景和当前自由贸易试验区布局的主要问题，合理地借鉴区域经济一体化理论的精髓，以自由贸易试验区的布局优化为切入点，以更深层次的改革和更高水平的开放型经济为抓手，深刻阐释完善自由贸易试验区布局的必要性、迫切性、有效性和可行性，结合中国经济发展的实践，探讨完善自由贸易试验区布局的理论基础及实现路径，不仅可以丰富区域经济发展理论和空间经济学理论，亦可扩展马克思主义理论中国化的应用场景。具体而言，本书运用调查研究法、统计分析法、文本分析法、层次分析法、因子分析法和回归分析法等方法分析自由贸易试验区布局的“点”“线”“面”维度的结构特征和动态演化趋势，厘清我国自由贸易试验区布局的主要问题，综合评判自由贸易试验区布局对产业升级、区域联动发展、经济结构转型、创新驱动发展的经济效应，对矛盾的成因、表现、传导机制形成客观、科学、全面的研判，进而针对我国区域之间出现的自由贸易试验区发展趋同、联动不足等问题提出优化自由贸易试验区的动力机制，形成具有中国特色、符合中国国情、体现中国智慧的对外开放理论研究成果，丰富自由贸易试验区布局的理论。

其次，本书通过对完善自由贸易试验区布局的动力机制研究，提出优化自由贸易试验区布局的战略路径，不仅有助于丰富自由贸易试验区布局的理论维度，也为在双循环新发展格局下，发挥自由贸易试验区布局空间维度、产业维度、功能维度的互联互通提供了重要理论指引。“十四五”规划提出，以习近平新时代中国特色社会主义思想为引领，以深化供给侧结构性改革为主线，以改革创新驱动为根本动力，形成以国内大循环为主体、国内国际双循环相互促进的新发展格局，推动经济高质量发展。与以往对自由贸易试验区的研究相比，本书的研究不仅局限于自由贸易试验区布局的空间维度和产业维度，而且结合中国特色制度背景和发展现状，开创性地提出自由贸易试验区布局的功能维度，从而实现对自由贸易试验区布局优化的丰富理论内涵进行合理界定。同时，本书在完善自由贸易试验区布局的动力机制分析中结合三个维度，提出重点关注产业协同、通道协同、产业协同、信息协同四大协同；在完善自由贸易试验区布局的战略研究中融合三个维度和四大协同，提出差异化制度创新的组织协同、双循环新发展格局下自由贸易试验区内外联动发展的通道协同、区域协同发展下自由贸易试验区产业布局优化的产业协同以及创新驱动发展战略下自由贸易试验区信息协同发展的信息协同四大路径，研究逻辑起点贯穿始终。在保障体系构建方面，本书同样紧密围绕制度创新、产业布局、联动发展、信息协同四个层面构建评估指标体系，并全面解析完善自由贸易试验区布局全过程中的潜在风险，对系统性金融风险、不确定性风险、形式主义误区以及产业趋同风险四类风险及其来源进行识别，构建风险预警和监管机制，最终围绕组织保障、争端解决机制保障、金融政策保障、财政与税收政策保障、产业政策保障、人才培养与创新政策保障六个方面对完善自由贸易试验区布局工作的政策保障进行研究。

最后，本书以完善自由贸易试验区布局为导向，基于系统论的整合思想，采用多学科领域研究理论和技术方法，探究我国自由贸易试验区布局理论的内涵和特征事实，为推进以国内大循环为主体、国内国际双循环的新发展格局提供跨学科的理论和实证分析框架。中国的自由贸易试验区理论以马克思主义基本观点和理论为基础，合理地借鉴区域经济一体化理论的精髓，以中国对外开放理论为核心，结合中国经济发展的实践，形成了具有中国特色的自由贸易试验区理论。随着新冠疫情影响下全球经济发展乏力，构建以国内大循环为主体、国内国际双循环的新发展格局具有重要的战略意义，自由贸易试验区作为我国深化改革的试验田，其纵向发展深度和横向布局优化被赋予了更为丰富的理论内涵，是一个更加多层次、立体化、广范围的概念。本书基于系统论的整合思想，融合区域经济学、空间经济学和网络经济学的理论精髓，构建跨学科的理论和实证分析框架。本书紧扣自由贸易试验区布局的空间布局、产业布局、功能布局三大维度，全面分析和评估了自由贸易试验区的经济效应和主要问题，并将重心集中在探索如何通过自由贸易试验区布局实现整体经济结构优化，提出组织协同、通道协同、产业协同、信息协同四大动力机制，充分重视四者之间的区别和联系，在此基础上提出差异化制度创新的组织协同、双循环新发展格局下的通道协同、区域协同发展下的产业协同和创新驱动发展战略下的信息协同四个方面设计自由贸易试验区布局优化的总体思路和战略路径。本书的研究具备扎实的理论基础和科学的论证方法。

三、时代价值

第一，本书深入解析了全球自由贸易区的发展态势、空间布局与运行状况，系统剖析了我国自由贸易试验区布局存在的问题及其根本原因，为完善自由贸易试验区布局提供全面详实的事实依据、系统准确的问题定位和深刻具体的政策着力方向。当前，自由贸易试验区通过加快政府职能转变、积极探索管理模式创新、促进贸易和投资便利化，肩负着为全面深化改革和扩大开放探索新途径、积累新经验的重要使命，是国家战略需要。尽管中国自由贸易试验区推进制度创新已经取得阶段性成效，但是当前我国自由贸易试验区的建设总体上仍存在区域协同性较差、创新成果推广难、功能定位同质化等诸多问题，极大限制了自由贸易试验区的服务功能施展与边际潜力挖掘。随着改革的深入推进，我国自由贸易试验区在空间布局、产业布局、功能布局三大方面存在的地理条件限制、地区发展不平衡、产业趋同化严重、协同对接不到位、产业创新不充分、政府职能转变困难、金融服务能力滞后等问题较为明显。本书结合我国自由贸易试验区现状与面临的问题，全面评价了自由贸易试验区的制度优势和制约因素，重点围绕自由贸易试验区布局的内在原生因素、外部驱动因素两大方面，深入研究分析自由贸易试验区布局影响因素的作用机理，总结归纳出自由贸易试验区布局不同主导因素下的基本形态模式。同时，在厘清当前自由贸易试验区布局的主要问题、识别了优化自由贸易试验区的机制基础上，本书从制度创新、区域协同发展、内外联动、创新驱动等方面为完善我国自由贸易试验区布局提供了战略路径，针对不同自由贸易试验区的区位特征、发展水平、战略定位等提供了具体的发展策略。

第二，本书科学构建了自由贸易试验区布局的评价体系，并融合我国自由贸易试验区布局存在的各类潜在风险，为动态监测自由贸易试验区布局的状态以及预警各类风险提供参考，为我国完善自由贸易试验区布局保障体系提供了借鉴思路。经过40多年的对外开放和深化自由贸易试验区合作，我国自由贸易试验区战略及实施取得了显著成果。随着我国综合国力上升和对全球贸易及投资影响力的扩大，对我国自由贸易试验区战略持怀疑态度或否定的声音开始出现，我国自由贸易试验战略也面临前所未有的风险。我国自由贸易试验区的“扩区”发展正在逐步推进，在加快我国对外开放的同时，也不能忽视我国逐渐融入世界经济体所带来的风险。首先，本书深入解析完善自由贸易试验区布局所面临的具体风险，主要包括自由贸易试验区系统性金融风险、不确定性风险、形式主义误区以及产业发展趋同的风险，并分析以上风险的来源。本书重点围绕制度创新、产业布局、联动发展、信息协同四个层面构建评估指标体系，构建科学、全面、准确、完善的自由贸易试验区布局建设绩效评估体系。其次，本书全面解析完善自由贸易试验区布局全过程中存在的潜在风险，主要对系统性金融风险、不确定性风险、形式主义误区以及产业趋同风险四类风险及其来源进行识别，构建风险预警和监管机制。最后，本书围绕组织保障、争端解决机制保障、金融政策保障、财政与税收政策保障、产业政策保障、人才培养与创新政策保障六个方面提出对完善自由贸易试验区布局工作的政策保障。

第三，本书系统分析了当前自由贸易试验区面对的政治环境、经济基础环境的发展现状和发展趋势，探究了其为推动自由贸易试验区高质量发展带来的机遇和挑战，提供了抓住外部机遇和积极应对挑战的具体措施，最终形成了具有针对性和可操作性的建议。在当前以国内大循环为主体、国内国际双循环相互促进的新发展格局形成过程中，自由贸易试验区的功能和作用愈加凸显。自由贸易试验区作为推动新时代全面开放的新引擎，在对接国际高标准市场规则体系和优化营商环境方面取得的成果对于促进国际循环起到引领性作用。因此，自由贸易试验区作为国内循环与国际循环的枢纽，分析其在构建新发展格局之中会面临的新发展机遇，对在有条件的区域率先探索形成新发展格局，打造改革开放新高地具有重要意义。探讨高质量发展推动下自由贸易试验区面临的机遇，有利于其充分利用相关支持政策应对我国外部环境挑战、深化改革和进一步扩大开放。同时，分析高水平对外开放下自由贸易试验区面临的机遇，有利于实现自由贸易试验区发展与国家重大区域发展战略的有效对接，打造全方位、多层次、宽领域、高水平对外开放新格局，推动经济高质量发展。尤其是在双循环新发展格局下，分析高水平对外开放下自由贸易试验区面临的机遇，有利于发挥自由贸易试验区建设的制度优势，推动自由贸易试验区布局的组织协同、通道协同、产业协同、信息协同，助力我国经济高质量发展，应用全面、辩证、长远的眼光分析新冠疫情带来的挑战，主动应对新冠疫情影响下世界经济格局的新变化新挑战，努力在危机中育新机。

第二节　研究内容

一、自由贸易试验区布局的理论基础

本书的第一章首先明晰了完善自由贸易试验区布局的内涵及定位。本章通过准确把握“自由贸易区”和“自由贸易试验区”的丰富内涵，在“自由贸易区”内涵认识基础上对“自由贸易试验区”内涵进行清楚的界定，为全面深化改革和积极发展探索新路径、积累新经验。进一步，本章区分了“自由贸易试验区布局”和“完善自由贸易试验区布局”之间的内涵差异，明晰了“如何完善”才是当前自由贸易试验区布局的具体标准与建设目标。完善自由贸易试验区布局是全面贯彻党的十九大以来的精神，统筹推进“五位一体”总体布局和协调推进“四个全面”战略布局，把自由贸易试验区建设成为新时代改革开放的新高地理念的战略需要。我国通过自由贸易试验区的先行先试，与国际规则接轨，统筹规划各个自由贸易试验区的联动作用，加快区内区外联动发展，以此推进国内国际双循环；全面落实中央关于深化产业结构调整、深入实施创新驱动发展战略的要求，加深加快实施自由贸易试验区战略，推动经济发展质量变革、效率变革、动力变革，推动全方位高水平对外开放。

其次，本章梳理了完善自由贸易试验区布局的相关理论。一是梳理了马克思主义开放理论与完善自由贸易试验区布局。马克思主义是我国发展的根本指导思想，中国化马克思主义是对马克思主义的创新性发展。马克思主义理论为完善自由贸易试验区布局提供了理论渊源，中国完善自由贸易试验区布局又能为世界经贸治理贡献智慧。二是梳理了习近平新时代中国特色社会主义思想与完善自由贸易试验区布局。习近平总书记关于新时代对外开放的重要论述为完善自由贸易试验区布局提供了理论路径。这主要表现为以下三个方面：第一，习近平总书记对新时代我国对外开放的新形势给出了科学判断；第二，习近平总书记科学总结和升华了我国改革开放 40 多年的丰富经验；第三，在新时代对外开放的实践举措上，习近平总书记提出要继续扩大市场开放、继续完善开放格局、继续优化营商环境、继续深化多双边合作、继续推进共建

“一带一路”、继续努力构建人类命运共同体。习近平新时代中国特色社会主义思想为我国迈向高质量发展的开放新时代提供了重要的理论指导和实践遵循，是新时代中国统筹本国发展与对外开放的重要思想来源和理论依据，对进一步塑造中国负责任大国的国际形象、深入推进开放发展具有重要的理论价值和现实意义。三是梳理了核心经济学理论与完善自由贸易试验区布局。贸易理论最早可以回溯到早期贸易发展时出现的贸易保护理论，即重商主义。亚当·斯密（Adam Smith）等经济学家提出了比重商主义更进步的绝对优势理论，贸易理论由此步入了古典贸易理论阶段。之后，大卫·李嘉图（David Ricardo）的比较优势理论应运而生。要素禀赋论的提出开创了新古典贸易理论，它的出现使自由贸易理论前进了一大步。19 世纪后，以生产力理论为基础、以保护关税制度为核心的保护幼稚工业理论出现。20 世纪涌现出了超贸易保护主义理论、战略性贸易政策理论、新贸易理论。21 世纪初诞生的新贸易理论才算真正突破了以往贸易理论以产业为对象的研究范畴。以上理论也为我国完善自由贸易试验区布局提供了更为全面的理论思考。

最后，本章回顾了完善自由贸易试验区布局的有关文献。本章详细综述了国内外相关文献关于完善自由贸易试验区布局的理论基础、发展历程与功能定位、自由贸易试验区建设的国际比较与经验借鉴、自由贸易试验区布局的成因与功能模式、评估机制、优化机制及其保障体系等方面的研究。通过全面的文献回顾，本章涉及的研究范畴有所扩大，研究视野有所丰富。本章在文献分析的基础上，结合“十四五”规划的要求，立足中国特色社会主义新时代、新征程、新方略的发展要求，提出了值得进一步探讨、发展和突破的问题。

二、中国自由贸易试验区的发展历程及功能定位

本书第二章首先分析并总结了中国自由贸易试验区的发展历程。2007 年，党的十七大首次将自由贸易区建设上升到国家战略层面，提出“实施自由贸易区战略，加强双边多边经贸合作”。2012 年，党的十八大报告进一步提出“统筹双边、多边、区域次区域开放合作，加快实施自由贸易区战略，推动同周边国家互联互通”。2013 年 9 月，中国首个自由贸易试验区——中国（上海）自由贸易试验区率先挂牌成立。自此，自由贸易试验区的实践和探索不断加深。2015 年 4 月，我国第二批自由贸易试验区——广东、天津、福建自由贸易试验区正式挂牌。2017 年 4 月 1 日，辽宁、浙江、河南、湖北、重庆、四川、陕西七地成为第三批正式挂牌的自由贸易试验区，我国自由贸易试验区建设自此形成“1+3+7”的格局。2018 年 10 月 16 日，国务院批复

同意设立中国（海南）自由贸易试验区。2019 年 8 月，山东、江苏、广西、河北、云南、黑龙江成为第五批自由贸易试验区试点省份。2020 年 9 月，北京、湖南、安徽三个自由贸易试验区和浙江自由贸易试验区扩展区域设立运行。目前，中国自由贸易试验区的数量已达 21 个，形成了战略性的布局网络，从沿海地区扩展到内地地区、沿边地区，基本实现了东中西部各区域全覆盖，从而有利于推动形成全方位、多层次、多元化的开放合作格局，打造国际合作与竞争新优势，更好地服务于国家发展战略。

其次，本章探析了中国自由贸易试验区的功能定位。本章从定性和定量两方面，通过文本分析法和文本聚类算法对中国自由贸易试验区的功能定位进行全面分析。自由贸易试验区肩负着我国在新时代加快政府职能转变、积极探索管理模式创新、促进贸易和投资自由化便利化、全面深化改革和扩大开放探索新途径与积累新经验的重要使命，是国家战略需要。因此，本章系统梳理了我国自由贸易试验区的功能，概括总结了自由贸易试验区布局的阶段性特征与动态变化趋势，全面分析了自由贸易试验区在全面深化改革、优化开放战略、带动区域发展等方面的地位和作用，为完善自由贸易试验区布局提供了全面详实的基础分析。本章基于对国内外形势的总体分析，充分吸收习近平总书记系列重要讲话精神，提出了双循环新发展格局构建下自由贸易试验区布局优化作为国家治理效能提升的推进器、全球产业链供应链的稳定器、国内国际双循环的战略支点、国土空间开放保护的实施载体的四大功能定位。

再次，本章分析了中国当前自由贸易试验区布局面临的问题和挑战。从空间布局来看，改革开放以来，沿海地区率先发展，成为中国经济最重要的增长极，中国绝大多数的产能与出口均聚集在这一区域，自由贸易试验区在沿海实现无缺口式覆盖，将再次激发这一区域改革开放的潜力与活力。为更好地发挥先进示范作用，沿海自由贸易试验区在开放程度、经验推广等方面仍有一些突出的问题亟待解决。从产业布局来看，进一步实现全面错位协调的自由贸易试验区产业布局，明确产业发展的侧重点，避免雷同建设，充分发挥不同自由贸易试验区的比较优势与应有作用，实现差异化发展是完善自由贸易试验区产业布局的重点。从功能布局来看，当前我国自由贸易试验区在政府职能转变、金融服务能力、物流体系建设等方面仍存在一些突出问题，明确自由贸易试验区在功能布局方面的问题，有助于解决我国自由贸易试验区充分发挥战略作用的障碍。本章结合了当前国际国内的实际情况以及我国自由贸易试验区的现状与问题，从全球经济、国内政策、政治、安全治理等视角出发，重点分析了自由贸易试验区面临的机遇与挑战，探究国内重大发展战略带来的发展新机遇，识别国际形势中的风险挑战。这有利于自由贸易试验区形成丰硕的制度创新成果，并有效规避建设和发展过程中的各类风险，也为完善我国自由贸易试验区布局提供了具体的着力方向。

最后，本章总结并分析了中国自由贸易试验区的创新成果。我国自由贸易试验区以制度创新为核心，探索试验了一批基础性改革，率先建立了以准入前国民待遇和负面清单管理为核心的外商投资管理制度，以贸易便利化为重点的贸易监管制度，以政府职能转变为核心的事中事后监管制度，以金融开放服务实体经济为目标的金融创新制度，发挥了“排头兵”作用。本章主要总结了我国自由贸易试验区投资管理、贸易监管、金融开放和事中事后监管四个方面的制度创新。投资管理体制改革的主要举措包括切实完善以负面清单为核心的外商投资管理模式，推进对外投资管理改革，探索推动商事制度改革以及深化工程项目审批制度改革等。贸易监管机制创新集中体现在“单一窗口”建设、通关监管模式创新、监管技术升级等方面。金融开放机制创新主要体现在资本项目可兑换的探索、人民币跨境金融产品的设计供给、金融服务的增强以及金融风险的管控等方面。事中事后监管机制创新主要集中在以简政放权为重点健全行政管理体制，以信息互联共享为导向优化政府服务体系，形成透明高效的准入后全过程监管机制以全面提升开放环境下的政府治理能力。这些创新举措数量多、质量高、效果好，在各领域取得了创新突破，更大程度释放市场活力，培育发展出新动能和国际竞争新优势。

三、自由贸易试验区建设的国际比较与经验借鉴

本书第三章对世界各国自由贸易区进行了概述。随着全球化的愈发兴盛，自由贸易区作为区域经济合作的重要形式也在迅速发展。目前，世界已有 5 000 余个自由贸易区。自由贸易区在其发展历程中也经历了多次演变，其具体形式、功能也根据同时代的经济发展与贸易形式的变化而有所改变。第一阶段体现为第二次世界大战前，自由贸易区主要进行转口贸易与商品输出。16 世纪到 19 世纪末期，世界各大洲的联系主要通过海运，因此第一代自由贸易区都是依托沿海港口，以自由港为主要形态，以转口贸易和商品输出为主要业务，尽管也有简单的加工、装配业务，但仍然是为转口贸易服务。第一代自由贸易区或自由港在国际贸易中起到航运枢纽角色，提高了国际贸易的自由和便利程度，是资本主义扩张的重要工具。第二阶段体现为第二次世界大战后，自由贸易区的重心变成吸引投资与促进就业。为改善民生、促进就业，各国政府更加关注经济发展，同时经济全球化进一步推动了贸易自由化。第三阶段是进入 21 世纪后，自由贸易区的核心变为全方位综合服务。随着经济全球化的不断深入及

区域经济合作的不断加强，自由贸易区如雨后春笋般不断涌现，自由贸易区的功能更加综合化，区域更加规模化。本章根据功能定位，对自由贸易区进行了重新分类，并以自由贸易区的覆盖区域作为划分标准将自由贸易区分为港城融合模式、港城分离模式、跨境园区模式和主副园区模式。通过总结分析，本章阐述了自由贸易区的正负效应，为进一步研究与完善我国自由贸易试验区布局打下了坚实的基础。

此外，本章总结了典型自由贸易区的国际比较与经验借鉴。本章主要的经验借鉴典型自由贸易区包括荷兰鹿特丹港、迪拜杰贝阿里自由贸易区、巴拿马科隆自由贸易区、新加坡自由贸易区。本章对各个典型自由贸易区的概况、功能、特色、未来发展进行了分析和研究。本章对上述四个典型的自由贸易区进行对比与总结得出了这些成功发展的自由贸易区存在的共同点与差异性。共同点是都充分发挥了区位优势，重视海运，依托海港，并重视功能的综合化与服务化。差异性主要体现为在注重绿色发展、数字化与信息化、发展国际合作、商务功能、人才需求等方面不同自由贸易区的重视程度不同。

四、自由贸易试验区布局的成因及模式

本书第四章首先探究了自由贸易试验区布局的内在驱动因素。当前，我国自由贸易试验区蓬勃发展，从东部沿海到内陆地区，从南部不断向北方延伸。全国各省（自治区、直辖市）先后参与自贸试验区建设，试点广度和深度不断加强。影响自由贸易试验区整体布局的因素需要先考虑产业布局、产业结构、产业集群。自由贸易试验区布局在不同发展阶段背景也必须根据其经济开放水平、市场规模、要素禀赋、自然条件、基础设施等情况进行考量。本章关于自由贸易试验区布局的内在驱动因素主要考虑了区域内的产业基础、区位条件、基础设施条件、资源禀赋情况、科技创新能力。

其次，本章探究了自由贸易试验区布局的外在驱动因素。本章关于自由贸易试验区布局的外在驱动因素主要考虑了宏观政策导向、自由贸易试验区分批次设立、“一带一路”倡议、改革开放、京津冀协同发展战略。这有利于更好地推进自由贸易试验区经济发展，推动各自由贸易试验区的经济规模不断壮大，也为自由贸易试验区的建立和完善奠定了基础。

最后，本章探究了自由贸易试验区布局的基本形态模式。当前，我国自由贸易试验区已形成“沿海+内陆+沿边”的总体开放格局，为我国全方位探索更高水平开放型经济体制奠定了坚实的基础。沿海型自由贸易试验区依托优良的海港、便捷的出海

通道和海洋运输条件等区位优势，形成对外开放的前沿地带，全方位发挥沿海地区对腹地的辐射带动作用，可以更好地服务陆海内外联动、东西双向互济的对外开放总体布局。沿海型自由贸易试验区有力对接国家开发开放战略，利用与周边国家（地区）经贸合作关系，进一步发挥对外开放龙头作用，面向全方位的全球开放合作，形成面向全球开放和辐射带动全国经济发展的沿海开放型经济发展特色。沿海型自由贸易试验区也要深化改革及推动制度创新，对标国际先进自由贸易港，在制度创新方面，重点围绕海洋运输国际贸易模式、国际航运、港口监管服务和海洋经济等领域进行探索。内陆自由贸易试验区依托内陆腹地丰富的资源、广阔的市场和较低的劳动力成本等优势承接东部产业转移，重点打造新兴产业和高端制造业，发展加工贸易。内陆自由贸易试验区以向西开放为重点方向，形成带动中西部地区经济发展的内陆开放型经济。在贸易加工方式、产品结构、互联网营销等方面，内陆自由贸易试验区借鉴沿海地区相关发展经验，更多地与其他自由贸易试验区开展合作，避免在引资等方面出现相互挤对和恶性竞争现象。同时，内陆自由贸易试验区围绕向西对外开放、承接国际国内产业转移、加快内陆自由贸易园区和内陆“无水港”建设等重点领域进行探索。沿边型自由贸易试验区依托原有制造业基础，促进产业结构升级，将经济发展重心与周边国家合作相协调。沿边型自由贸易试验区依托与国家毗邻、分布众多边境口岸和通往国际便捷的陆路大通道的地缘优势，打造对周边国家和地区经贸合作的开放高地，形成带动西部沿边地区经济发展的沿边开放型经济发展特色，并围绕沿边开放开发和跨境经济合作为重点领域进行探索。

五、自由贸易试验区布局的评估机制

本书第五章首先对自由贸易试验区布局的量化体系进行了理论分析。随着近年来我国自由贸易试验区数量不断增多、开放水平不断提升，有关自由贸易试验区发展成效的量化评估问题也成为学术界的关注焦点。已有文献主要集中在自由贸易试验区制度创新效果、营商环境优化和辐射带动效应的量化评估。本章通过系统梳理有关自由贸易试验区量化评估的现有文献，进一步厘清了近年来有关自由贸易试验区量化评估对象及相应方法的研究脉络与应用发展方向，同时根据我国自由贸易试验区布局量化评估的实践需要，提出了自由贸易试验区布局量化评估的基本原则和基本方法，从而为后续相关指标体系的构建与测度奠定了理论基础。为了构建一个科学、高效、准确、实用的量化评估体系，本章在自由贸易试验区布局量化评估体系的构建过程中始终坚持科学性原则、系统性原则、可操作与可比较原则、典型性原则、动态性原则等基本原则，并采取了调查研究法、统计分析法、文本分析法、层次分析法、因子分析法、回归分析法等方法进行自由贸易试验区布局的量化评估，为成功构建科学、全面、准确、完善的自由贸易试验区布局建设绩效评估体系打下了坚实的基础。

其次，本章对完善自由贸易试验区布局的评估指标体系进行了构建。本章主要依照“分区域研究+逐级考察”的方向，采用指标和数据的搜集、计算、分类整理，并加以概括描述的方法，解析自由贸易试验区布局评估机制的多维度指标，从全局角度对自由贸易试验区建设与布局成效建立测量指标和评估体系，以科学性、系统性、可操作与可比较、典型性、动态性为原则，围绕制度创新、产业布局、联动发展、信息协同四个层面构建自由贸易试验区布局建设绩效评估指标体系。

最后，本章对中国自由贸易试验区布局进行了评估测度。本章以自由贸易试验区布局评估指标体系为指导基础，综合量化评估的各类基本方法及现有文献做法，最终选取熵值法作为自由贸易试验区布局建设绩效评估的主要方式。本章结合自由贸易试验区布局评估指标体系，详细介绍了自由贸易试验区布局熵值法评估的主要流程及数据处理过程，计算评估体系中各项指标的熵值、权重以及差异系数，形成自由贸易试验区布局评估测度的主体结果，并在综合评价、制度创新、产业布局、联动发展和信息协同五个维度进行评估结果分析。

六、自由贸易试验区布局的优化机制

本书第六章探究了自由贸易试验区布局的优化机制。随着我国对外开放水平的逐步提高和各地区探索、复制自由贸易试验区建设步伐的加快，各地自由贸易试验区改革试验不再是“单兵突进”，而是更加注重整体性、系统性、协同性。通过自由贸易试验区内外部的协同发展，优化自由贸易试验区布局，发挥自由贸易试验区的协同效应，成为我国自由贸易试验区更高水平整体发展和更高质量网络建设的重要内容。组织协同、通道协同、产业协同和信息协同是自由贸易试验区布局优化的四个主要发力点与支撑点。

首先，本章构建了自由贸易试验区布局优化机制分析框架，从组织协同、通道协同、产业协同和信息协同四个维度解析自由贸易试验区布局的制度性需求、内在逻辑和政策功能。其次，本章从“是什么”“为什么”“怎么办”三个层次分别阐述了组织协同、通道协同、产业协同和信息协同对自由贸易试验区布局优化的影响。最后，本章从组织协同、通道协同、产业协同和信息协同四个方面对完善自由贸易试验区布局优化的重大意义展开介绍。这有利于进一步促进自由贸易试验区充分发挥各类开放平台协同优势，学习世界高水平自由贸易园区的建设经验，形成更多有国际竞争力的制度创新成果，推动经济发展质量变革、效率变革、动力变革。

七、完善自由贸易试验区布局的战略路径

本书第七章首先介绍了完善自由贸易试验区布局的总体思路。我国要高举中国特色社会主义伟大旗帜，深入贯彻党的十九大和党的十九届二中、三中、四中、五中、六中全会精神，坚持以马克思列宁主义、毛泽东思想、邓小平理论、“三个代表”重要思想、科学发展观、习近平新时代中国特色社会主义思想为指导，全面贯彻党的基本理论、基本路线、基本方略，立足新发展阶段，坚定不移贯彻创新、协调、绿色、开放、共享的新发展理念，坚持稳中求进工作总基调，以推动高质量发展为主题，以深化供给侧结构性改革为主线，以改革创新为根本动力，以制度创新为核心，统筹发展和安全，加快建设现代化经济体系，加快构建以国内大循环为主体、国内国际双循环相互促进的新发展格局，推动我国建设更高水平的开放型经济新体制，推进国家治理体系和治理能力现代化。

其次，本章关于完善自由贸易试验区布局的基本原则包括坚持新发展理念，构建新发展格局；坚持供给侧结构性改革，不断释放国内市场活力；坚持创新驱动发展，全面塑造发展新优势；坚持产业高质量发展，推动产业体系优化升级。本章提出了在高质量发展推动下进一步优化我国自由贸易试验区空间布局的发展思路：一是在全面深化改革的背景下自由贸易试验区实现差异化制度创新的组织协同；二是在区域协同发展下自由贸易试验区实现产业布局优化的产业协同；三是在双循环新发展格局下自由贸易试验实现区实现内外联动发展的通道协同；四是在创新驱动发展战略下自由贸易试验区实现信息协同发展的信息协同。

最后，本章总结了关于完善自由贸易试验区布局的战略路径：一是突破路径依赖限制，加快国内自由贸易试验区规则的改革创新；二是着眼结构嵌入视角，推动促成我国区域之间的产业协同；三是深化创新驱动发展战略，推动我国现代化产业体系升级完善。

第三节 重要观点

一、自由贸易试验区布局的理论基础

第一，自由贸易试验区作为新时代改革开放的新高地和我国吸引外资的重要平台，需处理好以下三个突出问题：一是完善自由贸易试验区布局如何在推动双循环新发展格局、实现高质量发展、建设更高水平开放型经济中发挥更大作用的问题。二是完善自由贸易试验区布局如何更好地融入和服务国家重大发展战略的问题。三是完善自由贸易试验区布局如何与其他开放型功能区差异化发展的问题。

第二，自由贸易试验区作为改革开放的一个“试验田”，厘清完善其布局包含的维度与层次，并从多个角度为政府提供政策创新的平台，是实现形成更高水平开放型经济新体制的重要环节。从地理维度考虑，完善自由贸易试验区布局与我国经济地理特征息息相关，因此在完善自由贸易试验区布局时，我国需要从地理维度对各自由贸易试验区进行具体分析、科学布局。从产业维度考虑，由于不同区位主体对不同的生产要素表现出特定的偏好，因此在完善自由贸易试验区布局的过程中，我国需要考虑产业差异，按照不同产业的区位偏好规律，将自由贸易试验区的产业指向进行分类。从功能维度考虑，在完善自由贸易试验区总体布局的过程中，我国需要明确各个自由贸易试验区的功能定位及各片区的不同功能和发展目标，聚焦重点发展产业和推进差异化改革。

二、我国自由贸易试验区的发展历程及功能定位

首先，我国自由贸易试验区的功能定位特征主要体现在全面深化改革、优化开放战略、带动区域发展等方面。自由贸易试验区对我国全面深化改革发挥了重要作用，支撑着我国全方位对外开放新格局的形成与优化。自由贸易试验区的建设就是要亮明我国向世界全方位开放的鲜明态度，以更加积极主动的姿态走向世界，改善营商环境，提升国际竞争力，以实际行动深入践行对外开放的新发展理念。自由贸易试验区还可以利用高度自由的贸易、投资和金融政策集聚高端资源要素，吸引高端产业，形成各类生产服务业和高端制造业集群，成为现代产业发展新高地。同时，自由贸易试验区能够发挥制度创新优势，发挥区域协同、联运发展的功能，发挥辐射带动作用，成为区域经济发展的主心骨。

其次，本书提出了双循环新发展格局背景下自由贸易试验区布局优化作为国家治理效能提升的推进器、全球产业链供应链的稳定器、国内国际双循环的战略支点、国土空间开放保护的实施载体四大功能定位。

再次，党的十九大报告强调要赋予自由贸易试验区更大改革自主权，这为新时代自由贸易试验区建设指明了方向、提出了新的要求，同时也为自由贸易试验区的制度创新提供了重要契机。分析高水平对外开放背景下自由贸易试验区面临的机遇，有利于实现自由贸易试验区发展与国家重大区域发展战略相对接，构建全方位、多层次、宽领域、高水平对外开放新格局，推动经济高质量发展。自由贸易试验区应该抓住双循环新发展格局背景下的机遇，通过促进国内规则规制对接国际高标准市场规则体系，加强与境外自由贸易区之间协同共进，更好地联通国内市场与国际市场。

最后，基于当前国内外的复杂经济形势以及未来发展趋势，当前外部环境的不确定性给自由贸易试验区建设带来许多风险与挑战。一是自由贸易试验区面临逆全球化思潮抬头、单边主义和保护主义蔓延的严峻挑战。二是自由贸易试验区面临世界经济整体下滑、经济结构失衡、国际金融市场波动、市场需求不足的深层次挑战。三是自由贸易试验区面临我国人口红利逐步减少，国内经济结构有待进一步转型升级的挑战。四是自由贸易试验区面临新冠疫情背景下全球产业链供应链的大范围冲击。

三、自由贸易试验区建设的国际比较与经验借鉴

第一，随着时代发展，各国对自由贸易区的要求不断提高和完善，自由贸易区已向综合化、多功能化方向发展，往往集成了转口、仓储、加工、物流、展示、金融等各项功能于一体。本书认为，根据功能定位对自由贸易区进行分类有所不妥。与功能相反，自由贸易区的覆盖区域则是固定的、有所区分的，因此本书以自由贸易区的覆盖区域作为划分标准将自由贸易区分为以下四类：港城融合模式、港城分离模式、跨境园区模式、主副园区模式。

第二，本书提出了自由贸易区存在正向效应和负向效应。正向效应主要体现为促进贸易自由化、吸引外资、获得外汇等收入、促进产业结构升级；负向效应主要体现为自由贸易区内的企业能够享受到各种优惠政策带来的福利，经营成本更低、利润更高、生产率更高，而区外的企业没有此类优惠政策，竞争优势逐渐减弱。

四、自由贸易试验区布局的成因及模式

第一，我国已形成沿海型自由贸易试验区、内陆型自由贸易试验区和沿边型自由

贸易试验区三大类型的自由贸易试验区。各类型自由贸易试验区除了具有世界上境内关外型自由贸易区一般属性以及中国特有的“试验区”特性外，还具有沿海、内陆和沿边的不同开放优势特色，并且朝着彼此开放、优势互补与协同开放方向发展。

第二，自由贸易试验区发展存在共性特征：一是制度创新的系统共性；二是建设意图的指向共性。自由贸易试验区的发展也存在差异化特征：从宏观层面看，服务国家战略的定位各不相同；从中观层面看，重点推进的产业内容各有侧重；从微观层面看，具体的创新举措各有特色。

五、自由贸易试验区布局的评估机制

根据研究对象和研究目标的不同，不同学者在构建量化评估体系时遵循的原则并不完全相同，但本质上都是为了构建一个科学、高效、准确、实用的量化评估体系。自由贸易试验区布局量化评估体系的构建会格外关注评价指标、评价方法的适用情况，做到减少主观性，定性与定量相结合，系统关联有逻辑，纵向横向皆可延伸，并追求实用、可查、可量化且针对性强。本书在自由贸易试验区布局量化评估体系的构建过程中始终坚持科学性原则、系统性原则、可操作与可比较原则、典型性原则、动态性原则等基本原则，并采取了调查研究法、统计分析法、文本分析法、层次分析法、因子分析法、回归分析法等方法进行自由贸易试验区布局的量化评估，为成功构建科学、全面、准确的完善自由贸易试验区布局建设绩效评估体系打好了基础。

六、自由贸易试验区布局的优化机制

第一，优化组织协同。自由贸易试验区需要开展“多合一”管理体制改革，构建全链条服务模式；搭建要素共享共用平台，促进信息、资源互通；加强自由贸易试验区政策的宣传与培训，鼓励民营企业参与建设；落实完整工作机制，为联动发展提供打破分割式管理的格局。

第二，优化通道协同。自由贸易试验区需要打破封闭发展格局，共建共享交通枢纽等基础设施；抢抓“新基建”政策机遇，共建数字转化平台与赋能平台。

第三，自由贸易试验区布局需要优化产业协同，因为产业协同可以推动要素流动的自由化、推动区域发展格局的均衡化、推动获取规模经济的最大化。

第四，信息协同的内在逻辑体现在优化政策执行过程、明晰政策执行主体定位和强化政策执行效果中。

七、完善自由贸易试验区布局的战略路径

第一，自由贸易试验区的发展存在着挑战和机遇。挑战主要体现在国际形势错综复杂、国内竞争愈加激烈、产业变革趋势加快、改革创新进入深水区。机遇主要体现在我国进入高质量发展阶段、区域多边合作加强、重大国家战略叠加。

第二，突破路径依赖限制，加快国内自由贸易试验区规则改革创新。我国应推动差异化制度创新，提高贸易自由化便利化水平，完善监督和管理体制，营造良好的营商环境。

第三，着眼结构嵌入视角，推动促成我国区域之间的产业协同。我国应统筹优化产业链布局，纵深推进产业协同；发挥区域比较优势，打造差异化竞合态势；依托城市群主体，推进区域产业协同发展；加强互联互通，促进要素跨区域自由流动。

第四，深化创新驱动发展战略，推动我国现代化产业体系升级完善。我国应加快关键技术集成攻关，推动产业链“补链”“延链”“强链”；聚焦产业发展瓶颈和需求，推动产业技术变革优化升级；集聚全球高端创新要素，激发市场主体创新创造活力；完善创新支持政策体系，优化创新发展环境。

第一章

自由贸易试验区布局的理论基础

第一节 完善自由贸易试验区布局的内涵及定位

一、完善自由贸易试验区布局的内涵

国务院于2015年印发的《国务院关于加快实施自由贸易区战略的若干意见》中提出："加快实施自由贸易区战略是我国新一轮对外开放的重要内容。党的十八大提出加快实施自由贸易区战略，党的十八届三中、五中全会进一步要求以周边为基础加快实施自由贸易区战略，形成面向全球的高标准自由贸易区网络。"党的十九大后，中共中央、国务院于2020年发布的《中共中央 国务院关于新时代加快完善社会主义市场经济体制的意见》中强调："加快自由贸易试验区、自由贸易港等对外开放高地建设。深化自由贸易试验区改革，在更大范围复制推广改革成果。"

自由贸易区战略和自由贸易试验区建设是中国在全面深化改革开放中的重要战略举措，关于"自由贸易区"和"自由贸易试验区"的内涵本节将进行重点阐述。本节将以循序渐进的理论逻辑深入展开论述，即先在实践基础上界定"自由贸易区"的主要内涵；之后根据对国家政策文献的扩展研究得出"自由贸易试验区"的主要内涵；在此基础上，研究"完善自由贸易试验区布局"应该包含的具体内容，提出"完善布局"应有的理论意义和具体内涵；最后，再对"自由贸易试验区布局"和"完善自由贸易试验区布局"进行对比研究，以实现在不同层次上对研究内容的丰富内涵有更加完整的认识。

1. 自由贸易区的内涵

自由贸易区是指两个以上的主权国家或单独关税区通过签署协定，在世界贸易组织（WTO）最惠国待遇的基础上，相互进一步开放市场，分阶段取消绝大部分货物的关税和非关税壁垒，改善服务和投资的市场准入条件，从而形成的实现贸易和投资自由化的特定区域。

自由贸易区的内涵在经济全球化的发展历程中不断丰富，主要分为三个阶段。一是二战以前的古典、传统的自由贸易区，主要集中在欧洲和地中海沿岸国家。英国取消对殖民地的贸易垄断，与法国、意大利、荷兰等国签订自由通商条约，建设自由贸易港并推行自由贸易政策，这是早期的自由贸易区的概念。二是二战后至19世纪中叶，随着二战后经济的恢复和全球化的发展，世界主要发达国家纷纷通过设立自由贸易区来刺激本国贸易，世界自由贸易区增长超过100个。自由贸易区从自由贸易港发展而来，通常设在港口的港区或邻近港口地区，尤以经济发达国家居多。二战后自由贸易区的范围和布局逐步扩大，由自由贸易港逐步发展为贸易片区。三是 19 世纪中叶到如今，第三世界国家的崛起和区域经济一体化的发展态势促进自由贸易区的蓬勃建设。全球自由贸易区涵盖的商品种类和范围更加繁多，参与的国家和地区更加广泛。1997 年，全球有 93 个国家和地区设立了约 850 个自由贸易区。目前，中国已与全球 230 多个国家和地区存在贸易往来，与 26 个国家和地区签署了 19 个自由贸易区（FTAs）协定。①

2. 自由贸易试验区的内涵

自由贸易试验区是指在贸易和投资等方面比世界贸易组织有关规定更加优惠的贸易安排，在主权国家或地区的关境以内划出特定的区域，准许外国商品豁免关税自由进出。同时，大部分出口的企业入驻，可以享受通关便捷，享受出口加工区特有的各种优惠政策。我国改革开放至今 40 余年，目前境内尚未建立国际意义上的“自由贸易区”，而是建立了具有中国特色的“自由贸易试验区”。自由贸易试验区是由自由贸易区脱胎而来的，是经国务院批准设立在各地的区域性自由贸易园区。加上“试验”两个字，强调了自由贸易区核心功能是制度创新，进行深化改革和不断扩大开放的风险测试、压力测试。自由贸易试验区是自由贸易区模式在我国新一轮扩大开放中的新探索和新实践，沿袭原来从保税区到综合保税区的渐进式扩大贸易开放路径。这条渐进式扩大贸易开放路径，本质上是一条制度变迁路径。从保税区到自由贸易试验区的渐进式制度变迁路径，服务于国家开放战略的阶段性需求，带动国家持续扩大贸易开放和促进经济转型发展。

建设自由贸易试验区是党中央在中国特色社会主义新时代下做出的一项重要战略举措，是党的十八届三中全会提出全面深化改革的“试验田”，对推动我国改革开放的新发展具有重要意义。在新冠疫情暴发这一特殊历史时期，自由贸易试验区也发挥了抗击新冠疫情的重要作用。

具有中国特色的“自由贸易试验区”与国际意义上的“自由贸易区”既有相同之处，也有显著差异。相同之处在于秉承自由贸易的理念，发挥自身禀赋优势，促进国际贸易、国际投资与国际分工。差异之处主要表现为：一是自由贸易试验区承担制度创新和压力测试的改革任务。作为“试验田”，自由贸易试验区试点高水平开放新政策、中国倡导的国际经贸规则、政府监管的新方式，为全国改革推进提供可复制推广的试点经验。二是自由贸易试验区拥有更为合理的空间布局。

---

① 夏善晨. 中国（上海）自由贸易区：理念和功能定位［J］. 国际经济合作，2013（7）：11-17.

3. 自由贸易试验区布局的内涵

在"自由贸易试验区"的内涵的基础上，本书再对"自由贸易试验区布局"的内涵进行清晰界定。为全面深化改革和积极探索发展新路径、积累新经验，自2013年上海自由贸易试验区的设立开始，到2019年年底18个自由贸易试验区（"1+3+7+1+6"）的设立，再到2020年中国的自由贸易试验区进一步扩容，目前已经有21个省、自治区、直辖市设立了自由贸易试验区，范围辐射至东部沿海10个省份、内陆地区8个省份和沿边地区3个省份，共规划设立了67个片区①。

我国开展了自由贸易试验区的全面铺开建设，已大致形成覆盖东西南北中的"雁阵"格局，通过在更大范围、更广领域、更多层次差别化探索，开展对比试验、互补试验，激发高质量发展的内生动力，更好地服务对外开放总体战略布局。同时，自由贸易试验区布局对服务"一带一路"建设、京津冀协同发展、长江三角洲一体化、粤港澳地区合作、中西部地区对外开放、两岸经济合作、边境地区友好往来和贸易、南海开发与保护等具有重要的经济意义。不难看出，自由贸易试验区布局是在更高层次上对自由贸易试验区进行全面规划和安排，是指一个国家通过分析各个自由贸易试验区的定位和要求，积极进行差别化探索，以实现更大范围、更多领域和更高程度的贸易与投资的自由化，更好地服务于国家战略。

近年来，我国自由贸易试验区的布局逐步完善，形成了覆盖东西南北中的改革开放创新格局，自由贸易试验区在投资贸易自由化便利化、金融服务实体经济、政府职能转变等领域大胆探索，同时结合本地发展需求开展个性试验任务。自由贸易试验区布局对我国不断提升贸易投资自由化便利化、提高贸易便利化水平具有重要意义。在此基础上，本书再引入"完善自由贸易试验区布局"的研究。中国坚持扩大开放、深化改革，全面参与、重点突破，互利共赢、共同发展，科学评估、防控风险的基本原则，努力实现高标准、惠民生、可持续的目标，始终坚持用开放、包容、共享来开创新时代。

具体厘清和界定"完善布局"的内涵对把握未来自由贸易试验区的建设和完善布局具有理论引领作用，也为区分完善自由贸易试验区布局的维度奠定了基础。完善自由贸易试验区布局不仅体现在广度上，即把自由贸易试验区的范围进一步拓展，在地域上扩大自由贸易试验区的范围；还体现在深度上，即在原有的自由贸易试验区已经取得进展的基础上，在某些制度层面进行新的拓展，比如通过扩区等方式增加自由贸易试验区的一些功能。

---

① 资料来自国务院2019年印发的《国务院关于印发6个新设自由贸易试验区总体方案的通知》。

例如，中国（上海）自由贸易试验区自2013年设立以来，经过2014年12月28日扩区，至2019年8月20日临港新片区揭牌。七年多的时间，上海自由贸易试验区从28.78平方千米扩展到120.72平方千米。截至2020年年底，上海自由贸易试验区累计新设企业6.9万户，是前20年同一区域的1.7倍，其中新设外资企业1.2万户，更有328项制度创新成果从上海推广至全国。临港新片区在拓展自由贸易试验区新功能上持续发力，初步构建了开放型政策制度体系，一批首创模式、首发项目、首个业务落地实施；加快建设具有国际竞争力的前沿产业集群，重点聚焦集成电路、生物医药、人工智能、航空航天等领域，始终保持招商和投资热度①。

上海自由贸易试验区敢试敢闯，不断完善区内布局，为其他自由贸易试验区起到了良好的示范作用。中央提出完善自由贸易试验区布局的战略计划，意味着我国的改革开放在新时代将焕发出新的生机。

4. 完善自由贸易试验区布局的内涵

如何完善自由贸易试验区布局需要根据我国当前国情和复杂的国际形势对自由贸易试验区规划与安排做出具体战略举措及改革方向。由于我国正面临着当今国际经济、政治、外交等复杂的国际环境，特别是国际经济格局深刻调整，全球经贸规则面临重构压力，因此我国需要主动谋划、抢占先机，进一步拓展开放的深度和广度。完善自由贸易试验区布局是全面贯彻党的十九大精神，统筹推进“五位一体”总体布局和协调推进“四个全面”战略布局，把自由贸易试验区建设成为新时代改革开放新高地理念的战略需要。

我国通过自由贸易试验区进行试点，与国际规则接轨，并统筹规划各个自由贸易试验区的作用，使得区内区外联动发展，以此推进国内国际双循环；全面落实中央关于深化产业结构调整、深入实施创新驱动发展战略的要求，加快实施自由贸易试验区战略，推动经济发展质量变革、效率变革、动力变革，推动全方位高水平对外开放。为全面落实党的十九大以来党中央关于增强经济社会变革，努力建成贸易投资便利、金融服务完善、监管安全高效、辐射带动作用突出的高标准高质量自由贸易园区的发展目标，完善自由贸易试验区布局刻不容缓。

二、完善自由贸易试验区布局的定位

自由贸易试验区作为新时代改革开放的新高地和我国吸引外资的重要平台，明确

---

① 刘杨. 中国（上海）自由贸易试验区：大胆试 大胆闯 自主改［N］. 人民日报（海外版），2021-04-20（08）.

其战略定位显得尤为重要。具体来说，我国需要处理好以下三个突出问题：

1. 加快构建双循环新发展格局

完善自由贸易试验区布局涉及如何在加快构建双循环新发展格局、实现高质量发展、建设更高水平开放型经济中发挥更大作用的问题。作为新时代推动经济高质量发展的重要抓手，自由贸易试验区建设对我国经济的良性发展起着至关重要的作用。目前，自由贸易试验区的发展已取得初步成效，而如何进一步优化自由贸易试验区布局，在进一步加快构建双循环新发展格局、实现高质量发展、建设更高水平开放型经济中发挥作用，是当前探索发展的重点。本书认为，我国需要加快国内自由贸易试验区规则的改革创新，通过持续培育进口贸易促进创新示范区等提升贸易自由度；加大对我国香港、澳门投资开放力度，放开国际登记船舶法定检验，提升自由贸易试验区投资便利度；推进开放通道建设，支持自由贸易试验区试点多式联运“一单制”改革，提升国际物流便利度等。同时，我国应加快建成优势互补的现代产业体系，推动促成区域之间的产业协同；推动现代化产业体系升级完善；加快国内统一大市场的形成和联动，以满足国内需求为出发点和落脚点，推动国内市场和国际市场更好地联通，实现互利共赢。我国应最终实现自由贸易试验区布局完善，推进更高水平协同开放，实现建设更高水平的开放型经济。

2. 融入和服务国家重大发展战略

完善自由贸易试验区布局涉及如何更好地融入和服务国家重大发展战略的问题。当前，面对着全球经济增长缓慢和贸易保护主义抬头的风险，我国仍然坚持对外开放的战略，提出“一带一路”倡议，并且加强自由贸易试验区建设，为全面深化改革提供经验和理论保障。2015 年全国“两会”上的《政府工作报告》提出“一带一路”倡议、长江经济带和京津冀协同发展战略。其中，“一带一路”倡议主要解决中国过剩的产能市场、资源的获取、战略纵深的开拓、国家安全的强化以及贸易的主导这几个重要的问题；长江经济带依托长三角城市群、长江中游城市群、渝蓉城市群，旨在做大上海、重庆、武汉三大航运中心，推进长江中上游腹地开发，促进上海及中巴和中印缅经济走廊开发开放；京津冀协同发展是面向未来打造新的首都经济圈、推进区域发展体制机制创新的需要，是探索完善城市群布局和形态、优化开发区域发展、提供示范和样板的需要，是探索生态文明建设有效路径，促进人口、经济、资源、环境相协调的需要，是实现京津冀优势互补、促进环渤海经济区发展、带动北方腹地发展的需要。中央擘画的这三大发展蓝图，对优化我国经济发展空间、构建全方位对外开放新格局具有重要意义。

此外，长江三角洲区域一体化发展、粤港澳大湾区以及成渝地区双城经济圈发展战略，都是实现高水平对外开放的重大发展战略。2021 年全国“两会”上的《政府工作报告》提出共建“一带一路”、海南自由贸易港建设等重大举措。“十四五”规划强调，扎实推动京津冀协同发展、长江经济带发展、粤港澳大湾区建设、长三角一体化发展等。

完善自由贸易试验区布局应自觉服务大局，主动融入战略，互相支撑、互相促进，与各发展战略联动实施，为全面有效拓展开放深度、高度和广度。自由贸易试验区各具特色、各有侧重，但打造开放高地仍是共同的核心要义，构建开放型经济新体制、内陆开放型经济发展新模式和建设法治化、国际化、便利化营商环境，要坚持把服务国家发展战略作为改革试点的关键。

3. 与其他开放型功能区差异化发展

完善自由贸易试验区布局涉及如何与其他开放型功能区差异化发展的问题。1980 年 8 月，中国建立起最早的特殊经济功能区——深圳经济特区，不同类型的经济功能区的设立与发展已成为中国过去 40 余年经济改革与发展的一个显著特征。其中，外向型特殊经济功能区包括出口加工区、保税区、保税物流园区、保税港和综合保税区以及国家边境经济合作区和跨境工业园区。这些都属于海关特殊监管区域[①]——经国务院批准，设立在中华人民共和国关境内，赋予承接国际产业转移、连接国内国际两个市场的特殊功能和政策，以海关为主实施封闭管理的特定经济功能区域。它们大多位于我国的东部沿海地区，少数位于陆地边境地区或中部地区的大型城市。各类特殊海关监管区通过在对外开放各环节的不断创新与实践，促进了中国经济对外开放的制度优化。保税，即进口货物暂不缴纳进口税；保税货物，即享受保税待遇的货物；保税区，即特定的区域。随着时间的推移，保税区又延伸出了出口加工区、保税物流园区、保税港、综合保税区等概念，而综合保税区集保税区、出口加工区、保税物流园区、港口功能于一身，是对区港一体化的多元化发展。边境经济区作为中国中西部开放战略的一部分，主要发挥着促进中西部地区经济发展以及中国与周边国家经济社会关系发展的作用。海外经济贸易合作区在促进自身和所在国经济发展的同时，也加强了中国与相关国家的经济往来，并向海外推广了中国经济发展的相关经验。在明确了自由贸易试验区的内涵以后，我们应进一步区分完善自由贸易试验区布局与其他开放型功能区的区别和联系，进一步探索如何差异化发展自由贸易试验区和其他开放型功能区。

---

① 资料来自国务院 2012 年印发的《国务院关于促进海关特殊监管区域科学发展的指导意见》（国发〔2012〕58 号）。

三、完善自由贸易试验区布局的维度

我国的自由贸易试验区脱胎于国际上通行的自由贸易区，会在贸易和投资等方面比世界贸易组织有关规定更加优惠的贸易安排，在主权国家或地区的境内，海关辟出一个专门区域的准许外国商品豁免关税自由进出；同时，大部分出口的企业入驻，可以享受通关便捷，享受出口加工区特有的各种优惠政策。我国的自由贸易试验区，加上“试验”两个字，强调了自由贸易试验区的核心功能是制度创新，进行深化改革和不断扩大开放的风险测试、压力测试。由此，自由贸易试验区作为改革开放的一个“试验田”，厘清完善其布局包含的维度与层次，将从多个角度为政府提供政策创新的平台，是实现形成更高水平开放型经济新体制的重要环节。

1. 地理纬度

完善自由贸易试验区布局与我国经济地理特征息息相关。我国自由贸易试验区分布广泛，从沿海沿边到内陆地区，城市的经济发展水平、区域特征和原有产业结构、基础设施水平有所不同。因此，我国在完善自由贸易试验区布局时，需要从地理维度对各自由贸易试验区进行具体分析、科学布局，考虑地理位置、自然要素、环境资源、科技创新能力、地方政府行为等诸多方面，结合比较优势理论和异质性贸易理论，剖析各个区域的比较优势和贸易发展水平，为推动各区协同发展奠定了基础。

2. 产业维度

由于不同区位主体对不同的生产要素表现出特定的偏好，因此生产要素在空间上不同的聚集差异会影响区位主体的区位选择。进一步从产业发展的层面来看，合理的空间区位可以有效降低产业发展的成本，提高产业区位空间其他要素配置的效率，从而实现产业与空间的良性互动发展。因此，在完善自由贸易试验区布局的过程中，我国还应考虑产业差异，按照不同产业的区位偏好规律，将自由贸易试验区的产业指向进行分类。

3. 功能维度

功能最适当是现代国家设立国家机关、配置权力、调整和改革国家机关、处理国家机关之间关系的重要原则。它源于德国宪法法院对“功能的权力分立”的解释。其含义是指，国家机关设置、权力配置、国家机关的调整和改革、国家机关之间关系以及法律适用等，均要基于实现其功能。将这一原则适用于我国完善自由贸易试验区布局，即我国在完善自由贸易试验区总体布局的过程中，要明确各个自由贸易试验区的功能定位以及各片区的不同功能和发展目标，聚焦重点发展产业和推进差异化改革。

我国自由贸易试验区有60多个片区，产业涵盖丰富，产业特色鲜明。其深化差异化改革有三个方向：一是根据各自的产业基础和特色，针对国家“卡脖子”产业领域，大胆探索，在聚焦产业开展制度创新，补短板、突破瓶颈；二是大力发展新技术、新业态、新模式和新产业，如跨境电商、数字贸易、数字经济、服务贸易、离岸业务等；三是结合地方实际，加强国际经贸合作，构建跨境产业体系，合作建设国际大通道、重点口岸和跨境产业园区，加强边境经贸合作。我国形成错位发展和相互补充的自由贸易试验区发展格局，有助于推动高质量发展、建成现代化经济体系和实现治理能力现代化，形成更多可复制可推广的制度创新成果。

第二节　完善自由贸易试验区布局的理论梳理

推动自由贸易试验区发展以及完善自由贸易试验区布局，需要对其涉及的理论基础与来源进行追溯。本节主要从马克思主义的开放理论、习近平新时代中国特色社会主义思想以及习近平总书记关于新时代对外开放的重要论述入手，结合相关经济学理论，为提出完善自由贸易试验区布局提供完整的理论来源框架，使得该开放战略的提出具有丰富的时代内涵和理论内涵。

一、完善自由贸易试验区布局与马克思主义开放理论

马克思主义是我国发展的根本指导思想，马克思主义中国化是对马克思主义的创新性发展，为我国完善自由贸易试验区布局提供了坚实的理论来源。同时，中国特色自由贸易试验区的创新也为世界提供了中国智慧和经验借鉴。我国始终坚持以马克思主义理论为引领，遵循实事求是的原则，积极探索符合我国国情的对外开放政策。这既是对马克思主义理论的实践，又是对其理论内涵的不断丰富。尽管马克思并没有直接提出“开放发展”的概念，但其关于开放的思想散落在诸如《德意志意识形态》《共产党宣言》《资本论》等著作之中，并体现在对资本主义发展的历史考察之中。

马克思、恩格斯在书中使用的是“统一的政府、统一的法律、统一的民族阶级利益和统一的关税的统一民族”“农村从属于城市”“东方从属于西方”“世界文学”等提法，实际上已经体现“全球化”的概念，并论及它们之间的相互依存、统一与融合。马克思、恩格斯在其重要著作《德意志意识形态》中写道：“（大工业）首次开创了世界历史，因为它使每个文明国家以及这些国家中的每一个人的需求的满足都

依赖于整个世界，因为它消灭了各国以往自然形成的闭关自守的状态。”站在历史唯物主义的高度，马克思、恩格斯完整诠释了世界历史的形成过程，完成了马克思主义对外开放思想的初建。作为伟大的无产阶级革命家和理论家的马克思、恩格斯，他们关于对外开放理论的阐释，为习近平总书记关于新时代对外开放的重要论述的形成提供了十分有益的理论指导。

由此可以看出，提出完善自由贸易试验区布局具有深刻的理论渊源，可以追溯到马克思主义对开放理论的初步探索。从改革开放的发展路径看，我国是在借鉴马克思主义实事求是原则的基础上，提出了许多开创性举措。从经济特区，到沿海开放港口城市和沿海经济开放区，到如今的自由贸易试验区，我国的改革开放进程逐渐走向深入，并具有鲜明的时代特色。这些创新性开放战略的提出，正是建立在对马克思主义的不断批判继承和发展基础上。

二、完善自由贸易试验区布局与习近平新时代中国特色社会主义思想

习近平总书记关于新时代对外开放的重要论述能够为完善自由贸易试验区布局提供理论路径。“开放是国家繁荣发展的必由之路。”习近平总书记关于新时代对外开放的重要论述的内涵主要体现在对新时代我国对外开放国内外形势的科学判断、40多年来我国改革开放经验的总结升华、新时代对外开放的实践举措等方面。

第一，对新时代我国对外开放国内外形势的科学判断。我国仍然处于并将长期处于社会主义初级阶段，新时代面临的对外开放环境的复杂性和多变性依旧，影响“走出去”和“引进来”的因素不稳定性、不确定性突出。在特殊的对外开放背景和经济全球化逻辑下，基于国内国际两种视角，习近平总书记对新时代对外开放新形势做出科学判断，积极应对和解决社会主要矛盾转变后新出现的诸多国内外问题和矛盾，稳妥推进我国对外开放。

第二，40多年来我国改革开放经验的总结升华。“中国40年改革开放给人们提供了许多弥足珍贵的启示，其中最重要的一条就是，一个国家、一个民族要振兴，就必须在历史前进的逻辑中前进、在时代发展的潮流中发展。”我国要继续坚持党的领导；对中国的特殊发展国情，需要继续发挥制度的优势；要坚定不移走和平发展的对外开放道路。正如习近平总书记在中共中央政治局第三次集体学习上的讲话中强调的，坚定不移走和平发展道路是中国的一项“战略抉择”。

第三，新时代对外开放的实践举措。习近平总书记提出要继续扩大市场开放、继续完善开放格局、继续优化营商环境、继续深化多双边合作、继续推进共建“一带

一路”、继续努力构建人类命运共同体。习近平总书记关于新时代对外开放的重要论述是中国特色社会主义理论在对外开放领域的具体体现。其展现的开放视野、理论创新、实践举措和价值取向，是马克思主义理论在当代中国对外开放中的生动实践与创新发展，具有重要的理论和实践意义。

2021 年 7 月，习近平总书记在中央全面深化改革第二十次会议中提出了“以更大力度谋划和推进自由贸易试验区高质量发展”，强调要实行高水平对外开放，充分运用国际国内两个市场、两种资源，对标高标准国际经贸规则，积极推动制度创新。这是我国面临严峻复杂的经济形势下实现新发展格局的必然要求。以习近平新时代中国特色社会主义思想为指导，贯彻落实习近平总书记对自由贸易试验区建设和布局提出的一系列新思想新观点，有利于各自由贸易试验区更好加快对外开放高地建设，推动构建新发展格局。

从这些重要论述中可以看出，提出完善自由贸易试验区布局具有十分重要的时代意义。这是在对我国改革开放历史现实进行详细研究所做出的又一个新型开放发展战略。这些重要论述，将作为强有力的理论指引，并能够作为完善自由贸易试验区布局的重要抓手。有了顶层思想理论的支撑，才使得完善自由贸易试验区布局具有现实的实践价值，才能够明确今后完善布局的方向。

马克思主义的开放理论与习近平总书记关于新时代对外开放的重要论述之间也有重要的理论联系，能为完善自由贸易试验区布局提供完备的理论框架。马克思所提出的“国际分工”“世界市场”以及产品的国际流动等论述，为经济必然走向全球化提供了理论支撑，并作为马克思主义开放理论的重要组成部分对我国改革开放具有十分重要的理论指导意义。因此，在新时代需要新思路新模式的前提下，思考马克思主义理论对形成全面开放新格局的启示具有重要的现实意义。

可以说，马克思主义的开放理论是习近平总书记关于新时代对外开放的重要论述形成的理论渊源，习近平总书记关于新时代对外开放的重要论述则是将马克思主义运用于中国改革开放特别是对外开放的实践而产生的最新理论成果。习近平总书记关于新时代对外开放的重要论述中主要涵盖了倡议和建设“一带一路”、推动构建人类命运共同体、推动全球治理等对外开放新理念和实践新举措，创造性地发展了党关于中国特色社会主义对外开放的理论，丰富了中国化马克思主义对外开放思想的理论宝库，为迈向高质量发展的开放新时代提供了重要的理论指导和实践遵循，是新时代中国统筹本国发展与对外开放的重要思想来源和理论依据，对进一步塑造中国负责任大国的国际形象、深入推进开放发展具有重要的理论价值和现实意义。

三、完善自由贸易试验区布局与核心经济学理论

除了马克思主义开放理论和习近平新时代中国特色社会主义思想外，本节还对核心经济学理论进行梳理，为完善自由贸易试验区布局寻求更为全面的理论支撑。完善自由贸易试验区布局与核心经济学理论主要包括自由贸易相关理论和区域经济发展相关理论。

1. 自由贸易相关理论

贸易理论最早可以回溯到早期贸易发展时出现的贸易保护理论——重商主义。早期的重商主义强调“货币差额论”，代表人物为英国的威廉·斯塔福（William Stafford），其主要研究价格与贵金属的关系，认为政府应该尽量限制贵金属的出口，同时尽可能提高出口商品的价格换回更多的贵金属，以防范货币贬值，抑制物价上涨。晚期的重商主义强调“贸易差额论”，代表人物为英国的托马斯·孟（Thomas Mun），其重商主义理论及税收思想集中表现在《英国得自对外贸易的财富》一书之中。他认为，政府要干预经济生活，比如实施保护关税的政策，限制输入、奖励输出，以实现国家外贸出超，增加本国货币积累的目的。

重商主义存在许多固有的局限性，随着经济的发展与人们认识的深化，亚当·斯密（Adam Smith）等经济学家提出了比重商主义更进步的“绝对优势理论”，由此步入了古典贸易理论阶段。绝对优势理论由英国古典经济学家亚当·斯密于 1776 年在其《国民财富的性质和原因的研究》一书中提出。斯密认为，国际贸易的原因是国与国之间的生产技术的绝对差异，各国应该集中生产并出口其具有劳动生产率和生产成本“绝对优势”的产品，进口其不具有“绝对优势”的产品，这样做的结果比自己什么都生产有利。

然而该理论有非常苛刻的假设前提，而且无法解释在所有产品生产上都具备绝对优势的国家和都不具备绝对优势的国家间的贸易，因此李嘉图的“比较优势理论”应运而生。该理论由大卫·李嘉图（David Ricardo）在 1817 年出版的代表作《政治经济学及赋税原理》中提出。相对优势理论认为，国际贸易的基础不是生产技术的绝对差别，而是取决于相对差别以及由此产生的相对成本的差别。国家间进行贸易应集中生产并出口其具有“比较优势”的产品，进口其具有“比较劣势”的产品。比较优势贸易理论相比于绝对优势贸易理论有了更大的进步，因为其在更普遍的基础上解释了贸易产生的基础和贸易利得。

1848 年，英国经济学家约翰·穆勒（John Stuart Mill）在其出版的《政治经济学

原理及其在社会哲学上的若干应用》一书中提出了相互需求理论，对李嘉图的比较优势理论做了重要补充。通过“比较利益”这一概念，穆勒解释了国际商品交换的比率和贸易双方能获得多少利益分配的问题。该原理认为，贸易双方对商品需求的大小能够决定国家间贸易交换的比率高低，该比率稳定在输出货物恰好能抵偿输入货物的水平上。只有在两国相互需求的商品价值相等时，贸易才能实现稳定的均衡。

作为新古典经济学派的创始人，英国经济学家阿尔弗雷德·马歇尔（Alfred Marshall）在1890年出版了专著《经济学原理》，进一步探讨需求和供给问题，提出了重要的分析工具——提供曲线。其在穆勒的基础上使用几何图形分析说明均衡贸易条件的决定因素，进一步发展了相互需求理论。1933年，瑞典经济学家俄林（Bertil Ohlin）在赫克歇尔（Heckscher）的研究基础上提出了要素禀赋理论，并在其专著《区际贸易与国际贸易》一书中论述了这一思想。要素禀赋理论属于新古典贸易理论，它的出现使自由贸易理论前进了一大步。该理论通过分析相互依存的价格体系，用生产要素的充裕和稀缺解释国际贸易是如何产生的以及各国的进出口贸易类型。书中认为，各国间要素禀赋的相对差异以及对这些要素利用强度的差异是国际贸易的基础，一国应该出口由本国相对充裕的生产要素所生产的产品，进口由本国相对稀缺的生产要素所生产的产品，并且随着国际贸易的发展，各国生产要素的价格将趋于均等。

通过梳理以上理论，我们可以发现，无论是依据古典贸易理论中的绝对优势理论、比较优势理论，还是新古典贸易理论，都是各国产业按照各自优势参与国际分工，获得贸易利益。但是，一味遵循这样的贸易方式，容易使发展中国家陷入“比较优势陷阱”，在与发达国家的国际贸易中产生贸易条件恶化和贫困增长等现象。当前，经济全球化给各国带来机遇的同时，也带来了诸多挑战，生产要素在国际上的自由流动和技术的快速发展使得发展中国家原本具有的资源和劳动力优势不再具有竞争力，国家间比较优势的发挥受到了限制。这就引发了关于自由贸易区设立和布局的深刻思考。如何发掘各区域的特色优势，培育外贸新优势，在自由贸易区不断创新的管理和贸易体制中探索有效路径，深度谋求国际贸易资源与技术共享，突破国际贸易的壁垒，是我们在自由贸易试验区发展过程中需要面对的重大课题。

尽管传统的自由贸易理论在当时有着不可忽视的影响力，但也没有得到各国的广泛认同。美国第一届财政部部长亚历山大·汉密尔顿（Alexander Hamilton）就认为，亚当·斯密的自由贸易理论不适用于美国。1791年，汉密尔顿在向美国国会提交的《关于制造业的报告》中明确表达了他的贸易保护的理论观点。他认为，美国要实现经济独立，必须重视发展制造业，并采取保护关税政策以保护幼稚工业发展，同时采取严格的进口政策，对国内可以生产但竞争力较弱的产品限制进口。19 世纪后，弗里德里希·李斯特（Friedrich List）在其于 1841 年出版的著作《政治经济学的国民体系》里更加系统地阐述了他的贸易保护理论。他通过对汉密尔顿的保护幼稚工业理论的发扬和引申，建立了以生产力理论为基础、以保护关税制度为核心的保护幼稚工业理论。该理论既承认自由贸易的利益又主张以保护贸易为过渡，鼓励有潜力的工业产业发展，从而提升社会生产力。20 世纪 30 年代时逢资本主义经济危机，两次世界大战之间涌现出了超贸易保护主义理论，资本主义由垄断代替了自由竞争，英国资产阶级经济学家约翰·梅纳德·凯恩斯（John Maynard Keynes）从推崇自由贸易转而推崇重商主义，主张超贸易保护理论。凯恩斯在 1936 年出版的《就业、利息和货币通论》一书中主张，古典学派的国际贸易理论已经过时，不主张自由贸易，认为贸易顺差有益，逆差有害。凯恩斯的拥护者们也极力主张国家干预对外贸易活动，运用各种保护措施，尽可能争取贸易顺差。20 世纪 80 年代，加布朗德（James Brander）、斯潘塞（Borbara Spencer）、克鲁格曼（Paul R Krugman）提出了战略性贸易政策理论。他们认为，以往的贸易理论建立在完全竞争的市场前提下，自由贸易为最优政策。然而，在当代经济生活中，不完全竞争和规模经济现象普遍存在。克鲁格曼在 2000 年出版的《战略性贸易政策与新国际经济学》一书中深入讨论了在不完全竞争和规模经济前提下政府政策对国家对外贸易经济发展的影响，突破了以往比较优势理论的限制，主张政府干预来改善经济成效。

贸易保护主义在日、韩等后起国家之间也曾轮番上演。韩国建立之初经济十分混乱，经济政策趋于保守，韩国的贸易基本上是对美国的双边贸易，同时实行高关税壁垒和严格的进口限额政策，以实现非耐用消费品和中间产品的进口替代策略。这一策略在当时具有明显的保护性色彩，对韩国产业的发展起到了一定程度上的保护作用。但这种进口替代内向型的经济在 20 世纪 50 年代末 60 年代初导致了很多负面的经济影响，在朴正熙政府上台后，韩国的经济政策转为了出口导向外向型经济政策。20 世纪 60 年代至 20 世纪 70 年代中期，受美国竞争战略的影响，日本也推行了保护贸易政策以实现提高本国重化工业国际竞争力的目的。第二次世界大战导致日本经济发展严重下滑，为了恢复经济，日本经济学界提出了初级阶段战略贸易政策构想，并于 20 世纪 60 年代初予以推行。其主要内容包括确立贸易立国基本发展战略，通过政府干预扶植特定的出口产业，实现日本经济重化工业化，最终提升产业国际竞争力，实现经济赶超的任务目标。

近年来，全球经济形势更加复杂，国家和地区间的贸易发展更加不平衡，贸易保护主义也越来越严重。中国建立自由贸易试验区就是在世界总体经济下行的情况下发展外向型经济的重要战略。梳理历史上出现的各种贸易保护主义理论，能够帮助我们厘清贸易保护产生的形式、手段和本质，为完善自由贸易试验区的整体布局提供理论借鉴和参考。当前，我国建立自由贸易试验区、对自由贸易试验区布局进行统筹规划，是对前文提到的一系列战略性贸易政策理论的实践，是积极发挥政府职能、顺应全球经贸发展新趋势、实施积极主动开放战略的重要表现。

传统国际贸易理论主要研究的是产业间贸易，并没有对单独企业的研究。在新古典贸易理论中，多数研究以规模报酬不变为前提，所谓的一般均衡模型限定了产业部门的规模，对企业的规模界定则是模糊的。20 世纪 80 年代以来，以保罗·克鲁格曼为代表的一批经济学家提出了新贸易理论。其思想观点在克鲁格曼出版的书籍《克鲁格曼的国际贸易理论》中得到具体阐述。该书介绍了国际贸易的原因、国际分工的决定因素、贸易保护主义的效果以及最优贸易政策的理论。该理论之后发展成为以规模经济和不完全竞争市场为两大支柱的经济理论体系。运用该经济理论体系进行分析时虽然对企业的规模做出了限定，但也仅限于此，而且分析所选用的企业为典型企业，未考虑企业间的差异。21 世纪初诞生的新新贸易理论才算真正突破了以往贸易理论以产业为对象的研究范畴。该理论着眼于分析企业，重点研究异质企业的贸易投资，说明了现实中有些企业选择出口和对外直接投资的原因。新新贸易理论的重要基础之一是马克·梅利兹（Marc J Melitz）提出的异质性贸易理论。在《贸易对产业内重新配置和产业总量生产率的影响》一书中，马克·梅利兹结合保罗·克鲁格曼的垄断竞争模型和雨果·霍本哈因（Hugo Hopenhayn）的动态产业模型，以一般均衡为分析框架，阐述了存在生产率差异的企业中贸易对资源再配置发挥的作用以及导致的产业生产率的相应变化。

以上理论表明贸易自由化产生的效应不仅在产业中有差异，也会因企业而异，生产资源和市场份额在不同效率的企业中会有不同的配置，这也为我国完善自由贸易试验区布局提供了理论思考。建立自由贸易试验区本身就意味着贸易参与者的增加、贸易进入成本的降低。从企业异质性的角度出发思考自由贸易试验区的布局完善，则更能为自由贸易试验区发挥相应的经济效应和自由贸易试验区内企业进行理性的贸易行为选择提供帮助。

2. 区域经济发展相关理论

自改革开放以来，我国对外贸易发展迅猛，并成为我国经济迅速增长的一个重要推动力。同时，自由贸易理论在我国的实践和不断完善中，已经形成符合我国国情的理论体系。自由贸易试验区属于具有中国特色的自由贸易园区，是自由贸易理论在我国实践发展的一项重要成果。关于自由贸易试验区的研究也离不开区域经济发展的相关理论，梳理区域经济发展的相关理论有助于理解区域联动发展的作用和意义，从而更好地对发展自由贸易试验区以及完善自由贸易试验区布局发挥指导作用。

本节主要梳理区位理论、区域空间结构理论、区域经济非平衡理论和产业集群理论。

区位理论在经济学领域是研究人类经济行为的空间区位选择及相关经济活动优化组合的理论。1920 年，马歇尔在其《经济学原理》一书中阐释了区位理论中产业集聚的三大现象。1929 年，韦伯在其《工业区位论》一书中梳理与补充了集聚经济现象的形成机理、动力机制、集聚类型、竞争优势等内容，使新古典区位理论有了一个良好的发展开端。自由贸易试验区的建立、布局与区位理论的思想观点密不可分，无论是选址划区还是功能定位，都有着重要的空间区位选择的考量。

区域空间结构理论包括“中心-外围”模型、点轴开发理论、网络开发理论等。“中心-外围”模型是美国区域经济学家弗里德曼于 1966 年在《区域发展政策》一书中提出的区域经济学理论。该理论在其 1967 年发表的《极化发展的一般理论》中进行了系统阐述。该理论的基本观点是：第一，各区域间会因多种原因使得个别区域率先发展起来而成为“中心”，其他区域则因发展缓慢而成为“外围”。第二，创新起源于区域内少数“变革中心”，并由此向外扩散，周边地区依附于中心而获得发展，但核心区域的增长将加大与周边地区之间的经济发展差异。“中心-外围”模型既能存在于国家、区域和城乡之间，也能存在于社会群体和经济阶层之间。点轴开发理论最初由波兰经济家马利士与萨伦巴提出，后来我国的经济地理学家陆大道也在相关研究中做出了重要贡献。陆大道在其 1984 年所做的《2000 年我国工业生产力布局总图的科学基础》报告中具体阐述了点轴开发理论。他提出，各区域在经济发展的过程中，经济中心总是先集中在少数条件较好的区位成斑点状分布。随着经济的发展，经济中心逐渐增加，点与点之间由于生产要素交换需要交通线路以及动力供应线、水源供应线等，相互连接起来就是轴线。轴线一经形成，会吸引人口、产业向轴线两侧集聚，并产生新的增长点。网络开发理论是点轴开发理论的延伸。学者郑长德在 2001 年出版的书籍《世界不发达地区历史图鉴》中阐述了该理论。他认为，在经济发展过程中，一个地区会形成增长极和增长轴，也就是各类中心城镇与交通沿线，增长极和增长轴的影响范围不断扩大，会逐渐形成资金、信息、技术和劳动力等生产要素的流动网。网络开发理论强调网络和点轴系统的延伸，主张提高区域内各节点与腹地、腹地与腹地联系的广度和强度，促进地区经济一体化，同时通过网络的外延，加强与区外其他区域经济网络的联系，促进更大区域内经济的发展。相比较之下，点轴开发理论以强调重点发展为特征，在一定时期内会扩大地区发展差距；而网络开发理论是以均衡分散为特征，将增长极、增长轴的扩散向外推移。

区域经济非平衡理论包括增长极理论、循环累积理论、不平衡增长理论等。增长极的概念最初是由法国经济学家弗郎索瓦·佩鲁在1950年发表的《经济空间：理论与运用》一文中提出的。佩鲁从物理学的“磁极”概念进行引申，认为如果把发生支配效应的经济空间看成力场，那么位于这个力场中推进性单元就可以描述为增长极。增长极一般先出现在主导工业部门的有活力的产业中，不仅可以迅速增长，而且能通过乘数效应推动其他部门的增长。循环累积理论又称累积因果理论，由1944年瑞典经济学缪尔达尔在其著作《美国的困境：黑人问题和现代民主》中提出。缪尔达尔认为，在一个动态的社会化过程中，某一个社会经济因素的变化，会引起另一个社会经济因素的变化，这后一个因素的变化，反过来又加强了前一个因素的变化，使得社会经济过程沿着最初那个因素变化的方向发展，即社会经济各因素之间存在着循环累积的因果关系。1957年，缪尔达尔在其后续著作《理论和不发达地区》中又将该理论引入区域经济发展中进行分析。他认为，经济发展过程在空间上并不是同时产生和均匀扩散的，而是从一些条件较好的区域开始。一旦这些区域由于初始优势而比其他区域超前发展，则由于既得优势，这些区域就通过累积因果过程，不断积累有利因素而比其他区域超前发展，从而进一步强化和加剧区域间的不平衡。不平衡增长理论于1958年由德国经济学家阿尔伯特·赫希曼在《经济发展战略》一书中提出。作为非均衡增长的理论之一，其核心内容包括三大部分，即引致投资最大化原理、联系效应理论和优先发展进口替代工业原则。不平衡增长理论主张发展中国家应有选择地在某些部门进行投资，通过其外部经济使其他部门逐步得到发展。赫希曼主要从稀缺资源应得到充分利用的认识出发，提出发展道路是一条从主导部门通向其他部门的“不均衡的链条”。具有战略意义的产业部门投资，可以带动整个经济发展。对社会基础设施或直接生产部门的投资，具有不同的作用。我国建设自由贸易试验区正是呼应了以上区域空间结构理论和区域经济非平衡理论的原理。首先，从上海自由贸易试验区开始，我国在适合的地区先行试点，培育中国面向全球的竞争新优势，通过自由贸易试验区先进的贸易体制和管理体制，打造中国经济“升级版”。上海自由贸易试验区的设立，得利的不仅是贸易领域，对航运、金融、物流等方面均能牵一发而动全身。当前，我国自由贸易试验区数量已达21个，“雁阵”式格局的布局由沿海城市向内陆腹地纵深推进，这种格局逐步把国内的主要经济带串联起来，成为中国区域经济发展的一大特色。同时，这种复制推广制度创新的成果能促使各地改革意识、开放水平、行政效率、发展动能、经济活力不断提升，带动全国营商环境不断优化。在完善自由贸易试验区布局的过程中，研究区域经济的相关理论，有助于充分发挥区域优势，为不同区域自由贸易区的作用发挥提供理性指导，在贸易发展过程中，促进区域物流协同发展，进而达到区域经济一体化的效果。

产业集群理论于20世纪90年代由美国的竞争战略和国际竞争领域研究权威学者迈克尔·波特创立。在其1990年出版的著作《国家竞争优势》中，波特认为，集群是一组在地缘上接近的相关企业和相关机构，由共同性和互补性联系在一起。该理论认为，在某一个特定区域的特别领域，集聚着一组相互关联的企业、供应商、关联产业以及专门化的制度和协会，通过这种区域集聚形成有效的市场竞争，构建出专业化生产要素优化集聚洼地，使企业共享区域公共设施、市场环境和外部经济，降低信息交流和物流成本，形成区域集聚效应、规模效应、外部效应和区域竞争力。西方产业集群理论可以溯源至马歇尔的产业区理论、韦伯的工业区位理论等。1990年苏联解体后，国际上出现“一超多强”的政治格局，美国、日本、德国、法国、英国、意大利、加拿大被列为“西方七强”,“金砖国家”也在全球崭露头角，这种历史背景下产生了现代区位理论。克鲁格曼出版的专著《发展、地理学与经济地理》《空间经济：城市、区域与国际贸易》均深入阐述了现代区位理论尤其是集聚理论。在其1995年出版的《发展、地理学与经济地理》一书中，克鲁格曼建立了产业集群分析的新模型，从经济地理的角度探讨了产业聚集的成因，认为产业地理集中可能是由当地历史中的“偶然事件”引致的，重要的、继起的累积因果关系，其理论的基础是规模收益的递增。我国自由贸易试验区的布局也遵循着产业集群理论的原理。例如，2020年，我国新增设立了4个自由贸易试验区（包括扩区），在科技创新动能强劲的北京市，服务业创造了绝大部分地区生产总值，自由贸易试验区设立主要作用于京津冀产业协同发展；在装备制造业积淀深厚的湖南省，自由贸易试验区的设立响应国家中部崛起战略，促进制造业向数字化、智能化方向发展；在新兴产业要素活跃的安徽省，设立自由贸易试验区发展战略性新兴产业，布局基础研究、应用研究的前沿研发平台和基地，推动长三角区域一体化；在数字经济蓬勃发展的浙江省，打造数字经济发展示范区，加大了物联网、工业互联网、人工智能等新型基础设施的建设力度。由此可见，研究和梳理产业集群理论，能为我国自由贸易试验区的布局提供更多产业发展上的理论支撑，促进各个自由贸易试验区打造各具特色的改革开放新高地。

第三节 完善自由贸易试验区布局的文献回顾

本节对关于推动完善自由贸易试验区布局的研究主要从以下几方面展开：第一，完善自由贸易试验区布局的理论基础与总体思路；第二，我国自由贸易试验区的发展演进与功能模式；第三，自由贸易试验区布局的突出问题与经验借鉴；第四，完善自由贸易试验区布局的机制分析与战略研究。

一、完善自由贸易试验区布局的理论基础与总体思路

1. 完善自由贸易试验区布局的理论基础研究

（1）马克思主义的对外开放思想。完善自由贸易试验区布局的国家战略的制定，是马克思主义开放理论中国化在新时代的创新成果，是我国新时代开放战略实施的理论根源。尽管马克思、恩格斯没有明确提出“对外开放”的概念，也没有系统阐述“对外开放”的理论，但他们对马克思主义对外开放思想的特殊贡献却不能被忽视（韩晓梅，2018）。具体说来，马克思和恩格斯认为，世界市场的开拓使一切国家的生产和消费都成为世界性的，而随着社会生产力的发展必然带来国际交往、民族交往和个人交往的扩大，从而构成了丰富的对外开放思想，成为社会主义对外开放思想的理论渊源（赵玉华，2019）。陈宇翔和张潇潇（2019）在对马克思主义的开放理论与实践的研究中提出，列宁在领导世界上第一个社会主义国家的开放事业中对马克思主义的开放思想进行了继承与实践，在论述社会主义特征时强调社会主义社会绝不是封闭的社会，而必然是一个开放的社会。关于马克思主义的研究与应用，裴长洪等（2021）指出，对外贸易和世界市场是马克思主义政治经济学的研究范畴，要充分认识和把握马克思主义政治经济学基本原理及其中国化理论成果。例如，马克思主义中国化的成果之邓小平理论不仅打开了中国对外开放的大门，而且为中国对外开放的基本目标、途径以及步骤做出了基本设计（杨胜群，2021）。

（2）习近平总书记新时代对外开放的重要论述。完善自由贸易试验区布局建立在习近平总书记关于新时代中国对外开放的重要论述的基础之上，为我国实施新的开放战略打下了理论基础。习近平总书记关于新时代对外开放的重要论述主要集中于四个维度：第一，推动形成全面开放新格局。2013 年 4 月，习近平总书记提出中国将在更大范围、更宽领域、更深层次上提高开放型经济水平。党的十九大报告正式提出

“推动形成全面开放新格局”，要以“一带一路”建设为重点，形成陆海内外联动、东西双向互济的开放格局；赋予自由贸易试验区更大改革自主权，探索建设自由贸易港。第二，建设开放型世界经济与经济全球化新理念。2013 年，习近平总书记第一次提出“共同维护和发展开放型世界经济”的新理念。裴长洪（2016）提出，开放型世界经济的本质是要完善互利共赢、多元平衡、安全高效的开放型经济体系；构建开放型经济新体制；培育参与和引领国际经济合作竞争新优势；积极参与全球经济治理和公共产品供给。第三，构建全球经济治理体系。2015 年 7 月，习近平总书记提出全球经济治理改革的主要目标是：“完善全球经济治理，加强新兴市场国家和发展中国家在国际经济金融事务中的代表性和话语权，让世界银行、国际货币基金组织等传统国际金融机构取得新进展，焕发新活力。”党的十九大报告把党的十八大以来形成的全球经济治理新思想凝练为中国秉持共商共建共享的全球治理观，倡导国际关系民主化，积极参与全球治理体系改革和建设。第四，构建人类命运共同体。构建人类命运共同体是习近平总书记最先提出的一个新理念。仇华飞和叶心明（2021）指出，习近平总书记提出推动构建人类命运共同体，从理论上阐释对外开放的重要性，强调坚持走和平发展道路，坚持互利共赢的开放战略。与西方现行的“赢者通吃”的哲学思维模式相比，人类命运共同体理念才能推动自由贸易试验区的变革和创新，进而推动全球经贸治理体系向更加公平合理的方向发展（韩剑，2020）。习近平总书记关于对外开放的重要论述是对马克思和恩格斯的世界历史理论以及党的十一届三中全会以来对外开放理论与实践的继承和创新。

（3）自由贸易试验区的相关研究。中国第一个自由贸易试验区，即中国（上海）自由贸易试验区，是党中央、国务院在新形势下全面深化改革和扩大开放的战略举措，承担着为改革开放探索新途径、积累新经验的任务，是一种具有中国特色的自由贸易园区。在中国（上海）自由贸易试验区正式挂牌之前，国内学者的相关研究主要集中在上海建设自由贸易园区的可行性研究上。丁国杰（2011）认为，上海可以在未来自由贸易园区建设、免税购物功能扩张以及离岸业务发展等方面有所突破。在中国第一个自由贸易试验区设立后，国内学者开始对试验区的概念与目标进行研究。李墨丝等（2013）认为，试验区承担着先行先试的历史使命，在改革风险可控的基础上，积累与跨太平洋伙伴关系协定（TPP）对接的可复制、可推广的经验，最终实现“中国梦”。随着自由贸易试验区的设立，国内学者开始研究后续中国设立自由贸易试验区的选址与扩容，自由贸易试验区布局的概念相应提出。王孝松等（2014）认为，不同地区要有各自的发展定位，上海自由贸易试验区的各项政策不宜在短期内全部“移植”到国内其他重要城市，更不宜在全国范围内“复制”。张时立（2016）通过对比中美自由贸易区空间布局，发现两国自由贸易区同时具有沿海、沿河分布的特点和呈现带状或圈层状形态，未来在空间分布上将出现沿海、沿江河、沿重要铁路枢纽分布的趋势，并将出现自由贸易区的集聚，形成自由贸易圈或自由贸易带。白仲林等（2020）在自由贸易试验区设立政策的经济效应评价和区位选择的研究中指出，当区域贸易依存度和外商直接投资占比分别高于40%和10%的阈值时，设立自由贸易试验区才能够较显著地促进区域产业结构升级。因此，自由贸易试验区的区位选择必须以其外向型经济发展水平为基础，避免地理上的均匀布局。

（4）完善自由贸易试验区布局的相关研究。随着自由贸易试验区数量的不断扩容，如何优化与完善自由贸易试验区的布局成为国内学者研究的重点。对于自由贸易试验区个体布局来说，韩民春和张燕玲（2018）认为，自由贸易试验区应当根据其发展定位，结合自身优势充分挖掘周边地区的可用资源；同时在周边沿线发展上下游企业，在发展自由贸易试验区的同时充分带动周边地区的发展，实现经济的辐射效应。关于个体布局可能面临的问题，吴挺可等（2019）通过研究襄阳自由贸易试验区的空间布局，提出未来自由贸易试验区建设应当协调多方利益主体，有序引导区域内的用地置换，从而解决自由贸易试验区未来拓展空间不足的问题。

关于自由贸易试验区的整体布局，杨晓娟等（2020）基于我国自由贸易试验区的空间模式和政策演化发展态势，立足已批复的18个自由贸易试验区，提出自由贸易试验区“定位-体系-布局”三层次功能规划方法和“场域-邻域-全域-地域-区域”五域一体化空间规划方法。刘贺（2018）提出，我国已初步形成了东南沿海“自由贸易经济带”、环渤海“自由贸易经济圈”和中西部内陆“自由贸易经济带”，探索建立内陆地区开放型经济发展新模式，是实现未来我国区域经济均衡协调发展的有效路径。更进一步地，杜国臣等（2020）认为，我国自由贸易试验区已形成全方位开放新格局，未来应当积极打破条块分割的局面，促进改革步伐合拍共振，避免自由贸易试验区碎片化的创新试验，促进自由贸易试验区的区块改革与国家层面的纵向改革形成交叉。例如，毛艳华（2018）提出，自由贸易试验区既要紧密联系“一带一路”建设，又要紧密联系长江经济带发展、京津冀协同发展和粤港澳大湾区建设等国家战略，推动形成“陆海内外联动、东西双向互济”的开放格局。张鑫等（2021）强调，沿海、内陆、沿边不同类型自由贸易试验区既要结合自身优势进行差异化开放探索，又应积极探索开放合作模式，需要重点从贸易开放协同、外向型产业协同、对外开放协同、对内开放协同和制度性开放协同五个方面形成合力，最终形成开放优势互补与协同开放格局。此外，王得新（2018）认为，未来自由贸易试验区应当积极对接自由贸易港，实现自由贸易港与自由贸易试验区的功能互补，并且应当融入地方区域经济，与所在城市群深度融合，形成具有地方特色的产业集群。

2. 完善自由贸易试验区布局的总体思路

（1）自由贸易试验区布局优化的基本原则。完善自由贸易试验区布局的研究坚持以马克思主义中国化时代化最新成果为指导，坚持习近平新时代中国特色社会主义思想。自由贸易试验区的布局优化需要坚持新发展理念，同时构建高质量发展的新发展格局。吴传清和董旭（2018）提出，新发展理念对区域经济发展具有推动作用，准确理解新发展理念的科学内涵才能指导区域经济学科创新发展。蒋硕亮（2021）指出，当前我国以构建双循环新发展格局为战略选择，可以破解我国经济发展受制于西方市场的弊端。此外，坚持供给侧结构性改革也是我国自由贸易试验区布局优化的基本原则。供给侧结构性改革对我国开拓和升级国内市场与国外市场都具有积极意义。以往我国凭借劳动力和自然资源禀赋参与的大多是低附加值的活动，存在低端锁定的威胁，因此对尚未参与到全球价值链的产业，要有序扩大行业开放，以提升我国产业的前向参与度（黄蕙萍等，2020）。

（2）自由贸易试验区布局优化的总体思路。在高质量发展背景下，自由贸易试验区布局优化的总体思路主要从以下四个方面进行概述：全面深化改革背景下的组织协同、区域协同发展下的产业协同、双循环新发展格局下的通道协同以及创新驱动发展战略下的信息协同。

在全面深化改革背景下的组织协同方面，制度创新扮演着极其重要的角色。随着制度开放试验和改革开放探索，各自由贸易试验区逐渐形成了各具特色的地方经验和创新案例，这样的差异化制度创新在推动形成全方位对外开放新格局和以高水平开放带动改革全面深化等方面发挥了重要作用。杜国臣（2020）从自由贸易试验区建设的总体态势、自由贸易试验区重要制度创新成效、自由贸易试验区发展面临的主要问题三个方面论述了自由贸易试验区的发展现状以及横向与纵向的差异化制度创新成效。自由贸易区建设带来的政策效应也具有显著的空间差异，即不同自由贸易区对经济发展质量及贸易质量、投资绩效和创新能力等动力机制的影响均存在明显的异质性（李子联等，2021）。不同自由贸易区建设中的制度创新带来的政策效应在力度和方向上均存在显著的差别，即使是同一批设立的自由贸易区，因城市经济基础、地理环境、目标定位等因素的不同，也会产生差异性的政策效果。然而，在深入探究之后可以发现，我国在制度创新方面仍然存在诸多问题，因此大量学者基于发展中存在的问题提出了以下几点建议：赋予自由贸易试验区更大的改革自主权，向更深层次、更高标准的改革领域探索，进一步凸显制度红利对产业升级的促进作用以及促进形成常态化的制度创新路径和机制。

在区域协同发展下的产业协同方面，李善民（2020）首先沿着时间的轨迹概述了当今世界上自由贸易区的发展进程以及我国自由贸易试验区在各区域的分布情况、区域协同状况和各自由贸易试验区的本土化差异化建设与发展。其次，李善民（2020）详细论述了中国自由贸易试验区经历的由保税区到自由贸易试验区再到自由贸易港的逐步深化开放的历史轨迹。最后，李善民（2020）从政府职能转变、贸易便利化、投资便利化、金融开放和法治化建设五大制度创新方面介绍了自由贸易试验区的制度创新成果，从而使读者从一个较为宏观的视角看到自由贸易试验区的发展及演变。龙云安等（2019）指出，我国区域经济发展不平衡现象依然存在，如何依托自由贸易区特殊的制度环境，发挥科技创新的支撑作用，是促使区域协同发展的关键。因此，龙云安等（2019）基于川渝自由贸易试验区特殊的制度优势，研究了科技创新支撑长江上游地区与川渝自由贸易试验区协同发展，探索自由贸易试验区与长江上游地区协同发展、科技创新支撑效应和运行模式，提出了科学制定“产-学-研”联合人才培养机制等建议。

在双循环新发展格局下的通道协同方面，王爱俭等（2021）指出，在双循环新发展格局视域下，自由贸易试验区不仅是驱动国内经济高质量循环的改革试验田和有力抓手，也是国内发展参与国际大循环的开放桥头堡和重要窗口，在链接国内国际双循环过程中发挥着重要的关键枢纽作用。我国要赋予自由贸易试验区更大的改革自主权和差别化探索发展模式，充分利用先行先试的制度红利，将自由贸易试验区布局融入国家开放发展战略，用高水平开放实践助推国内外经济良性循环，共同驱动中国经济高质量发展。

在创新驱动发展战略下的信息协同方面，许培源和罗琴秀（2018）详细地论述了信息化在自由贸易试验区与“一带一路”建设的互联互通上的重要作用，通过论述“一带一路”建设与自由贸易试验区的联系，引申出“一带一路”建设背景下的自由贸易试验区应该如何差异化建设创新型信息化平台。例如，上海自由贸易试验区建成服务“一带一路”建设的桥头堡、搭建“一带一路”的高端服务网络和平台以及打造“一带一路”科技创新枢纽；天津自由贸易试验区打造“一带一路”双向开放新通道和先进制造业合作平台，等等。

二、我国自由贸易试验区的发展演进与功能模式

1. 我国自由贸易试验区的发展演变与创新成果

（1）我国自由贸易试验区的发展演变。我国自由贸易试验区的设立是党中央、国务院全面深化改革和扩大开放的重大战略举措。我国自由贸易试验区的建设已经从2013年的初期试点阶段进入2020年的全面推进阶段，自由贸易试验区版图也实现了从点到线、再从线到面的空间战略布局。从保税区到自由贸易试验区再到自由贸易港，我国不断扩大对外开放，提高对外开放水平，推动经济高质量发展（李善民，2020）。上海自由贸易试验区作为第一个设立的自由贸易试验区，在负面清单管理制度、贸易便利化、海关监管制度、金融创新制度以及事中事后监管制度方面取得新突破（王瑗媛，2018），为中国进一步发展自由贸易试验区引领了方向。关于当下自由贸易试验区的发展建设，学者们也从不同的角度给出了建议。基于自由贸易试验区制度创新视角，丁宏（2020）提出，新一轮自由贸易试验区的制度创新应该更加注重便利化与自由化并重、贸易促进与产业发展并重、创新驱动与开放合作并重、区内发展与区外联动并重以及顶层设计与基层创新并重。王喆与和军（2021）提出，我国自由贸易试验区应积极推进“一揽子授权”“自贸联盟”“港区合作与南北联动”“数字贸易+信息技术”“跨境电商+直播带货”等关键创新，通过高水平开放倒逼全面深化改革，形成市场相通、产业相融、创新相促和规则相连的良性循环，将构建新发展格局与建设自由贸易试验区紧密衔接。基于金融创新视角，推进自由贸易试验区发展和金融改革创新，要按照“改革要协同有序推进”的方法论，坚持金融服务实体经济的基本要求，准确把握自由贸易试验区金融创新试验的关系，审慎论证建设离岸金融中心的可行性。我国应从国家利益出发、从市场运行的实际出发，在风险可控的前提下积极、稳妥、有序地推进自由贸易试验区各项金融改革创新举措的“落地”实施。基于贸易通关便利化的视角，王珍珍等（2017）对沪、津、闽、粤四地自由贸易试验区在“三互”大通关体系、国际贸易“单一窗口”平台以及创新通关监管制度三个维度进行了比较研究，指出未来要在这几个方面进一步发展。总而言之，自由贸易试验区的建设还有很长的路要走，随着自由贸易试验区的不断增加，我国将从过去的履约式开放转向自主开放，未来还会不断拓宽开放的领域。

基于空间演变视角，我国自由贸易试验区经历了多年的发展，目前已经在全国遍地开花，自由贸易试验区的差异化定位也逐渐形成。沿海自由贸易试验区依托较为成熟和扎实的外向型经济基础不断推进更高层次的对外开放合作。第二批设立的三个自

由贸易试验区具有显著的响应国家战略的区位指向。河北自由贸易试验区积极承接北京非首都功能；辽宁自由贸易试验区加快市场化取向的体制机制改革，成为提升东北老工业基地整体竞争力的新引擎；山东自由贸易试验区探索中日韩三国加深经贸合作，并加快发展海洋特色产业（朱福林，2021）。

（2）我国自由贸易试验区的创新成果。自由贸易试验区一直坚持以制度创新为核心、以可复制可推广为基本要求。多年来，各个自由贸易试验区在投资自由化便利化、贸易便利化、金融开放创新、事中事后监管、人员流动便利等多个领域深入探索、大胆尝试，取得了丰硕的成果，创造了多项具有中国社会主义制度特色的创新制度政策，其中既有外商投资准入负面清单、国际贸易“单一窗口”等基础性、引领性的制度变革，也有“海关通关一体化”等监管模式创新，还有投资管理体制改革“四个一”等全流程的制度优化，有效彰显了全面深化改革和扩大开放的试验田作用，为我国自由贸易试验区的发展以及进一步的对外开放奠定了坚实的基础。

《中国自由贸易试验区发展报告（2020）》① 显示，2019 年，自由贸易试验区出台的第六版负面清单比 2013 年缩减 80. 5%，限制类措施从 152 项缩减到 17 项，缩减幅度均超过 80%。此外，禁止类措施从 38 项缩减到 20 项，减少约一半。从自由贸易试验区国家层面制度创新的 66 项成果来看，投资、贸易、金融开放创新、事中事后监管、优化税收征管及人员流动领域分别为 19 项、7 项、15 项、6 项和 12 项。

截至 2021 年 7 月底，在国家层面，自由贸易试验区已经探索形成 278 项制度创新成果并在全国或特定区域复制推广 。在地方层面，有关省份积极自主释放自由贸易试验区改革红利。据不完全统计，18 个自由贸易试验区已在本省份内推广约 1 400 项制度创新成果。在“放管服”改革方面，自由贸易试验区形成了“证照分离”改革等审批改革经验，“网上自主办税”等优化服务举措，“社会信用体系”等事中事后监管制度，并在全国复制推广，进一步激发了市场主体的发展活力，带动了全国范围内营商环境的不断优化。

自由贸易试验区制度创新成果在全国复制推广，带动各地政府治理理念转变和能力提升，推动贸易、投资、金融、人力资源等领域管理制度变革和优化——推动营商环境不断优化、促进开放型经济创新发展、引导优势产业不断聚集、提升金融服务实体经济质效，为我国构建更高水平开放型经济新体制和实现经济高质量发展奠定了良好的基础。

---

① 资料来自商务部国际贸易经济合作研究院《中国自由贸易试验区发展报告（2020）》。

（3）我国自由贸易试验区面临的机遇与挑战。当前，自由贸易试验区面临着重要的发展机遇。高标准、高质量推进自由贸易试验区建设，全力打造新时代改革开放新高地应该分析并抓住新的历史条件下面临的新机遇。学术界针对我国自由贸易试验区建设面临的机遇做出了诸多有益的探索，为推动自由贸易试验区建设研究奠定了理论基础。由于“一带一路”建设和自由贸易试验区建设作为中国对外开放领域的两项最重要的国家政策，面临相同的国际国内背景并先后被提出，因此较多学者研究分析了两者的协同对接问题。孟茂倩（2020）认为，自由贸易试验区建设和“一带一路”建设具有相近的价值功能，两者都以改革开放为主题，以市场开放、贸易便利、投资自由为目标。自由贸易试验区建设有效对接“一带一路”建设有助于共同推动形成中国全方位对外开放新格局，推动构建全球经济治理新体系。当下，构建双循环新发展格局是中央基于国内发展形势、把握国际发展大势做出的重要战略选择，因此将双循环与自由贸易试验区建设联系起来进行研究十分必要。王爱俭（2021）指出，在双循环新发展格局视域下，自由贸易试验区不仅是驱动国内经济高质量循环的改革试验田和有力抓手，也是国内发展参与国际大循环的开放桥头堡和重要窗口，在链接国内国际双循环的过程中发挥着关键枢纽作用。此外，宋哲（2021）指出，《区域全面经济伙伴关系协定》（RCEP）的签署是我国加入世界贸易组织后的又一重大开放成果，对促进形成更高水平对外开放新格局具有重要战略意义。

当前，自由贸易试验区面临着一定的挑战。不同批次的自由贸易试验区处于经济发展的不同阶段，自由贸易试验区的建设也会面临不同的挑战。上海自由贸易试验区作为新时代中国改革开放的排头兵和创新发展的先行者，各方面探索也还不够成熟。在改革成效方面，杜国臣等（2020）认为，我国自由贸易试验区对标更高标准和更深层次的改革成果有限；我国正处于深化改革、扩大开放的攻坚期和深水区，应该打破既有政策障碍和利益藩篱，发挥开放的倒逼作用，建立与国际高标准投资和贸易规则相适应的体制机制。从自由贸易试验区金融改革面临的风险和金融监管角度来看，韩钰等（2020）认为，自由贸易试验区金融改革的管理机制存在不足，政策贯彻部门的协同机制仍需完善，并且逆全球化趋势增大了自由贸易试验区金融改革面临的外部不确定性，因此自由贸易试验区要进一步加强顶层设计，在增强利益协调和政策融合的基础上，推进金融监管方式和细则的确定，降低不确定性风险。但是，这些相关研究都对国内自由贸易试验区建设的功能和定位存在的挑战比较关注，主要集中在对政府职能转变、投资开放领域、金融改革开放等方面的探究，以时代宏观背景的视角分析自由贸易试验区面临的挑战较少。近年来，世界经济格局正在发生巨大变化和重新调整，有学者开始注重研究时代背景为自由贸易试验区带来的严峻考验。丁松（2019）认为，多边自由贸易协议谈判受到逆全球化的影响，自由贸易区的网络建设受到贸易保护主义的干涉，发展正陷入困境。丁松（2019）提出，在“逆全球化”背景下，中国应该参与新的国际贸易规则的制定，提升自由贸易试验区的贸易便捷化以便促进国内经济转型，提升国际地位。李志勤（2021）指出，我国要认识到新冠疫情将长期伴随经济社会发展的事实，要把统筹推进常态化新冠疫情防控和自由贸易试验区自身发展工作贯通起来，主动顺应经济全球化发展趋势，融入全球价值链、产业链中高端并争取成为全球价值链创新的先行基地。

2. 我国自由贸易试验区的功能模式

（1）我国自由贸易试验区的功能定位。自由贸易试验区的功能定位应立足于解决过去改革开放所存在的深层次矛盾和问题，并在战略布局和未来发展中紧密与我国当前内外发展任务相结合（张汉林和盖新哲，2013）。我国自由贸易试验区在发展过程中，其功能定位从深化改革、扩大对外开放，扩展到了带动区域经济的发展。王受文（2017）指出，全面深化改革是一场具有新的历史特点的伟大实践，目标宏大，涉及范围之广、力度之大，前所未有，通过建设自由贸易试验区这块试验田可以少走很多弯路，减少许多风险。李光辉等（2017）指出，根据新时代的经济发展需要，自由贸易试验区需要发展新理念、创新新机制、对接新规则、探索新路径、培育新优势、承担新任务。我国需要从实际出发，放眼国际，把开放确立为新发展理念的基础，将开放作为开放型经济发展的引领。如今，自由贸易试验区在带动区域经济增长方面也发挥着重要的功能作用。刘秉镰等（2018）考察了上海、天津、福建、广东自由贸易试验区设立对各地区进出口贸易、工业增加值以及固定资产投资等经济指标的影响效应，结果表示四大自由贸易试验区的设立均对地区经济运行产生了不同程度的显著的正向影响。

（2）我国自由贸易试验区的功能任务。关于我国自由贸易试验区的功能任务，现有研究观点可以大致分为服务国家重大战略和推动地区开放发展两个层面。

在服务国家重大战略方面，我国的自由贸易试验区既与振兴东北老工业基地、西部大开发、中部崛起、长江经济带等战略结合，又与国家新一轮改革开放的总体战略布局相一致（杜国臣等，2020）。谢谦和刘洪愧（2019）认为，服务“一带一路”建设是贯穿自由贸易试验区建设始终的长期任务，自由贸易试验区要围绕政策沟通、设施联通、贸易畅通、资金融通、人心相通总体原则出台更为具体的政策。我国可以分别在国际贸易、外商投资、交通物流、金融开放、基础设施建设、政府管理机制等重点领域深入对接“一带一路”建设。王铁山和裴兵兵（2019）提出，自由贸易试验区有两项基本任务：一是更好地发挥“一带一路”建设对西部大开发的带动作用，加大西部地区门户城市开放力度的要求，努力建设成为全面改革开放试验田、内陆型改革开放新高地、“一带一路”经济合作和人文交流的重要支点，发挥示范带动、服务全国的积极作用；二是形成与国际投资贸易通行规则相衔接的制度创新体系，推动构建开放新体制。关于开放新体制的构建，自由贸易试验区主要承担两项任务：一是积极突破体制机制障碍，大胆在制度创新方面不断探索发展，为全国深化改革提供更丰富的、可复制的经验；二是自由贸易试验区要在高水平开放方面形成新的突破，在招商引资方面做出新的贡献，为经济增长注入新的活力，形成我国经济新的增长点（刘海云，2020）。此外，曾文革等（2021）指出，中国自由贸易试验区具有更加宏大的建设目标和功能，承载着国家进一步加大对外开放先行先试，并在成熟后向全国推广的重任，具备先行先试、统筹规划、协调发展、复制推广等特色功能。

在推动地区产业升级与经济开放方面，以辽宁自由贸易试验区为代表的东北及中西部自由贸易试验区的建设目的主要是振兴地方经济、提升开放水平、推动老工业基地转型升级。与此同时，辽宁自由贸易试验区发展的重点任务之一是进一步扩大与东北亚地区国家的合作，吸引日、韩、俄等国先进制造业、新兴产业、现代服务业等产业在自由贸易试验区形成产业集群（施锦芳，2017）。王亚飞等（2021）研究早期在15个城市设立自由贸易试验区对资本错配的影响以及产业集聚的调节作用，指出自由贸易试验区的设立从整体上加剧了资本错配，但自由贸易试验区的设立引致的产业集聚对调节其资本错配效应产生了一定的作用，其中制造业与生产性服务业的协同集聚无论是在资本配置不足还是资本配置过度的地区均有利于促进自由贸易试验区发挥其优化资本配置的功能，而盲目追求单一的制造业或生产性服务业的集聚将加剧自由贸易试验区对资本错配的程度。支宇鹏等（2021）基于2004—2018年中国286个城市数据从实证角度得到自由贸易试验区建设有效促进了地区产业结构转型升级的结论。从分区域的结果来看，自由贸易试验区建设对东部地区城市产业结构转型升级的促进效应明显高于中部地区，对西部地区产业结构转型升级的效果不明显。正是由于自由贸易试验区在产业升级和经济开放上的重要作用，有学者提出了相关的建议举措。方云龙（2020）指出，自由贸易试验区的设立是众多影响产业结构优化升级要素中的核心要素，因此应坚定推行自由贸易试验区战略，先行先试贸易投资便利化举措，探索建设自由贸易港；进口扩大效应和金融集聚效应是自由贸易试验区拉动区域产业结构优化升级的重要渠道，自由贸易试验区建设应在对接国际高标准投资贸易规则上下功夫，重点探索以自由贸易账户（FT 账户）体系为代表的金融账户开放与资本项目可兑换的制度安排，实现跨境资本的自由双向流动，为本地及周边地区的产业结构优化升级提供制度保障和起到示范作用。

三、自由贸易试验区布局的突出问题与经验借鉴

1. 自由贸易试验区布局的影响因素

当前，我国自由贸易试验区蓬勃发展，试点广度及深度不断拓展。然而，与之相关的学术研究却仍处于萌芽期，其中重点分析自由贸易试验区布局的影响因素的研究尤为不足。该领域的相关研究总体呈现出分散化、描述化等特征，尚未形成全面系统的分析论证体系。本书通过对已有文献的收集整理发现，目前学者讨论的自由贸易试验区布局的影响因素大多从自由贸易试验区的空间布局入手。其中，学者又特别关注产业因素与区位因素对自由贸易试验区布局的影响。

在产业因素方面，中西部内陆地区由于受到区位因素的限制，在科技发展创新、高端制造业、科技人才引进等诸多领域远落后于沿海经济发达地区（杜永红，2020）。沿海经济发达城市，如上海，具备广阔的经济腹地、产业基础完备、规模优势明显、市场需求旺盛，同时具有较为发达的金融产业体系，为其自由贸易试验区的快速发展提供了重要保障（王孝松等，2014）。总体来看，高技术产业主要集中在东部地区，东部与中西部地区科技发展不均衡；而产业聚集往往被地方政府过度干预，造成企业对优惠政策的过度依赖，科技创新发展受到制约；中西部地区的本土企业多集中于劳动密集型领域，产业转型升级面临着巨大压力。

在区位因素方面，自由贸易港区在世界各国中得到优先和快速发展是最为突出的例证。例如，我国上海自由贸易试验区就有着优越的地理区位（王孝松，2014），上海港位于长江三角洲前缘，居我国大陆海岸线的中部，扼长江入海口，地处长江东西运输通道与海上南北运输通道的交汇点，是我国沿海的主要枢纽港，也是我国对外开放参与国际经济大循环的重要口岸。除自由贸易港区以外，区位因素对内陆自由贸易试验区同样重要。张金杰（2020）较为全面地从区位角度分析了我国自由贸易试验区的布局态势。他将国内自由贸易试验区分为了三类：第一类是沿海自由贸易试验区，其以港口片区为主要特征的对外开放；第二类是内陆自由贸易试验区，虽然它们不具备沿海地区特有的港口优势，但由于它们都处在内地综合大型城市，具有辐射所属省份乃至周边地区经济以及承接来自沿海地区的产业转移的能力；第三类是沿边自由贸易试验区，其能够利用区位优势将经济发展重心与周边国家合作相协调，加强跨

境经贸合作，从而推动自由贸易试验区发展。全毅等（2021）对三类自由贸易试验区的发展提出了补充建议，认为沿海自由贸易试验区要以自由贸易港为目标，内陆地区自由贸易试验区要以陆港自由贸易区为目标，沿边地区自由贸易试验区要以跨境经济合作区为目标。

2. 自由贸易试验区布局的突出问题

（1）我国自由贸易试验区空间布局的突出问题。目前，针对我国沿海自由贸易试验区的研究主要集中在分析沿海地区在区位、开放水平、经济基础等方面具有的明显优势，对沿海自由贸易试验区的问题研究较少。但也有学者指出，与一些国际经贸规则相比，我国沿海自由贸易试验区的开放水平和开放领域有待进一步提高与扩展。近年来，国际经贸新规则将内容扩展至包括知识产权、竞争、投资、环保、劳工、消费者保护、资本流动、财政支持、税收、农业支持、采矿权、能源、经济政策对话、工业合作、区域合作、创新、文化保护、文化合作、教育与培训、技术与科研等。虽然上海、天津、福建、广东等自由贸易试验区已根据各自区域发展特点，在金融、娱乐、医疗、航运、电信、工程等领域试点开放，但覆盖范围和内容与国际经贸新规则的要求仍有差距，仍有包括创新、文化保护、文化合作、教育与培训、技术与科研等众多内容需要实践探索（叶欣等，2015；王洪，2017）。以上海自由贸易试验区为例，在区域联动上，郑展鹏（2019）通过对我国 11 个自由贸易试验区实地调查研究，发现对自由贸易试验区制度创新的认识误区主要集中于其核心功能、与国际自由贸易区的关系、与国外自由贸易园区的关系、与国内经济功能区的关系、吸引企业的手段等方面。其体制性困境是普遍存在功能定位偏差、制度创新的协调成本高、难以承接省级经济管理权限、制度创新动力不足。

此外，由于内陆地区在经济发展和开放进程上的相对滞后，内陆自由贸易试验区在发展过程中遇到的问题更为突出。因此，许多学者主要将对自由贸易试验区的区位研究聚焦在内陆自由贸易试验区。虽然国家对内陆地区的发展给予了高度重视，也提供了较多的发展优惠政策，但是由于受到地理位置、市场化发展水平、基础设施以及相关因素的制约，内陆地区的经济体量不足、对外依存度较低，内陆自由贸易试验区的开放程度普遍比沿海自由贸易试验区低。内陆自由贸易试验区建设过程中还存在较多的困境与挑战（冯梦骐，2019）。

（2）我国自由贸易试验区产业布局的突出问题。目前，我国自由贸易试验区的功能定位没有明显的差异化，发展的侧重点也无明确的错位划分，容易导致雷同建设，自由贸易试验区应发挥的作用没有充分体现。从模式布局来看，我国的自由贸易试验区的发展模式基本相同，以服务业开放为主，并且所开放的服务业与制造业的关联度不高。我国大多数地区的经济结构以第二产业（制造业）为主，因此目前的试验模式与我国大多数地区的发展水平不符，可能影响试验效果的推广（叶欣等，2015）。在产业发展的配套法律体系上，已有研究主要围绕我国自由贸易试验区的法律体系存在的滞后性、非系统性、前瞻性不足等问题展开研究。陈炜（2017）认为，现行自由贸易试验区在运行过程中存在顶层法律缺位、地方法规创制权限不清、竞争中立法律不完善、协同合作法规缺失等问题。解决这一系列问题的核心是制度创新，尤其是中央和地方职权分明、主体地位充分得以发挥的立法创新。通过顶层设计与地方探索立法的联动，细化自由贸易试验区的差异化法治环境建设，构建完善的自由贸易试验区管理机构和评估体系，实现自由贸易试验区法治创新，将是自由贸易试验区推进的可行路径。陈利强（2017）认为，中国自由贸易试验区在实践中若法治改革不够到位，制度创新结果也会不理想，容易遇到地方化、碎片化的问题，因此可以考虑使用“特别授法权模式”，为自由贸易试验区的制度创新成果提供实质性的法治保障。程慧和张威（2017）通过对比分析几个国家的自由贸易区立法现状，认为中国自由贸易试验区在立法过程中要将统一性与特殊性相结合，在给予自由贸易试验区一定权利的同时，也要注重法律体系的系统性，并在各个方面积极对接国际高标准的经贸规则。丁伟（2013）认为，自由贸易试验区在产业构建中最重要的是坚持法治先行，在坚持法律体系的稳定性、普适性的原则下，兼顾自由贸易试验区管理办法的多变性和特殊性，从而积极探索自由贸易试验区的管理办法。

具体到自由贸易试验区个体，郭德香（2021）指出，在追求自由贸易试验区开放的功能和效用最大化的过程中，应尊重中国（河南）自由贸易试验区发展定位与发展目标的特殊性，通过“经验借力”，并以法治系统化、政策法治化、管理市场化能力培养为依托，在规则塑造与价值塑造层面，重点推动贸易更加透明便利、知识产权保障更加有力、多式联运体系更加便捷的法律制度建设。

（3）我国自由贸易试验区功能布局的突出问题。政府职能转变是许多学者在研究自由贸易试验区的功能布局中的一个热点问题。在公共服务建设上，陈奇星（2016）认为，我国应大力推进“证照分离”改革、构建事中事后综合监管体系，并积极利用大数据、云平台等信息技术，进一步加快公共服务体系建设，提高公共服务水平和质量。部分学者对政府职能转变进行了评估，程波辉（2021）选择 A 自由贸易试验区作为考察对象，通过问卷调查对企业满意度进行测量。研究发现，我国自由贸易试验区营商环境的企业满意度水平总体较高；企业对“职能重构”的满意度最高，其次为对“市场本位”的满意度，而对“权力下放”和“服务能力”的满意度相对较低。在金融开放与创新上，李琼等（2021）通过合成控制法评估了自由贸易试验区政策对金融开放的影响，得到了放宽境外投融资限制和助推人民币国际化的结论。其中，对上海自由贸易试验区的金融布局的研究是许多学者的关注重点。余颖丰（2013）以上海自由贸易试验区为研究对象，认为在风险可控的前提下，应首先开放人民币资本项目可兑和人民币跨境使用。仰炬和唐莹（2014）认为，我国的金融开放程度较低，在上海自由贸易试验区发展离岸金融市场可以帮助中国打开国际金融市场。同时，上海自由贸易试验区应进行人民币中心的建设，以此来实现人民币的跨境交易、结算，在交易主体之间设立以各类金融衍生产品为基础的风险管理体系。徐明棋（2016）重点研究了上海自由贸易试验区的“金改50条”与之后改进的“金改40条”及其对人民币国际化的影响，结果显示上海自由贸易试验区设立人民币离岸金融市场有助于衔接国内金融市场与促进人民币国际化。刘彬和李麟（2016）通过使用实物期权和期权博弈的方法分析上海自由贸易试验区金融创新“试错”机制退出成本对自由贸易试验区创新成果的影响，认为政府部门要鼓励自由贸易试验区进行试错，并要采取一定的措施降低成本，从而实现金融的进一步创新。

3. 自由贸易试验区建设的国际比较与经验借鉴研究

自由贸易区源于自由港形态，其起源可以追溯到2 000多年前的亚历山大时期。自由贸易区就是为投资者提供离岸区域、提供先进的商业基础设施、拥有灵活的商业政策以及具有吸引力的税收和低投资、低运营成本的商业区。国外自由贸易区的发展经历了传统古典自由港发展阶段、现代自由贸易区发展阶段、现代自由贸易区多元化发展阶段（李莉娜，2014）。作为拉丁美洲建立的第一个以及目前世界上面积最大的自由贸易园区，巴西玛瑙斯自由贸易园区经历三个发展阶段，分别为商业服务业发展阶段、工业发展阶段和农牧业发展阶段，有效地促进了工业、农牧业、商业、旅游业、交通运输业、文教服务业等行业的全面发展（胡剑波，2015）。美国虽然没有特定和特指的自由港，但是世界上拥有自由贸易区最多的国家，其自由贸易区包括一般用途自由贸易区和特殊用途副区两类（付亦重等，2016）。美国的自由贸易区从无到有、从少到多、从零散到体系，在空间上实现了全疆域，在领域上做到了全覆盖，在政策上实现了全配套，在管制上实现了全开放，已经成为美国外贸经济发展的核心引擎（李华，2019）。新加坡作为国际上重要的自由贸易区和金融中心，是新兴经济体的代表，其以自由贸易港的发展模式为主，建设了高效的物流体系（郑燕和殷功利，2015）。中国香港特别行政区、新加坡、阿联酋迪拜是世界知名的自由贸易港。它们在自由贸易与经济制度、自由贸易港管理体制、社会与劳工管理等方面各有经验和特色。共通之处是三者在贸易与经济制度上都高度自由，管理体制与机制也灵活高效，社会管理能力十分出色（崔凡，2019）。

纵观世界各国诸多自由贸易区和自由港的成功经验，并非同一模式，而是各具特色、各有所长。以下从不同角度对现有关于自由贸易试验区建设成功经验的相关文献进行总结。

（1）完善自由贸易试验区布局。美国是世界上拥有自由贸易区最多的国家，270个自由贸易区组成美国独具特色的自由贸易体系。美国自由贸易区的发展经历了初始形成、局部发展、快速扩张和平稳增长四个阶段，现已形成自由贸易区沿海、沿河、沿边境、沿国界分布的特征，并且商贸型自由贸易区主要分布在美国东部，制造型自由贸易区主要分布在墨西哥湾，具有带状或圈层状分布的特点（张时立等，2016）。通过对美国自由贸易区的作用、类型、空间分布和空间布局演化分析，对比中国的自由贸易试验区、保税港区和综合保税区的空间分布，可以发现中美两国自由贸易区同时具有沿海、沿河分布的特点和呈现带状或圈层状形态。根据中美两国自由贸易区共性特点和差异可知，未来我国保税港区和综合保税区有向自由贸易试验区演化的趋势，在空间分布上将出现沿海、沿长江、沿黄河、沿重要铁路枢纽分布的趋势，并将出现自由贸易试验区的集聚，形成自由贸易圈或自由贸易带。

（2）明确自由贸易试验区的功能定位。在自由贸易区建设过程中，本国自由贸易区定位的准确性十分重要。孟广文（2017）等通过对科隆自由贸易区发展历程的梳理、对未来发展的展望以及其成功经验与存在问题的总结和分析，提出了根据自身优势、国家需求以及国际政治经济形势变化，因时因地进行合理的功能定位的建议。胡剑波（2015）通过总结巴西玛瑙斯综合型自由贸易园区在增进服务功能方面采取的多项措施，提出我国建设自由贸易园区应不断扩展和完善自由贸易园区的服务功能，具体包括加强国际贸易，充分发挥转口贸易功能；不断扩大人民币跨境使用功能；积极推进跨境电商服务功能以及进一步扩展园区的服务功能。

（3）完善自由贸易试验区的税收政策。完善的税收政策在自由贸易区的发展过程中不可或缺。我国正在进行自由贸易试验区的建设，可以借鉴美国对外贸易区的建设经验，从以下三个方面进行自由贸易试验区的建设：一是建立有效的管理体制，二是完善优惠的税收政策，三是建立灵活的监管方式（吕颖，2018）。徐晓华等（2021）分析了国外自由贸易区的税收政策与管理体制，结合湖南自由贸易试验区的定位和特点，探讨了如何有针对性地提供借鉴和帮助。冯敏（2020）通过分析中国香港特别行政区、新加坡、英国、美国自由贸易区的离岸贸易税收政策，指出离岸贸易长期发展良好的经济体，通常具备优惠的税率、宽松的外汇管制、灵活的海关监管措施以及完善的法律体系等制度条件，并通过不同自由贸易区的经验比较和借鉴，结合自由贸易区离岸贸易的操作模式，探索税收政策在其中的积极作用，以期完善我国相关税收政策，支持和鼓励更多"走出去"企业通过离岸贸易方式，在全球产业链中占据更有利的位置。

（4）完善自由贸易试验区的监管制度。自由贸易试验区的良好运行离不开科学的监管制度。李莉娜（2014）通过对国外自由贸易区发展的经验总结，得到了诸如如何推进贸易监管方式转变、完善法治领域的制度保障等启示。付亦重和杨嫣（2016）则通过对美国内陆自由贸易区监管模式及发展的研究，对我国设立内陆自由贸易试验区提出建议，具体包括：强调企业的主体地位，赋予企业构建自由贸易试验区的自主权；调整内陆自由贸易试验区设立及监管模式释放开放红利。宾建成（2014）指出，我国要制定科学有效的监管措施，保障上海自由贸易试验区正常有序运行，具体应当做到"境内关外"、区港联动以及信息化管理，还要加快自由贸易试验区相关管理立法，保证各项工作有法可依。

（5）推进自由贸易试验区的体制改革。深化体制改革是党和国家一直以来的要求，在自由贸易试验区的建设上也不例外。倪外（2015）通过构建先进自由贸易区的核心竞争力模型、指标体系，分析了新时代国际先进自由贸易区发展的特点及趋势，同时以中国香港特别行政区等自由港经济发展为例，分析了先进自由贸易区核心竞争力的构成要素及作用机制，包括构建发达物流客运网络连通经济腹地与全球市场。高增安等（2018）通过对巴西马瑙斯、美国孟菲斯、印度诺伊达三大自由贸易区的发展特点进行案例分析，表明完善的交通干线、高效的管理模式、差异化的产业结构、特色化的法治和创新政策是内陆自由贸易区决胜的关键因素。胡剑波等（2014）对三个典型且发展成功的内陆自由贸易园区进行深入剖析，提出建立内陆自由贸易园区时在管理体制上应整合资源，不断在体制机制上深化创新。

（6）厘清自由贸易试验区的发展模式。充分了解各个自由贸易试验区的发展模式才能更好地促进其发展壮大。韩民春等（2018）选取国外主要内陆自由贸易园区的开放模式、管理模式、产业发展模式进行比较分析，探讨了内陆自由贸易园区建设发展的经验和存在的问题。结合中国内陆自由贸易试验区的实际发展情况，韩民春等（2018）就中国内陆自由贸易试验区发展模式选择提出了对策建议。何枭吟等（2018）对国外典型空港自由贸易区的发展特点及趋势进行分析，对比目前我国内陆空港自由贸易试验区建设存在的问题，提出了内陆空港自由贸易试验区对接临空经济、融合传统产业、推动现代服务业发展等建议。王晓辉（2017）提出，国外自由贸易区建立了比较完善的管理体制，发展过程与发展经验都值得借鉴。总体来说，我国自由贸易区建设应该厘清自身发展模式，坚持以东亚地区为重点实行差异化战略，坚持多样化收益稳步推进自由贸易区战略，建立新型管理运行体制，创新贸易监管和金融外汇管理模式。

（7）提升自由贸易试验区的金融发展水平。金融在经济社会发展中的作用举足轻重，因此也必须重视自由贸易试验区的金融发展。张建鹏和黄菁（2014）以新加坡金融开放创新的经验为主，分析并提炼了新加坡在自由贸易区建设中的成功经验，并在此基础上，对上海自由贸易试验区建设中金融开放创新等方面应关注的重点问题提出了建议。朱孟楠等（2018）通过分析国际自由贸易港的发展经验，认为建立中国特色的自由贸易港应在以下几个方面有所创新：扩大税收优惠政策，优化政府管理体制，创造更有吸引力的投资环境，保证人员、金融、物流和公共服务四个方面的要素自由流动，做好配套的金融制度改革。

（8）推进自由贸易试验区的负面清单改革。实施负面清单制度是我国对外开放的重要举措之一。宾建成（2014）在其研究中指出要逐步减少负面清单内容，加大吸引外商投资的力度。我国可以借鉴新加坡的经验，结合上海自由贸易试验区现有产业基础和未来经济定位，有步骤地减少限制，简化负面清单的内容。陶立峰（2018）对标国际最高标准的自由贸易试验区负面清单实现路径，认为我国自由贸易试验区负面清单应在说明和特别管理措施的内容表述、结构安排方面予以完善，减少模糊性和不确定性，才能实现与国际规则的对接和转化。更进一步地，孔庆峰（2020）分析了新加坡、迪拜等自由贸易区的发展情况，建议参照《跨太平洋伙伴关系协定》（TPP）等高标准贸易投资协定，创新试验开放水平更高、具有国际领先水平的新版负面清单，进一步放宽外商投资准入，在跨境服务贸易、金融服务以及监管模式方面也可以试验开放水平更高的负面清单管理。

四、完善自由贸易试验区布局的机制分析与战略研究

1. 自由贸易试验区布局的评估机制研究

当前，既有研究大多聚焦在单个自由贸易试验区的建设绩效评估上，从全局角度对自由贸易试验区建设与布局成效建立测量指标和评估体系相对偏少。

从单个自由贸易试验区来看，王江和吴莉（2018）以上海自由贸易试验区为例，

通过层次分析法构建了中国自由贸易试验区贸易投资便利化指标体系，一级指标包括市场准入、基础设施、海关边境管理、政府监管及效率、营商环境和商务流动性。李宜钊和叶熙（2020）基于151项政策性文件对海南自由贸易试验区政策发展进行了量化分析。他们通过构建“时间-主体-目标-工具”的政策量化分析工具对2008—2019年海南自由贸易试验区建设过程中出台的政策文本进行量化，发现海南自由贸易试验区虽然总体建设情况良好，但是还存在市县和基层动力不足、政策协同较弱、市场和社会需求尚未被激发等问题，并提出未来政策调整需要重视战略层面政策工具的应用和协调机制。张金杰（2020）从地理区位视角出发，将我国现有的自由贸易试验区划分为沿海自由贸易试验区、内陆自由贸易试验区和沿边自由贸易试验区，基于地理位置和社会经济发展条件方面的差异对不同类型的自由贸易试验区的发展模式和重点功能进行了差异化评估，并提出政策建议。白仲林等（2020）利用广义合成控制法对我国自由贸易试验区设立政策的区域经济增长和产业结构升级效应进行了实证检验，指出自由贸易试验区的区位选择需要以其外向型经济发展水平为基础，避免地理上的均匀布局。邓慧慧等（2020）通过构造产业技术复杂度指标衡量产业升级，基于2000—2016年29个省份的面板数据，运用合成控制法对比自由贸易试验区设立前后产业升级变量的实际值与合成控制地区变量的“反事实”估计值来评估上海自由贸易试验区设立的产业升级效应，并基于地区异质性对天津、福建和广东自由贸易试验区进行比较分析。

从自由贸易试验区整体布局看，刘晶和杨珍增（2016）结合我国对自由贸易试验区发展的战略定位及区内企业对自由贸易试验区功能的现实需求，采用系统分析法构建了中国自由贸易试验区综合绩效评估体系，提出了各级指标的具体测算方法和数据来源，并通过层次分析法确定了各层级指标的权重，基于评估结果提出了进一步的研究方向和对策建议。

2. 自由贸易试验区布局的优化机制研究

对自由贸易试验区机制方面的现有研究可以分为整体制度与自由贸易试验区建设、具体制度与自由贸易试验区建设两个方面。

在整体制度与自由贸易试验区建设方面，王家庭和张换兆（2009）认为，国家综合配套改革试验区通过制度创新与技术创新、产业规划相结合，形成制度内生增长极，具备制度内生化的累积创新机制，并能够实现向周边地区扩散辐射，带动周边地区经济增长。赖庆晟和郭晓合（2015）构建制度变迁辐射模型，分析中国（上海）自由贸易试验区制度变迁辐射的能力。汪海（2015）认为，在沿海地区构建创新增长极，应借鉴东亚新兴经济国家和地区的经验，从功能定位、发展方式、区位布局、产业结构、管理体制等方面着手，推动我国经济转型与升级。丁宏（2020）指出，新一轮自由贸易试验区的制度创新应该更加注重便利化与自由化并重、贸易促进与产业发展并重、创新驱动与开放合作并重、区内发展与区外联动并重以及顶层设计与基层创新并重。方初（2021）指出，我国要聚焦对外开放、科技创新和实体经济，对标高水平贸易规则，全面构建贸易和投资自由化便利化制度体系。

在具体制度与自由贸易试验区建设方面，一是组织协同与自由贸易试验区建设。卢迪（2018）梳理了中国（上海）自由贸易试验区的演进过程和推进机制，提出各方积极参与下的顶层设计和顶层推动，法律法规改革和构建是自由贸易试验区政策试验不断深入的原因。郑展鹏等（2019）通过对我国 11 个自由贸易试验区实地调查研究，发现对自由贸易试验区制度创新的认识误区及其体制性困境，并提出了营造社会氛围、聚焦制度创新功能、理顺管理体制机制、科学设计下放省级经济管理权限、构建容错机制等建议。杨梦莎（2019）指出，我国自由贸易试验区与自由贸易协定之间并未实现全面的制度衔接，为更好地发挥两者之间的协同效应，我国自由贸易试验区的法律制度构建应充分考虑区域一体化发展需求，提升其为区域经济发展服务的能力。胡浩（2020）结合上海自由贸易试验区的战略定位、建设时序、片区分布、建设形式、发展支撑与功能组织的分析，从空间发展规划的角度审视上海自由贸易试验区内部各片区的协同发展。二是通道协同与自由贸易试验区建设。王庆德等（2020）从广西自由贸易试验区建设和西部陆海新通道规划出发，提出加快国际陆海贸易新通道建设、全力推动产业发展、创新招商引资模式、打造中国东盟开放合作先行示范区的建议。三是产业协同与自由贸易试验区建设。杨志远等（2013）认为，上海自由贸易试验区服务业进一步优先开放的重点领域是与货物贸易有关的生产性服务业以及能够以开放促改革的服务行业领域率先开放，如通信、海运、航空运输以及医疗等服务业领域。裴长洪和陈丽芬（2015）认为，自由贸易试验区功能深化的重点应进一步考虑拓展产业功能、离岸贸易金融业务功能以及政策制度功能等，探索构建与国际通行规则相衔接的贸易投资管理制度体系，发挥自由贸易试验区制度增长极示范引领、服务全国的辐射带动作用。林桂军（2015）认为，上海自由贸易试验区扩大服务业领域开放的定位是优先开放生产性服务业（服务于我国比较优势所在的制造业），通过一步步扩大服务贸易领域的方式，来培育服务贸易开放增长极，用高品质的生产性服务业带动我国制造业产业转型升级。四是信息协同与自由贸易试验区建设。周念利等（2021）建议从设置灵活的数据出境路径、强化信息技术研发应用能力、加快法律制度制定和实施的进度、确定数据分类分级标准和扩大国际影响力等方面应对当前的难点和问题，助力中国早日实现与他国的数据跨境安全流动。

3. 高质量发展下自由贸易试验区布局优化的战略路径

关于我国自由贸易试验区进行规则制度创新的路径，国内很多学者都进行了研究。李成刚（2020）指出，新一轮的三个自由贸易试验区在发展方向上强调突出畅通循环构建新发展格局、突出科技创新催生新发展动能、突出深化改革激发新发展活力、突出高水平开放打造新发展优势等要求，进一步体现了我国自由贸易试验区建设在制度创新上的一些新趋势。刘晓宁（2020）认为，我国应通过积极参与构建超大型自由贸易试验区、将自由贸易试验区网络建设与“一带一路”倡议相结合、深化自身改革提供制度支撑、综合考量宏观收益开展自由贸易谈判、设计兼具稳定性和灵活性的自由贸易协定等策略来推进自由贸易试验区建设。

关于我国自由贸易试验区与区域产业协同发展之间的关系，赵亮（2021）指出，基于区内视域可以发现，自由贸易试验区能通过对内改革和对外开放双维驱动区域产业结构升级（驱动效应），传导路径（中介效应）分别为贸易开放、投资自由、金融创新、制度变革，其显著的制度创新特征赋予自由贸易试验区驱动具备持续性（长期效应）。基于区外视域可以发现，自由贸易试验区能够通过“倒逼”、竞合、外溢作用以及周边区域的地理优势，促进周边城市产业结构升级（溢出效应）。基于区际视域可以发现，片区间的合作能够优化各片区的产业布局和结构升级（协同效应）。

在实现自由贸易试验区内外联动发展方面，孙海波（2021）指出，内陆自由贸易试验区建设应持续深化“放管服”改革，激发市场经济发展活力，拓展对外开放的广度与深度，促进要素自由流动，降低制度成本，优化营商环境，形成引领西部地区开放发展的经济集聚体。

在实施创新驱动发展战略推动我国现代化产业体系升级方面，盛朝迅（2020）在构建现代产业体系的主要着力点中提出产业链现代化水平直接决定产业整体质量和竞争力，是建设现代化国家的重要基础，因此要立足我国的规模优势和配套优势等，培育战略性新兴产业，发展现代产业体系。黄汇和翟鹏威（2019）从加强严保护、健全大保护、优化快保护、推进同保护四个角度，提出了我国自由贸易试验区知识产权保护的具体战略举措和基本思路。王昆强等（2021）具体分析了科技创新战略路径的一般进程及当代特点和海南自由贸易试验区的综合优势（独特的生态环境资源优势与显著的社会文化资源优势），并且立足海南自由贸易试验区的综合优势，联系科技创新战略路径的一般进程与当代特点，进一步探讨了海南自由贸易试验区科技创新战略路径的具体分析与选择。

第四节　研究评述与启示

一、文献评述

国内外相关文献从完善自由贸易试验区布局的理论基础、发展历程、功能定位，自由贸易试验区建设的国际比较与经验借鉴，自由贸易试验区布局的成因及功能模式、评估机制、优化机制、保障体系等方面进行了广泛的研究，扩大和完善了本书涉及的研究范畴，为本书提供了广阔的研究视野。

1. 有关自由贸易试验区布局的研究贡献

目前，国内对自由贸易试验区布局的直接研究较少，大多是在研究自由贸易试验区发展问题时涉及布局问题。虽然目前学术界对完善自由贸易试验区布局进行的研究还不完善，但国内外学术界对我国自由贸易试验区进行差异化探索已有较为成熟的讨论。除了差异化探索之外，已有研究还从单个自由贸易试验区的角度出发，深入分析了影响我国自由贸易试验区空间、产业、功能布局的因素。此外，研究的视野也聚焦在自由贸易试验区对区域内及区域间产业协同发展影响的研究上。

2. 有关马克思主义的开放思想和习近平总书记关于新时代对外开放的重要论述的研究贡献

尽管马克思没有直接提出“对外开放”的概念，但学者们普遍认为，马克思主义的对外开放思想源远流长。马克思和恩格斯认为，由于开拓了世界市场，一切国家的生产和消费都成为世界性的了，整个世界成为一个整体。社会生产力的发展必然带来国际交往、民族交往和个人交往的范围的扩大，从而构成了丰富的对外开放思想。这一极其珍贵的思想，成为社会主义对外开放思想的理论渊源。中国特色社会主义对外开放思想是将马克思列宁主义关于对外开放思想与中国具体实际相结合的典型运用，是基于中国具体国情基础上的理论与实践相结合的产物，是在历史发展进程中逐步完善和丰富起来的思想理论。当下，我国提出完善自由贸易试验区布局，无疑是在新的历史时期对马克思主义的开放思想的创造性继承与实践。习近平总书记关于新时代对外开放的重要论述是将马克思主义运用于中国改革开放特别是对外开放的实践而产生的最新理论成果，这一理论成果将能够为完善自由贸易试验区布局提供实践指导。

3. 有关我国自由贸易试验区发展特征、趋势及问题的研究贡献

随着我国自由贸易试验区的快速发展，近年来围绕国家或地区层面自由贸易试验区的研究逐步增多、视角不断丰富、方法不断多样，为后续相关研究的开展打下了较为扎实的研究基础和提供了方法借鉴。具体而言，一是现有研究在分析提炼自由贸易试验区的发展特征、趋势以及存在的问题时，弥补了早期研究中仅关注自由贸易试验区的数量，而忽略了对自由贸易试验区质量讨论与考查的不足，同时抓住了当前自由贸易试验区在规则、构成以及功能等不同层次的、多维度的变化特征与趋势。二是现有研究除了采用自由贸易试验区较为基础的数据统计分析方法外，也逐渐开始应用数据可视化分析、文本量化分析等前沿交叉学科研究方法来对自由贸易试验区发展现状及问题进行讨论，从而提高研究结论的科学性与准确性。三是对自由贸易试验区的研究逐步展现出了与国际接轨，不断吸取国外先进自由贸易区建设经验的趋势。国外成功的自由贸易区建设不仅能够提供可复制的经验，也能影响我国自由贸易试验区建设的方向和视角。

4. 有关自由贸易区建设的国际比较与经验借鉴的研究贡献

世界各国自由贸易区和自由贸易港的成功经验对我国自由贸易试验区的建设与发展具有重要的借鉴意义。现有研究多基于对世界上著名自由贸易区和自由贸易港的成功经验总结，如巴西玛瑙斯综合型自由贸易园区、美国自由贸易区、杰贝阿里自由贸易区等，进而为我国自由贸易试验区的建设提出建议。然而，现有研究多以描述为主，鲜有数据或图表等的支撑，并且一些研究对国外自由贸易区的成功经验的总结较为笼统。对世界各国典型自由贸易区建设的系统性研究与对比，将有助于我们更好地吸收成功经验，进而为我国自由贸易试验区的建设与发展提供切实可行的建议。

二、启示

基于以上分析，本书结合党的十九届五中全会精神，充分学习“十四五”规划的要求，立足中国特色社会主义新时代、新征程、新方略的发展要求，提出以下仍值得进一步探讨、发展和突破的问题：

1. 我国自由贸易试验区布局的发展现状与问题研究

我们既要关注自由贸易试验区布局的发展历程与功能演变，也要从空间布局、产业布局、功能布局层面提炼自由贸易试验区布局的突出问题，辩证地认识各自由贸易试验区的个性与共性，客观分析当前自由贸易试验区发展面临的机遇与挑战。目前，已有关于自由贸易试验区的发展现状及问题研究主要以一个或多个自由贸易试验区为

研究对象，研究方法以定性分析为主，这样的优势在于可以更好地结合该自由贸易试验区具体的发展背景及地域特征展开较为深入的研究。但是，这类研究对我国自由贸易试验区整体的发展情况的把握不足，同时也难以将其研究成果进行拓展延伸，对其他自由贸易试验区的分析借鉴性不强。例如，关于自由贸易试验区的空间布局研究多以沿海、内陆自由贸易试验区为主，忽略了沿边自由贸易试验区的发展情况；关于自由贸易试验区的金融体系研究多以上海自由贸易试验区为主，其研究结论难以扩展至内陆其他地区等。同时，新冠疫情冲击、逆全球化浪潮等错综复杂的国内外因素增加了自由贸易试验区发展的风险挑战。自由贸易试验区的发展研究需要进一步结合当今全球局势的综合考量。由此，随着我国对试验区数量不断增加、内容愈加广泛、形式和构成日益复杂，已有研究由于上述不足已不能较好地为我国自由贸易试验区建设提供指导和参考，系统地研究和认识自由贸易试验区发展现状、布局问题、机遇以及挑战迫切且必要。

2. 当前我国自由贸易试验区布局发展面临的难题与原因研究

我们既要关注主要或典型自由贸易区的特征、趋势与问题，也要从全球或区域层面提炼自由贸易区发展的特征、趋势与问题，辩证认识全球自由贸易区的个性与共性，客观分析当前我国自由贸易试验区布局发展面临的难题与原因。目前，已有研究大多数是以一个或多个主要自由贸易区为研究对象进行定性分析，这样的优势在于可以更好地结合该自由贸易区具体的发展背景及成员特征展开较为深入的研究。但是，这类研究对全球自由贸易区整体的发展情况把握不足，同时也难以将其研究成果进行拓展延伸，对其他自由贸易区的分析借鉴性不强。少数研究虽然也进行了全球或地区层面的分析，但是这类研究却主要为粗略的现状描述或简单的数据罗列，对自由贸易区的发展特征或问题没有明确讨论和深入分析。由此，随着全球自由贸易区数量不断增加、内容愈加丰富、形式和构成日益复杂，已有研究由于上述不足已不能较好地为我国自由贸易区建设提供指导和参考，系统地研究和认识全球自由贸易区发展现状、空间布局、运行状况及问题迫切且必要。

3. 自由贸易试验区的职能与作用效果研究

推动完善自由贸易试验区布局，是“十四五”规划提出的重大目标，也是我国实行高水平对外开放、开拓合作共赢新局面的重要措施和手段。目前，关于我国自由贸易试验区的功能任务，现有相关文献的研究观点包括服务国家重大战略、推动地区产业升级以及促进经济增长三个层面，对自由贸易试验区的其他职能研究还有所欠缺。此外，自由贸易试验区的建立对一个地区的经济发展、就业、对外贸易等都具有一定的影响，地区发展的溢出效应同时也会对周边其他地区的发展带来影响。然而，一方面，自由贸易试验区的设立往往存在主观性，并且我国自由贸易试验区的建立范围还比较狭窄；另一方面，自由贸易试验区的内涵极其丰富，其建设意味着整体营商环境的便利性，而不仅仅只是贸易，这都对研究自由贸易试验区对地区发展的作用效果带来了困难。现有评估自由贸易试验区建设与布局成效的研究也大多聚焦在单个自由贸易试验区的建设绩效评估上。总而言之，准确识别自由贸易试验区对地区发展的作用效果以及从全局角度构架评估自由贸易试验区建设和布局成效的测量指标与评估体系是有待进一步研究的重要问题。

4. 完善自由贸易试验区布局的战略路径研究

从上述文献综述来看，尽管学者们已经针对自由贸易试验区的制度创新进行了深入的探讨，但是研究多集中在纵向创新，即各自由贸易试验区如何通过制度创新进行新一轮的压力测试，实现“深水实验”，但是涉及不同自由贸易试验区之间的差异化的制度创新的研究相对较少。我们进一步梳理发现，尽管少数学者就自由贸易试验区之间的协同发展进行了解析，但是已有研究将考察对象限制在部分区域内，缺乏全国范围内的自由贸易试验区整体布局的优化讨论。尤其是在当今百年未有之大变局的形势下，如何在双循环新发展格局下通过自由贸易试验区的优化布局，实现区域之间的资源配置效率最优，从而破解经济总体的发展难题，是未来的研究重点，也是已有研究的不足之处。

5. 自由贸易试验区布局的制度保障体系构建

关于自由贸易试验区布局的外部环境保障体系构建，目前的文献主要集中于自由贸易试验区布局相关保障制度的构建，而关于自由贸易试验区布局的外部技术环境的相关措施，大多数学者都是从“一带一路”倡议的角度出发，缺乏基于完善自由贸易试验区布局的视角分析。总体而言，关于自由贸易试验区布局外部环境的相关研究还比较欠缺，有待发掘与研究。关于自由贸易试验区布局的评估机制构建，现有文献虽然对自由贸易试验区建设的不同阶段（事前、事中和事后）都有不同程度的研究，但是在具体的评估机制的构建上还不够完善。目前，关于自由贸易试验区布局的评估主要针对自由贸易试验区布局的外部环境、政治因素、经济因素和技术因素等方面，缺乏对文化、历史等因素的研究，并且未针对建设的不同时期给出具体的利益和风险评估机制，对事后的救济和争端解决机制也并未进行具体深入的构建。同时，关于相关的权威评估机构，即谁来评估和具体评估实施的标准的研究也较少，对自由贸易试验区进行整体评估的指标和体系也尚未建立。总体而言，自由贸易试验区布局的评估机制还较为简单，有待进一步深化建设。

第二章

中国自由贸易试验区的发展历程及功能定位

第一节 中国自由贸易试验区的发展历程

2007 年，党的十七大首次将自由贸易区建设上升到国家战略层面，提出“实施自由贸易区战略，加强双边多边经贸合作”。2012 年，党的十八大进一步提出“统筹双边、多边、区域次区域开放合作，加快实施自由贸易区战略，推动同周边国家互联互通”。2013 年 9 月，中国首个自由贸易试验区——中国（上海）自由贸易试验区率先挂牌成立。自此，自由贸易试验区的实践和探索不断加深。目前，中国自由贸易试验区的数量已达 21 个，形成了战略性的布局网络，从沿海地区扩展到内陆和沿边地区，基本实现了东中西部各区域覆盖。

一、第一批自由贸易试验区：上海自由贸易试验区率先挂牌成立

2013 年 9 月，中国（上海）自由贸易试验区（以下简称“上海自由贸易试验区”）正式挂牌。这是我国应对当前国际经济贸易形势的战略选择，是新时代我国推进对外开放的重要举措。作为全面深化改革的“试验田”和自由贸易试验区的“领头雁”，上海自由贸易试验区自成立以来，在投资管理、贸易监管、金融创新、政府治理等制度建设方面取得了较好的成绩，尤其是自主构建以负面清单和国民待遇为核心的制度创新，开启了从被动接受国际规则到主动对接国际规则的新局面，对推动形成更高层次的对外开放新格局起到了示范作用。

我国自 2013 年启动自由贸易试验区的建设，从对外开放的前沿阵地上海出发，赋予其制度创新的核心任务。上海自由贸易试验区的建立是党中央做出的有利于国家长足发展和人民利益的重大战略举措，适应了中国需要融入当今世界时代浪潮的历史背景。上海自由贸易试验区作为改革创新的“试验田”，在制度创新上的积极探索形成了具有推广借鉴价值的制度创新框架。在贸易领域改革方面，上海自由贸易试验区在推进贸易方式的转变、促进国际贸易和国际物流发展、创新贸易监管制度三个方面推陈出新。在投资领域改革方面，上海自由贸易试验区不断推动投资自由化便利化，积极探索负面清单模式，创新投资管理体制，为改善国内投资营商环境打下了坚实基础。在金融领域改革方面，上海自由贸易试验区不断深化金融领域的开放创新，推出自由贸易账户，大力增强金融服务业功能，持续推进金融相关配套改革，在区内不断探索实践适合中国国情、高度开放的金融体系。上海自由贸易试验区的设立与运行对

我国进一步对外开放有着重要的意义。

二、第二批自由贸易试验区：从“夯基垒台”到“积厚成势”

2015 年 4 月，我国第二批自由贸易试验区——广东、天津、福建三个自由贸易试验区正式挂牌。三个自由贸易试验区在全面深化改革扩大开放的探索实践中奋勇争先，推动多个领域形成重要的基础性制度创新成果，形成了多领域、复合型改革态势，推动自由贸易试验区改革从“夯基垒台、立柱架梁”到“全面推进、积厚成势”。

据商务部统计，2015—2020 年，三个自由贸易试验区按照党中央、国务院的部署，坚持以制度创新为核心、以可复制可推广为基本要求，围绕战略定位和发展目标大胆探索、勇于突破，总体方案确定的 398 项改革试点任务已基本实施，深化方案的 369 项改革试点任务实施率达到 96%，累计向全国复制推广了 105 项制度创新成果，自主在省级事权范围内推广制度创新成果超过 600 项。多年来，广东自由贸易试验区粤港澳大湾区合作示范区建设成效突出，已成为全国新一轮改革开放先行地；天津自由贸易试验区高水平对外开放平台作用凸显，在京津冀协同发展和经济转型发展中发挥了示范引领作用；福建自由贸易试验区深耕两岸经济合作，逐步成为面向 21 世纪海上丝绸之路沿线国家和地区开放合作的新高地。

设立这三个自由贸易试验区的初衷之一就是要和上海自由贸易试验区开展对比试验、互补试验。多年来，这三个自由贸易试验区不仅在外商投资准入前国民待遇加负面清单管理制度、国际贸易“单一窗口”和“证照分离”等方面改革不断深化、丰富，而且在商事登记制度、投资管理体制、用电制度等改革方面闯出了新的路子。同时，自由贸易试验区更加注重制度创新的系统集成性并取得了突破。广东、天津、福建三个自由贸易试验区在服务国家重大战略方面有非常明确的定位和鲜明的特色，在深化粤港澳合作、服务京津冀协同发展以及深化两岸经济合作方面各自进行深入探索，取得明显成效①。

以中国（广东）自由贸易试验区（以下简称“广东自由贸易试验区”）为例，经过多年的建设与发展，广东自由贸易试验区已在投资便利化、贸易便利化、扩大开放、金融创新、人才管理创新和税收管理方面实现了一系列制度创新和出台了一系列政策措施（见表 2-1）。

---

① 冯其予. 从“夯基垒台”到“积厚成势”［EB/OL］.（2020-05-09）［2021-03-11］. https://baijiahao.baidu.com/s?id=1666205318212688789&wfr=spider&for=pc.

表 2-1　广东自由贸易试验区制度创新和政策措施

创新领域	具体内容
投资便利化	对外商投资实行准入前国民待遇加负面清单管理；对负面清单之外的领域，外商投资项目实行备案制。 自由贸易试验区内企业境外投资一般项目实行备案管理，国务院规定对境外投资项目保留核准的除外。 对外商投资项目核准（备案）、外商投资企业设立和变更审批（备案）、商事主体设立登记、组织机构代码证、税务登记证、社保登记号、公章刻制备案等事项纳入“一口受理”机制实行并联办理；逐步推行工商营业执照、组织机构代码证、税务登记证等“多证合一”“一照一号”
贸易便利化	自由贸易试验区内的广州南沙保税港区、深圳前海湾保税港区等海关特殊监管区域，实行“一线放开、二线管住、人货分离、分类管理”的原则实行分线管理。 境外进入广州南沙保税港区、深圳前海湾保税港区、珠海横琴新区片区（以下简称“围网区域”）的货物，可以凭进口舱单先行进入，分步办理进境申报手续；出口货物可以实行先报关、后进港的通关方式。围网区域企业之间仓储物流货物，免予检验检疫。 建立跨部门的贸易、运输、加工、仓储等业务的综合管理服务平台，设立国际贸易单一窗口
扩大开放措施	自由贸易试验区进一步取消或放宽对境外投资者的资质要求、股比限制、经营范围等准入限制，在制造业、金融服务、交通航运服务、商贸服务、专业服务和科技服务等领域对全球扩大开放；在《内地与香港关于建立更紧密经贸关系的安排》（CEPA）框架下对港澳服务业进一步扩大开放
金融创新	推进自由贸易试验区在跨境人民币业务领域的合作和创新发展，推动以人民币作为自由贸易试验区与境外跨境大额贸易和投资计价、交易结算的主要货币。 在自由贸易试验区建立与粤港澳商贸、科技、旅游、物流、信息等服务贸易自由化相适应的金融服务体系。 探索通过设立自由贸易账户和其他风险可控的方式，开展跨境投融资创新业务；开展以资本项目可兑换为重点的外汇管理改革等试点，推动自由贸易试验区投融资汇兑便利化
人才管理创新	自由贸易试验区对港澳及外籍高层次人才在出入境、在华停（居）留、项目申报、创新创业、评价激励、服务保障等方面给予特殊政策；通过特殊机制安排，推进粤港澳服务业人员职业资格互认
税收管理	上海自由贸易试验区已经试点的税收政策原则上可在广东自由贸易试验区进行试点。 研究完善适应境外股权投资和离岸业务发展的税收政策，研究实施启运港退税政策试点，实施境外旅客购物离境退税政策。 深圳前海深港现代服务业合作区、珠海横琴新区对符合规定的企业减按15%的税率征收企业所得税

注：中国（广东）自由贸易试验区. 自贸试验区简介［EB/OL］.（2015-03-02）［2021-03-11］. http://ftz.gd.gov.cn/zmsyqjj/content/post_917243.html#zhuyao.

三、第三批自由贸易试验区："1+3+7"雁行阵布局形成

2017 年 4 月 1 日，辽宁、浙江、河南、湖北、重庆、四川、陕西七地成为第三批正式挂牌的自由贸易试验区所在地，我国自由贸易试验区建设自此形成"1+3+7"的格局。相比前两批自由贸易试验区，第三批自由贸易试验区主要集中在中西部地区。过去，我国的开放格局是东部地区开放快，中西部地区相对落后。随着自由贸易试验区建设和各项开放政策的落地，中西部地区对外开放正在加速，"一带一路"建设和中欧班列的发展则使中西部地区站在了开放的前沿，"东西互济"的对外开放新格局正在形成。第三批自由贸易试验区建成以来，七个地区协同开放，取得了累累硕果。

"马上办、网上办、一次办"政务改革、税务一窗通办、无申请退税、先出区后报关、先放行后改单五项创新成果已通过国家层面推广，内外贸同船运输货物智能放行等 21 项成果在湖北省内复制推广。这些是中国（湖北）自由贸易试验区挂牌运行以来的多项改革创新成果。

中国（河南）自由贸易试验区与多个国家战略叠加，自挂牌运行以来不断取得突破，在全国率先通过手机短信验证方式"零见面、无介质、无纸化"办理电子营业执照，形成全国首个跨境电商零售进口正面监管工作指引及十余个配套操作指引。

重庆作为我国西部大开发的重要战略支点，处在"一带一路"和长江经济带的联结点上。中国（重庆）自由贸易试验区自成立以来，成功开立了全球首份"铁路提单国际信用证"，迈出构建陆上国际贸易规则的"关键一步"，充分发挥了国际陆海贸易新通道作用，推动形成陆海内外联动、东西双向互济的开放新格局。

中国（四川）自由贸易试验区不断深化"放管服"改革，提升投资贸易便利化水平，推动两批共 142 项省级管理权限下放，实现 99 项"证照分离"改革试点有序推进，已探索形成以"公证'最多跑一次'""生产企业出口退税服务前置""铁路运单金融化创新"为代表的 350 个制度创新成果①。

中国（陕西）自由贸易试验区中心片区重点发展战略性新兴产业和高新技术产业，着力发展高端制造、航空物流、贸易金融等产业，推进服务贸易促进体系建设，拓展科技、教育、文化、旅游、健康医疗等人文交流的深度和广度，打造面向"一带一路"的高端产业高地和人文交流高地。西安国际港务区片区重点发展国际贸易、现代物流、金融服务、旅游会展、电子商务等产业，建设"一带一路"国际中转内

---

① 佚名. 第三批自贸试验区建的怎么样了？[EB/OL].（2018-12-11）[2021-03-11]. https://www.sohu.com/a/281148771_99964944.

陆枢纽港、开放型金融产业创新高地及欧亚贸易和人文交流合作新平台。杨凌示范区片区以农业科技创新、示范推广为重点，通过全面扩大农业领域国际合作交流，打造“一带一路”现代农业国际合作中心①。

中国（浙江）自由贸易试验区舟山片区积极探索油品全产业链投资便利化和贸易自由化，走出了一条差异化、特色化的发展道路。舟山片区保税船用燃料油直供量从2016年的约100万吨，快速增长至2020年的472.39万吨，成为领跑全国、稳居全球前八的加油港。

四、第四批自由贸易试验区：中国（海南）自由贸易试验区

2018年，习近平总书记在庆祝海南建省办经济特区30周年大会上郑重宣布，党中央决定支持海南全岛建设自由贸易试验区。2018年10月16日，国务院批复同意设立中国（海南）自由贸易试验区（以下简称“海南自由贸易试验区”）并印发《中国（海南）自由贸易试验区总体方案》。

海南自由贸易试验区在扩大开放与实施范围方面相较于前两批次的自由贸易试验区实现了新的突破。《中国（海南）自由贸易试验区总体方案》指出，海南自由贸易试验区的战略定位是发挥海南岛全岛试点的整体优势，紧紧围绕建设全面深化改革开放试验区、国家生态文明试验区、国际旅游消费中心和国家重大战略服务保障区，实行更加积极主动的开放战略，加快构建开放型经济新体制，推动形成全面开放新格局，把海南打造成为我国面向太平洋和印度洋的重要对外开放门户。在功能上，海南自由贸易试验区按照海南省总体规划的要求，以发展旅游业、现代服务业、高新技术产业为主导，科学安排海南岛产业布局；按照发展需要增设海关特殊监管区域，在海关特殊监管区域开展以投资贸易自由化便利化为主要内容的制度创新，主要开展国际投资贸易、保税物流、保税维修等业务。海南自由贸易试验区在三亚选址增设海关监管隔离区域，开展全球动植物种质资源引进和中转等业务。

五、第五批自由贸易试验区：差别化探索

2019年8月，山东、江苏、广西、河北、云南、黑龙江成为第五批自由贸易试验区试点省份，中国自由贸易试验区阵容扩大到18个。与前几批自由贸易试验区不同，第五批自由贸易试验区从设立起就承担着“差别化探索”的任务。总体来看，

① 中国（陕西）自由贸易试验区. 总体概况［EB/OL］.（2017-03-07）［2021-03-11］. http://ftz.shaanxi.gov.cn/zjzmg/lbgc/3iUfee.htm.

六个自由贸易试验区一方面积极借鉴前几批自由贸易试验区的经验，另一方面主动结合自身区位特征锐意探索，形成了又一批开放成果，为当地经济社会发展乃至中国扩大对外开放注入了新动力。

自建成以来，第五批自由贸易试验区平稳运行，标志着中国形成了东部沿海（除港澳台地区外）全覆盖，中西部省（自治区、直辖市）成片参与，北至黑龙江、南至海南的分布格局，对“一带一路”倡议、京津冀协同发展、长江经济带建设等形成了较为全面的支撑，为中国顺应经济全球化新趋势、积极参与全球经济治理夯实了基础。客观来看，前四批自由贸易试验区在基础性和系统性制度创新等方面，为第五批自由贸易试验区的发展提供了大批可借鉴的经验。第五批自由贸易试验区成员在发展水平、产业结构和地理位置等方面存在显著差异。这也意味着，该批自由贸易试验区建设更加注重发挥各地的特色与优势，因此差异化改革是第五批自由贸易试验区建设的重点内容。第五批自由贸易试验区结合当地特色推进体制改革，改善营商环境，推动不同地区资源和产业优势互补，促进国内区域经济协调发展[①]。

六、第六批自由贸易试验区：进一步扩容

为通过更大范围、更广领域、更深层次的改革探索，激发高质量发展的内生动力；通过更高水平的开放，推动加快形成发展的新格局，自由贸易试验区进一步扩容。2020 年 9 月，北京、湖南、安徽三个自由贸易试验区和浙江自由贸易试验区扩展区域设立运行。至此，中国（北京）自由贸易试验区使我国的自由贸易试验区布局在京津冀地区实现全覆盖，有利于推动京津冀协同发展。同时，中国（安徽）自由贸易试验区使自由贸易试验区布局实现了长三角地区全覆盖，有利于推动长三角区域一体化。中国（湖南）自由贸易试验区进一步叠加了中部崛起等国家发展战略，从而有利于推动形成全方位、多层次、多元化的开放合作格局，打造国际合作与竞争新优势，更好地服务于国家发展战略。

自此，自由贸易试验区的实践和探索不断加深。目前，中国自由贸易试验区的数量已达 21 个，形成了战略性的布局网络，从沿海地区扩展到内陆地区、沿边地区，基本实现了东中西部各区域全覆盖。自由贸易试验区不仅地理空间维度在不断扩大，在转变政府职能、改革投资管理体制、创新贸易监管与转变发展方式、深化金融和服务业开放、加强事中事后监管和风险防范、服务区域协同发展等方面也进行了积极探

① 王俊岭. 起点更高、特色更强、潜力更大：这　年，第五批自贸区咋样了？[EB/OL].（2020-08-18）[2021-03-11]. http://www.gov.cn/xinwen/2020-08/18/content_5535455.htm.

索和大胆创新，营造了优良的营商环境，形成了一批可复制可推广的经验，基本达到了各自总体方案提出的阶段性目标，取得了明显成效。各个自由贸易试验区结合自身资源禀赋和地理区位探索各具特色的、服务于国家整体布局的自由贸易试验区发展路径，六个批次的自由贸易试验区建设情况如图 2-1 所示。

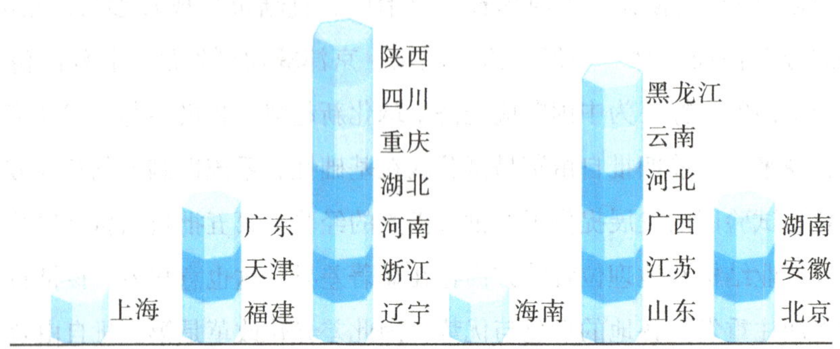

图 2-1　六个批次的自由贸易试验区建设情况

第二节　中国自由贸易试验区的功能定位

自由贸易试验区不仅在地理空间维度不断扩大，其在功能空间维度也进行了积极探索和大胆创新，并取得了明显成效。在经济带动方面，自由贸易试验区不仅能够直接降低国内企业贸易成本、促进贸易增加从而带动经济增长，还能够增加新条款以加快贸易规则、行业标准的一致化，提高生产标准、规模效益、产品质量以及增强产品多样性，通过贸易创造效应、贸易转移效应、促进竞争效应、市场扩张效应等，带动区域整体经济增长。在产业分工方面，自由贸易试验区能够加强商品、服务、人员、资金以及技术在国内、国内与国外之间自由流动，加强地区内部或地区之间的产业分工协作，使各地区的相关比较优势产业得到进一步发展，实现优势互补、互利共赢，使得我国国内价值链体系更加完整、科学。本节从定性和定量两方面对中国自由贸易试验区的功能定位进行全面分析。

一、中国自由贸易试验区的功能定位特征

自由贸易试验区肩负着我国在新时代加快政府职能转变、积极探索管理模式创新、促进贸易和投资自由化便利化，为全面深化改革和扩大开放探索新途径、积累新

经验的重要使命，是国家战略需要。因此，自由贸易试验区在发展历程、功能定位所呈现出的新的发展特征和趋势对进一步完善自由贸易试验区的布局具有重要的参考价值。本节系统梳理了我国自由贸易试验区的功能，概括总结自由贸易试验区布局的阶段性特征与动态变化趋势，全面分析自由贸易试验区在全面深化改革、优化对外开放战略、带动区域发展等方面的地位作用，为完善自由贸易试验区布局提供全面详实的基础分析。

1. 全面深化改革

从中国改革开放的实践来看，早期的经济特区、沿海开放城市、经济技术开发区等特殊经济功能区，都在中国改革开放 40 多年的进程中，承担着不同的时代任务，发挥着率先改革、示范、引领的重要作用。自由贸易试验区也不例外，在过去的一段时间，在制度创新、扩大开放、体制机制改革等方面做了很多有益探索和率先试验，并通过在更大范围的复制推广，推动了我国经济体制改革的进一步深化。因此，自由贸易试验区对我国全面深化改革发挥了重要作用，支撑着我国全方位对外开放新格局的形成与优化。

我国通过实行改革开放政策，社会生产力极大发展，综合国力显著提升，人民生活水平明显提高。当前，改革已进入深水区和攻坚期，深层次利益关系和矛盾凸显，如何打破积存多年的顽瘴痼疾，如何进一步推动经济更好发展，成为迫切需要解决的课题。建设自由贸易试验区成为解决这一课题的有效手段之一。自由贸易试验区以制度创新为核心，改变过去各种试验区单纯依靠财政税收等政策优惠、引进技术和资本的传统模式，在关税贸易政策、投资管理体制、金融市场开放、政府职能转变等领域做出重大改革，构建符合国际惯例的运行规则和制度体系，逐步推出与国际接轨、符合现代社会管理规范、顺应经济贸易发展规律和满足国家改革创新要求的规章制度，形成国际化、市场化、法治化和便利化的营商投资环境（王力，2019）。把自由贸易试验区的成功经验复制推广到全国有助于推动构建与我国开放型经济发展要求相适应的新体制、新模式，持续释放改革红利，为深化改革提供路径支持和经验指导。

以税收政策为例，由于各自由贸易试验区的实施范围中均包括一定范围的海关特殊监管区域（保税港区、出口加工区等），各海关特殊监管区域实行不同的属地政策，因此各自由贸易试验区的税收政策也不可避免地存在一定程度的差异。但是，各自由贸易试验区也有共性的税收政策。从促进资本运作和对外贸易发展的角度，自由贸易试验区现行税收政策主要包括鼓励非货币性资产投资、股权激励等六个方面的共性政策，包括所得税类分期纳税和商品税类直接免税或退税两类（王春雷等，

2019)。国内各自由贸易试验区共性税收优惠政策如表 2-2 所示。

表 2-2 国内各自由贸易试验区共性税收优惠政策

分类	优惠项目	主要内容	试行与推广情况
所得税类	非货币性资产投资分期纳税	对区内企业或个人股东因非货币性资产对外投资等资产重组行为而产生的资产评估增值部分实行所得税分期纳税政策	2013 年在上海自由贸易试验区试行，现已推广至全国
	股权激励分期纳税	对区内企业给予高端和紧缺人才的股权激励实行个人所得税分期纳税政策	自 2011 年在北京中关村自主创新示范区内试行后，在张江、东湖等特定改革试验区推广，现已推广至全国
	融资租赁货物出口退税	对区内规定范围内的公司融资租赁给境外承租人的报关实际离境货物，租期满足条件的，实行出口退税政策	2012 年在天津东疆保税港区试行后，在上海自由贸易试验区推广，2014 年起，在海关特殊监管区域内普遍实行
商品税类	进口机器设备免税	区内生产企业和生产性服务企业进口所需的机器设备等货物，符合条件的予以免税	2013 年在横琴和平潭进出口货物适用后扩展到上海自由贸易试验区，之后又进一步扩展到其他自由贸易试验区
	中转货物启运港退税	经本区中转至境外的货物，离开启运港即视为已出口，可以办理出口退税	2012 年在上海洋山保税港区试行，经上海自由贸易试验区复制和推广，2014 年 9 月起，在全国范围内扩大试点城市范围
	内销货物“原状”征收关税	对区内企业生产加工并经“二线”运往内地的内销货物，可按其对应进口料件或按实际报验状态征税	在广东、上海、天津、福建自由贸易试验区实行

注：王春雷，杨晓萌，金哲．海南自贸试验区（自贸港）税收政策与制度安排的思考［J］．南海学刊，2019（3）：42-52.

2. 优化对外开放

建设自由贸易试验区的目的之一是为扩大对外开放进行压力测试，为我国推进新一轮高水平对外开放进行探索和积累经验。自由贸易试验区的建设就是要亮明我国向世界全方位开放的鲜明态度，以更加积极主动的姿态走向世界，改善营商环境，提升国际竞争力，以实际行动深入践行对外开放的新发展理念。

3. 带动区域发展

自由贸易试验区是一种特殊的区域经济现象，对于区域及周边的经济发展而言，既是机遇，又是挑战。自上海自由贸易试验区成立以来，经过六个批次的陆续开拓与建设，我国的自由贸易试验区在空间布局上已经实现东部、中部和西部的区域全覆盖，影响辐射至我国沿海、沿边以及内陆区域（见表 2-3）。自由贸易试验区可以利用高度自由的贸易、投资和金融政策集聚高端资源要素，吸引高端产业，形成各类生产服务业和高端制造业集群，成为现代产业发展新高地。同时，自由贸易试验区能够发挥制度创新优势，发挥辐射带动作用，发挥区域协同、联运发展的功能，成为区域经济发展的主心骨。

表 2-3　我国自由贸易试验区区域分布情况

区域	涉及省（自治区、直辖市）
东部地区	上海、广东、福建、天津、浙江、海南、江苏、山东、河北、北京
中部地区	安徽、湖南、湖北、河南
西部地区	陕西、重庆、四川、云南、广西
东北地区	辽宁、黑龙江

第一，自由贸易试验区通过促进区域中心城市的发展带动区域协调发展。自由贸易试验区通过扩大投资领域开放、推进贸易发展方式转变、深化金融领域开放创新、完善法治领域制度保障等方面的先行先试和改革创新，大大促进了中心城市的发展，进而带动周边区域城市的协调发展。第二，自由贸易试验区通过与城市群战略融合推进，形成支撑多区域发展的增长极。自由贸易试验区战略与区域开发战略在同一地理空间内实施，将形成自由贸易试验区和城市群的空间嵌套效应，产生经济社会发展合成动力（张怡，2018）。第三，自由贸易试验区通过与“一带一路”倡议或国家重大区域发展战略的对接融合提高区域增长发展动力。如表 2-4 所示，由各个自由贸易试验区的总体实施方案可知，我国自由贸易试验区的建设目标与我国重大区域发展战略均有着紧密的对接关系。例如，中国（福建）自由贸易试验区对接海峡两岸经济合作，中国（广东）自由贸易试验区服务于粤港澳深度合作等。

表 2-4　我国自由贸易试验区与重大区域发展战略对接关系

批次	自由贸易试验区	各自由贸易试验区关于对接重大区域发展战略的表述
第一批	中国（上海）自由贸易试验区	推动“一带一路”建设、长江经济带发展、长三角一体化建设

表2-4(续1)

批次	自由贸易试验区	各自由贸易试验区关于对接重大区域发展战略的表述
第二批	中国(广东)自由贸易试验区	依托港澳、服务内地、面向世界，将自由贸易试验区建设成为粤港澳深度合作示范区、21世纪海上丝绸之路重要枢纽、全国新一轮改革开放先行地
	中国(福建)自由贸易试验区	充分发挥对台优势，率先推进与台湾地区投资贸易自由化进程，把自由贸易试验区建设成为深化两岸经济合作的示范区；建设21世纪海上丝绸之路核心区，打造面向21世纪海上丝绸之路沿线国家和地区开放合作新高地
	中国(天津)自由贸易试验区	将自由贸易试验区努力建设成为京津冀协同发展高水平对外开放平台、全国改革开放先行区和制度创新试验田
第三批	中国(辽宁)自由贸易试验区	努力将自由贸易试验区建设成为提升东北老工业基地发展整体竞争力和对外开放水平的新引擎
	中国(河南)自由贸易试验区	落实中央关于加快建设贯通南北、连接东西的现代立体交通体系和现代物流体系的要求，将自由贸易试验区建设成为服务“一带一路”建设的现代综合交通枢纽、全面改革开放试验田、内陆开放型经济示范区
	中国(湖北)自由贸易试验区	立足中部，辐射全国，走向世界；将自由贸易试验区努力建设成为中部有序承接产业转移示范区、战略性新兴产业和高技术产业集聚区、全面改革开放试验田和内陆对外开放新高地，在实施中部崛起战略和推进长江经济带发展中发挥示范作用
	中国(浙江)自由贸易试验区	将自由贸易试验区建设成为东部地区重要海上开放门户示范区、国际大宗商品贸易自由化先导区、具有国际影响力的资源配置基地
	中国(四川)自由贸易试验区	立足内陆，承东启西，服务全国，面向世界；将自由贸易试验区建设成为西部门户城市开发开放引领区，内陆开放战略支撑带先导区，国际开放通道枢纽，内陆开放型经济新高地，内陆与沿海、沿边、沿江协同开放示范区，在深入推进西部大开发和长江经济带发展中发挥示范作用
	中国(重庆)自由贸易试验区	全面落实党中央、国务院关于发挥重庆战略支点和连接点重要作用，加大西部地区门户城市开放力度的要求；建设“一带一路”和长江经济带互联互通重要枢纽、西部大开发战略重要支点
	中国(陕西)自由贸易试验区	全面落实党中央、国务院关于更好发挥“一带一路”建设对西部大开发带动作用，加大西部地区门户城市开放力度的要求；建设全面改革开放试验田、内陆型改革开放新高地、“一带一路”经济合作和人文交流重要支点
第四批	中国(海南)自由贸易试验区	紧紧围绕建设全面深化改革开放试验区、国家生态文明试验区、国际旅游消费中心和国家重大战略服务保障区；实行更加积极主动的开放战略，加快构建开放型经济新体制，推动形成全国开放新格局；把海南打造成为我国面向太平洋和印度洋的重要对外开放门户；加强“一带一路”国际合作

表2-4(续2)

批次	自由贸易试验区	各自由贸易试验区关于对接重大区域发展战略的表述
第五批	中国(山东)自由贸易试验区	加快推进新旧发展动能接续转换，发展海洋经济，形成对外开放新高地；青岛片区打造东北亚国际航运枢纽、海洋经济发展示范区；烟台片区打造中韩贸易和投资合作先行区
	中国(江苏)自由贸易试验区	推动全方位高水平对外开放，加快“一带一路”交汇点建设，着力打造开放型经济发展先行区、实体经济创新发展和产业转型升级示范区
	中国(广西)自由贸易试验区	全面落实中央关于打造西南、中南地区开放发展新的战略支点的要求；发挥广西与东盟国家陆海相邻的独特优势，着力建设西南、中南、西北地区出海口，面向东盟的国际陆海贸易新通道；形成21世纪海上丝绸之路和丝绸之路经济带有机衔接的重要门户
	中国(河北)自由贸易试验区	全面落实中央关于京津冀协同发展战略和高标准高质量建设雄安新区要求，积极承接北京非首都功能疏解和京津科技成果转化，着力建设国际商贸物流重要枢纽、新型工业化基地、全球创新高地和开放发展先行区
	中国(云南)自由贸易试验区	全面落实中央关于加快沿边开放的要求，着力打造“一带一路”和长江经济带互联互通的重要通道，建设连接南亚、东南亚大通道的重要节点，推动形成我国面向南亚、东南亚辐射中心和开放前沿
	中国(黑龙江)自由贸易试验区	全面落实中央关于推动东北全面振兴、全方位振兴，建成向北开放重要窗口的要求；着力深化产业结构调整，打造对俄罗斯及东北亚区域合作的中心枢纽
第六批	中国(北京)自由贸易试验区	全面落实中央关于深入实施创新驱动发展、推动京津冀协同发展战略等要求，助力建设具有全球影响力的科技创新中心；加快打造服务业扩大开放先行区、数字经济试验区；着力构建京津冀协同发展的高水平对外开放平台
	中国(湖南)自由贸易试验区	全面落实中央关于加快建设制造强国、实施中部崛起战略等要求；着力打造世界级先进制造业集群、联通长江经济带和粤港澳大湾区的国际投资贸易走廊、中非经贸深度合作先行区和内陆开放新高地
	中国(安徽)自由贸易试验区	全面落实中央关于深入实施创新驱动发展、推动长三角区域一体化发展战略等要求；发挥在推进“一带一路”建设和长江经济带发展中的重要节点作用；推动科技创新和实体经济发展深度融合；加快推进科技创新策源地建设、先进制造业和战略性新兴产业集聚发展，形成内陆开放新高地

注：资源来自对各自由贸易试验区总体实施方案的整理。

4. 未来自由贸易试验区布局的功能定位

本节基于对国内外形势的总体分析，充分吸收习近平总书记系列重要讲话精神，提出构建双循环新发展格局背景下自由贸易试验区布局优化作为国家治理效能提升的推进器、全球产业链供应链的稳定器、国内国际双循环的战略支点、国土空间开发保护的重要实施载体四大功能定位。

具体来看，一是在国际形势越来越复杂的情况下，我国有必要将自由贸易试验区作为国家治理效能提升的推进器。为应对更加复杂的外部局势，并且充分利用好国内国际两个市场、两种资源，我国需要提高治理效能，实现治理体系和治理能力的现代化。因此，在构建双循环新发展格局背景下，自由贸易试验区的布局一方面需要通过在国内推进制度创新促进政府职能的转变，提高政府的服务能力和治理能力；另一方面需要推动全球治理结构的合理化，为国家治理营造一个良好的国际环境，最终使我国能够通过高水平开放全力推动制度优势转化为治理效能。

二是在多边贸易体系遭到较大的冲击、全球经贸发展的不确定性增强、全球产业链供应链加速区域化和本土化的情境下，自由贸易试验区布局应发挥出全球产业链供应链的稳定器作用。自由贸易试验区的布局应服务于国内产业布局的优化和整体产业结构的升级，从而提高中国在全球产业链分工的地位，使我国在全球产业链供应链的布局中具有更多的话语权，化解其区域化和本土化带来的消极影响。同时，我国要通过自由贸易试验区布局的优化充分利用国内的大规模市场，更深入地参与到全球产业链的分工中，完善我国企业在全球的生产布局，弥补新冠疫情下全球产业链供应链中供应短缺和需求不足，带动产业链的恢复和世界经济的复苏。

三是在世界经济整体下滑、外需疲软的情形下，自由贸易试验区应作为我国国内国际双循环的战略支点，实现两个循环的互相促进。一方面，我国要推动国内的大循环，形成国内统一的大市场，进一步扩大内需，并以内需促进经济的发展，改变以往经济发展靠外需和外资拉动的局面。另一方面，我国要通过自由贸易试验区的布局加快对外开放的步伐，努力参与各种双边、区域与全球性多边合作，实现国内改革与对外开放的相互促进，使国内市场和国际市场更好联通，可以更好地利用国际国内两个市场、两种资源，实现更加强劲的可持续发展。

四是国土空间开发保护作为国家空间发展的指南，是实现我国经济高质量发展的内在要求，因此自由贸易试验区的布局也应作为国土空间开发保护的重要实施载体。我国通过自由贸易试验区布局的优化推动城市化地区高效聚集经济和人口，支持农产品主产区增强农业生产能力，鼓励生态功能区把发展重点放在保护生态环境、提供生态产品上，最终实现对国土空间的合理开发与利用，实现空间的经济、社会、生态价值的最大化。

二、基于政策文本挖掘的中国自由贸易试验区功能定位分析

为有效推进中国自由贸易试验区的扩大开放与政府职能改革，国务院、各级人大、地方政府、各个部门常年性、高频次、多领域地发布了大量规范性文件，这些政策文本为我们提供了各级政府部门推进自由贸易试验区发展的行为轨迹和真实印迹。本节将基于文本挖掘方法，以中国各自由贸易试验区政策文件的文本内容作为分析对象，对中国自由贸易试验区的功能定位展开定量分析。

1. 资料来源与方法说明

（1）政策文本来源。本节数据样本对象为中国自由贸易试验区的相关政策文本。本节采用当前 21 个自由贸易试验区的自由贸易试验区总体方案进行总体探讨，其资料采集方法如下：以中国政府网为检索对象，以“自由贸易试验区总体方案”为关键词在“政策”栏目板块进行检索，得到 21 项中国自由贸易试验区总体方案的官方文件文本。

本节采用包括设立于 2013—2019 年的 18 个自由贸易试验区发布于 2013—2020 年的政策文件，其资料采集方法如下：筛选标准为政策题目中带有“自由贸易试验区”或“自贸试验区”，且发布主体为中央或地方各级人大、政府部门的文件。在收集整理方面，由于自由贸易试验区政策文件尚无统一的查询平台，因此笔者决定采用在各类型官方网站上人工采集的方式收集数据。样本收集分为三个步骤：首先，笔者在各自由贸易试验区官方网站上的“政策法规”栏目进行收集整理；其次，笔者在各自由贸易试验区所在地政府官方网站及各政府部门官方网站中，以“自由贸易试验区”为关键词进行查询比对与收集；最后，笔者根据青岛西海岸新区司法局于 2020 年发布的《中国自由贸易试验区政策文件汇编》对前两个步骤收集的文件进一步进行查漏补缺。经上述三个步骤的整理后，笔者收集得到 959 项政策文本，累计字数约为 300 万字。为了方便进行时间序列、发布主体、涉及领域、文本类型等分析，笔者根据文件所属自由贸易试验区与发布时间，将同一自由贸易试验区的政策文本按年份分别归类，在此基础上进行主体、领域、类型等方面的统计，得到了包含所有政策文本的统计信息表。政策文本初步分类统计结果如表 2-5 所示。自由贸易试验区政策文本类型分布如图 2-2 所示。

表 2-5 政策文本初步分类统计结果

序号	文件名称	发布时间	发布主体	文件类型	覆盖领域
1	《中国(上海)自由贸易试验区总体方案》	2013	国务院	方案	综合
2	《保监会支持中国(上海)自由贸易试验区建设》	2013	保监会	措施	财经
……					
958	《唐山市海洋口岸和港航管理局关于向中国(河北)自由贸易试验区曹妃甸片区委托下放9项行政许可事项的公告》	2020	唐山市海洋口岸和港航管理局	公告	口岸海关
959	《河北省交通运输厅关于进一步做好自由贸易试验区交通运输“证照分离”改革全覆盖试点工作的通知》	2020	河北省交通运输厅	通知	交通运输

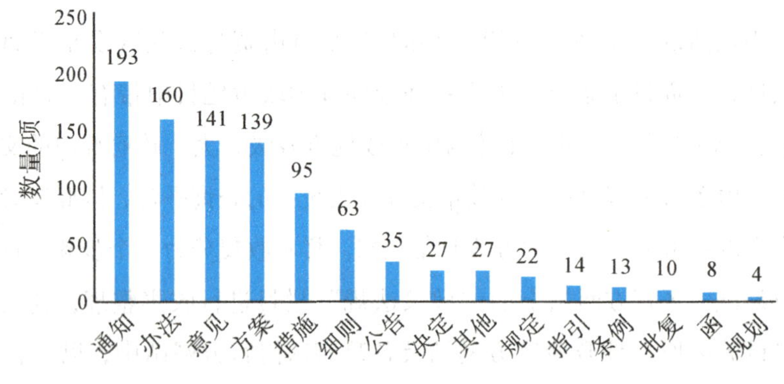

图 2-2 自由贸易试验区政策文本类型分布

从政策文件发布数量上来看（见图 2-3），各自由贸易试验区之间差异巨大，集中效应明显。其中，福建、上海两个自由贸易试验区分别以 178 项和 165 项政策文件位列前两位，福建、上海、广东、湖北四个自由贸易试验区政策文件发布总量占比超过 50%，而剩余的 14 个自由贸易试验区政策文件发布数量均在 50 项以下。其中，重庆、云南、海南等自由贸易试验区政策文件发布数量较少，合计约为福建自由贸易试验区政策文件发布数量的 31%。

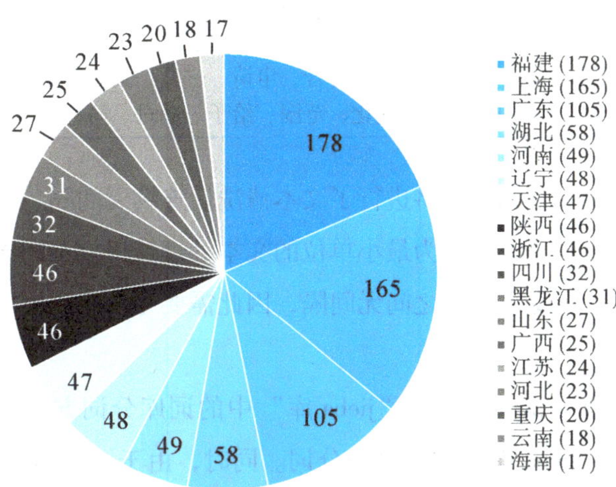

图 2-3 自由贸易试验区政策文本数量分布（单位：项）

结合各自由贸易试验区设立时间可以发现，自由贸易试验区设立时间越长，政策文件数量越多，如政策文件数量最多的福建、上海、广东三个自由贸易试验区均设立于 2015 年及以前，而政策文件数量较少的云南、河北、广西等自由贸易试验区则设立于 2019 年及以后。结合各自由贸易试验区地域分布情况来看，东部沿海省份的自由贸易试验区的政策文件数量多于西部及内陆省份的自由贸易试验区。政策文件合计数量占比超过 46%的福建、上海、广东三个省份的自由贸易试验区均位于东部沿海；而政策文件数量最少的十个省份的自由贸易试验区中，七个省份的自由贸易试验区均位于内陆或西部。

（2）政策文本预处理。政策文本预处理是文本分析方法中一个标准化的分析程序，是指获取文本数据并将文本内容转换成方便计算机识别的数据格式，其基本流程包括获取原始文本、文本清洗、分词、标准化等。本节将从文本清洗、中文分词和同义词合并三个主要步骤介绍政策文本预处理流程。

①文本清洗。文本清洗是指对文本数据进行缺失值处理、符号去除、停用词过滤等操作，确保后续文本分词和词频分析的精确性。笔者主要通过调用“哈工大停用词表”进行停用词过滤，利用停用词过滤程序批量去除出现在政策文本中的停用词。“哈工大停用词表”包含各种类的符号、英文字母以及中文语境中的无意义词。

为了更加贴合政策文本词频分析的需求，笔者对通用停用词库进行了适当扩充，增加了政策文本中常见的无意义词。新增停用词如表 2-6 所示。

表 2-6 新增停用词

加快、应当、实现、登记、以上、以下、符合、申请、进行、条件、年度、单位、进一步、国家、区内、组织、不得、优化、范围、给予、超过、简称、包括……

②中文分词。中文分词是指将进行了文本清洗后连续无间隔、以单字为最小单位的文本内容划分为以词语或短语为最小单位的文本处理过程。不同于英文单词以空格为间隔的天然优势，中文字与字之间无间隔，因此需要专门调用中文分词库进行分词处理。

中文分词一般使用 python 软件“jieba 库”中的词库分词方法，本书沿用中文文本分词领域的通用“jieba 库”进行自动分词。同时，由于“jieba 库”对某些长词组和新型词汇分词结果不太准确，如“负面清单”“自由贸易试验区”等，本书结合中国自由贸易试验区总体方案原文另行添加了自定义分词词典。

③同义词合并。笔者发现，分词分析后的结果中存在大量同义词词频被分开统计的问题，如“中华人民共和国”和“中国”两个词组并未合并，因此本书在分词的基础上进行了同义词合并处理，主要合并了两类词语，分别为自由贸易试验区相关词汇（自由贸易区、自由贸易试验区合并为自由贸易试验区）、区域词汇（如河北省合并为河北，厦门市、厦门片区合并为厦门，中华人民共和国合并为中国）。

（3）方法说明。文本聚类算法，即将原始文本进行数据处理后，将其转化为 TF-IDF 的特征矩阵，再使用余弦距离计算每两个类之间的距离，也就是样本与样本之间的相似度，之后用 Ward 最小方差法根据之前算出的距离进行文本聚类。

文本聚类用到的主要方法如下：

①TF-IDF。TF-IDF（term frequency-inverse document frequency）是一种用于信息检索与文本挖掘的常用加权技术。其核心思想是如果某个词比较少见，但是它在这篇文章中多次出现，那么它很可能就反映了这篇文章的特性，也就是这篇文章的关键词。

TF 表示词频（term frequency），即词条（关键字）在文本 d 中出现的频率。

$$\mathrm{TF}(w,\ d)=\frac{\mathrm{count}(w,\ d)}{\sum_{i=1}^{n}\mathrm{count}(w,\ d[i])}$$

IDF 表示逆向文件频率（inverse document frequency）。某一特定词语的 IDF，可以由总文件数目除以包含该词语的文件的数目，再将得到的商取对数得到。

$$\mathrm{IDF}=\log\left[\frac{n}{\mathrm{docs}(\omega,\ D)}\right]$$

TF-IDF 实际上是：TF×IDF 某一特定文件内的高词语频率以及该词语在整个文件集合中的低文件频率，可以产生出高权重的 TF-IDF。因此，TF-IDF 倾向于过滤掉常见的词语，保留重要的词语。

$$TF \times IDF = \sum_{i=1}^{k} TF(w[i], d) \times IDF(w[i])$$

②层次聚类法。层次聚类法是一种常用的聚类方法，其主要思想是将聚类样本中的个体间关系远近使用距离来进行代替，将距离相近的样本归于一类，重复此过程即可完成聚类。层次聚类又分为自底而上的聚合层次聚类和自顶而下的分裂层次聚类。本书采用的是聚合层次聚类。层次聚类的合并算法通过计算两类数据点间的相似性，对所有数据点中最为相似的两个数据点进行组合，并反复迭代这一过程。

③Ward 最小方差法。Ward 最小方差法的核心思想是在并类时总是使得并类导致的类内离差平方和（ESS）增量最小，即 n 个样本先各成一类，每次类合并则总离差平方和就要增加，选择使离差平方和增加最小的两类进行合并。

$$ESS = \sum_{i=1}^{n} x_i^2 - \frac{1}{n}\left(\sum_{i=1}^{n} x_i\right)^2$$

2. 中国自由贸易试验区的政策文本分析

本节将 21 项文本样本进行总体词频分析，按照词频从高至低的顺序进行排序，筛选出排名为前 20 位的中国自由贸易试验区政策文本高频词汇。

从自由贸易试验区总体方案文本的词频来看（见表 2-7），“服务”出现的频次高达 585 次，位列第一，“监管”以 546 次的词频排名第三。由此可以看出，政府管理方式从管制型模式向服务型模式的演变，政府职能切实转到监管创新、公共服务等领域上来，真正体现了政府为人民服务的宗旨。“创新”的频次位居第二，说明关于自由贸易试验区治理的研究更多聚焦管理体制与制度创新，力争形成更多可复制可推广的制度创新成果。“企业”处于高频词汇库靠前的位置，说明自由贸易试验区把企业发展放在重要位置，关注企业的需求与监管制度创新。

此外，“投资”和“贸易”的词频远高于其他主题领域（如科技创新、人才政策等），表明投资和贸易领域是自由贸易试验区的主要发展领域。“国际”“境外”“跨境”等词处于高频词汇库较为靠前的位置，体现了自由贸易试验区政策侧重建立符合国际化的跨境投资和贸易规则体系，着力培育国际化的营商环境，使自由贸易试验区成为我国进一步融入经济全球化的重要载体。“改革”和“开放”的词频分别为 241 次和 213 次，说明在自由贸易试验区中改革的力度稍大于开放的力度。“机制”

“监管”“制度”“管理”等高频词汇的出现表明自由贸易试验区积极探索创新政府管理方式，深化行政管理体制改革，积极推行简政放权，构建事中事后监管体系，各省份将不同程度的管理权限下放给自由贸易试验区，这是加快政府职能转变的体现。

表 2-7　文本词频统计

高频词汇	服务	创新	监管	企业	国际	投资	贸易
词频/次	585	565	546	538	482	403	390
高频词汇	管理	试点	合作	制度	机制	跨境	区域
词频/次	384	352	345	339	333	289	271
高频词汇	产业	改革	机构	境外	国家	开放	
词频/次	242	241	227	225	222	213	

（1）中国自由贸易试验区政策文本的词频分析。本节将全部文本样本（959 项）进行整体词频分析，按照词频从高至低的顺序进行排序，以此构建中国自由贸易试验区政策文本的整体高频词汇库。通过绝对词频分析，本节共得到 26 994 个词项，笔者选取其中词频在 1 000 次及以上共 234 个词项结果进行进一步分析。

从词频上看，“自贸试验区”以高达 22 102 次的出现次数位列第一，符合自由贸易试验区政策文本的主题。此外，“企业”以 20 402 次的出现次数位列第二，词频领先位列第三的“服务”一倍，显现出自由贸易试验区政策对企业主体的极高关注度，“管理”“支持”“发展”等词汇也占据高频词汇榜中的头部位置。此外，高频词汇表中绝大部分词频位于 1 000~3 000 次，位于此词频区间的词性和含义更加多元化，涉及多个领域、主体的多个事项，表明了自由贸易试验区政策文本的主要内容是涉及多领域、多主体的多个事项。

结合词性和该词在自由贸易试验区政策文本中可能的含义，笔者将全政策文本高频词汇分为如表 2-8 所示的两大类、五个小类。

第一大类是政策文本常用词汇，如“支持”“深化”“建设”“相关”等常见于我国各类政策文本且难以直接体现政策具体涉及领域的词语，但可以通过词性及含义分析了解当前我国自由贸易试验区的政策态势。具体而言，政策文本常用词汇在高频词汇库中占比最大，达 47%，共 122 个词项，可粗略分为具有实施动作倾向的动词项（如“支持”“发展”“建设”等）、涉及政策事项的名词项（如“业务”“项目”“单位”等）以及其他词项（如“相关”“要求”等）。笔者经过统计发现，动词共 37 个，名词共 39 个，其他共 46 个，结合词频来看，动词平均词频高达 4 050 次，远高于名词平均词频的 3 019 次和其他平均词频的 2 667 次，动词的高词频水平表明自由贸易试验区政策文本呈现高度的现实实践性，政策的实施态势显著。

第二大类是自由贸易试验区相关词汇，具体包括领域词汇、国家区域词汇、改革创新词汇和主体词汇。领域产业词汇共 62 个词项，主要涵盖了贸易、金融、监管三个领域，其中贸易和金融相关词项数量最多，共 22 个词项，且平均词频远远高于其他词项，表明自由贸易试验区政策对贸易和金融两个重点领域的较高关注度。国家区域词汇共 15 个词项，“国际”（4 487）、“跨境”（2 182）的词频远高于“境内”（1 572）、“地方”（1 142）的词频，表明自由贸易试验区政策对国际化的极高重视程度。此外，“上海”“广东”“天津”“福建”四个自由贸易试验区词项脱颖而出，直接表明了这四个自由贸易试验区在中国自由贸易试验区政策中的重要地位，这与其经济发展水平高、设立时间早也有一定关系。改革创新词汇共 34 个词项，与“证照分离改革”事项具有较大相关性，如“审批”“办理”“证照”等，表明自由贸易试验区政策文本中对“证照分离”的高度关注性。主体词汇共 15 个词项，可以分为个人、企业和政府三个主体类别，与企业相关词项“企业”“机构”“金融机构”“公司”是词频最高的四个词项，其中包括全样本中词频最高的“企业”，表明自由贸易试验区政策对企业主体的极度重视，也能从侧面印证自由贸易试验区建设对“企业在社会主义市场经济体制处于主体地位”的落实。

表 2-8　全政策文本高频词汇

政策文本常用词汇	“支持”“发展”“管理”“业务”“建设”“项目”“工作”“开展”“相关”“单位”“实施”“规定”“建立”“事项”“推进”“设立”“机制”“进行”“推动”“政策”“加强”“提供”“应当”“合作”“平台”“探索”“要求”“完善”“以下”“办法”“方式”“综合”“模式”“以上”“促进”“实现”“情况”“措施”“实行”“负责”“组织”“重点”“加快”“制定”“材料”“范围”“进一步”“条件”“体系”“符合”“通知”“提升”“优化”“标准”“责任”“研究”“提交”“使用”“特殊”“及时”“允许”“评估”“印发”“积极”“认定”“形成”“落实”“提高”“实际”“牵头”“打造”“文件”“系统”“功能”“意见”“直接”“内容”“告知”“简称”“主要”“活动”“保障”“符合条件”“具有”“报告”“流程”“参与”“决定”“年度”“协调”“原则”“方面”“重大”“强化”“问题”“执行”“统一”“规划”“调整”“全面”“深化”“包括”“证明”“名称”“涉及”“规范”“从事”“发布”“有效”“公示”“保护”“指导”“方案”“需要”“手续”“资格”“行为”“中心”“安全”“制度”“委托”“受理”

表2-8(续)

自由贸易试验区相关词汇	领域词汇	“投资”“金融”“贸易”“融资”“资金”“人才”“银行”“海关”“信息”“行政审批”“产业”“市场”“风险”“租赁”“人民币”“知识产权”“经济”“产品”“生产”“信用”“技术”“社会”“领域”“支付”“法律”“进口”“外商投资”“物流”“账户”“交易”“外汇”“专业”“跨境电商”“船舶”“环境”“口岸”“科技”“货物”“基金”“行业”“资本”“文化”“数据”“股权”“通关”“研发”“电子”“保险”“仲裁”“结算”“设计”“出口”“运营”“经营”“检验检疫”“审查”“监督”“审核”“执法”“检疫”“检查”“法规”
	国家区域词汇	“中国”“国际”“跨境”“国家”“区域”“上海”“境内”“广东”“天津”“厦门”“中华人民共和国”“地方”“福建”“南沙”“临港”
	改革创新词汇	“服务”“创新”“审批”“监管”“改革”“办理”“试点”“奖励”“试验”“鼓励”“给予”“登记”“备案”“申请”“许可”“申报”“注册”“便利化”“行政许可”“承诺”“变更”“开放”“推广”“事后”“共享”“下放”“补贴”“许可证”“复制”“窗口”“取消”“证照”“引进”“清单”
	主体词汇	“企业”“机构”“金融机构”“公司”“管委会”“人民政府”“国务院”“主体”“人员”“政府”“主管部门”“机关”“委员会”“个人”“申请人”

为了进一步了解各自由贸易试验区的高频词汇分布，笔者对前五批（18个）自由贸易试验区的政策文本分别进行词频分析，并给出各自由贸易试验区政策文本词频排序居前20名的词项（见表2-9）。

表2-9　各自由贸易试验区政策文本词频排序居前20名的词项

自由贸易试验区	高频词汇
福建	自贸试验区（2 918）、企业（2 619）、福建（1 669）、厦门（1 550）、管理（1317）、规定（1 089）、中国（988）、业务（906）、项目（905）、监管（883）、部门（879）、单位（867）、相关（857）、审批（799）、服务（795）、备案（770）、工作（767）、建设（757）、发展（714）、实施（696）
上海	自贸试验区（2 526）、上海（2 310）、企业（2 206）、管理（1 513）、中国（1 485）、机构（1 293）、支持（1 260）、项目（1 255）、片区（1 205）、业务（1 071）、发展（1 020）、相关（979）、规定（929）、临港（917）、服务（906）、监管（902）、创新（841）、建设（811）、投资（800）、信息（707）
广东	企业（3 397）、自贸试验区（2 543）、服务（1 668）、创新（1 667）、广东（1 615）、人才（1 527）、南沙（1 434）、建设（1 262）、奖励（1 239）、管理（1 232）、发展（1 143）、机构（1 102）、工作（1 051）、业务（989）、支持（978）、项目（935）、部门（911）、相关（884）、广州（868）、申请（837）

表2-9(续)

自由贸易试验区	高频词汇
湖北	自贸试验区（1 835）、企业（1 765）、湖北（986）、服务（968）、支持（810）、发展（780）、创新（720）、武汉（709）、业务（666）、建设（634）、工作（563）、机构（508）、开展（497）、管理（486）、监管（477）、改革（455）、建立（442）、中国（428）、金融（413）、知识产权（412）
河南	自贸试验区（1 973）、企业（1 595）、服务（1 049）、河南（885）、发展（869）、建设（815）、监管（730）、开封（722）、支持（657）、管理（617）、单位（583）、部门（557）、项目（549）、业务（536）、创新（527）、改革（527）、郑州（517）、中国（494）、审批（477）、国际（469）
辽宁	企业（944）、自贸试验区（888）、营口（708）、生产（631）、审批（626）、改革（607）、监管（597）、部门（576）、安全（564）、工作（552）、单位（502）、管理（472）、行政（461）、事项（431）、辽宁（392）、服务（380）、中国（367）、备案（365）、行政审批（360）、建设（345）
天津	自贸试验区（1 846）、天津（1 198）、办事处（847）、企业（818）、片区（771）、管委会（631）、天津港（501）、东疆（487）、支持（451）、业务（449）、滨海新区（416）、管理（392）、开展（388）、审批（377）、服务（360）、申请（356）、发展（349）、商务（348）、投资（344）、负责（344）
陕西	自贸试验区（1 057）、企业（736）、陕西（652）、中国（425）、支持（418）、建设（415）、服务（382）、业务（377）、发展（347）、创新（344）、工作（334）、管理（334）、项目（298）、机构（273）、银行（253）、相关（232）、办理（228）、实施（226）、开展（225）、委托（218）
浙江	自贸试验区（1 230）、企业（1 052）、浙江（597）、业务（493）、建设（490）、舟山（481）、监管（474）、支持（473）、单位（448）、经营（443）、船舶（437）、国际（408）、管理（381）、发展（369）、开展（359）、贸易（354）、相关（336）、油品（326）、服务（320）、责任（291）
四川	自贸试验区（1 060）、企业（950）、四川（549）、管理（442）、改革（404）、建设（362）、服务（349）、发展（340）、支持（335）、创新（330）、监管（312）、中国（303）、业务（295）、开展（295）、项目（287）、放权（279）、审批（279）、成都（267）、机构（265）、实施（258）
黑龙江	自贸试验区（725）、企业（465）、支持（436）、黑龙江（350）、发展（253）、建设（240）、中国（208）、服务（201）、创新（187）、业务（177）、工作（170）、哈尔滨（169）、开展（166）、片区（166）、改革（159）、项目（158）、机构（155）、银行（153）、相关（142）、管理（137）
山东	企业（621）、自贸试验区（455）、支持（283）、服务（269）、投资（253）、业务（251）、开展（250）、审批（233）、项目（221）、事项（219）、机构（216）、济南（206）、监管（205）、发展（205）、管理（199）、创新（195）、工作（194）、建设（173）、山东（172）、改革（171）
广西	自贸试验区（628）、自治区（573）、广西（518）、中国（490）、企业（337）、支持（319）、创新（309）、南宁（271）、发展（265）、管理（254）、单位（243）、工作（242）、项目（236）、服务（234）、委托（231）、行政许可（228）、建设（214）、改革（210）、东盟（191）、审批（180）
江苏	企业（914）、南京（619）、支持（540）、连云港（485）、自贸试验区（480）、服务（409）、建设（395）、发展（393）、机构（390）、创新（370）、开展（246）、设立（243）、项目（240）、中国（236）、江苏（236）、国际（236）、审批（231）、片区（230）、产业（230）、投资（219）

表2-9(续)

自由贸易试验区	高频词汇
河北	企业（682）、自贸试验区（503）、改革（373）、审批（342）、监管（319）、支持（307）、发展（293）、管理（275）、正定（246）、创新（253）、开展（250）、事项（242）、中国（241）、部门（235）、工作（226）、经营（211）、建设（205）、业务（204）、实施（202）、河北（201）
重庆	自贸试验区（796）、重庆（579）、企业（504）、投资（489）、发展（413）、服务（298）、项目（291）、创新（277）、机构（264）、境外（262）、监管（252）、业务（247）、开展（243）、管理（231）、备案（221）、支持（217）、贸易（204）、银行（198）、国际（198）、建设（183）
云南	企业（672）、自贸试验区（399）、给予（339）、奖励（314）、昆明（279）、云南（238）、发展（228）、支持（209）、中国（207）、超过（180）、项目（179）、红河（177）、审批（176）、服务（165）、部门（157）、机构（156）、补助（156）、建设（155）、产业（154）、投资（154）
海南	海南（351）、自贸试验区（240）、支持（177）、部门（166）、建设（147）、游艇（139）、企业（123）、规定（117）、中国（110）、监管（108）、相关（107）、登记（105）、实施（102）、国际（101）、商事（101）、事项（101）、主体（99）、审批（96）、开展（91）、制度（90）

从词项上来看，各自由贸易试验区政策文本的高频词汇与总体样本的高频词汇具有高度统一性，自由贸易试验区之间的高频词汇也无较大差异，其具体类型与总体样本的词项类别相似，主要涵盖政策文本常用词汇、领域词汇、改革创新词汇和国家区域词汇。具体而言，“企业”“自贸试验区”等词项基本都处于词频排行前列，以“支持”“建设”“管理”等词项为代表的政策文本常用词汇和以“审批”“服务”“支持”等词项为代表的改革创新词汇占比均较高，体现出政策文本对自由贸易试验区建设中政府职能转变领域高度关注的统一性。

各自由贸易试验区高频词汇的差异主要体现在领域产业词汇和国家区域词汇上。从涉及行业上看，18 个自由贸易试验区政策文本词频前 20 名词汇库中，共有 12 个自由贸易试验区的词汇库中明确出现了与特定行业或领域相关的词项，分别为上海（投资、信息）、广东（人才）、湖北（金融、知识产权）、天津（投资）、陕西（银行）、浙江（船舶、油品）、黑龙江（银行）、山东（投资）、江苏（投资）、重庆（投资、贸易、银行）、云南（投资）、海南（游艇），体现出不同自由贸易试验区的建设特色与重点。从区域词汇上看，所有自由贸易试验区的词汇库中均涉及了具体的国家区域词汇，数量为 1~3 个，多为自由贸易试验区所在省份、市以及下辖片区相关的词汇。值得注意的是，部分自由贸易试验区下辖多个片区，但特定片区相关词项词频更高，如福建自由贸易试验区——“厦门”，上海自由贸易试验区——“临港”，河北自由贸易试验区——“正定”，体现出了各个自由贸易试验区的重点建设区域。

从词频上来看，不同自由贸易试验区政策文本词汇词频呈现出较大差异，主要是与各自由贸易试验区政策文件发布数量相关，福建、广东、上海自由贸易试验区政策文件数量位居前三，其最高词频分别为 2 918 次、3 397 次、2 526 次，也同样位居前三。而海南自由贸易试验区高频词汇的最高词频仅为 351 次，这与海南自由贸易试验区建区较晚，并且在 2020 年后加快自由贸易港建设有一定关系。

（2）基于自由贸易区总体方案文本范式的总体词频分析。由于自由贸易试验区总体方案有标准的文本书写范式，即“一、总体要求”“二、区位布局”“三、主要任务和措施”“四、保障机制”，为进一步展示自由贸易试验区政策文本的重点，笔者依次提取 21 项文本样本中的第一部分“总体要求”、第二部分“区位布局”与第三部分“主要任务和措施”，进行单独词频分析。同样，笔者对 21 项文本样本中的第一部分“总体要求”进行词频统计，按照词频从高至低的顺序进行排序，筛选出排名前 20 名的高频词汇。

①自由贸易试验区总体方案中“总体要求”的词频分析。由表 2-10 可知，“创新”以高达 82 次的词频排名第一，与其他词项出现次数相差较大，符合自由贸易试验区以制度创新为核心的理念，可以看出自由贸易试验区政策期待把自由贸易试验区建设成为改革创新试验田。“新”的出现次数也较高，说明自由贸易试验区肩负着探索新途径、积累新经验的重要使命。排名位居第二的是词频数达 68 次的“战略”，体现了自由贸易试验区政策文本紧紧围绕国家战略，服务和融入国家战略，发展自由贸易试验区是国家战略的需要。“开放”和“改革”分别出现 56 次和 44 次，一方面表明自由贸易试验区要建设更高水平开放型经济新体制和更深层次的改革创新，另一方面说明在对自由贸易试验区的总体要求中开放的力度需大于改革的力度，以开放促改革、促创新。“制度”（38）、“服务”（34）、“监管”（21）体现政府职能的转变，是对政府自身的行政管理体制改革。“协调”（25）、“布局”（23）、“高质量”（23）和“高效”（21）表示坚持稳中求进工作总基调，统筹推进“五位一体”总体布局和协调推进“四个全面”战略布局，努力建成高标准高质量自由贸易试验区。“指导思想”（21）、“党”（21）等高频词汇强调以习近平新时代中国特色社会主义思想为指导思想，坚持党的领导，顺应时势。

表 2-10 “总体要求”的词频分析

高频词汇	创新	战略	开放	改革	制度	国际	服务
词频/次	82	68	56	44	38	37	34

表2-10(续)

高频词汇	贸易	经济	投资	新	协调	高质量	布局
词频/次	33	33	30	26	25	23	23
高频词汇	指导思想	监管	核心	国家	高效	党	
词频/次	21	21	21	21	21	21	

②自由贸易试验区总体方案中“区位布局”的词频分析。由表2-11可知，“创新”的词频为45次，主要体现的是各片区根据地方特色进行产业创新，自由贸易试验区内的海关特殊监管区域重点探索以贸易便利化为主要内容的制度创新。“功能”与“海关”的词频分别为25次和23次，分别体现了区位布局的重要划分依据——按功能划分，一种特殊划分依据——按海关特殊监管区域划分。“物流”(42)、“贸易”(39)、“服务业”(37)、“高端”(35)、“金融”(33)、“制造”(30)、“经济”(23)表明各片区按不同方式划分后的重点发展领域。值得注意的是，虽然“海关”一次出现的次数不是特别多，但是与海关特殊监管区域相关的词汇，如“保税区”(31)、“保税物流”(23)等出现的次数较多，说明在自由贸易试验区的区位布局中，海关成为探索创新举措的重要职能部门，海关特殊监管区域与非海关特殊监管区域是区位布局的重要划分依据，海关监管制度的探索与创新可以为其他地区提供可复制可推广的制度创新成果。此外，“土地利用”(32)和“法律法规”(24)成为排名前20位的高频词。这表明自由贸易试验区土地开发利用必须遵守相关法律法规，符合土地利用总体规划与节约集约用地的有关要求。

表2-11 “区位布局”的词频分析

高频词汇	创新	物流	划分	贸易	服务业	高端	国际
词频/次	45	42	40	39	37	35	33
高频词汇	金融	土地利用	保税区	综合	服务	制造	监管
词频/次	33	32	31	31	30	30	29
高频词汇	合作	功能	法律法规	海关	保税物流	经济	
词频/次	26	25	24	23	23	23	

③自由贸易区总体方案中“主要任务和措施”的词频分析。由表2-12可知，“企业”的词频位居第一，出现525次，说明企业是自由贸易试验区政策的主要关注对象，紧密围绕企业实施一系列改革开放措施。自由贸易试验区政策也高度关注政府管理体制与制度创新。“监管”(417)、“机制”(272)、“制度”(249)等与政府职能

相关的词汇出现的频次非常高，说明对于政府而言，其主要任务是创新行政管理体制与监管体制，反映了中国改革开放正在向制度型开放的方向发展。另外，自由贸易试验区政策聚焦的主题领域逐渐向纵深发展。“投资”（349）、“贸易”（296）、“知识产权”（184）、“融资”（179）、“外商投资”（178）和“金融”（162）体现了自由贸易试验区改革创新的重点探索领域。虽然与“投资”和“贸易”领域相比，“知识产权”与“金融”的出现次数少于前两者，但这从侧面说明中国的改革已经开始关注到对金融领域改革开放的新探索，并逐渐建立健全知识产权保护和运用体系，符合稳中求进的工作总基调，体现了改革开放向纵深发展。

表 2-12　“主要任务和措施”的词频分析

高频词汇	企业	服务	监管	创新	国际	投资	管理
词频/次	525	463	417	388	383	349	331
高频词汇	合作	贸易	机制	跨境	制度	试点	境外
词频/次	297	296	272	265	249	227	213
高频词汇	机构	知识产权	鼓励	融资	外商投资	金融	
词频/次	206	184	184	179	178	162	

（3）基于各自由贸易区总体方案的个体词频分析。在上述总体分析的基础上，笔者将进一步对各个自由贸易试验区的总体方案逐一进行词频分析，以更好地分析不同自由贸易试验区的探索重点与创新，并采用词云图和词频柱状图进行可视化呈现。其中，词云图是对文本数据中出现频率较高的关键词予以视觉上的突出，每个词的重要性以字体大小显示，词云形状是所在省份的轮廓图。

①中国（上海）自由贸易试验区。通过对上海自由贸易试验区总体方案的前 20 位高频词汇提取可知，“服务”以高达 46 次的词频位列第一，“投资”的词频为 31 次，排名第二。就政策文本内容而言，上海自由贸易试验区不仅注重投资贸易，还加大了服务贸易的力度，这是在过去综合保税区建设经验上的创新。由上海自由贸易试验区总体方案可知，自由贸易试验区注重建立负面清单管理模式与对外投资服务促进体系，逐步扩大投资领域的开放。上海自由贸易试验区政策文本提出加快向现代服务贸易转型的思路，为其他地区提供可借鉴的创新路径。上海自由贸易试验区的词频柱状图和词云图分别如图 2-4、图 2-5 所示。

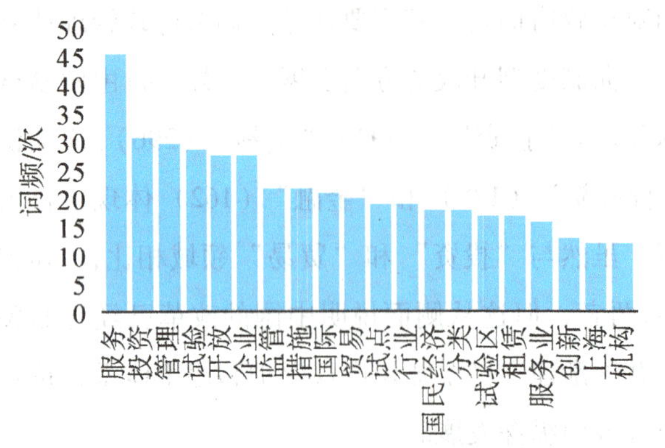

图 2-4　上海自由贸易试验区的词频柱状图

图 2-5　上海自由贸易试验区的词云图

②中国（广东）自由贸易试验区。由图 2-6 和图 2-7 可知，“服务”的词频为 47 次，位列第一。“港澳”“粤港澳”和“贸易”均是出现频率较高的词汇，体现了广东地理位置的特殊性，说明广东自由贸易试验区积极建立与香港、澳门的紧密关系，深入推进粤港澳服务贸易自由化，进一步扩大对港澳服务业开放，促进服务要素便捷流动。例如，广东自由贸易试验区允许设立自费出国留学中介服务机构、设立港澳资旅行社、推进高层次人才认定办法与政策待遇、实施粤港澳服务业人员职业资格互认等。此外，“国际”（26）、“内地”（16）、“海关”（18）和“跨境”（18）等高频词汇表明广东自由贸易试验区积极开拓国际市场，强化国际贸易功能集成，着力营造国际化的营商环境。

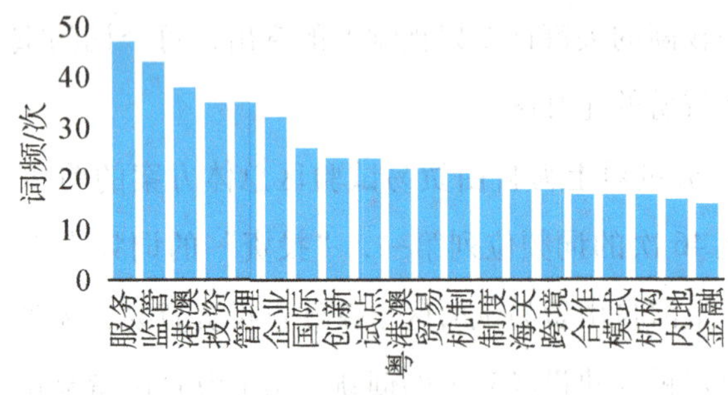

图 2-6　广东自由贸易试验区的词频柱状图

图 2-7　广东自由贸易试验区的词云图

③中国（天津）自由贸易试验区。由图 2-8 和图 2-9 可知，“服务”以 42 次的词频位居第一，“创新”以 38 次的词频排名第三，表明天津自由贸易试验区积极培育新型贸易方式，推动贸易转型升级，完善国际贸易服务功能，建立国际贸易“单一窗口”管理服务模式，努力打造以服务为核心的外贸竞争优势。“京津冀”体现各地区协同发展，是对构建全方位、多层次、宽领域的区域开放型经济新格局的落实。

值得注意的是，“金融”的词频为 19 次，且“融资”“租赁”等与金融有关的词汇出现次数较多，说明天津自由贸易试验区重视深化金融领域开放创新与金融体制改革，培育新型金融市场，如推进投融资便利化、利率市场化、人民币跨境使用和做大做强融资租赁业等一系列措施，推动改革开放向纵深发展。

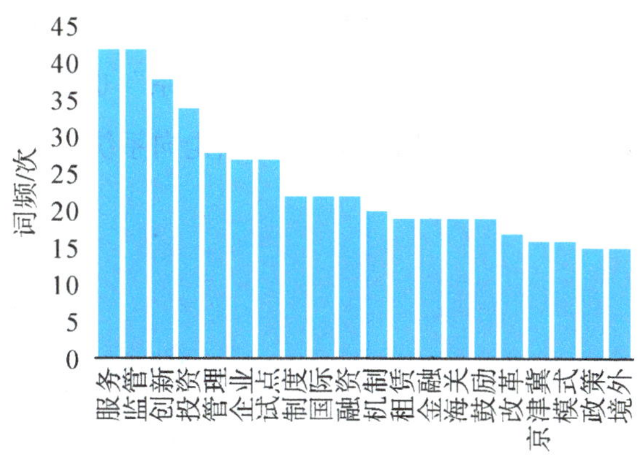

图 2-8　天津自由贸易试验区的词频柱状图

图 2-9　天津自由贸易试验区的词云图

④中国（福建）自由贸易试验区。由图 2-10 和图 2-11 可知，“台湾”的词频达 66 次，排名第一；同时，“大陆”和“台资”的词频分别为 38 次和 17 次。由此可以看出，福建自由贸易试验区积极探索两岸经济合作新模式，创新两岸合作机制，深化闽台融合发展。具体而言，福建自由贸易试验区推动货物、服务、资金、人员等各类要素自由流动，增强闽台经济关联度，推进福建与台湾投资贸易自由。在产业扶持、科研活动、品牌建设、市场开拓等方面，福建自由贸易试验区支持台资企业加快发展，并放宽台资企业的准入条件和门槛。此外，“服务”以 43 次的词频位居第三，说明福建自由贸易试验区重视服务贸易开放，尤其是对台服务贸易开放。福建自由贸易试验区深化对台开放的一系列创新举措，为提升闽台全面合作畅通提供了强有力的支撑，为两岸产业协同发展创造了可靠的条件。

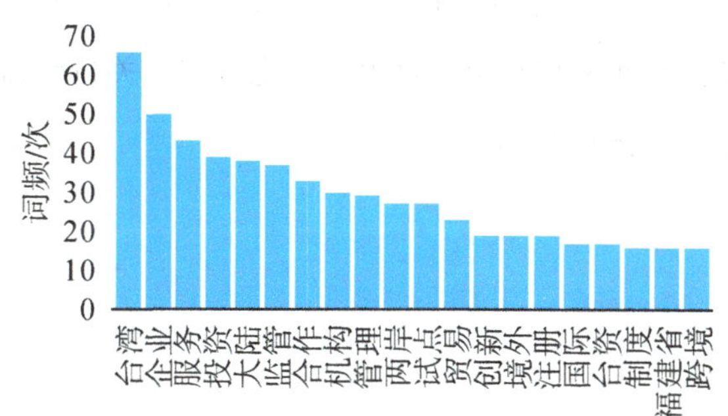

图 2-10　福建自由贸易试验区的词频柱状图

图 2-11　福建自由贸易试验区的词云图

⑤中国（辽宁）自由贸易试验区。由图2-12和图2-13可知，“监管”的词频为30次，位居第一，“管理”（24）、“制度”（20）和“机制”（13）等词汇的出现次数也较多，这是加快政府职能转变的体现。“海关”成为重要词频，表明辽宁自由贸易试验区开始关注到海关特殊监管区域，在海关特殊监管区域和海关非特殊监管区域探索新的管理模式。具体而言，辽宁自由贸易试验区内的海关特殊监管区域实施“一线放开”“二线安全高效管住”的通关监管服务模式。此外，“体系”也是高频词汇之一，这也标志着辽宁自由贸易试验区在制度措施改进上逐渐走向系统化与协同化，对宏观层面上的把控要求逐渐提高。

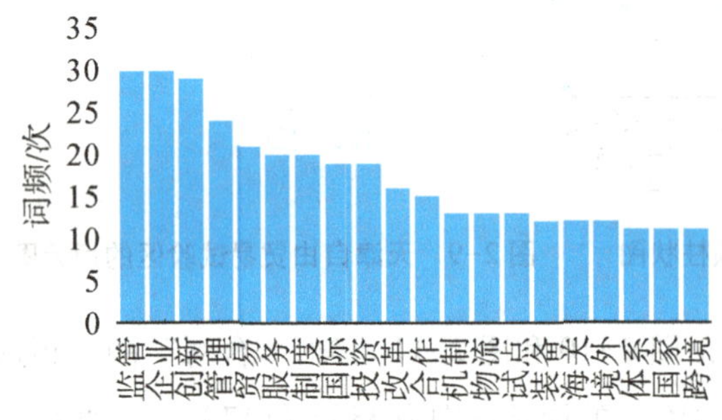

图2-12　辽宁自由贸易试验区的词频柱状图

图2-13　辽宁自由贸易试验区的词云图

⑥中国（浙江）自由贸易试验区。由图2-14和图2-15可知，浙江自由贸易试验区政策文本具有鲜明的地方特色，与特定行业领域相关的词汇出现次数较高。“油品”“大宗商品”和“燃料油”的词频分别为36次、15次和14次，体现了浙江自由贸易试验区政策聚焦于提升以油品为核心的大宗商品全球配置能力。“舟山”的词频为18次，因为舟山是亚洲乃至全球的石油储备中心，舟山国家石油储备基地是我国首批四个国家石油储备基地之一。由此可以看出，舟山是浙江自由贸易试验区的重点建设区域。此外，“保税”“海关”和“通关”等高频词的出现表明浙江自由贸易试验区积极推进以油品为核心的大宗商品投资便利化和贸易自由化，完善与海关特殊监管区域相关的行政管理制度，着力营造国际化营商环境。

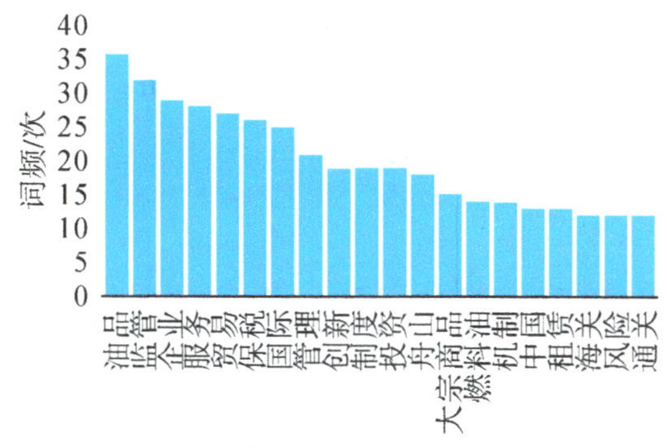

图 2-14　浙江自由贸易试验区的词频柱状图

图 2-15　浙江自由贸易试验区的词云图

⑦中国（河南）自由贸易试验区。由图 2-16 和图 2-17 可知，高频词“国际”（30）、“物流”（18）、“跨境”（15）、“境外”（14）和“一带一路”（13）集中体现了河南自由贸易试验区的建设特色与重点。这些说明河南自由贸易试验区积极探索国际化道路，增强服务“一带一路”建设的交通物流枢纽功能。具体而言，河南自由贸易试验区注重畅通国际交通物流通道、完善国内陆空集疏网络、开展多式联运先行示范和扩大航空服务对外开放，为河南培育“一带一路”合作交流新优势。此外，“贸易”“合作”和“投资”的词频较高，表明河南自由贸易试验区不仅注重加强交通物流枢纽功能，同时也没有放松国际贸易与投资合作建设。

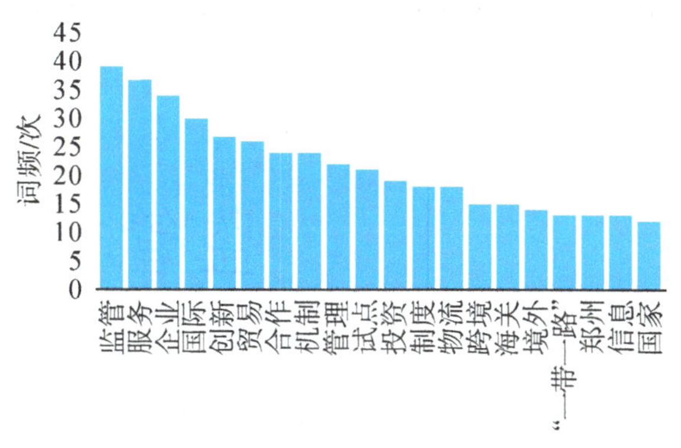

图 2-16　河南自由贸易试验区的词频柱状图

图 2-17　河南自由贸易试验区的词云图

⑧中国（湖北）自由贸易试验区。由图 2-18 和图 2-19 可知，湖北自由贸易试验区政策涉及领域较广，行政管理体制、金融、人才培养与激励、海关和知识产权等方面均有涉及。在行政管理体制方面，“监管”（41）、“机制”（24）、“管理”（23）和“制度”（21）等高频词的出现说明湖北自由贸易试验区同样重视政府职能的切实转变。在金融方面，“融资”的词频为 20 次，反映了湖北自由贸易试验区在金融领域开放创新的重点。“人才”的词频为 18 次，体现了湖北自由贸易试验区对高层次

人才的需求和人才激励的重视。“知识产权”这一高频词的出现说明了湖北自由贸易试验区注重对知识产权的保护运用与公共服务，以此推动创新驱动发展战略。湖北自由贸易试验区纵横双向发展是对中国改革开放的进一步深化。

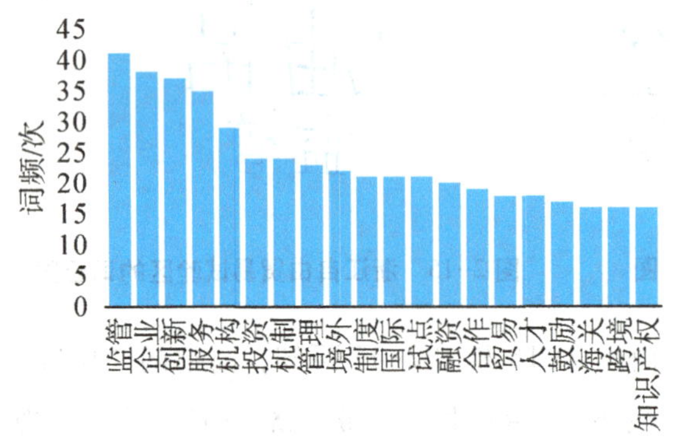

图 2-18　湖北自由贸易试验区的词频柱状图

图 2-19　湖北自由贸易试验区的词云图

⑨中国（重庆）自由贸易试验区。由图 2-20 和图 2-21 可知，“监管”的词频为 48 次，位居第一且与“服务”的词频相差较大，同时“海关”的词频较高，为 18 次，体现了政策对行政管理体制改革的重视，尤其是对海关特殊监管区域的监管服务创新，这是切实转变政府职能的体现。“融资”和“租赁”的出现次数分别为 14 次和 12 次，说明重庆自由贸易试验区加快发展以融资租赁为主的新型贸易，积极探索跨境投融资便利化改革创新。

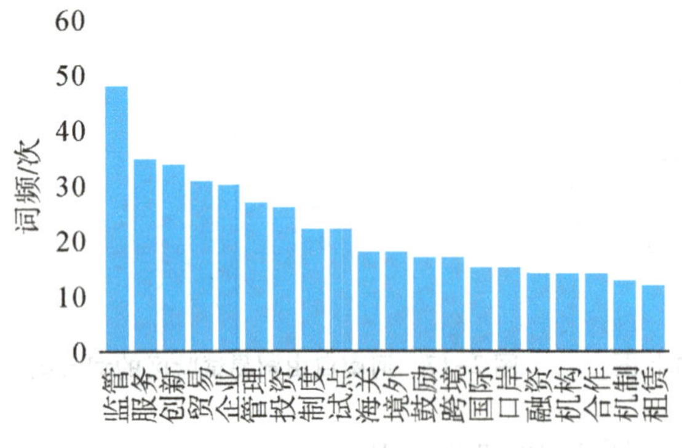

图 2-20　重庆自由贸易试验区的词频柱状图

图 2-21　重庆自由贸易试验区的词云图

⑩中国（四川）自由贸易试验区。由图 2-22 和图 2-23 可知，“监管”（46）、“制度”（28）、“管理”（22）等与政府行政管理体制相关词汇的词频较高，表明四川自由贸易试验区总体方案落实加快政府职能的要求。值得注意的是，“开放”的词频为 18 次，体现方案落实中央关于加大西部地区门户城市开放力度以及建设内陆开

放战略支撑的要求。四川自由贸易试验区积极探索推进开放型经济体制建设的新道路，如实施内陆与沿海沿边沿江协同开放战略、畅通国际开发通道、打造沿江口岸等，为我国促进区域协调发展提供行之有效的途径。虽然“金融”（19）与“贸易”（24）等主题领域词汇相比有一定差距，但是从侧面说明了方案的深度与广度，体现了中国改革开放的渐进性。

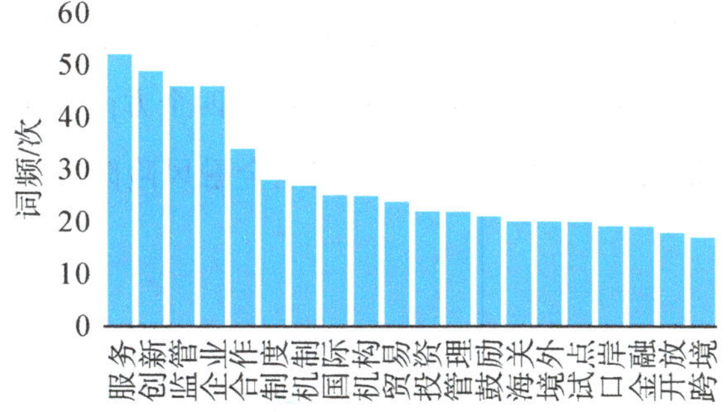

图 2-22　四川自由贸易试验区的词频柱状图

图 2-23　四川自由贸易试验区的词云图

⑪中国（陕西）自由贸易试验区。由图 2-24 和图 2-25 可知，“一带一路”的词频为 32 次，排名第五，展现了陕西自由贸易试验区政策差异化的战略布局。主动融入“一带一路”建设，深化与沿线国家和地区的经济合作与人文交流，是国家赋予陕西自由贸易试验区的一项重要使命。“西部”体现了对西部大开发战略的深入。另外，“文化”（21）、“知识产权”（16）和“农业”（14）等高频词的出现表明陕西自由贸易试验区积极构建全方位、多层次、宽领域的新格局。具体而言，其主要措施是创新与“一带一路”沿线国家和地区文化交流合作机制，开展知识产权综合管理改革试点，组建面向“一带一路”沿线国家和地区的现代农业合作联盟和全球农业智库联盟，打造农业领域国际合作交流创新平台。

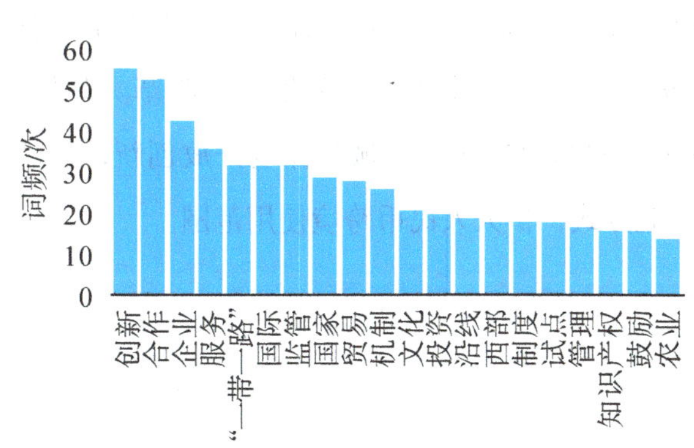

图 2-24　陕西自由贸易试验区的词频柱状图

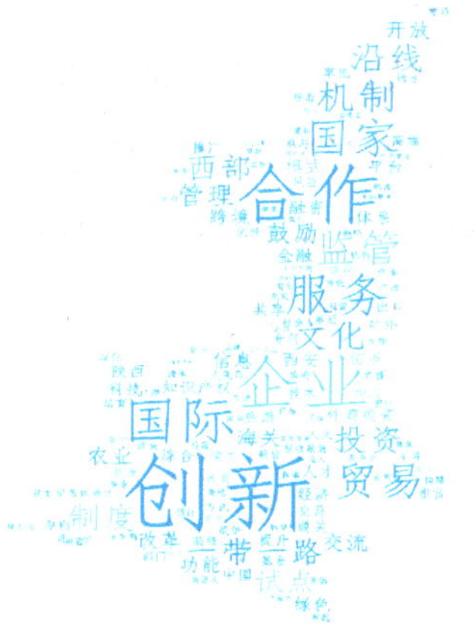

图 2-25　陕西自由贸易试验区的词云图

⑫中国（海南）自由贸易试验区。由图 2-26 和图 2-27 可知，“国际”以高达 40 次的词频位居第一，且与第二名的词频数相差较大，体现出海南自由贸易试验区着力打造国际营商环境，积极进行国际化战略布局，深入融合经济全球化。“邮轮”与“船舶”的词频均为 12 次，体现了海南自由贸易试验区发展的特色与重点，表明了海南自由贸易试验区重点提高高端旅游服务能力与国际航运能力，加快建立开放型、生态型、服务型产业体系，紧紧围绕建设国家生态文明试验区和国际旅游消费中心。“风险”出现的频次较高，海南自由贸易试验区的风险防范集中在四个方面：建立健全事中事后监管制度、建立健全贸易风险防控体系、建立健全金融风险防控体系、加强口岸风险防控。

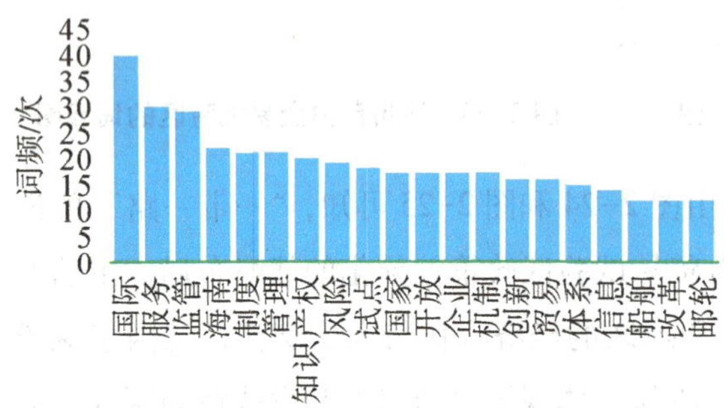

图 2-26　海南自由贸易试验区的词频柱状图

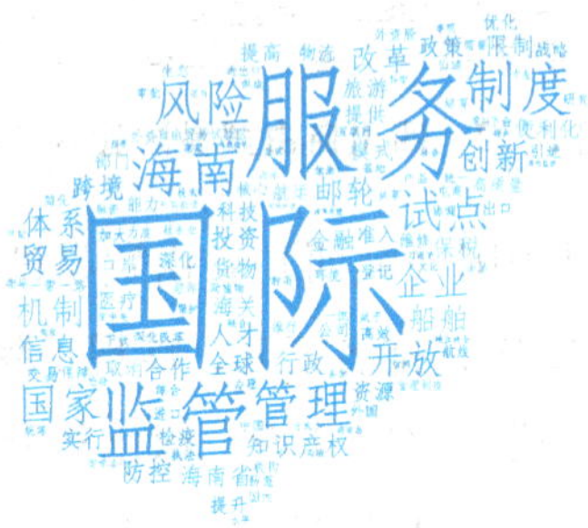

图 2-27　海南自由贸易试验区的词云图

⑬中国（山东）自由贸易试验区。由图 2-28 和图 2-29 可知，“海洋”的词频为 19 次，与“创新”并列第一，充分体现了山东自由贸易试验区在重点领域上的差异化探索，即利用山东特色海洋资源优势，发挥东亚海洋合作平台作用，积极探索创新型的现代海洋经济发展模式。值得注意的是，“审批”的词频为 8 次，体现了山东自由贸易试验区逐渐从商品和要素流动型开放转向制度型开放，着重强调审批制度改革，如“极简审批”“不见面审批（服务）”等，深化“一次办好”改革。此外，“人民币”这一高频词体现出山东自由贸易试验区在金融领域的深度开放创新，积极探索通过人民币资本项下输出贸易下回流方式，扩大人民币跨境使用范围。

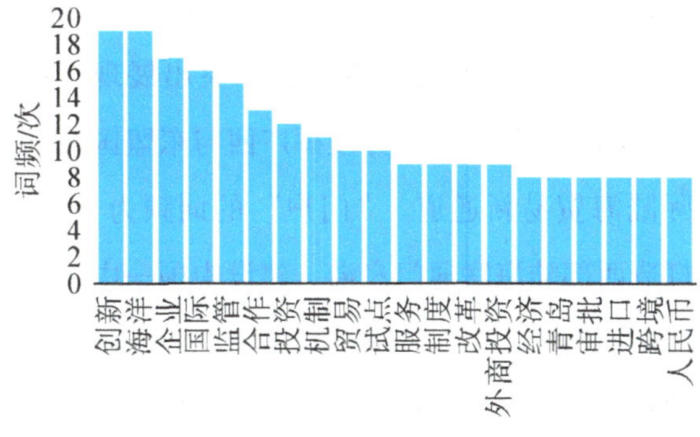

图 2-28　山东自由贸易试验区的词频柱状图

图 2-29　山东自由贸易试验区的词云图

⑭中国（江苏）自由贸易试验区。由图 2-30 和图 2-31 可知，“投资”是江苏自由贸易试验区重点建设领域。“投资”和“外商投资”的词频分别为 16 次和 8 次，说明江苏自由贸易试验区重视在投资领域的建设创新，扩大了外商投资范围，提高了开放程度。根据江苏自由贸易试验区总体方案原文可知，投资领域的改革主要有四项措施：其一，全面落实外商投资准入前国民待遇加负面清单管理制度。其二，建立健全外商投资服务体系，完善外商投资促进、项目跟踪服务和投诉工作机制。其三，创新境外投资管理，推行外资登记管理制度，将自由贸易试验区建设成为企业“走出去”的窗口和综合服务平台。其四，大力发展总部经济，打造总部经济群。另外，“改革”的词频大于“开放”的词频，表明江苏自由贸易试验区方案对改革的重视程度高于对开放的重视程度。

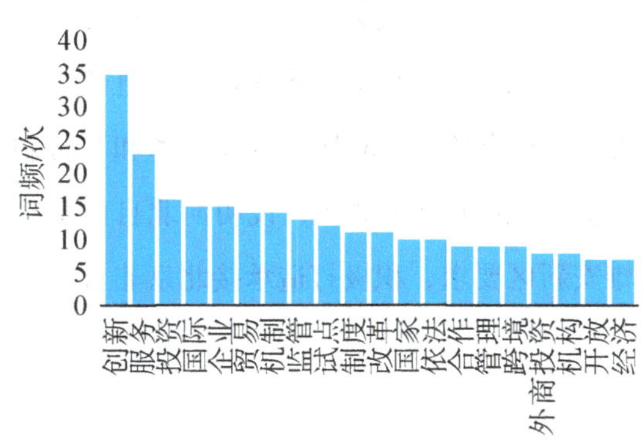

图 2-30　江苏自由贸易试验区的词频柱状图

图 2-31　江苏自由贸易试验区的词云图

⑮中国（广西）自由贸易试验区。由图 2-32 和图 2-33 可知，“东盟”和“东盟国家”的词频分别为 19 次和 11 次，其中“东盟”位于词频首位，突出展现了广西自由贸易试验区的战略布局——面向东盟的探索创新，充分发挥广西与东盟国家陆海相邻的独特优势，构建面向东盟的国际陆海贸易新通道。“门户”的词频为 8 次，一方面，这是广西自由贸易试验区积极打造西部陆海联通门户港、建设中国—中南半岛陆路门户、打造面向东盟的金融开放门户的体现；另一方面，这表明广西自由贸易试验区是形成 21 世纪海上丝绸之路和丝绸之路经济带有机衔接的重要门户。

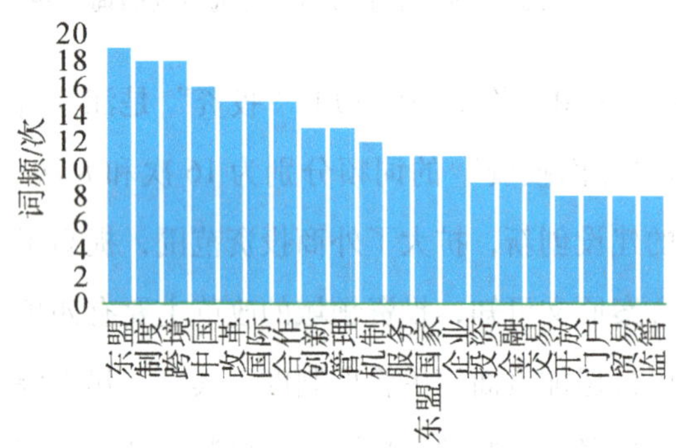

图 2-32　广西自由贸易试验区的词频柱状图

图 2-33　广西自由贸易试验区的词云图

⑯中国（河北）自由贸易试验区。由图 2-34 和国 2-35 可知，“高端”（9）、“数字”（8）、“数据”（8）、“技术”（7）和“制造”（7）等主题领域词汇体现了河北自由贸易试验区的建设重点。“高端”的较高词频表明河北自由贸易试验区努力打造高端高新产业聚集的高质量、高标准自由贸易园区。“数字”和“数据”等高频词的出现表明河北自由贸易试验区重视数字商务发展，发展大数据交易、数据中心和数字内容等高端数字化贸易业态，建设从雄安片区到国际通信业务出入口局的直达数据链路。“技术”和“制造”的较高词频说明河北自由贸易试验区对生物技术和装备制造业创新的关注度较高。值得注意的是，“雄安”的词频为 8 次，说明河北自由贸易试验区落实中央关于高质量、高标准建设雄安新区要求，积极打造承接北京非首都功能疏解服务中心。

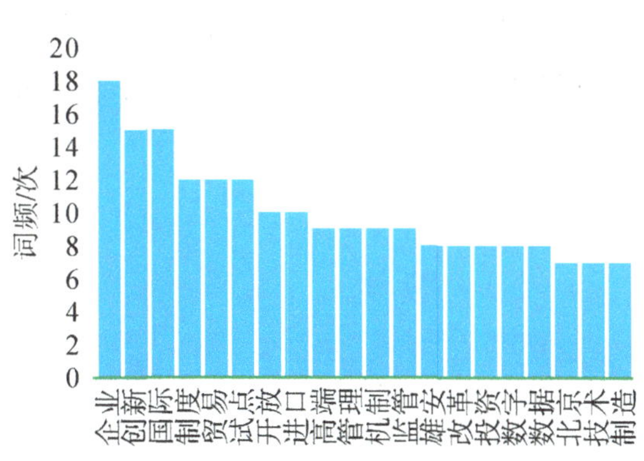

图 2-34 河北自由贸易试验区的词频柱状图

图 2-35 河北自由贸易试验区的词云图

⑰中国（云南）自由贸易试验区。由图 2-36 和图 2-37 可知，“跨境”的词频最高，达到 25 次，“国际”以 22 次的词频排名第二。由于云南与缅甸、老挝和越南三个国家接壤，国境线长达 4 060 千米，因此“跨境”成为云南自由贸易试验区的一大特色与优势。云南自由贸易试验区重点发展跨境金融、跨境产能合作和人民币跨境结算等。“南亚”（12）和“东南亚”（12）等地区词汇体现了云南自由贸易试验区积极建设面向南亚、东南亚的新高地，努力成为连接南亚、东南亚大通道的重要节点，加快建设我国面向南亚、东南亚辐射中心。

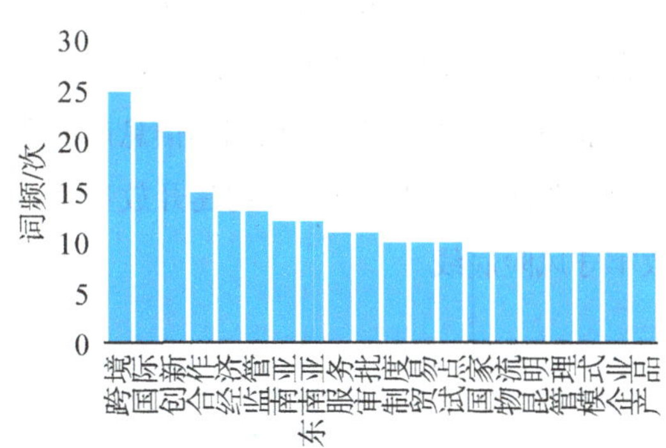

图 2-36 云南自由贸易试验区的词频柱状图

图 2-37 云南自由贸易试验区的词云图

⑱中国（黑龙江）自由贸易试验区。由图 2-33 和图 2-39 可知，“跨境”（12）、“境外”（11）和“进口”（9）体现了黑龙江自由贸易试验区结合地理区位优势，营造国际化营商环境，提升沿边地区开放水平。其中，进口产品集中在能源资源、农业和医药方面。这些高频词表明黑龙江自由贸易试验区对“引进来”和“走出去”的高度关注。“俄罗斯”和“枢纽”成为排名前 20 位的高频词，反映了黑龙江自由贸

易试验区设立的目的是建设面向俄罗斯的交通物流枢纽，打造对俄罗斯及东北亚区域合作的中心枢纽，进一步建设以对俄罗斯及东北亚为重点的开放合作高地。“投资”（9）和“外商投资”（8）体现了黑龙江自由贸易试验区深化投资领域改革，尤其重视提高境外投资合作水平。

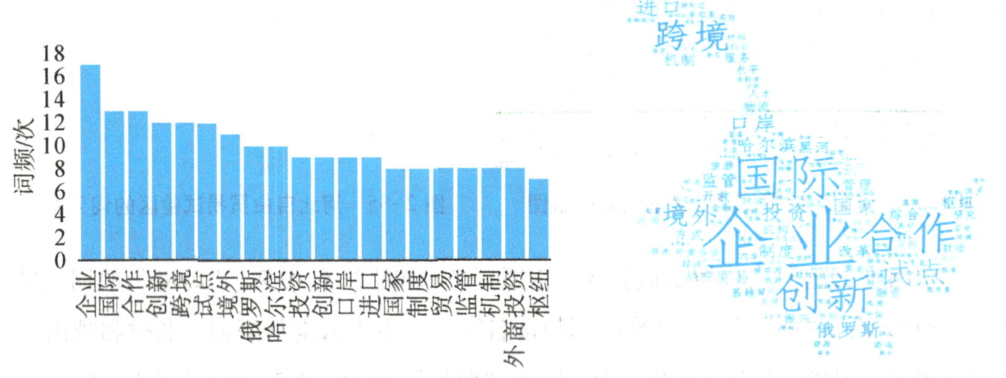

图 2-38　黑龙江自由贸易试验区的词频柱状图　　图 2-39　黑龙江自由贸易试验区的词云图

⑲中国（北京）自由贸易试验区。由图 2-40 和图 2-41 可知，北京自由贸易试验区以数字贸易服务为侧重点，推动科技创新、服务业扩大开放，创新数字经济发展环境，以助力建设具有全球影响力的科技创新中心和高水平对外开放平台。“服务”（26）、“贸易”（23）、“数字”（16）和“科技”（11）成为北京自由贸易试验区关注的重点内容。在数字服务贸易领域，北京自由贸易试验区高度关注三个方面，即增强数字贸易国际竞争力、鼓励发展数字经济新业态新模式、探索建设国际信息产业和数字贸易港。“金融”和“风险”是排名前 20 位的高频词，明确了构建开放型金融风险防范体系的重要性，为高水平对外开放牢守风险底线。

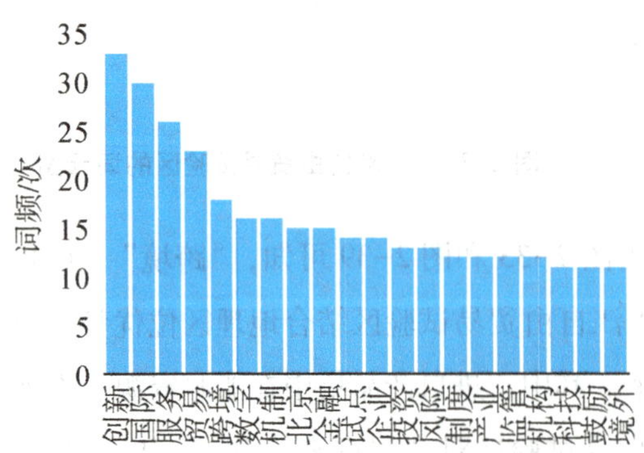

图 2-40　北京自由贸易试验区的词频柱状图

图 2-41　北京自由贸易试验区的词云图

⑳中国（湖南）自由贸易试验区。由图 2-42 和图 2-43 可知，湖南自由贸易试验区重点打造世界级先进制造业集群、中非经贸深度合作先行区、联通长江经济带和粤港澳大湾区的国际投资贸易走廊，形成“一产业、一园区、一走廊”三大特色战略定位。一方面，“中非”和“粤港澳”的词频分别为 13 次和 11 次，体现了湖南自由贸易试验区对中非和粤港澳地区开放合作的重视，为加快形成新发展格局探索新路径新体制。另一方面，“制造业”的词频为 13 次，表明湖南自由贸易试验区落实中央关于加快建设制造强国、实施中部崛起战略等要求，利用现有的产业优势，重点打造高端装备制造业，支持先进制造业高质量发展。

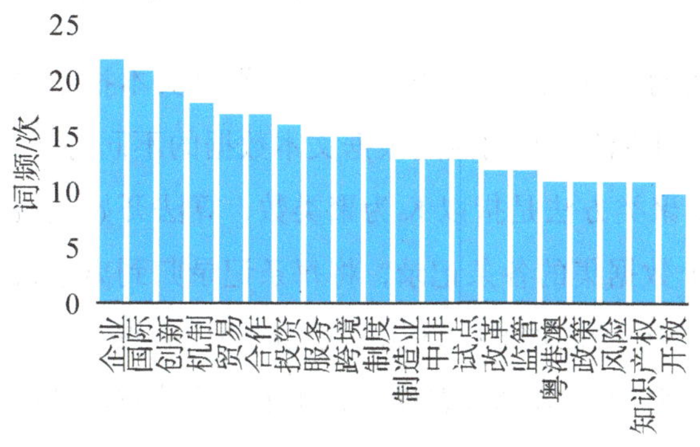

图 2-42　湖南自由贸易试验区的词频柱状图

图 2-43　湖南自由贸易试验区的词云图

㉑中国（安徽）自由贸易试验区。由图 2-44 和图 2-45 可知，“创新”以高达 35 次的词频位居第一，“科技”（19）和“研发”（10）等与创新领域相关的词汇词频较高，既突出展现了安徽自由贸易试验区的布局重点——科技创新，又突出展现了安徽自由贸易试验区积极推进“四个一”创新主平台建设的特点，即围绕原始创新加快推进合肥综合性国家科学中心建设，围绕技术创新谋划推进合肥滨湖科学城建设，围绕产业创新深入推进合芜蚌国家自主创新示范区建设，围绕制度创新系统推进全面创新改革试验区建设。

综上所述，从各自由贸易试验区总体发展来看，前期主要在行政体制、信息管理、金融等重点领域探索，积累了相对成熟的经验，如今主要朝着科学技术创新的方向发展，逐步推开，稳步前进，体现了我国改革开放的渐进性。

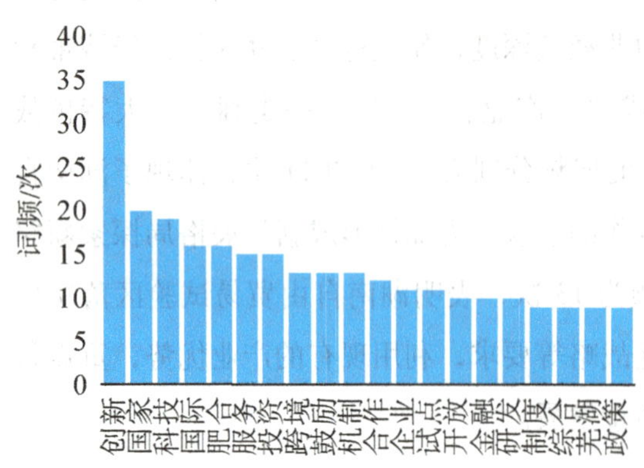

图 2-44　安徽自由贸易试验区的词频柱状图

图 2-45　安徽自由贸易试验区的词云图

（4）基于自由贸易试验区总体方案的文本相似性分析。文本聚类是文本挖掘领域中的分析文本间相似性和差异性的常用方法，其内涵是根据文本数据的不同特征，将文本划分为不同类别。K-means 文本聚类方法是指以 K 为聚类数，算法开始随机选择 K 个记录点作为中心点，遍历整个数据集的各条记录，将每条记录归到离它最近的中心点所在的簇中，之后以各个簇的记录的均值中心点取代之前的中心点，再不断迭代，直到收敛。考虑到文本结构相似性和文本数量的统一，本书选择能够高度概括各自由贸易试验区政策建设重点的“总体方案”类文本作为数据样本进行聚类。

图 2-46 至图 2-49 是中国自由贸易试验区总体方案文本聚类的可视化情况。由图 2-46 可知，各自由贸易试验区的总体方案可以大致分为三大类：首先，广东、上海、天津和福建形成一类，其主要形成原因有两种。从设立时间上来看，上海自由贸易试验区是我国首个自由贸易试验区，广东、天津和福建自由贸易试验区是我国第二批设立的自由贸易试验区。从地理位置上来看，它们都处于东部沿海地区，对外开放水平较高，发展区位优势明显，在重点领域建设上有较强的相似性。其次，第三批次设立的辽宁、河南、湖北、重庆、四川、陕西自由贸易试验区属于同一类别，而同一批次下设立的浙江自由贸易试验区不属于这一类别。这是由于浙江处于东部沿海地区，而第三批次设立自由贸易试验区的范围主要集中在中西部内陆地区，政策重点存在较大差异。另外，第四批次和第五批次设立的自由贸易试验区均处于同一分类中。在图 2-46 中，黑龙江、云南与广西自由贸易试验区形成一个小类，这是因为黑龙江、广西、云南均为沿边地区，在跨境合作方面采取的措施大致相同。从整体来看，汇总文本层次聚类与自由贸易试验区设立批次高度重合，但又存在一定差异。

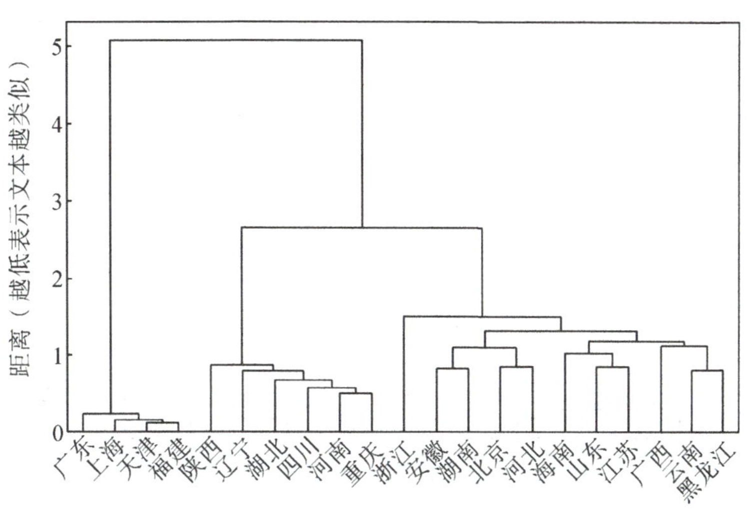

图 2-46　汇总文本层次聚类树状图

①自由贸易试验区总体方案中“总体要求”的相似性分析。由图 2-47 可知，21 项自由贸易试验区总体方案可以分为五大类，分别对应不同批次下设立的自由贸易试验区。上海自由贸易试验区自成一类，这主要与总体方案的文本结构有关。上海自由贸易试验区总体方案将“实施范围”纳入“一、总体要求”部分，而其他自由贸易试验区总体方案将“实施范围”纳入“二、区位布局”部分。查阅总体方案原文可知，第二批次设立的广东、天津和福建自由贸易试验区的总体要求是建立全国改革开放先行区和制度创新试验田。第三批次设立的辽宁、浙江、河南、湖北、重庆、四川和陕西自由贸易试验区属于同一大类，这些自由贸易试验区以可复制可推广为基本要求，以制度创新为核心，力争建成高端产业集聚的高水平高标准自由贸易园区。海南自由贸易试验区自成一类，主要是因为其总体要求高度关注生态文明领域。第五批次设立的山东、江苏、广西、河北、云南和黑龙江自由贸易试验区的总体要求集中表现在服务对外开放总体布局、解放思想、大胆创新。第六批次设立的北京、湖南和安徽自由贸易试验区属于同一分类。这三个自由贸易试验区的主要要求是建设更高水平开放型经济新体制，以开放促改革、促发展、促创新。从上述文本分析可知，自由贸易试验区呈现不同批次差异化探索，递进式发展的趋势。

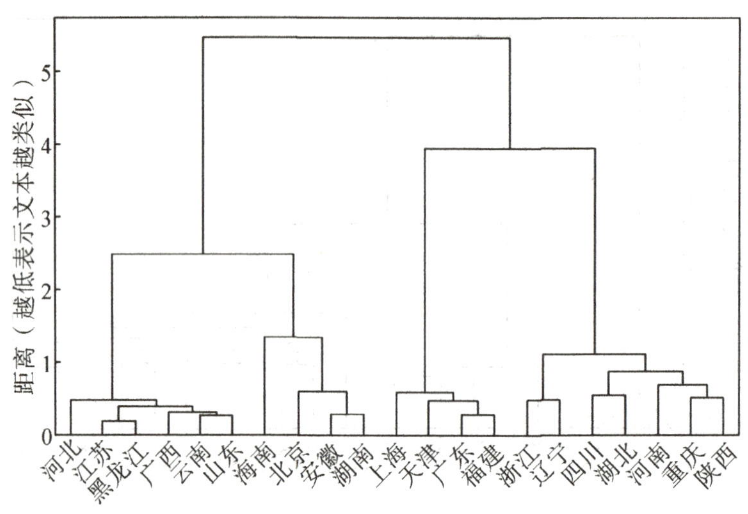

图 2-47 “总体要求”文本层次聚类树状图

②自由贸易试验区总体方案中“区位布局”的相似性分析。由图 2-48 可知，聚类情况与自由贸易试验区设立批次高度一致。第二批次设立的广东、天津和福建自由贸易试验区，第三批次设立的辽宁、浙江、河南、湖北、重庆、四川和陕西自由贸易试验区，第五批次设立的山东、江苏、广西、河北、云南和黑龙江自由贸易试验区，第六批次设立的北京、湖南和安徽自由贸易试验区各属于同一分类。具体而言，第二批次设立的自由贸易试验区均按照海关监管方式或区域位置展开布局，并且自由贸易试验区内的海关特殊监管区域探索重点都是以贸易便利化为主要内容的制度创新。第三批次的自由贸易试验区同样按区域布局或海关监管方式划分。与之不同的是，第三批次的政策具体明确了在设立自由贸易试验区时须遵守的法律法规，如自由贸易试验区土地开发利用应符合节约集约用地的有关要求，涉及海域的须符合《中华人民共和国海域使用管理法》等。第五批次的自由贸易试验区均未出现按照海关监管方式布局，仅仅以功能划分布局。

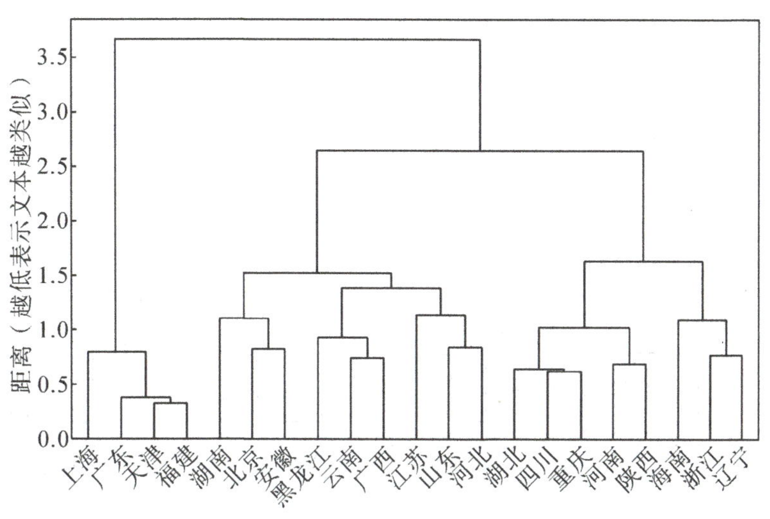

图 2-48　“区位布局”文本层次聚类树状图

③自由贸易试验区总体方案中“主要任务和措施”的相似性分析。由图 2-49 可知，从整体来看，“主要任务和措施”文本可以大致分为五类：第一类为广东、上海、天津和福建自由贸易试验区，由前文单个自由贸易试验区词频分析可知，这四个自由贸易试验区都高度重视现代服务业和投资领域的创新发展，是我国在探索阶段的重要先行试点。陕西、辽宁、湖北、四川、河南与重庆自由贸易试验区属于一类，这是自由贸易试验区由东部沿海转向内陆全面铺开的体现。这些自由贸易试验区均属于第二批次自由贸易试验区，其主要任务和措施是发展高端制造业，拓展与“一带一路”沿线国家和地区的交流合作新空间。此外，浙江自由贸易试验区自成一类，主要是由于其政策聚焦提升以油品为核心的大宗商品全球配置能力，具有鲜明的地方特色。

从局部来看，天津与福建自由贸易试验区、河南与重庆自由贸易试验区、北京与河北自由贸易试验区、云南与黑龙江自由贸易试验区为前四个文本相似度较高的小类。其中，天津与福建自由贸易试验区文本相似度最高，是因为两个自由贸易试验区都是改革创新的试验田，主要措施和任务均是发展现代服务业、推进服务贸易创新、扩大投资领域开放。云南和黑龙江自由贸易试验区形成一个小类，印证了前面对云南与黑龙江自由贸易试验区总体方案的文本分析——重点开展跨境合作交流。由前文对单个政策文本高频词统计分析可知，北京与河北自由贸易试验区重点发展科技创新，河南与重庆自由贸易试验区集中力量探索政府行政管理体制改革与监管服务创新。

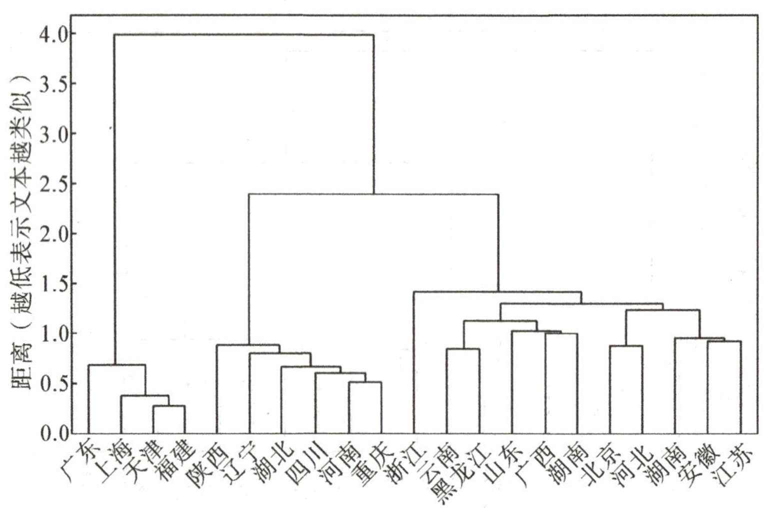

图 2-49 “主要任务和措施”文本层次聚类树状图

第三节 中国自由贸易试验区布局的问题与面临的挑战

一、当前自由贸易试验区布局的突出问题

自由贸易试验区推进制度创新已经取得阶段性成效，但随着改革的深入推进，实践中也面临一些突出的问题和障碍。

首先，基于空间布局的视角，探究沿海自由贸易试验区、内陆自由贸易试验区、沿边自由贸易试验区面临的突出问题，有助于自由贸易试验区利用不同的天然条件与地理比较优势进行差异化发展。当前，沿海自由贸易试验区作为我国对外开放的重要窗口，在加快发展海洋特色产业、提升海洋国际合作水平和航运服务能力等方面有着重要作用，因此沿海自由贸易试验区需要进一步承担开放试点任务，更多地推广可复制的经验。内陆自由贸易试验区由于天然条件限制，开放发展起步较晚，在自由贸易试验区建设中面临更多障碍。探究如何通过提高对外开放水平、改善市场环境、调整产业结构、优化交通设施等方式解决内陆自由贸易试验区面临的突出问题，有助于更好地将自由贸易试验区发展成果惠及我国内陆地区。沿边自由贸易试验区在加深我国与周边国家贸易联系、增强我国对外贸易竞争力中发挥重要作用。结合我国沿边地区实际情况、与周边国家的贸易竞争合作关系，进一步完善沿边自由贸易试验区的建设有助于提高我国沿边地区的对外开放水平。

其次，基于产业空间的视角，探究我国自由贸易试验区在产业分布、产业质量、产业创新等方面的突出问题，有助于自由贸易试验区利用不同的产业条件与产业比较优势进行差异化发展。完善自由贸易试验区的产业布局需要将产业的差异化发展、与国家重大发展战略的协同对接、产业改革创新等因素考虑在内，从而使得区内产业体系具有合理性、科学性。

最后，基于功能布局的视角，探究我国自由贸易试验区在功能发挥、功能辐射、配套功能建设等方面的突出问题，有助于自由贸易试验区进一步发挥示范带头作用与经验推广作用。

实际上，现有的自由贸易试验区布局尚存在多种问题和弊端，对国内各地区真正意义上实现自由贸易、互联互通形成了严重阻碍。本节基于我国自由贸易试验区的发展历程和功能定位，进一步梳理出我国自由贸易试验区在空间布局、产业布局、功能布局三大方面存在的地理条件限制、地区发展不平衡、产业趋同化严重、协同对接不到位、产业创新不充分、政府职能转变困难、金融服务能力滞后等主要问题，为完善我国自由贸易试验区布局提供系统准确的问题定位。

1. 空间布局的突出问题

从空间布局来看，2013 年 9 月至 2020 年 9 月，我国已经分多批次批准设立 21 个自由贸易试验区，已经初步形成“1+3+7+1+6+3”的基本格局，形成了东西南北中协调、陆海统筹的开放态势。2020 年 9 月，北京、湖南、安徽自由贸易试验区的设立使得自由贸易试验区的布局建设更为深入、全面。自此，我国沿海自由贸易试验区已经实现中国沿海省份的全覆盖，涵盖辽宁、河北、天津、山东、江苏、上海、浙江、福建、广东、广西、海南，连点成线、连线成面，形成对外开放的前沿地带，全方位发挥沿海地区对内陆腹地的辐射带动作用。改革开放以来，沿海地区率先发展，成为中国经济最重要的增长极，中国绝大多数的产能与出口均聚集在这一区域。自由贸易试验区在沿海实现无缺口式覆盖，将再次激发这一区域改革开放的潜力与活力。为更好地发挥先进示范作用，沿海自由贸易试验区在开放程度、经验推广等方面仍有一些突出问题亟待解决。

（1）沿海自由贸易试验区的突出问题。一是沿海自由贸易试验区亟待承担更多全面深化改革开放任务。近年来，《跨太平洋伙伴关系协定》（TPP）、《跨太平洋贸易与投资伙伴协定》（TTIP）和《国际服务贸易协定》（TISA）等国际经贸新规则对开放内容与自由开放度提出了更高要求。这些经贸新规则会对多边国际经贸谈判和规则以及我国全方位对外开放有着重要的影响。目前，虽然上海、天津、福建、广东等自由贸易试验区已基于自身区域发展基础和特色，在金融、工程、航运、医疗、电信、娱乐等领域的改革开放方面进行了大量的务实探索，但在文化合作、文化保护、技术与科研、教育与培训等较多领域和相关内容的实践仍有所缺失。

二是鉴于沿海自由贸易试验区在经济发展和开放水平方面与国内其他地区已有较大差距，将沿海自由贸易试验区的经验和成果在全国大多数地区，特别是内陆地区、沿边地区进行复制和推广仍存在一定的障碍。沿海自由贸易试验区的发展模式以开放服务业为主，而我国大部分地区经济结构以制造业为主，且服务业与制造业的联系不够紧密，因此沿海自由贸易试验区的发展模式与我国大多数地区的发展水平并不一定匹配，不利于经验推广。

（2）内陆自由贸易试验区的突出问题。内陆自由贸易试验区所在省份包括重庆、湖北、河南、陕西、四川、北京、湖南和安徽。本部分关于内陆自由贸易试验区的突出问题的研究主要围绕市场环境、物流条件、对外开放水平等方面展开。

一是内陆自由贸易试验区所在省级行政区的市场环境有待改善。《中国分省企业经营环境指数 2017 年报告》显示，内陆地区省份市场化程度相对东部沿海地区省份仍然较低，在行政管理、法治环境等指标上处于全国中下游水平。在 2019 年中国民营企业 500 强名单中，沿海自由贸易试验区所在省份平均有 35 家，而内陆自由贸易试验区所在省份平均仅有 11 家。此外，内陆地区对外开放起步相对较晚，内陆自由贸易试验区在制度创新和对外开放水平方面整体落后于沿海自由贸易试验区。例如，2019 年，陕西自由贸易试验区新设外商投资企业 91 家，占陕西省的 28. 17%；实际利用外资 30. 78 亿美元（约合 213 亿元人民币），占陕西省的 39. 83%。上海自由贸易试验区引进外资总额占浦东新区的 90%，新设外资企业平均注册资本接近内资企业的 2 倍。

二是内陆自由贸易试验区的产业结构亟待调整。部分内陆自由贸易试验区存在制造业技术含量和创新能力较低，服务业发展重点不突出、内部发展不平衡等问题。此外，内陆地区的交通基础设施不足，内陆自由贸易试验区缺少海港，大多不具有航运功能，进而导致物流成本较高、物流集散能力相对较低等问题（叶永霞，2020）。

（3）沿边自由贸易试验区的突出问题。广西、云南、黑龙江自由贸易试验区是我国首次在沿边地区布局的沿边自由贸易试验区。沿边自由贸易试验区应进一步通过改革创新助推沿边开放，辐射带动沿边地区发展，进一步密切同周边国家经贸合作、提升沿边地区开放开发水平。以广西和云南为例，一方面，广西和云南的制造业落后，工业基础相对薄弱，除了烟草工业、有色金属工业以外，其他工业基础差、规模小；另一方面，云南和广西邻近东南亚，东南亚区域的发达国家仅有新加坡，其余都是发展中国家。沿边自由贸易试验区的现代服务业发展相对滞后。广西和云南在金融与生产性专业服务方面的发展仍有较大的潜力和空间，特别是与具有亚洲金融、航运、贸易中心地位的新加坡相比，发展差距较大。另外，对外贸易发展也是沿边自由贸易试验区的短板。沿边地区的贸易体量偏小，出口产品档次偏低，对地区经济贡献率较低。例如，云南省 2019 年地区生产总值为 23 223.75 亿元，进出口总额为 2 323.7 亿元，进出口对地区生产总值的贡献率仅为 10%。

2. 产业布局的突出问题

基于当前我国自由贸易试验区的产业布局，本部分围绕自由贸易试验区差异化发展、产业创新、协同对接、相关法律体系配套等方面进行阐述和分析，寻找并总结当前我国自由贸易试验区在产业布局中面临的突出问题。

具体来看，进一步实现全面错位协调的自由贸易试验区产业布局，明确产业发展的侧重点，避免雷同建设，充分发挥不同自由贸易试验区的比较优势与应有作用，实现差异化发展是完善自由贸易试验区产业布局的重点（叶欣等，2015；王洪，2017）。以内陆自由贸易试验区为例，内陆自由贸易试验区的发展重点有所不同，但个别邻近自由贸易试验区之间的区分度仍然不足。以四川、重庆自由贸易试验区为例，四川天府新区与重庆两江片区之间存在竞争关系，与相近的陕西西咸新区也会相互竞争。其中有地理条件类似、产业发展重点雷同、本地比较优势利用不充分的原因，使得区域间的差异化协调发展不充分，使得自由贸易试验区容易抵消相互间的优势，造成资源浪费，甚至会引发恶性竞争。除在各个自由贸易试验区之间应进行合理的产业布局外，单个自由贸易试验区内部产业布局的科学性也至关重要。同样以四川自由贸易试验区为例，省会城市成都在经济快速发展的同时，可能会造成省内其他城市市场经济发展的滞后迟缓，因此无法在城市之间形成合理的产业布局和实现有效的资源配置。

除了强调产业布局的差异化外，产业创新也是完善自由贸易试验区产业布局的核心着力点。培育新型贸易方式，打造以技术、品牌、质量、服务为核心的外贸竞争新优势，是自由贸易试验区发展的持续动力。

此外，完善自由贸易试验区的产业布局应与国家重大战略建设实现协同对接。目前，我国自由贸易试验区与“一带一路”倡议、京津冀协同发展、长江经济带发展、粤港澳大湾区建设等未全面衔接。国家重大发展战略与自由贸易试验区建设是“一体多面，相互配套”的关系，共同构成我国对外开放新格局。为了推动各个自由贸易试验区突破自身“画地为牢、封关作业”的“围城”局限，变单边自由贸易方式为双边或多边自由贸易方式，需要将自由贸易试验区产业布局纳入国家重大战略的建设规划中，通过各个发展战略中物流、人流、资金流的推动，提升自由贸易试验区产业布局的合理性与产业发展活力。

此外，健全的法律体系是自由贸易试验区高质量发展的基石。目前，我国尚未出台一部专门规范自由贸易试验区的法律。建立从国家层面具体到地方层面的一套极其完备的法律体系，提供公平、透明的法治保障，形成有效的容错纠错机制，有利于保障自由贸易试验区的先行先试优势，推动自由贸易试验区高质量发展（徐静和王谢勇，2018）。

3. 功能布局的突出问题

基于功能布局视角，当前我国自由贸易试验区在政府职能转变、金融服务能力、物流体系建设等方面仍存在一些突出问题，明确自由贸易试验区在功能布局方面的问题，有助于解决我国自由贸易试验区充分发挥战略作用的问题。

党的十九届五中全会通过的《中共中央关于制定国民经济和社会发展第十四个五年规划和二〇三五年远景目标的建议》，对加快转变政府职能做出重要部署，为全面加强政府建设、完善国家行政体系指明了方向、提供了行动指南。简政放权、放管结合、优化服务改革作为推动政府职能转变的“牛鼻子”，是一场从理念到体制的深刻变革，要求以简政放权更大激发市场活力和社会创造力，以放管结合切实维护公平竞争市场秩序，以优化服务为市场主体和群众办事增添便利，加快营造国际一流营商环境。政府职能转变是中国自由贸易试验区改革的重要内容，中国自由贸易试验区要与国际市场进行深入融合，就必须改变现有的一些行政管理模式，建设适应国际化、市场化、法治化要求和贸易投资便利化需求的功能体系。目前，各自由贸易试验区设立的自由贸易试验区管委会是作为各省份的派出机构，但普遍层级偏低，权威性不够高，难以有效处理自由贸易试验区中遇到的问题。自由贸易试验区的建设涉及中央及各省份的多个职能部门，这要求各部门之间充分交流沟通。

目前，我国自由贸易试验区与其他国家和地区的合作涉及众多的领域、项目，推动自由贸易试验区功能建设的深入推进，离不开金融服务的支持。但是，目前我国金融服务的能力还有待提升。自由贸易试验区项目融资需求较多，尤其是基础设施建设的项目，具有投资规模大、周期长、项目整体风险偏高等特点，但是项目的整体盈利能力并不强，导致基础设施建设所需资金严重不足（方五一等，2015）。另外，自从我国全面对外开放以来，部分国家对我国期望进一步提升，对我国信贷资金在利率、期限等方面的要价过高，导致项目收益无法与风险相匹配，商业性金融机构进入意愿不足。

此外，我国自由贸易试验区对接“一带一路”物流体系也亟须进一步完善。一是缺乏竞争力强、国际市场份额大的大型物流集团，尤其是高端物流服务、物流金融、新型物流业态等领域发展不足，无法完全支撑我国参与“一带一路”物流体系建设。二是中欧班列仍旧处于发展的初期阶段，存在物流成本过高、路线过于集中等问题。三是中欧班列综合服务水平有待提升。目前，中欧班列的营销平台还处于独立揽货的状态以及个别地方政府通过补贴运费等方式吸引货源，使得班列之间竞相压价，造成内耗，不利于中欧班列的长期健康运行。

二、当前自由贸易试验区面临的机遇与挑战

实际上，面对复杂多变的全球环境与形势，现有的自由贸易试验区面临着诸多机遇与挑战，探究如何在完善自由贸易试验区布局的过程中抓住机遇、应对风险具有重要的现实意义。

一方面，党的十九届五中全会强调，要实行高水平对外开放，“一带一路”倡议的提出以及当前以国内大循环为主体、国内国际双循环相互促进的双循环新发展格局为自由贸易试验区提供了发展的新契机，在贸易渠道、贸易伙伴、贸易联系等方面极大提高了自由贸易试验区的实践水平。同时，自由贸易试验区作为连接国内国外贸易交流的重要窗口，也是建设“一带一路”的重要平台。此外，经济高质量发展要求国内重大发展战略与自由贸易试验区建设协同对接。现有的 21 个自由贸易试验区作为京津冀协同发展、长江经济带发展、粤港澳大湾区建设、成渝地区双城经济圈建设等国家重大战略中的关键节点，能够得到国家发展政策的有力支撑。另一方面，在百年未有之大变局下，当前的国际格局和国际体系正在发生深刻调整，全球治理体系正在发生深刻变革，国际力量对比正在发生近代以来最具革命性的变化。自由贸易试验区还面临着逆全球化思潮抬头、单边主义和保护主义蔓延的严峻挑战。同时，新冠疫情的暴发也为国际贸易带来了更多的不确定性。

结合当前国际国内的实际情况，探究我国自由贸易试验区当前面临的机遇与挑战，有利于自由贸易试验区形成丰硕的制度创新成果，并有效规避建设和发展过程中的各类风险。因此，本部分结合我国自由贸易试验区的现状与问题，从全球经济、国内政策、政治、安全治理等视角出发，重点分析自由贸易试验区面临的机遇与挑战，探究国内重大发展战略带来的发展新机遇，识别国际形势中的风险挑战，为完善我国

自由贸易试验区布局提供深刻具体的着力方向。

1. 当前自由贸易试验区面临的机遇

国内政治和经济环境是完善自由贸易试验区布局的重要基础，因此有必要基于当前国内面对国家发展环境变化和现实约束提出的新发展战略，从宏观政策对接视角整理和归纳我国自由贸易试验区面临的发展机遇。

（1）全面深化改革加快自由贸易试验区制度创新。党的十九大报告强调要赋予自由贸易试验区更大的改革自主权，这为新时代自由贸易试验区建设指明了方向、提出了新的要求的同时，也为自由贸易试验区的制度创新提供了重要契机。党中央、国务院决策部署加大对外开放压力测试力度，狠抓改革试点任务落实，形成更多可复制可推广的制度创新成果，推动和支持自由贸易试验区高质量发展，使自由贸易试验区在构建新发展格局中走在前列。推动自由贸易试验区深化改革的新目标将为自由贸易试验区发展提供政策支持。面对新形势、新变化和新要求，自由贸易试验区需要着力提高建设标准和质量，为服务国家战略进行探索和试验，以创新激发市场活力，加快形成更多可复制可推广的制度创新成果，彰显改革开放试验田的标杆和示范、带动、引领作用。为了深入贯彻党的十九届五中全会精神和习近平总书记关于自由贸易试验区建设的重要指示精神，全面落实高质量建设自由贸易试验区的决策部署，各省份陆续出台关于自由贸易试验区高质量发展若干支持政策。例如，广西印发《促进中国（广西）自由贸易试验区高质量发展的支持政策》，主要涉及赋予自由贸易试验区先行先试改革优先权、支持优势产业集聚发展、着力吸引高技术人才等方面，鼓励试验区大胆试、大胆闯、自主改，建成引领开放合作的高标准高质量自由贸易试验区。探讨高质量发展推动下自由贸易试验区面临的机遇，有利于其充分利用相关支持政策为应对我国外部环境挑战、深化改革和进一步扩大开放，做出更多更大的贡献。

（2）区域协同发展促进自由贸易试验区布局优化。在持续扩大开放的脚步中，中国建设全方位对外开放新格局正与国家和区域发展战略全面结合，更加注重加强与京津冀协同发展、长江经济带发展、粤港澳大湾区建设等国家战略和“一带一路”倡议的对接，促进西部地区、东北地区等在更大范围、更高层次上开放，助推内陆沿边地区成为开放前沿，推动形成陆海内外联动、东西双向互济的全面开放格局。这是顺应高质量发展的需要，也是顺应经济全球化新发展趋势的需要。自由贸易试验区作为推动形成全面开放新格局的战略支撑，将在市场力量和国家规划的共同作用下，成为西部大开发、东北振兴、中部崛起、京津冀协同发展、长江经济带发展等国家战略和“一带一路”建设的重要支点。我国自由贸易试验区的建设布局逐步完善，形成了覆盖东西南北中的改革开放创新格局，从国家战略层面上看，这种格局既能服务于京津冀协同发展、长江经济带发展、粤港澳大湾区建设、成渝地区双城经济圈建设等国家重大战略和“一带一路”建设，又能服务于西部大开发、振兴东北老工业基地、中部崛起、东部地区率先发展等国家区域发展战略，形成环环相扣、与国家新一轮改革开放总体布局高度吻合的格局。各自由贸易试验区基于发挥地理优势和产业特点建构的功能定位都各有特色。例如，西部陆海新通道的开发建设为我国的各自由贸易试验区，尤其是西部地区自由贸易试验区在推动区域经济发展的作用发挥上提供了重要契机与途径。西部陆海新通道位于我国西部地区腹地，北接丝绸之路经济带，南连21世纪海上丝绸之路，协同衔接长江经济带，在区域协调发展格局中具有重要战略地位。《西部陆海新通道总体规划》中提到，在空间布局方面，核心覆盖区围绕主通道完善西南地区综合交通运输网络，密切贵阳、南宁、昆明、遵义、柳州等西南地区重要节点城市和物流枢纽与主通道的联系，依托内陆开放型经济试验区、国家级新区、自由贸易试验区和重要口岸等，创新通道运行组织模式，提高通道整体效率和效益，有力支撑西南地区经济社会高质量发展。因此，分析高水平对外开放下自由贸易试验区面临的机遇，有利于将自由贸易试验区发展与国家重大区域发展战略实现对接，打造全方位、多层次、宽领域、高水平对外开放新格局，推动经济高质量发展。

（3）双循环新发展格局强化自由贸易试验区内外联动。在当前以国内大循环为主体、国内国际双循环相互促进的双循环新发展格局形成过程中，自由贸易试验区的功能和作用将愈加凸显。习近平总书记在中央全面深化改革委员会第十五次会议上指出，加快形成以国内大循环为主体、国内国际双循环相互促进的新发展格局，是根据我国发展阶段、环境、条件变化做出的战略决策，是事关全局的系统性深层次变革。同时，中央特别强调要把构建新发展格局同实施国家区域协调发展战略、建设自由贸易试验区等衔接起来。自由贸易试验区作为开放高地，具有位处国内、联通世界的优势，既是推动国内循环的重要拉动力，又是国际循环的重要参与者和助推者。一方面，挖掘国内消费潜力促进国内大循环是有效应对外部环境变化、增强经济发展韧性和活力的战略选择。供给侧结构性改革正好是自由贸易试验区进一步深化改革开放的主线，在供给侧结构性改革方面取得成效能为国内大循环清除“路障”，打通关节。此外，自由贸易试验区带动的区域协同发展以及以科技创新和制度创新为核心的“双轮驱动”有利于推动形成良性互动的内循环格局。另一方面，自由贸易试验区作为推动新时代全面开放的新引擎，在对接国际高标准市场规则体系和优化营商环境方面取得的成果对促进国际循环无疑将起到引领性作用。

因此，自由贸易试验区作为国内循环与国际循环的枢纽，分析其在构建新发展格局之中将会面临的新发展机遇，对在有条件的区域率先探索形成新发展格局，打造改革开放新高地具有重要意义。自由贸易试验区应该抓住双循环新发展格局背景下的机遇，通过促进国内规则规制对接国际高标准市场规则体系，加强与境外自由贸易区之间协同共进，更好地联通国内市场与国际市场。

（4）创新驱动发展战略推动自由贸易试验区信息协同。党的十八大提出，实施创新驱动发展战略，强调科技创新是提高社会生产力和综合国力的战略支撑，必须摆在国家发展全局的核心位置。这是中央在新的发展阶段确立的立足全局、面向全球、聚焦关键、带动整体的国家重大发展战略。创新驱动发展战略的实施为自由贸易试验区的信息协同共享提供了重要的平台与渠道。目前，自由贸易试验区已成为完善社会信用体系先试先行的重点区域。自由贸易试验区根据国务院印发的《社会信用体系建设规划纲要（2014—2020 年）》（国发〔2014〕21 号）的主要内容和要求，以信用监管为核心，运用信息化监管手段，初步建立起透明、高效、专业的社会信用体系，为企业营造良好的经营环境。此外，2014 年 9 月，上海市政府办公厅印发《中国（上海）自由贸易试验区监管信息共享管理试行办法》（沪府办发〔2014〕44 号），推动建立公共信用信息服务平台框架，打破政府内部“信息孤岛”和对公共信用信息数据的垄断，为通过信用记录对自由贸易试验区内企业实行信用约束提供了基础支撑。2015 年 4 月，天津市政府发布《天津市人民政府关于加强市场主体事中事后监管的意见》（津政发〔2015〕5 号），推进公用信息共享全覆盖，实现“一个平台管信用”。2015 年 9 月，福建省发改委印发《福建省自由贸易试验区信息化平台建设总体方案》（闽发改数字〔2015〕642 号），规范自由贸易试验区信息化建设发展，共享监管信息，实现联合市场监管。

2. 当前自由贸易试验区面临的挑战

基于当前国内外的复杂经济形势以及未来发展趋势，外部环境的不确定性给自由贸易试验区建设带来许多风险与挑战。

一是自由贸易试验区面临逆全球化思潮抬头、单边主义和保护主义蔓延的严峻挑战。当前，世界正处于百年未有之大变局，全球经济治理体系、国际经济秩序乃至世界经济格局正在发生巨大变化和重新调整。贸易保护主义、逆全球化思潮、单边主义开始抬头，不确定因素依旧存在，经济全球化的风险也在加剧。形成对接高标准国际经贸规则的制度框架是自由贸易试验区建设的核心任务，而在保护主义抬头和逆全球化背景下，国际经贸格局深刻调整，基于规则的竞争成为各国共识，大国博弈的重心也转向规则制定，且规则更趋强调高水平的贸易便利化自由化。国际经贸规则可能出现重构从而产生不确定性风险，对自由贸易试验区适应探索新国际规则带来巨大挑战。同时，逆全球化实际对国内经济制度提出更高的要求，为了在新的国际经济格局中占据一席之地，国内经济改革必须以在高水平的规则体系为引导。在这方面，自由贸易试验区更是肩负重任。自由贸易试验区对外开放的格局理应范围更大、领域更宽、层次更深，更加强调开放创新、布局优化、质量提升。从全球层面来看，中国应将“小自由贸易试验区网络”和“大自由贸易试验区网络”相叠加，从而有效支撑经济全球化进程和区域经济一体化进程，有力应对贸易保护主义。此外，中国应积极推动国际国内自由贸易规则衔接，深度参与全球经济治理和国际经贸规则制定，主动分析和应对贸易纠纷、摩擦，抵制贸易保护主义，减少多边贸易失衡，助力企业拓展符合国家战略的国际合作空间，提高对外贸易的安全边际。此外，自由贸易试验区布局的优化还需牢牢把握国际通行规则，加快形成与国际投资、贸易通行规则相衔接的基本制度体系和监管模式。

二是自由贸易试验区面临世界经济整体下滑、经济结构失衡、国际金融市场波动、市场需求不足的深层次挑战。世界经济结构失衡、国际金融市场波动、市场需求不足等深层次问题尚未解决，面对全球经济的不稳定性和不确定性，我国经济增长动力结构逐渐从外贸和投资主导转向内需和消费主导，现代化产业体系自主可控的迫切性进一步加强。当前，在科技更加进步、文化更加相融，各国政治、经济、社会联系日益密切的背景下，我国自由贸易试验区必须以与时俱进的对外开放姿态参与到全球经济重构中去，在加快我国经济结构调整和产业结构升级、扩大企业出口和培育新的经济增长点的同时，为世界经济发展注入新的活力，促进中国乃至世界经济的高质量发展。

三是自由贸易试验区面临我国人口红利逐步减少，国内经济结构有待进一步转型升级的挑战。在某种程度上，以前的开放红利是一种外生的红利。中国打开国门加入世界贸易组织，意味着进入了既有的世界贸易体系和产业体系，并通过市场经济的制度变革，利用自身的人力成本等优势，从而获得开放红利。但是，随着劳动力成本的上升，人口红利逐步减少，这种外生的开放红利也越来越少，因此自由贸易试验区需要更多地挖掘“内生红利”。“内生红利”更多来自内在的改革，以开放倒逼改革，在改革中走向开放。挖掘“内生红利”要求自由贸易试验区不仅要对外开放，同时也要对内开放，要将开放成果与成功经验在全国范围内复制推广，实现地方开放型经济的全面开花。同时，“内生红利”要求自由贸易试验区的开放是双向开放，不仅要引进来，更要走出去。中国随着经济的转型升级，无疑需要越来越多的中国企业走出国门，参与国际化竞争，从而获得更大的全球市场。

四是自由贸易试验区面临新冠疫情背景下全球产业链供应链的大范围冲击。新冠疫情的暴发使得许多国家不得不“封城”乃至“封国”，大量经济活动骤停，全球产业链供应链遭遇空前的“断链”风险。各国内需和供应、贸易以及金融都受到严重影响，国内企业面临着订单数量下降、国际业务拓展困难等问题。我国各自由贸易试验区在统筹推进新冠疫情防控和经济社会发展工作中需要应对各项复杂严峻的挑战。自由贸易试验区在新冠疫情防控的非常时期，应采取相关措施，在降本减负、金融支持、产业扶持等方面帮助企业复工复产，同时率先落实好各项稳外贸稳外资政策。新冠疫情正在改变全球产业链和供应链布局，世界经济陷入严重衰退不可避免导致一些国家减少对中国的依赖，加快寻找替代途径，想方设法将产业链和供应链转移到其他国家，实现多元化投资和供应。从国际循环的视角看，这对中国面向全球的产业链和供应链体系将极为不利。应对这种突如其来的变局，尤其是考虑到新冠疫情持续影响下产能需求和供给不足，我国自由贸易试验区应早做谋划，掌握主动权，积极参与全球产业链和供应链的重构。用全面、辩证、长远的眼光分析当前新冠疫情带来的挑战，有利于自由贸易试验区为新冠疫情防控和经济发展做出贡献，主动应对新冠疫情持续影响下世界经济格局的新变化新挑战，努力在危机中育新机。

第四节　中国自由贸易试验区的创新成果

我国自由贸易试验区以制度创新为核心探索试验了一批基础性改革措施，率先建立了以准入前国民待遇和负面清单管理为核心的外商投资管理制度，以贸易便利化为重点的贸易监管制度，以政府职能转变为核心的事中事后监管制度，以金融开放服务实体经济为目标的金融创新制度，发挥了“排头兵”作用。同时，自由贸易试验区边试点、边总结、边推广，把建设发展中积累的很多成功试点经验向全国复制推广，为我国经济高质量发展提供了坚实稳固的基础和强大持久的动力。根据商务部数据统计，我国自由贸易试验区已累计在国家层面推出 278 项制度创新成果向全国或特定地区推广。其中，以国务院发函等方式集中复制推广的试点经验共六批达 143 项，各自由贸易试验区“最佳实践案例”共四批达 61 项，有关部门自主向全国复制推广的创新成果达74项[1]。这些创新举措数量多、质量高、效果好，在各领域取得了创新突破，更大程度释放了市场活力并培育发展出新动能和国际竞争新优势。

一、投资管理制度创新

高效规范的投资管理制度既是自由贸易试验区形成良好营商环境的重要保障，也是影响全球生产要素在自由贸易试验区内集聚的重要因素。我国自由贸易试验区探索投资管理体制改革的主要举措包括切实完善以负面清单为核心的外商投资管理模式、推进对外投资管理改革、探索推动商事制度改革以及深化工程项目审批制度改革等。目前，我国自由贸易试验区在以负面清单为核心的投资管理制度改革方面取得巨大进展。我国从2013年设立上海自由贸易试验区开始，实施外商投资准入负面列表清单与准入前国民待遇管理制度，随后基本上每年都对自由贸易试验区外资准入负面清单进行修改，对外资准入领域的限制不断放宽，对外开放水平不断提升。随着负面清单内容不断精简，限制措施从2013年的190项缩减为2019年的37项。在自由贸易试验区版外资准入负面清单实践不断完善的基础上，2020年6月版《外商投资准入特别管理措施》和《自由贸易试验区外商投资准入特别管理措施》中全国外商投资准入负面清单缩减为33项，自由贸易试验区外商投资准入负面清单缩减为30项。由此形成的自由贸易试验区版及全国版负面清单推动全国在外商投资管理领域深化改革和扩大开放，为建立高标准投资管理体制提供了可复制可推广的经验。

与外商投资负面清单管理模式相衔接，相应的商事登记制度改革不断深化全面实施"证照分离"改革，通过把涉企行政审批事项按照直接取消审批、审批改为备案、实行告知承诺、优化准入服务四种方式进行改革进而完善市场准入管理。从自由贸易试验区开始的简易注销、市场主体名称登记便利化等措施已经推广至全国，使企业办证更加便捷高效。除此之外，深化项目审批制度改革最大限度地降低了制度性成本，不仅有效激发了市场主体活力还提升了投资便利化程度。例如，广西自由贸易试验区推进工程建设项目审批制度改革，探索出"工程建设项目分阶段审批+提前介入监督""工程建设项目豁免许可审批改革""承诺制全覆盖审批新模式"等多项制度，并在全区推广着力解决项目落地难等问题。同时，各地还重视将部分行政审批权下放给自由贸易试验区以推进简政放权，提升自由贸易试验区行政效率，提升外商投资便利度。投资管理制度创新使我国营商环境持续优化，在世界银行发布的《2019年营商

---

① 佟亚涛. 我国自贸试验区已累计在国家层面推出278项制度创新成果［EB/OL］.（2021-07-06）［2021-12-11］. http://www.gov.cn/xinwen/2021-07/06/content_5622760.htm.

环境报告》中，中国营商环境排名从2014年度的第96位上升至2019年度的第46位，营商环境取代优惠政策成为吸引投资的重要竞争力。国家层面向自由贸易试验区下放审批权限情况如表2-13所示。

表2-13 国家层面向自由贸易试验区下放审批权限情况

国家出台的自由贸易试验区文件	审批权限的下放的具体措施
2018年国务院发布《国务院关于支持自由贸易试验区深化改革创新若干措施的通知》	1. 将建筑工程施工许可、建筑施工企业安全生产许可等工程审批类权限下放至自由贸易试验区。 2. 将外商投资设立建筑业（包括设计、施工、监理、检测、造价咨询等所有工程建设相关主体）资质许可的省级及以下审批权限下放至自由贸易试验区。 3. 省级市场监管部门可以将外国（地区）企业常驻代表机构登记注册初审权限下放至自由贸易试验区有外资登记管理权限的市场监管部门。 4. 将在自由贸易试验区内设立中外合资和外商独资人才中介机构审批权限下放至自由贸易试验区，由自由贸易试验区相关职能部门审批并报省（市）人力资源和社会保障部门备案
2021年国务院发布《国务院关于推进自由贸易试验区贸易投资便利化改革创新的若干措施的通知》	1. 在内地与香港、澳门关于建立更紧密经贸关系的安排（CEPA）框架下，将港澳服务提供者在自由贸易试验区投资设立旅行社的审批权限由省级旅游主管部门下放至自由贸易试验区。 2. 在符合条件的自由贸易试验区所在地推进网络游戏审核试点工作。 3. 将自由贸易试验区所在省份注册的国内水路运输企业经营的沿海省际客船、危险品船“船舶营业运输证”的配发、换发、补发、注销等管理事项，下放至自由贸易试验区所在地省级水路运输管理部门负责办理

注：整理自国务院发布的《国务院关于支持自由贸易试验区深化改革创新若干措施的通知》《国务院关于推进自由贸易试验区贸易投资便利化改革创新的若干措施的通知》。

二、贸易监管制度创新

构建接轨国际的贸易监管制度是深化我国对外开放、推动对外贸易领域体制改革、提升国际贸易话语权的重要保障。我国自由贸易试验区在贸易监管体制机制的创新成效集中体现在“单一窗口”建设、通关监管模式创新、监管技术升级等方面。首先，上海自由贸易试验区作为国际贸易“单一窗口”的首创地，为全国“单一窗口”标准版的设计奠定了坚实的基础。截至2020年年底，国际贸易“单一窗口”已覆盖全国各个口岸，提供了集约化、一站式的服务功能并实现了口岸各部门间的信息共享和业务协同。进出口环节多种监管证件全部通过“单一窗口”实现联网核查、无纸通关，实现国际贸易主要环节、主要进出境商品和主要运输工具全覆盖，为外贸企业提供“一站式”全链条服务从而大幅提高通关效率，减轻企业负担。随着自由贸易试验区“单一窗口”对接的部门数量不断扩大，覆盖的功能板块不断拓展和完善，服务模式创新正在不断升级。例如，福建自由贸易试验区“单一窗口”3.0版联合40多个管理部门，涉及100多项管理口岸政务和贸易服务。目前，上海自由贸易试验区“单一窗口”也已进入3.0版，覆盖海关、海事、税务、外汇等20多个贸易监管部门，涵盖了货物申报、运输工具申报、跨境电商等多个领域。货物进出口申报全流程从24小时缩短至0.5小时，船舶进出港全流程从48小时缩短至2小时。四川自由贸易试验区的国际贸易“单一窗口”主要业务覆盖率已达100%，已对接国家标准版16类341项功能。自由贸易试验区“单一窗口”服务模式创新推进运输仓储、报关结算的电子化和无纸化，形成以贸易数据为核心的通关、监管、决策三位一体的生态链。该种模式确保了以风险分类管理为基础，以信息化系统监管为支撑，以贸易安全为基本底线的贸易监管制度高效运行。上海自由贸易试验区国际贸易“单一窗口”的进展情况如表2-14所示。

表2-14　上海自由贸易试验区国际贸易“单一窗口”的进展情况

时间	进展情况	服务功能	说明
2014年6月18日	“单一窗口”两个试点项目在洋山保税港区启动运行	仅有“一般贸易货物进出口印报”和“船舶出口岸联网核放”两个功能	
2014年12月28日	“单一窗口”增加了两个试点项目运行	拓展了“传播申报”和“自由贸易区一线进出境备案”两个功能	
2015年6月30日	“单一窗口”1.0版全面上线运行	覆盖货物进出口申报、运输工具申报、贸易许可申领、税费办理和支付、企业资质办理、信息查询六大板块，涉及海关、商检、海事、边检、民航、商务、交通、税务、外汇管理等17个部门	初步具备了国际贸易“单一窗口”基本架构和主要功能，基本实现了口岸监管全覆盖
2016年1月20日	“单一窗口”2.0版上线	在1.0版主要功能基础上，新增的16个项目和任务，主要包括货物查验办理、自由贸易试验区一线进境入区提货、游轮人员信息申报、原产地证书办理、出口退税手续办理、公布通关时限等信息公布、监管状态和结果信息共享等，由连接变对接并推进移动互联网版。此外，参与部门扩大到21家	贸易监管实现延伸，功能更丰富、技术更先进、使用更便利、机制更顺畅

表2-14(续)

时间	进展情况	服务功能	说明
2016年12月30日	“单一窗口”3.0版上线	兼具货物进出口、运输工具、快件物品、人员旅客、支付结算、资质许可、信息查询、自由贸易专区等监管服务的功能板块，实现了与23个部门技术对接，平台上应用项目达33个，覆盖口岸通关各环节，包括运抵、申报、查验、支付、放行业务办理，并且伸延至贸易管理环节，如许可资质、出口退税办理，此外还扩展到物流环节	覆盖口岸通关全流程和贸易监管主要环节，实现了区域应用功能，即上海企业可以申报经外地口岸进出的货物，外地企业可以申报经上海口岸进出的货物

注：匡增杰，孙浩. 上海自贸试验区国际贸易“单一窗口”建设研究［J］. 经济体制改革，2018（5）：73-77.

在通关监管方面，自由贸易试验区探索“海关通关一体化”监管模式等系统性的制度创新成果在全国范围内复制推广，覆盖全国口岸所有运输方式进口的商品。企业可以任意选择通关或报关的地点和口岸，并完成申报、缴税等海关手续从而实现申报更自由、手续更简便、通关更顺畅。各自由贸易试验区在对上海自由贸易试验区“一次备案，多次使用”“先进区、后报关”“批次进出、集中申报”等海关监管创新制度进行复制推广的基础上，继续开展制度创新探索。湖北自由贸易试验区的“先出区、后报关”“先放行、后改单”等制度创新成果被国家层面采纳推广。自由贸易试验区探索的多项海关监管创新制度优化了通关流程，大幅压缩了货物在口岸的滞留时间并提高了监管有效性。

在监管技术升级方面，自由贸易试验区充分利用互联网和数字技术推进“互联网+海关”特色服务。各自由贸易试验区着力探索智能化监管服务模式，在提高监管效率和口岸执法透明度的同时努力为企业提供信息化、便利化的办事服务，使企业能够在网上办理注册登记申报等各项海关业务，实现申报电子化、审核智能化、查验无纸化。例如，为推动进出境货物通关便利化，上海自由贸易试验区实施仓储企业联网监管模式，加强对企业自主经营货物进出自由贸易试验区卡口的管理。总体而言，自由贸易试验区贸易便利化的改革取得显著进展，通关效率大幅提高，进出口货物整体通关时间从33小时压缩至3.12小时。

三、金融开放制度创新

随着我国金融业的快速发展，金融业无疑是我国经济发展中的关键行业之一，而对金融业的改革和创新则可以在我国经济深化改革和对外开放中起到牵一发而动全身的效果。自由贸易试验区作为我国金融业对外开放的“试验田”，在我国金融业的改革和创新发展进程中扮演了关键的角色。目前，我国自由贸易试验区在资本项目可兑换的探索、人民币跨境金融产品的设计供给、金融服务的增强以及金融风险的管控等方面进行了多项制度创新，可向全国复制推广的金融开放制度创新取得明显成效。截至 2020 年 7 月底，上海自由贸易试验区先后发布十批 130 个金融创新案例；广东自由贸易试验区发布四批 51 个金融创新案例；天津自由贸易试验区发布九批 73 个金融创新案例；福建自由贸易试验区发布 4 批 159 个金融创新案例。

自由贸易试验区的金融开放创新着重突出其区域特色和优势。例如，上海自由贸易试验区主要发挥领头羊作用，构建面向国际的金融市场体系和人民币全球服务体系，率先进行人民币资本项目可兑换的试点并逐步提高可兑换程度，建立了“一线审慎监管、二线有限渗透”的资金跨境流动管理制度。目前，在全国复制推广的制度创新主要包括本外币一体化自由贸易账户的全口径跨境融资宏观审慎管理、取消境外融资租赁债权审批、经常项下跨境人民币集中收付汇业务等多项金融创新业务。广东自由贸易试验区金融改革创新的重点是跨境人民币业务，在全国率先实现跨境人民币贷款、跨境双向人民币资金池、跨境资产转让等多项跨境业务并先后从广东推广至全国。这些制度创新降低了企业开展跨境双向人民币资金池业务的准入门槛，助力企业“走出去”并实现国际化经营，提升统筹配置境内外资金的能力，让更多企业分享改革红利。另外，自由贸易试验区积极推动开展粤港澳深度合作，将资本项目收入支付便利化、允许外债提款、偿还币种与签约币种不一致等政策推广至粤港澳大湾区，在民生金融、跨境投融资的便利化、金融市场的互联互通方面也取得了积极的成效。天津自由贸易试验区立足京津冀协同发展高水平对外开放展开了金融开放创新工作，充分发挥融资租赁等特色金融创新服务为天津自由贸易试验区的建设及金融改革发展做出贡献。

四、事中事后监管制度创新

我国自由贸易试验区在以政府职能转变为核心的事前事后监管制度改革方面取得突破性进展，自由贸易试验区加快政府职能转变的改革主要集中在以简政放权为重点健全行政管理体制、以事中事后监管为核心深化体制机制创新、以信息互联共享为导向优化政府服务体系，形成透明高效的准入后全过程监管机制以全面提升开放环境下的政府治理能力。在简政放权方面，自由贸易试验区主要是改革以前置审批制度为核心的商事制度改革。上海自由贸易试验区率先实施先照后证、证照分离等改革，天津自由贸易试验区“一照一码”登记制度改革以及集中统一行使行政审批权的模式均得到经验推广。各自由贸易试验区积极推进相对集中行政许可权改革和证照分离改革试点，以制度创新用好赋予自由贸易试验区的各种权限。除此之外，各自由贸易试验区所在省份持续推动向自由贸易试验区下放更多省级经济管理权限以提高自由贸易试验区的自主权及办事效率。自由贸易试验区围绕简政放权，全链条放权赋能、全领域极简审批，大幅缩短审批时效并极大优化了投资项目审批办理流程，为创新、创业提供优质服务。

在监管改革方面，传统政府管理方式往往重审批而轻监管，自由贸易试验区制度创新强调推进政府管理由注重事前审批转为注重事中事后监管，其核心内容是深化行政管理体制改革，创新政府管理方式以实现“宽准入、严监管”的转变。我国自由贸易试验区在一照一码、多证合一和商事登记等领域进行的制度创新，强化部门协同并加快构建“双随机、一公开”抽检制度以及以信用监管为核心内容的新型事中事后监管体系。例如，福建自由贸易试验区创新的审批告知承诺制公示、第三方信用评价公示和市场主体自我信用承诺公示的事中事后监管措施已在全国范围内复制推广，通过采用“承诺制”综合监管新模式的方式办理行政许可事项使审批办理全流程时限得以压缩。辽宁自由贸易试验区建立“互联网+全程监管”和白名单动态调整机制，将船舶按照安全管理风险进行分类分级，筛选出高风险船舶并予以重点监管，提升船舶事中事后现场监管能力。浙江自由贸易试验区先后建立健全了保税燃料油供应、与负面清单相适应的外商投资项目、内资融资租赁试点企业、商事登记和大宗商品交易场所等领域的事中事后监管制度，形成了一批可复制可推广的创新举措。

在优化服务方面，为进一步提升行政审批服务效能和优化营商环境，上海自由贸易试验区的“一网通办”，广东自由贸易试验区的“一口受理、同步审批”等模式已在全国大范围复制推广。自由贸易试验区全面建成“统一受理、整体服务”的企业办事“一张网”，实现企业办事事项全覆盖，优化再造办事流程。自由贸易试验区创新服务模式深入推进政务服务改革，逐步实现面向企业和群众的政务服务事项“一窗受理、协同办理、一事通办、一次办成”，达到利企便民目标。另外，各自由贸易试验区进一步完善“互联网+政务服务”体系，建立一窗受理、协同审批的一站式高效服务模式，建设市场准入统一平台，实现多部门信息共享和协同管理，突破政务服务的地理和时间限制并实现数字政府远程互联的政务服务新模式。

我国自由贸易试验区在制度创新方面取得了巨大的成就，投资管理制度、贸易监管制度、金融开放制度以及事中事后监管制度创新成果的可复制可推广，实现了改革红利共享、开放成效普惠，是构成我国自由贸易试验区改善国内营商环境和进一步扩大开放的有力支撑。我国自由贸易试验区深化改革应主动顺应全球经济治理新趋势新格局，主动对接国际投资贸易新规则新要求，继续探索更高水平的对外开放和更深层次的改革创新。

第三章

自由贸易试验区建设的国际比较与经验借鉴

第一节 世界各国自由贸易区概述

一、世界自由贸易区发展历程

随着全球化进程的加快，自由贸易区作为区域经济合作的重要形式也在迅速发展。目前，世界上已有5 000余个自由贸易区。与“境内关内”的保税区不同，自由贸易区实行“境内关外”的体系，免于实施国内常用的海关监管制度。在具体称谓上，不同国家（地区）也常常将自由贸易区称为自由港、自由经济区、对外贸易区等。自由贸易区在其发展历程中也经历了多次演变，其具体形式、功能也跟随时代的经济发展与贸易形式而有所改变。

1. 第二次世界大战前：转口贸易与商品输出

1547年，为了实现贸易便利化，意大利在其西北部的热那亚湾设立了雷格亨自由港（Leghoyn Free Port），这是世界上第一个正式命名为“自由港”的区域，其主要作用是吸引外国船只停靠，并承担商品集散中心的作用。随后，欧洲的众多港口城市如意大利的威尼斯、法国的敦刻尔克、丹麦的哥本哈根、德国的汉堡等也相继开辟自由港，成为当时欧洲重要的转运中心与对外贸易门户。这些早期设立的自由港在货物转口贸易中主要采取“货不离港”的形式，更多提供货物装卸与保存而非发往内陆销售。此外，其进出的商品种类较为单一，主要是香料、农产品以及丝织品。

18世纪后，欧洲尤其是西欧殖民主义盛行，西欧强国在其地理位置优越的殖民地和附属国开辟自由港以发挥贸易中转作用。1704年设立的直布罗陀自由港（Gibraltar Free Port）就是世界上第一个殖民自由港。此后的100年间，一系列殖民自由港被不断设立。殖民自由港在此期间完全服务于宗主国的利益，主要功能就是为转口贸易服务。19世纪后期，资本主义步入垄断时期，资本输出成为其主要特色。殖民自由港的功能也在这一时期随之改变，由贸易中转站发展成为资本接收地。宗主国通过自由港对其殖民地和附属国输出资本与商品，并利用其廉价的劳动力开设工厂开展简单的加工装配业务。

总体来看，从16世纪到19世纪末期，世界各大洲的联系主要通过海运，因而第一代自由贸易区都是依托沿海港口，以自由港为主要形态，以转口贸易和商品输出为主要业务，尽管也有简单的加工、装配业务，但仍然是为转口贸易服务。第一代自由贸易区或自由港在国际贸易中起到航运枢纽作用，提高了国际贸易的自由度和便利程度，是资本主义扩张的重要工具。

2. 第二次世界大战后：吸引投资与促进就业

第二次世界大战后，为改善民生、促进就业，各国政府更加关注经济发展，同时经济全球化进一步推动了贸易自由化。这一时期的自由贸易区不仅突破了早期的空间限制，由港口、码头向内陆延伸，而且新增了加工、制造的功能，更多地吸引外资，更好地促进就业。与主要功能为转口贸易与商品输出的早期自由贸易区相比，以加工贸易为主要功能的自由贸易区将“免税”“保税”等税收优惠政策应用于原材料或中间品而非制成品或最终品的进口。此外，政府还对该区域的基础设施使用提供优惠，并精简审批程序，加快审批速度，吸引更多企业到区内投资建厂。例如，爱尔兰于1960年借助香农国际机场在周边地区建立了世界上第一个以出口加工为主要功能的免税工业区——香农自由贸易区（Shannon Free Zone），以其免税优惠和低成本优势吸引外国特别是美国企业来投资。以出口加工为主要功能的自由贸易区大量涌现，近200个功能类似的自由贸易区出现在亚洲、非洲与美洲等国家和地区。

随着第三次科技革命的迅猛发展，各国产业结构不断调整，传统制造业逐步被高科技制造业取代，低技术、低附加值的加工制造业逐步向高附加值的高新技术产业转型，伴随而来的就是出口加工区进一步升级为科学工业园区。在这类园区内，政府不仅沿用传统自由贸易区的开发和管理手段，如划定特殊的保税区、区内进口货物可以免税等，而且还制定各种优惠措施和提供科研环境，以吸引外资、技术和人才，并进行产业开发。

3. 21世纪后：全方位综合服务

进入21世纪，随着经济全球化的不断深入和区域经济合作的不断加强，自由贸易区如雨后春笋般不断涌现，自由贸易区的功能更加综合化，区域更加规模化。具体来说有以下几个特征：

第一，功能更加多元化。以转口贸易和进出口贸易为主要功能的自由贸易区和以加工贸易为主要功能的自由贸易区逐渐融合，集成了进出口贸易、转口贸易、保税仓储、商品展销、加工制造、拆装改装、商品展示等商业活动。第二，建设更加现代化。为了提高运行效率、降低成本，自由贸易区港口作业流程不断优化，精细化、集成化、机械化程度不断提高，基础设施不断完善，装卸、运输、仓储能力不断提升。第三，服务化程度提高。自由贸易区的服务业进一步完善，金融、保险、旅游、融资功能不断增强，同时服务贸易占比不断上升。第四，不断融入全球供应链。随着全球分工的不断加强，跨国公司在不同的自由贸易区合理分配生产环节，建立全球化的生产链与供应链，自由贸易区逐渐成为资金流与国际物流的重要枢纽、全球供应链的关键节点。始建于2003年的韩国釜山-镇海经济自由区（Busan）就是典型的21世纪新型综合自由贸易区。该自由贸易区位于太平洋、大西洋、印度洋的东北亚关口，韩国政府利用其地理优势发挥其转口集散功能，引入众多物流、休闲观光、研发（R&D）投资、教育和医疗行业的国际知名企业。目前，该自由贸易区包括物流区、商务区、休闲娱乐区、教育区、研发（R&D）区等，功能综合，是东北亚乃至全世界的商业中心。

世界自由贸易区发展历程如图3-1所示。

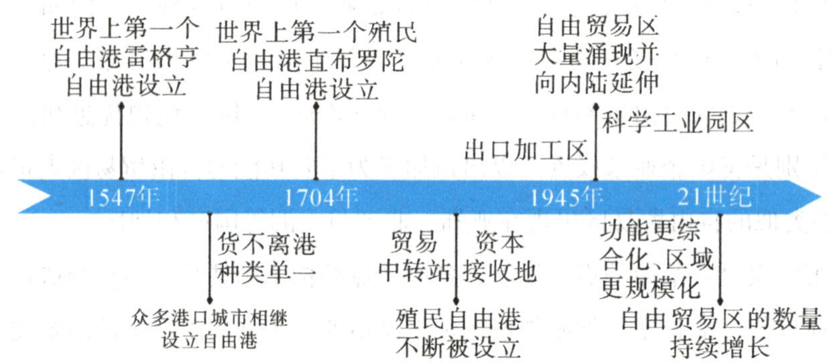

图3-1　世界自由贸易区发展历程

二、自由贸易区的类型

如上文所述，随着时代的发展，各国对自由贸易区的要求不断提高。当前，自由贸易区已向综合化、多功能化方向发展，往往集转口、仓储、加工、物流、展示、金融等各项功能于一体。鉴于此，本书认为，根据功能定位对自由贸易区进行分类有所不妥。自由贸易区的覆盖区域是固定、有所区分的，因此本书以自由贸易区的覆盖区域作为划分标准，将自由贸易区划分为以下四类：

1. 港城融合模式

港城融合模式是指自由贸易区与城市深度融合，城市就是自由贸易区，自由贸易区也是城市。这类自由贸易区往往建于海港城市，依靠海港城市的交通、贸易的区位优势，将自由贸易区的发展与城市的发展深度融合，自由贸易区能够充分发挥其贸易、加工制造的辐射带动作用。一方面，整个海港城市除了基本的生产生活外又具有转口贸易、出口加工、商品展销等功能；另一方面，园区允许居民在此居住生活，并能够购买免税进口品。我国的香港就是典型的港城融合发展的自由港，其范围包括整个香港地区，可以称为自由港城。一般商品不仅能够免税自由出入，而且能够再次加工制造。市民能够在港区居住，本地居民和外地游客能够购买港区的进口商品。此外，资本能够自由进出香港，并且能够在各个行业自由投资。香港的高度自由、高度开放的港城融合模式大大提高了香港国际贸易的灵活性，并带动了香港金融、商贸、旅游、工业等行业的协同发展，使得香港成为著名的国际贸易中心、国际金融中心。

2. 港城分离模式

港城分离发展与港城融合发展相反，仅将城市的一部分区域划为自由贸易区，商品只有在该区域内才享受保税待遇，同时居民无法在此区域居住生活。绝大多数自由贸易区都属于这种类型。事实上，港城一体化发展虽然能够使得自由港在更大区域内实现优化配置，但是也更容易出现港口吞吐能力过剩、企业效率低下、港口差异化程度较低等情况。因此，将自由贸易区单独划分区域是更多城市的选择，著名的德国的汉堡港、丹麦的哥本哈根港、新加坡自由贸易区就属于这一类型。以新加坡的樟宜自由贸易区为例，其港区及配套建成的产业园区用围墙与外界区隔，自由贸易区同中心城区之间保持着安全距离。樟宜自由贸易区的出入口均设立海关检查站点对进出人员进行管控，个人未经核验不得随意进入或在园区内居住。此外，所有人员进入樟宜自由贸易区前均需要向当地警局申领通行证。通行证有两种，一种是供区内工作人员或员工使用、每两年需要重新申请的永久性通行证，另一种则是针对临时进出人员、有效期限仅为一天的暂时性通行证。

3. 跨境园区模式

跨境园区模式是指领土邻接的国家（往往是两个国家）通过协商或谈判，在其邻接边境共同划分一块区域成立自由贸易区。该自由贸易区跨越两个国家的领土，受到两国共同的法律监管。由于该自由贸易区需要在两国边境设立，因此也常被称为边境经济合作区。与常见的自由贸易区不同，跨境园区模式更加具有目标性。由于该自由贸易区是在两国边境设立的，因此在该区域内享受税收优惠的货物常常仅限于两国之间进出口的货物。比较典型的跨境园区式自由贸易区为美国与墨西哥于 1961 年在两国边境设立的马魁拉多拉工业园区。该工业园区是以美国为目标市场的出口加工生产基地，区域内的企业能够免征进口关税，免征税进口品包括用于制造和组装的原材料、半成品以及所需的机械设备。该区域的企业既能够使用墨西哥廉价的劳动力，又能够享受在美国开展业务的好处，这极大地提高了美墨边境的工业化水平。除此之外，我国的边境城市如黑龙江的绥芬河、云南的瑞丽、内蒙古的满洲里也在积极探索沿边或跨境的自由贸易试验区建设。

4. 主副园区模式

主副园区模式是为了发挥空间协调布局和产业集群优势，在自由贸易区内设立多个副园区或子园区。副园区往往是同一产业的集群，以降低成本、提高规模经济效益和市场竞争力，产生知识或技术外溢效应；同时，各个副园区根据地理位置、园区功能等特性在主园区内合理分布，各片区之间形成相互配合、相互促进的良性循环，避免园区之间的资源浪费与无效竞争，从而促进主园区整体可持续发展。比较典型的就是美国的“主区-分区运行体制”。根据 1993 年美国设立的《对外贸易区法案》，美国自由贸易区中的主区毗邻港口、公路、航路等交通设施，90 分钟车程范围内设立海关机构的区域均可由公益性公司申请设立主区。主区由各种类型的子区共同组成，其功能主要包括进出口、加工制造、展销等，是一个综合性、多元性的区域。然而，由于主区受到空间和产业基础条件的限制，发展前景堪忧，为了保证自由贸易区的活力，企业能够在城市内部的快速通道沿线设立具有特定用途的子区。虽然一个子区内仅有一个企业，但一个企业能够享受主区以及多个子区的优惠政策，因此子区能够在无需调整空间、无需建设重大基础设施的条件下以企业为对象扩大分布范围。如今，美国自由贸易区的子区数量远超过主区数量，已经成为美国自由贸易的主体。

自由贸易区的类型总结如表 3-1 所示。

表 3-1　自由贸易区的类型总结

类型	覆盖区域	典型特点	典型代表
港城融合模式	整个城市	城市就是自由贸易区，自由贸易区能够随意进出，具有生活功能，商品在城市内免税	中国香港
港城分离模式	城市的部分区域	自由贸易区无居住功能，商品仅在该区域享受优惠待遇	汉堡港、哥本哈根港、新加坡自由贸易区
跨境园区模式	邻接边境	目标性强，通常只服务于设立该园区的国家	美墨马魁拉多拉工业园区
主副园区模式	主区内部嵌套副区	通过建设副园区，发挥规模效应，并且各副园区相互配合发挥协同效应	美国的“主区-分区运行体制”

三、自由贸易区的效应

1. 正向效应

（1）促进贸易自由化。自由贸易区享有一国最为开放、最为宽松的贸易、政策环境，在自由贸易区内，阻碍对外贸易的关税、制度壁垒被最大限度地消除，生产要素能够自由流动，生产、运输、仓储成本大大下降，提高了国际贸易的效率，促进了国际贸易进一步发展。我们可以认为，自由贸易区是经济自由化程度最高的区域，能够极大推动贸易的自由化与便利化。

（2）吸引外资。自由贸易区内的企业能享受各种优惠政策，将吸引大量外资进入自由贸易区设立企业，随后外资企业可以进一步向产业上游、下游进行投资带动内陆经济发展。此外，在全球化生产的大背景下，跨国公司将在全球范围内采购原材料与中间品，而自由贸易区的关税、非关税壁垒均处于较低水平，能够降低跨国公司的贸易成本，提高国外直接投资的收益，进一步吸引外资进入。

（3）获得外汇等收入。自由贸易区能够吸引外资进入从而扩充本国的外汇储备，对于采取钉住汇率制的国家来说，外汇储备充足能够保证本国宏观经济稳定运行。除了获得外汇外，管理自由贸易区的当局还能够收取土地租金等场地费用。外来船只的停靠及货物的存储能够收取货物堆栈费，货物装卸、运输、分拣、加工、制造、修理等还可以收取劳务费用。

（4）促进产业结构升级。当前，自由贸易区功能向多元化发展，商品展示、金融、投资、旅游等第三产业在自由贸易区蓬勃发展。此外，自由贸易区凭借优越的地理位置、宽松的政策环境和完善的基础设施能够吸引国内外优质资本，区域内企业具有更高的生产率与更先进的技术，能够通过学习效应和示范效应实现港口对内陆的技术溢出，促进整个国家的产业结构升级。

2. 负向效应

自由贸易区内的企业能够享受到各种优惠政策带来的福利，经营成本更低、利润更高、生产率更高，而区外的企业没有此类优惠政策，竞争优势逐渐减弱。在这种情况下，劳动力、资本、技术等生产要素必定会流向自由贸易区内的企业，区外企业难以留住存量资源，更难以吸引增量资源，必定会抑制周边地区的发展。由于社会资源分配更多由政府通过政策、制度影响而非市场力量，因此这在一定程度上会阻碍市场经济的发展。

第二节　典型自由贸易区经验借鉴

一、典型自由贸易区建设

1. 荷兰鹿特丹港

（1）概况。荷兰鹿特丹港（Port of Rotterdam）是欧洲第一大港口，有“欧洲门户”之称。鹿特丹港始建于16世纪初，依托荷兰第二大城市鹿特丹建造而成，位于莱茵河与马斯河的交汇处，西接北海，东接多瑙河与莱茵河。鹿特丹港占地面积为105.56平方千米，其中工业用地占49.8%，基础设施与水域面积占50.2%。鹿特丹港长度为40千米，码头长度为89千米，总共有656个泊位，吃水最深处可达22米，能够停泊50万吨以上的特大班轮，其承载的500余条班轮航线能够与全球1 000多个港口相连。

鹿特丹港目前共有8个港区，分别为瓦尔-埃姆港区（Waal-Eemhaven）、梅尔沃港区（Merwehaven）、维尔港区（Vierhavens）、波波利斯港区（Pernis）、博特莱克港区（Botlek）、欧罗波特港区（Europoort）、马斯莱可迪港区（Maasvlakte）和马斯莱可迪二期港区（Maasvlakte-Ⅱ）。其中，博特莱克港区、欧罗波特港区、马斯莱可迪港区和马斯莱可迪二期港区构成了鹿特丹港的主体。博特莱克港区主要负责矿石、石油和散粮的装卸。欧罗波特港区主要负责吞吐原油、石油化工品，港区配套建设了炼油厂与石油化工厂，壳牌、埃索等全球著名的炼油与化工企业均在此建厂。马斯莱可迪港区位于鹿特丹港入海口南部，是特大班轮的主要停靠点。马斯莱可迪二期港区于2014年正式投入使用，以适应船舶大型化、专业化、集装箱化的发展趋势。

第二次世界大战结束，重整欧洲经济的目标被提出，共同经济随即兴起。鹿特丹港凭借其优越的地理位置得到迅速发展。1961年，鹿特丹港的总吞吐量超过纽约港（1.8亿吨），成为世界第一大港。2020年，鹿特丹港的货物总吞吐量为4.4亿吨，其仍是欧洲最大的港口，但受新冠疫情影响，鹿特丹港2020年度的货物总吞吐量相比于2019年下降了6.9%。其中，铁矿石和废钢（下降24.3%）、煤炭（下降22.8%）、原油（下降10.2%）、矿物油产品（下降11.9%）的降幅均高于平均水平，而农产品（增长5.1%）则有所增长。

鹿特丹港2018—2020年各类商品吞吐量如表3-2所示。

表 3-2　鹿特丹港 2018—2020 年各类商品吞吐量

单位：毛重 × 100 万吨

类别	2020 年	2019 年	2018 年
铁矿石和废钢	22.7	30.0	30.1
煤炭	17.3	22.4	26.4
农产品	10.3	9.8	9.9
其他干散货	13.5	12.2	11.3
干散货总计	63.8	74.4	77.7
原油	93.6	104.2	100.3
矿物油产品	60.1	68.2	77.7
液化天然气	6.2	7.1	5.2
其他液体散货	32.1	31.7	28.6
液体散货总计	192.0	211.2	211.8
散装货物总计	255.8	285.6	289.5
集装箱	151.1	152.9	149.1
滚装船	24.0	24.3	24.1
其他普通货物	6.0	6.5	6.4
总零担	30.0	30.8	30.5
总吞吐量	436.9	469.4	469.1

注：根据鹿特丹港官方网站（https://www.portofrotterdam.com/en/experience-online/facts-and-figures）数据整理。

鹿特丹港采用仓储、运输、销售一体化模式，通过保税仓库和货物分拣中心进行仓储、运输、加工从而提高货物的附加值，并通过陆运、河运、空运、海运等多种运输方式将货物送到荷兰各地或欧洲其他国家。据统计，2020 年，鹿特丹港的停靠站数量增加为 5 262 个，近 5 年进港轮船均保持在 3 万艘以上，经该港口驶往欧洲其他国家的内河船只均保持在 12 万艘以上。鹿特丹港是欧洲重要的水运枢纽。鹿特丹港（直接或间接）就业人口为 196 713 人，全年收入为 7.533 亿欧元（约合 56 亿元人民币），其直接和间接增加值均超过 456 亿欧元（约合 3 364 亿元人民币），占荷兰国内生产总值的 6.2%。

（2）功能。鹿特丹港最重要的功能是保税、仓储，随着时代发展其功能已经综合化发展为集仓储、运输、展销于一体，兼具加工与制造功能。鹿特丹港绝大多数货物进出均属于转口贸易，园区内设立了专门为代售或转口贸易的货物存储的保税仓库，仓库内的货物免征进出口关税，同时设立了较长的保税期限。保税仓库内的货物不仅免征关税、无需报关，而且没有各种配额、种类限制，对货物的待机出售十分有利，因此转销利润颇高。此类优惠政策能够吸引更多货船在此停靠，鹿特丹港也因此能够收取高额的仓储费与运输费用。除了货物中转作用，鹿特丹港凭借其周边的炼油厂、炼钢厂、炼铁厂等工业区吸引了众多原料货物来港口加工。在保税仓库内的商品能够进行二次包装、分级挑选、抽样等商业活动，外国企业也能够使用保税仓库内的原材料、中间品开展加工、装配业务，再借助鹿特丹港便利的交通条件将制成品运往世界各地。鹿特丹港的商品贸易功能也十分发达，港区内有多个大型商品展示场馆，展示了来自世界各地的商品，销售商能够在园区内部参观、商谈、订购、进口商品等。

（3）特色。

①仓储、运输、展销一体化。鹿特丹港是欧洲海运、河运的重要枢纽，各种运输方式均在此处进行交汇，极大地方便商品的进出。该港口将仓储、运输、展销服务一条龙化，使得进入该港口的商品能够就地进行最终的售卖，从而大大降低商品销售的成本，进一步吸引更多国外企业进入该港口。此外，周边工业区的设立也方便加工贸易企业在此处进行产品装配升级以提高附加值。

②产权与经营权分离。鹿特丹港的运营模式为地主港运营模式，鹿特丹市的市政府与港务局拥有港区土地、海岸线、基础设施的产权，具有资质的港口企业、船舶公司仅拥有港口的经营权。港务局对港口进行行政监管，其主要职责包含收取港务费、土地租赁费、基础设施使用费等，并将所收取的费用投入港口建设，为港口企业或船舶公司提供货物装卸、仓储、运输等服务。一方面，此类经营模式能够降低当地政府的财政负担，能够对港口的长期发展进行规划布局和综合建设；另一方面，企业能够在较长时间内享有港区的使用权，既能够避免因短视而引致不合理的投资与开发，又能够提高企业在港区经营的积极性。

③强大的物流网络。鹿特丹港的物流系统十分发达，港区内部的仓储条件十分优越，新鲜果蔬等易腐烂货物、茶叶等散装货物、医药品等敏感货物、石油等化工原料都可以在仓库内得到妥善存储。在港区之外，鹿特丹港拥有直达港内作业区的铁路线，配合发达的公路网络与河运网络，能够将货物深入欧洲腹地，直通欧洲各个主要的市场与工业区。此外，鹿特丹港的海关提供 24 小时通关服务，传统的通关查验被查验公司账册和存货数据替代，通关过程进一步便捷化，通关效率进一步提高。

（4）未来发展。

①能源转型。荷兰的能源利用一直处于世界领先水平，鹿特丹市近年来也越发注重能源转型。鹿特丹港是全球重要的枢纽港口，能源商品，如原油、汽油、柴油、生物燃料等也一直是鹿特丹港的重要吞吐商品，同时鹿特丹港周边建有多个工业园区，能源转型是现阶段鹿特丹港的重要发展目标。鹿特丹港的能源清洁化有如下三个步骤：第一步，提高能源利用效率，能源余热用于加热房屋、商业建筑和温室，二氧化碳将被捕获并储存在北海；第二步，改变能源系统，港内工业不再使用石油和天然气进行加热，而是改用电力和绿色氢；第三步，用生物质、循环材料、绿色氢和二氧化碳替换化石原材料。

②数字化。数字化技术在全球范围内兴起，新技术、新参与者、新合作伙伴、新商业模式也会随着数字化的不断发展而出现。鹿特丹港始终致力于数字化发展，主要包括以下两个方面：一是港务局数字化。港务局在未来能够实时监控、评估停靠港的使用情况，同时进一步发挥无人机技术在港口安全监督方面的作用。二是港口开发管理数字化。未来，鹿特丹港将更多采用数字化管理模式，如 SAP 中的资产和合同数据管理、地理信息系统（GIS）中的空间数据和 Auto CAD 中的图纸管理，信息技术组件也将被纳入港口的资产中，以更好地搜集数据和建立模型，从而为客户提供可视化、更有透明度的信息。

2. 迪拜杰贝阿里自由贸易区

（1）概述。迪拜是阿拉伯联合酋长国（简称“阿联酋”）的重要城市之一，面积为 4 114 平方千米，常住人口约 339 万人，是阿联酋人口最多的城市，其国际知名度和影响力远超全球许多规模体量大于它的城市。20 世纪 60 年代，迪拜还只是一个沙漠渔港。仅经过半个世纪的发展，迪拜便跃升为中东地区乃至全球的金融、贸易、展会、航运和旅游文化中心之一，成为“海湾明珠”。为实现促进进出口货物增长等一系列目标，迪拜政府于 1977 年正式开凿杰贝阿里港。该港口建有 67 个泊位，海岸线跨度长达 15 千米，是全球最大的人造港和中东地区最大的港口，杰贝阿里港内部设有超过 100 万平方米的集装箱堆场、96 万平方米开放式存储空间和 4. 3 万立方米的特大冷库。

杰贝阿里自由贸易区（Jebel Ali Free Zone，JAFZA）于 1985 年由迪拜政府耗资 25 亿美元（约合 174 亿元人民币）建立，位于距迪拜市区西南 50 千米处，总面积超过 57 平方千米。该自由贸易区毗邻杰贝阿里港，是杰贝阿里港的重要的附属设施。杰贝阿里自由贸易区除了依托杰贝阿里港的水路运输外，坐落在附近的阿勒马克图姆国际机场也是该自由贸易区物流运作方便的重要原因，阿勒马克图姆机场距离杰贝阿里自由贸易区仅有 20 分钟车程。该自由贸易区距离迪拜国际机场仅 40 千米，全球 130 多家航空公司均在迪拜国际机场设有航班线路，海空联使得该自由贸易区形成了“空港+海港+自由贸易区”的物流模式。此外，杰贝阿里自由贸易区的陆路交通也极其便利，该自由贸易区位于谢赫扎耶德（Sheikh Zayed）路两侧，可通过 E11（Skeikh Zayed）路和 E311（Mohammed Bin Zayed）路等高速公路抵达。同时，公共汽车、地铁也能够方便地抵达该自由贸易区。

迪拜作为中东地区的经济、金融中心，其核心地位使得杰贝阿里自由贸易区的发展如虎添翼。该自由贸易区从初建时仅有 19 个小微企业的自由贸易区迅速发展为当前拥有 7 500 多家企业入驻的重要自由港，其中更是有 120 多家企业位列全球财富 500 强榜单。2012 年，杰贝阿里自由贸易区在《金融时报》对世界 1 200 多个自由贸易园区的排名中位列第一。杰贝阿里自由贸易区是阿联酋乃至中东地区最大的自由贸易区，是全球范围内首个通过 ISO9000 国际认证的自由贸易区。杰贝阿里自由贸易区为进驻的企业提供了非常优厚的政策优惠，杰贝阿里自由贸易区允许 100%外资进驻，同时为其提供长达 50 年的免税政策，进出口关税、公司税、个人所得税均可免征，同时公司利润可随时汇出境外而不受任何限制。

鉴于杰贝阿里自由贸易区并不公布年度发展报告，因此我们难以获得时间连续、内容完整的数据，但我们仍可从其发布的新闻或简要报告中观察杰贝阿里自由贸易区优秀的经济表现。2014 年上半年，杰贝阿里自由贸易区的进口量占整个阿联酋自由经济区的 66%，非石油出口量占比为 45%。2015 年，杰贝阿里自由贸易区吸引了阿联酋近 32%的外国直接投资。2016 年，杰贝阿里自由贸易区拥有 7 000 多家进驻企业，提供了 20.7 万个工作岗位，6 万多名员工在此居住，贡献了迪拜地区生产总值的 21%。2018 年杰贝阿里自由贸易区对迪拜地区生产总值的贡献达 33.4%，提供了超过 45 万个就业岗位，占迪拜就业岗位的 42%。同时，该自由贸易区贸易总额占迪拜对外贸易总额的 42%，占迪拜所有自由贸易区贸易总额的 97%。可以说，作为不直接依赖中东地区石油资源的经济区，杰贝阿里自由贸易区渐渐成为迪拜的经济增长发动机。

（2）功能。杰贝阿里自由贸易区位于中东地区，是连接东亚、西欧和北美的重要枢纽，其重要的功能就是作为全球贸易的中转站或转运场，杰贝阿里自由贸易区周边的杰贝阿里港、阿勒马克图姆国际机场、发达的高速公路网以及在建的阿提哈德铁路使得该自由贸易区多式联运连通性极高，转口、贸易、分销功能十分强大。据统计，在杰贝阿里自由贸易区设立的企业中有75%的公司从事贸易、仓储和分销业务。此外，杰贝阿里自由贸易区的商业功能十分显著，无论是零售、营销还是旅游、餐饮，杰贝阿里自由贸易区均有涉及，诸多商业公司均在此处驻扎。该自由贸易区新建的18号与19号商务大厦提供了3.4万平方米的商业空间，包括办公室、零售超市、会议室等设施。2020年，杰贝阿里自由贸易区的零售和电子商务贸易额高达107亿美元（约合746亿元人民币）。另外，杰贝阿里自由贸易区的工业功能较为发达，其中以建筑材料、石油化工行业为主要发力点，自由贸易区内有3 300多家建筑公司，2020年区内贸易额占迪拜建筑业贸易总额的29%。同时，Aqua Chemie公司在杰贝阿里港口耗资4 000万美元（约合2.8亿元人民币）的石油化工码头也已开始动工。

杰贝阿里自由贸易区作为综合性极强的多功能自由贸易区，区内诸多行业都在蓬勃发展。表3-3是杰贝阿里自由贸易区各类行业发展现状。

表3-3　杰贝阿里自由贸易区各行业发展现状

行业	发展现状
零售和电子商务业	综合设施占地185万平方米
	拥有来自95个国家的1 180多个零售和贸易领域的公司，行业雇佣员工10 100余人
	杰贝阿里自由贸易区相关行业贸易量占迪拜零售、贸易和电子商务行业贸易总量的25%
物流业	综合设施占地385万平方米，仓库空间占地92 100平方米，办公空间占地2 300平方米
	拥有来自31个国家的430多个物流公司，行业雇佣员工16 000余人
石油化工行业	综合设施占地389万平方米，仓库空间占地8 000平方米，办公空间占地15 200平方米
	拥有来自70多个国家的530多个石油化工公司，行业雇佣员工5 600余人
	通过石化产品为阿联酋的对外贸易贡献了约70%的贸易额
食品和农业部门	综合设施占地159万平方米
	拥有来自70多个国家的560多个食品和农业公司，行业雇佣员工6 800余人
医疗保健分销与制药行业	综合设施占地50万平方米
	拥有来自60多个国家的390多个医疗保健分销与制药公司，行业雇佣员工4 000余人，拥有专业的货物装卸和冷藏设备
	2020年，杰贝阿里自由贸易区相关行业贸易量占迪拜医疗保健分销和制药行业贸易总量的50%，交易额高达59亿美元（约合411亿元人民币）

表3-3(续)

行业	发展现状
汽车和零部件行业	综合设施占地 133 万平方米
	拥有来自 70 个国家的 629 个汽车和零部件公司，行业雇佣员工 7 900 余人
	设施机械化、智能化，能够容纳 27 000 汽车当量（car equivalent unit）
电子和电气行业	综合设施占地 111 万平方米，仓库空间占地 83 800 平方米
	拥有来自 89 个国家的 1 300 多个电子和电气公司，行业雇佣员工 8 200 余人
	杰贝阿里自由贸易区相关行业贸易额为 64 亿美元（约合 446 亿元人民币），占行业贸易总值的 58.5%

注：根据杰贝阿里自由贸易区官网（https://www.jafza.ae/community/industries/）整理。

（3）特色。

①区位优势明显。杰贝阿里自由贸易区位于亚洲、欧洲和非洲的交界点，地理位置十分优越，在杰贝阿里港与阿勒马克图姆国际机场的加持下能够快速将货物运往中东周边地区、非洲、东亚和欧洲，是世界工业大国将商品运往全球各地的重要转运枢纽。

②政策宽松。杰贝阿里自由贸易区的营商环境非常宽松，这吸引了众多企业进驻杰贝阿里自由贸易区。区内的企业在 50 年内免交公司税，到期后特许权仍可续期，还可以进行房屋抵押。此外，杰贝阿里自由贸易区对雇佣外国人才或员工没有限制，区内企业的工作人员免征个人所得税，同时企业生产所需要的机器设备、零件、中间品等免征进口关税，出口免征出口关税，并且设立现场海关，通关效率大大提高。企业全部利润可以随时汇出境外，没有货币与金融的外汇管制措施。

③基础设施优越。杰贝阿里自由贸易区为进驻企业提供了非常便利的办公、商业、生产条件，能够根据企业需要提供 5 000 平方米甚至更大尺寸的土地，同时允许企业在该土地上自由建设设施。此外，杰贝阿里自由贸易区还为进驻企业提供预先制造完成的仓库与展厅。在商业办公方面，杰贝阿里自由贸易区能够提供 25~5 000 平方米的办公室、商业园、零售商店以及为企业员工提供住宿客房。

（4）未来发展。

①强化货运功能。迪拜拉希德港和杰贝阿里港的成功运作，逐渐确立了迪拜在海湾地区的贸易中心地位，其三洲交界的中枢位置使得迪拜有望成为类似于中国香港或新加坡的全球航运枢纽，因此毗邻杰贝阿里自由贸易区的杰贝阿里港的现代化、深水化、集成化势在必行。此外，港口与自由贸易区的管理模式也要进一步优化，迪拜政

府计划将拉希德港、海关与杰贝阿里自由贸易区合并，提高港口、海关、自由贸易区的协同性，提升管理效率与运输效率，进一步发挥杰贝阿里自由贸易区的全球中转站作用。

②发展电子商务。杰贝阿里自由贸易区将进一步强化其零售和电子商务领域的发展，新冠疫情的发展促使消费者购买习惯逐渐由线下转为线上，电子商务的发展势在必行。杰贝阿里自由贸易区的所有方“DP World”推出了在线零售平台“Manasah”以及面向中小型企业的互联网市场。杰贝阿里自由贸易区在未来将更加积极地与零售商密切合作，将商店转移到在线平台。同时，杰贝阿里自由贸易区也推出了“客户支持计划”，将新投资者的注册、许可和相关管理费用降低50%~70%，并免费提供了一系列在线服务。

③制订企业定制开发解决方案。杰贝阿里自由贸易区以宽松的政策环境、优越的商业设施吸引了众多企业进驻。在未来，该自由贸易区将针对不同的行业为进入园区的企业提供从网络规划、站点选择、设计和项目管理到客户特定基础设施或上层建筑的开发和集成的广泛服务。在未来十年中，杰贝阿里自由贸易区的定制开发解决方案应当能够完全满足企业自身的运营和公司需求，其设计并交付定制建造的各类设施应当为企业提供更加便利、低成本的营商环境，为进驻者创造竞争优势，进而促进可持续增长和确保稳定性。

3. 巴拿马科隆自由贸易区

（1）概况。始建于1948年的巴拿马科隆自由贸易区（Colon Free Zone，CFZ）是仅次于中国香港的世界第二大免税贸易港和西半球最大的自由贸易区，同巴拿马运河、旅游业以及金融业共同组成了巴拿马经济的四大支柱。科隆自由贸易区位于巴拿马运河北端的大西洋入海口处，地处巴拿马城东北部100千米处。1917年，巴拿马运河开通3年后，巴拿马政府开始酝酿在国内建立自由贸易区，直到1948年，总统恩里克斯·希门内斯根据美国政府外贸领域最具权威的托马斯·里昂博士的研究报告宣布在巴拿马门户科隆市建立自由贸易区。凭借得天独厚的地理条件，科隆自由贸易区得到迅速发展，已经从10家公司、35公顷的小区域发展成为9个部门、1 064公顷、3 000多家公司的大型自由贸易区。

巴拿马运河是向南美洲、北美洲、欧洲转口的重要通道，科隆自由贸易区设在巴拿马运河的大西洋入海口处，地理位置十分优越，有利于存仓售现和商品的周转。科隆自由贸易区拥有5个集装箱港口，跨国货运公司可以在24小时内提供货运服务。

此外，科隆自由贸易区内有近 30 家银行设立了营业机构，中国银行也于 2013 年在科隆自由贸易区开设了支行。此外，巴拿马本国货币巴波亚仅为辅币，其合法货币为美元，贸易结算也使用美元，货币涨跌风险较小。

科隆自由贸易区以转口贸易为主，经营状况主要受周边国家的需求情况影响，而受巴拿马自身经济形势变化的影响不大。科隆自由贸易区的主要转口商品包括药品、电子产品、核反应堆、锅炉、机械及机械器具、服装鞋帽等。图 3-2 和图 3-3 展示了 2020 年科隆自由贸易区的进口额和出口额排名前列的国家。2020 年，科隆自由贸易区主要进口来源为中国、美国、新加坡、墨西哥、越南；主要出口市场为哥斯达黎加、巴拿马、哥伦比亚、美国、危地马拉等。图 3-4 展示了 2012—2020 年科隆自由贸易区进出口情况。令人诧异的是，在自由贸易区如火如荼发展的近十年间，科隆自由贸易区的进出口额基本处于逐年下降的状态，仅在 2017 和 2018 年有小幅度的回升，并且由于受新冠疫情影响，科隆自由贸易区 2020 年总出口额为 77.57 亿美元（约合 540 亿元人民币），总进口额为 66.63 亿美元（约合 464 亿元人民币），贸易总额相比于 2019 年下降 21.92%。科隆自由贸易区贸易额逐年下降的原因也很明晰，即各国各地的自由贸易区不断建立，自由贸易区之间的竞争不断激烈。然而，科隆自由贸易区仍然仅以转口贸易为核心，区内业务较为单一，竞争力逐渐减弱。

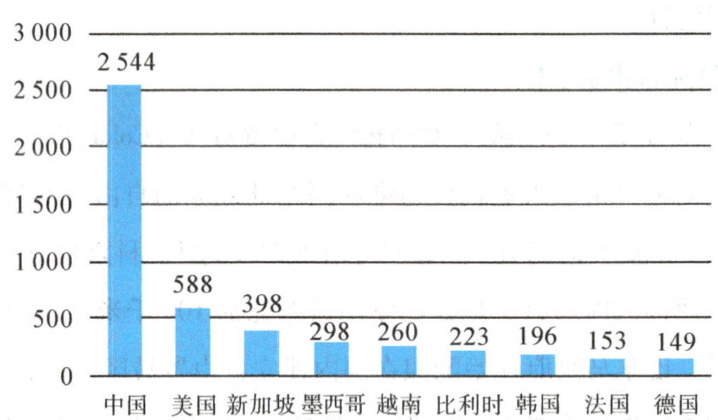

图 3-2　2020 年科隆自由贸易区重要进口国（单位：百万美元）

注：根据巴拿马物流门户网（https://logistics.gatech.pa/en/trade/colon-free-zone）整理。

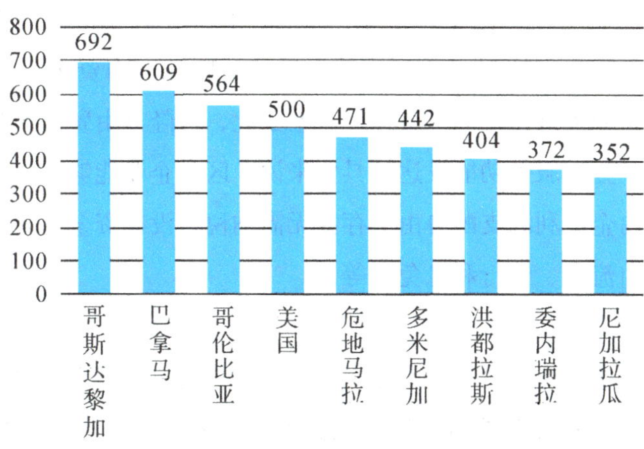

图 3-3　2020 年科隆自由贸易区重要出口国（单位：百万美元）

注：根据巴拿马物流门户网（https://logistics.gatech.pa/en/trade/colon-free-zone）整理。

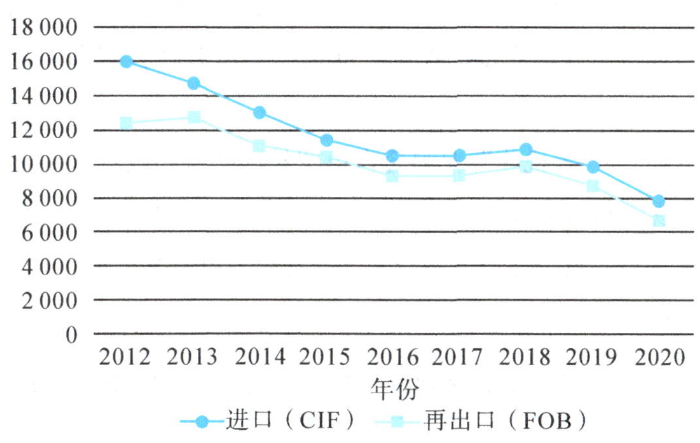

图 3-4　2012—2020 年科隆自由贸易区进出口情况（单位：百万美元）

注：根据巴拿马物流门户网（https://logistics.gatech.pa/en/trade/colon-free-zone）整理。

（2）功能。科隆自由贸易区凭借巴拿马运河这一连接太平洋和大西洋的交通要道成为世界航运的枢纽，因此转口贸易是科隆自由贸易区的主要功能。科隆自由贸易区允许企业在园区内进行仓储、加工、制造、挑选、混合、分装、展示等业务，目前在科隆自由贸易区以进出口贸易和转口贸易为主要业务的企业已超过 1 600 家，通过该自由贸易区企业能与全球超过 165 个国家或地区开展贸易活动。根据科隆自由贸易区的进出口国别情况，科隆自由贸易区进口的商品主要来自亚洲、欧洲和北美洲，而出口的商品的目的国多为拉丁美洲国家，因此科隆自由贸易区的商品展示为拉丁美洲企业的公司提供了极大的便利。由于科隆自由贸易区以转口贸易为主要功能，因此该区域的保税仓储功能也十分发达，区内建有数十座租期长达 20 年的保税仓库，在保税仓库内的商品能够进行再包装、分拣、挑选、混合等业务，货物待机出售十分方便。此外，由于科隆自由贸易区货物流转量巨大，因此区内资金流动规模也十分庞大，能够为区内企业提供充足的资金保证。鉴于此，科隆自由贸易区为区内企业提供了诸多便利条件，金融服务功能发达。具体来说，区内企业能够享受到的金融服务包括但不限于：区内企业利润支配自由、存款无需纳税、没有资金汇入汇出限制、美元作为法定货币自由流通、银行利息免税等。

（3）特色。

①充分发挥区位优势。巴拿马地处中美洲，巴拿马运河横贯巴拿马本土，东西连接太平洋和大西洋，同时又是南美洲和北美洲的分界线，是巴拿马与南美洲、北美洲、欧洲的转口要道。此外，巴拿马是中美洲航空枢纽，目前已经开辟通往美洲 30 个国家、65 个城市的航线，人员往来及货物空运十分方便。科隆自由贸易区地处巴拿马运河咽喉，濒临大西洋，三面环海，是国际贸易的航运枢纽，自由贸易区拥有多个优良港口、码头以及数量众多的国际化航运、物流公司，有利于存仓售现和商品流转。

②税收优惠较大。“零税收”是科隆自由贸易区的核心政策，2016 年 4 月 6 日修改的第 8 号法令规定科隆自由贸易区内企业无需缴纳进出口关税、销售税、增值税等，有利于自由贸易区吸引外资进入。表 3-4 展示了巴拿马的税收制度与科隆自由贸易区的税收制度比较。

表 3-4　巴拿马的税收制度与科隆自由贸易区的税收制度比较

税种	国家税收制度	科隆自由贸易区税收制度
企业所得税	二级累进税制，税率为 30%~40%	累进税制，税率为 2.5%~8.5%，两年内利润免企业所得税。如果雇佣巴拿马籍员工再减免0.5%~1.5%
	商业、制造业企业以及个人征收营业特许税，税额为注册资本总额的 1%	
销售税	个人消费品税率为 5%	区内商品销售免税
	批发、进口、烟酒税率为 10%	
不动产销售税	税率为 1.4%~2.2%	—
	转让时收取总值 5%的转让税	
进出口关税	平均进口关税为 12%，大米、糖等影响经济的产品存在保护性进口关税	境外货物进入区内或从区内出境免征进出口关税，对巴拿马运河区或过境船只销售货物视为出口，免税
	所有进口商品均缴纳 7%的增值税	

注：根据《世界自由贸易区研究》及联合国贸易和发展会议整理。

③管理模式高效。科隆自由贸易区采取的是政府管理模式，图 3-5 展示了科隆自由贸易区管理模式，其管理机构主要分为董事局和美洲综合物流中心，董事局决定自由贸易区的发展方向与大政方针，其下属的执行委员会负责日常决策，而美洲综合物流中心则负责自由贸易区的日常运营与管理。这种自由贸易区管理模式既能保证自由贸易区的协调管理，使办事效率得到保证，又能够服从巴拿马政府的统一规划。

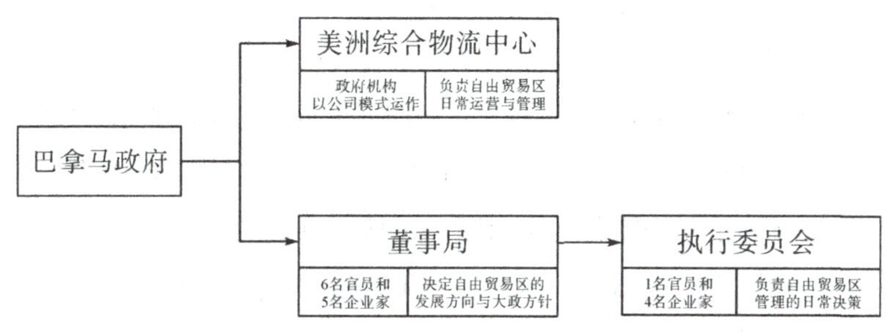

图 3-5　科隆自由贸易区管理模式

（4）未来发展。

①加快工业和配套服务业发展。根据 CEIC 数据库，高度依赖转口贸易的巴拿马科隆自由贸易区的贸易总额从 2012 年后一直持续下跌，其原因在于在全球化的大背景下科隆自由贸易区的贸易量严重依赖全球贸易走势和周边国家的需求。2013 年的哥伦比亚提高进口关税和 2015 年的委内瑞拉外汇短缺使得科隆自由贸易区的业务量明显下跌，因此科隆自由贸易区应当在转口贸易的基础上提高区内加工制造能力，促进金融、保险、商业等第三产业的发展，从而提升自由贸易区的多元化、综合化水平，增强抵御全球化风险的能力。

②提高自由贸易区内人才素质。一方面，科隆自由贸易区的转口贸易以机械化的装卸、仓储为主，对高技术人力资源要求不高；另一方面，巴拿马本国教育体系不够完善，高素质人才培养较为困难。尽管巴拿马人力资源较为丰富，但“多而不精”的问题较为严重。在未来，科隆自由贸易区加工、制造以及商业活动领域发展必然要求更多高素质人才，这要求巴拿马政府进一步发展教育，完善本国的教育体系，改变高端人才只能通过国外引进而非本地培养的窘境。

4. 新加坡自由贸易区

（1）概述。1965 年，新加坡共和国成立，其自由港身份使得该国的转口贸易迅速发展，促进了本国经济的腾飞。2020 年，新加坡是全球集装箱吞吐量第二大港口，也是世界第三大炼油国，更是仅次于英国伦敦、美国纽约、中国香港的世界第四大金融中心。

新加坡自由贸易区发展历史悠久。早在1819年，英国东印度公司的莱佛士就认为新加坡占有优越的地理位置，决定在此设立贸易站。随着5年后新加坡成为英国的殖民地，其全境也被开辟为自由贸易港，各国船只均可自由进出。这一时期的新加坡主要从事转口贸易，除了鸦片、烟酒以外所有商品免征关税。自此，新加坡港口迅速繁荣，新加坡经济也迅速增长。但是，过于依赖转口贸易使得新加坡深受全球市场需求波动的影响。为寻求经济结构多元化，1959年，新加坡颁布《生产控制法令》以保护本土企业；颁布《新兴工业（所得税减免）法令》和《工业扩张法令》以实现替代进口工业化。1961年，裕廊工业区成立，新加坡国内加工制造业迅速发展。1969年，新加坡在裕廊港码头设立了第一个自由贸易园区来保证支柱产业转口贸易的发展。

目前，新加坡共有8个自由贸易园区，包括裕廊港自由贸易区（Jurong Port including Damar Laut FTZ）、丹戎巴葛终端站（Tanjong Pagar Terminal）、吉宝分销园自由贸易区（Keppel Distripark FTZ）、森巴旺码头（Sembawang Wharves）、布拉尼终端保税区（Brani Ternimal FTZ）、巴西班让港口自由贸易区（Pasir Panjang Terminal）、空港物流园区（Airport Logistics Park of Singapore）、樟宜自由贸易区（Changi FTZ）。新加坡自由贸易区的管理体制主要分为负责规划、招商的政府和负责园区具体开发的主管机构，新加坡自由贸易区主管机构有3个，分别为新加坡国际港务集团（PSA International Pte Ltd）、樟宜机场集团（Changi Airport Group）和裕廊港私人有限公司（Jurong Port Pte Ltd）。图3-6展示了新加坡自由贸易区管理机构及其管辖范围。

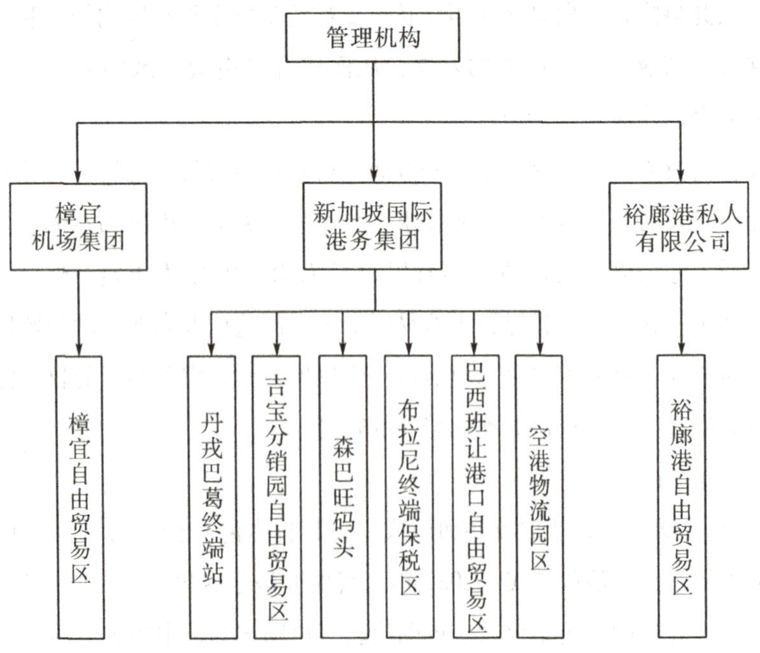

图3-6 新加坡自由贸易区管理机构及其管辖范围

在8个自由贸易区中，除樟宜自由贸易区和空港物流园区以空运为主外，其余均为海运自由贸易园区。新加坡自由贸易区仍以转口贸易、仓储、物流为主要功能，进入新加坡的国外商品近九成会再次转口销售，区内货物可以进行再包装、分拣、挑选等，但区内制造业不够发达，深度加工难以进行。其中，裕廊港自由贸易区是新加坡成立的第一个自由贸易区，是新加坡典型的以转口贸易为主、加工为辅的综合性自由贸易区。鉴于此，本书后续以裕廊港自由贸易区为代表进一步详述，以点到面介绍新加坡自由贸易区的特色与未来发展。为降低新加坡对转口贸易的高度依赖，实现国家工业化和现代化，裕廊工业区于1961年正式成立，是亚洲最早的工业开发区之一，区内工业包括造石油化工、钢铁、造船、汽车装配等产业。为了支持工业区原料、中间品的运入和工业制成品的输出，裕廊港在1963年建立，在1965年正式运行，总面积为1.52平方千米。裕廊港自由贸易区属于裕廊港的一部分，总面积为1.24平方千米。裕廊港自由贸易区的保税仓储和裕廊港的装卸运输相辅相成。目前，裕廊港是新加坡第二大海港，同时在国外设立了众多分港口，完善的基础设施吸引了国外大量企业入驻裕廊港自由贸易区。

裕廊港的绝大部分都是自由贸易区，港区以达马岛海峡（Selat Damar Laut）为界分为南北两个片区，北部片区坐落了大量的仓库，主要功能是货物的储存、保管与简单加工，南部片区则主要以各类终端为主，其中占地面积最大的就是储罐终端（Jurong Port Tank Terminal）和水泥终端（Cement Terminal）。储罐终端是容纳多个散装液体储罐的设施，能够与多种运输方式进行下一步的对接，包括公路、管道、内陆水道、铁路和海洋运输，这些终端能够为液体货物运输提供航路点。液体储罐可以容纳多种类型的产品，包括石油和石油产品、生物燃料、农产品、化学品、沥青等。另一个在裕廊港自由贸易区占地面积较大的终端就是水泥终端，该终端的年处理能力超过750万吨，拥有先进的基础设施和设备，能够保证安全、高效和环保的水泥生产。裕廊港拥有世界上最大的水泥码头，为新加坡90%以上的进口散装水泥产品提供服务。

（2）功能。

①货物中转站与储存点。裕廊港自由贸易区的发展模式不同于众多依靠税收优惠政策来吸引国外企业在园区内进行加工制造的自由贸易区，该自由贸易区主要是提供一处保税区域，保税货物可以在自由贸易区内以较低的费率储存，并能够在不改变商品性质的情况下开展再包装、分拣、挑选以及简单的加工与改装业务。自由贸易区内的散装货物享受72小时的免费仓储服务，再出口或转口货物享受长达28天的免费仓储服务。

②工业区前哨站。裕廊工业区是东南亚最大的工业区，其占地面积达到63平方千米，已由最初的劳动密集型工业园区发展成为技术密集型的高科技园区与创新园区。裕廊港自由贸易区邻近裕廊工业区，工业园区生产所需要的原材料、中间品、机器设备、零件等产品的进口极大依赖于裕廊港自由贸易区。邻近的地理位置与宽松的保税仓储政策使得裕廊工业区的生产供应链能够得到极大保障。此外，工业园区生产的制成品、高科技产品等商品也需要一个窗口向国外企业展示，裕廊港自由贸易区不仅能够展示工业园区内的样品，还可以开展商谈和销售活动。

（3）特色。

①依托海港发展。裕廊港相比于新加坡第一大港口新加坡港，拥有吃水更深、码头线更长的优势，并且是新加坡唯一的多用途港口，其管理模式信息化、经营模式灵活化的特点使得裕廊港得到迅速发展。目前，裕廊港年吞吐量超过400万吨，拥有全球首屈一指的水泥装卸码头终端，中国建材、海螺水泥、拉法基等全球知名的水泥制造商都在此处设立业务代表处。占据裕廊港80%以上面积的裕廊自由贸易区的发展与裕廊港的发展息息相关，在海港迅速崛起的推动下逐步成长为高度开放的贸易自由港，成为全球性的货物集散地。

②借助裕廊集团的丰厚资源。管理裕廊自由贸易区的裕廊港私人有限公司是裕廊集团（Jurong Town Corporation）的全资子公司。裕廊集团拥有40多个工业园区和厂房，占地面积超过74平方千米，而新加坡整个国家面积也仅为719平方千米。裕廊集团为配合国家战略和裕廊自由贸易区的发展建设了裕廊岛石化工业园，占地为31平方千米，促进了裕廊自由贸易区石油化工产品的出口。裕廊港私人有限公司作为私营企业，自由贸易区的盈亏由企业自负，能够充分发挥市场优势，促进园区的自由化。因为裕廊镇工业管理局实际上就是裕廊集团，所以裕廊自由贸易区能够通过裕廊集团降低与政府的交易成本和沟通壁垒，获得市场与政府的双重优势。

③可持续性较强。裕廊港拥有世界上最大的港口太阳能发电设施，年发电量超过1 200万千瓦，有助于抵消港口60%以上的用电量。此外，裕廊港拥有世界上第一个绿色泊位，除了使用经过认证的绿色建筑材料建造该泊位外，其他现有泊位和堆场的混凝土将被切割、粉碎和回收用于升级，大大减少了总碳足迹。裕廊港行政大楼获得了新加坡建设局（BCA）颁发的“绿色印迹”（Green Mark）绿色建筑认证。

（4）未来发展。

①向综合性自由贸易区转型。裕廊港自由贸易区凭借新加坡的区位优势和裕廊港的优越设施在转口贸易领域十分成功。裕廊港自由贸易区获利颇丰，转口利润、装卸

费、仓储费、运输费、税收等都是裕廊自由贸易区的重要收入来源，当地物流、交通、金融等行业也得到了发展。但是现代自由贸易区发展趋势对自由贸易区的功能有了更多的要求，仅凭借发达的转口贸易业务难以吸引更多的企业与投资者。在未来，裕廊港自由贸易区要积极向综合性自由贸易区转型，在充分利用港区完备的基础设施的基础上，加快银行、保险等金融机构的建设，吸引更多不同行业的国外企业进驻该自由贸易区，做到转口贸易发达的同时其他行业也百花齐放。

②发展国际市场。为促进裕廊港自由贸易区的全球化，裕廊集团成立了裕廊国际（Jurong International）来拓展国际业务，其在中国、印度以及中东地区均有设立办事处。此外，裕廊港在中国山东省日照市的日照港设立了码头以打造国际粮食物流中心，在海南省儋州市的洋浦港也设立了码头，双方优势互补通力合作，努力将港口打造成面向东南亚的航运枢纽和物流中心。在未来，裕廊港应当进一步拓宽与其他国家港口的合作关系，发挥合作双方的比较优势，既能够提高本港口贸易的稳定性，又能够通过合资等方式降低港口建设、资金投入的风险。

二、典型国家自由贸易区布局

1. 美国

由于20世纪30年代美国盛行贸易保护主义，为了避免与国会法案中关于贸易保护的条令相冲突，美国在设立自由贸易区时特意规避“自由”二字，从而使此类园区被命名为对外贸易园区（Foreign Trade Zones），但其本质仍是自由贸易区。在这一区域内的货物不受海关的管辖，而由特许设立的对外贸易园区委员会（Foreign Trade Zones Board）专门管理，同时享有各类优惠政策。

1936年，001号对外贸易园区在纽约州的纽约市建立，这是美国第一个对外贸易园区。美国对外贸易园区的发展主要经历了三个阶段：第一阶段是20世纪40~60年代，在此期间美国的对外贸易园区增长较为缓慢。截至1970年年底，美国的对外贸易园区仅有12个，并且绝大多数对外贸易园区都分布在五大湖以及沿海地区。第二阶段是20世纪70~90年代，在此期间世界其他国家经济迅速发展，美国逐渐产生贸易逆差现象，并且国内失业率较高。为了促进本国的出口贸易、增加就业机会，各州政府相继建立对外贸易园区。因此，美国的对外贸易园区数量迅速攀升。截至1999年年底，美国的对外贸易园区已经高达232个。第三阶段是21世纪至今，美国对外贸易园区处于平稳发展阶段，数量的增速明显放缓。2020年，美国的对外贸易园区数量仅增至255个，更多的则是园区内部规模的扩大。

经过80多年的发展，美国的对外贸易园区在各州均有分布，但各州设立的数量差别较大。表3-5展示了2020年美国各州设立的对外贸易园区数量。可以发现，美国的对外贸易园区在各州之间的分布有明显差异甚至出现断层现象，位居第一名的得克萨斯州的园区数量大幅高于第二名的佛罗里达州；其余几个经济比较发达的州，如加利福尼亚州、纽约州和华盛顿州的园区数量也均在10个以上；园区数量较少（1~5个）的州占州总数的2/3以上。这说明美国在尽可能保证各州都有对外贸易园区的前提下，更倾向于在经济较为发达的地区将对外贸易园区做大做强，做到有的放矢。

表3-5　2020年美国各州设立的对外贸易园区数量

州名称	园区数量/个	州名称	园区数量/个	州名称	园区数量/个
得克萨斯州	33	密西西比州	4	新墨西哥州	2
佛罗里达州	20	马里兰州	4	西弗吉尼亚州	2
加利福尼亚州	17	康涅狄格州	4	内布拉斯加州	2
纽约州	14	俄克拉何马州	4	堪萨斯州	2
华盛顿州	12	北卡罗来纳州	4	佛蒙特州	2
俄亥俄州	9	艾奥瓦州	4	俄勒冈州	2
路易斯安那州	8	阿拉斯加州	4	爱达荷州	2
宾夕法尼亚州	8	威斯康星州	3	阿肯色州	2
伊利诺伊州	7	乔治亚州	3	犹他州	1
田纳西州	7	南卡罗来纳州	3	新罕布什尔州	1
密歇根州	7	明尼苏达州	3	夏威夷州	1
印第安纳州	6	密苏里州	3	特拉华州	1
亚利桑那州	6	蒙大拿州	3	内华达州	1
亚拉巴马州	5	马萨诸塞州	3	南达科他州	1
新泽西州	5	肯塔基州	3	罗得岛州	1
弗吉尼亚州	5	科罗拉多州	3	怀俄明州	1
缅因州	4	波多黎各	3		

注：根据美国对外贸易园区2020年年度报告整理。

美国的对外贸易园区已经呈现出较为明显的地理差异。更多的对外贸易园区设立在美国的沿海（太平洋、大西洋）和沿湖（五大湖）地区，少数的对外贸易园区设立在内陆地区。此外，需要注意的是，得克萨斯州之所以拥有数量最多的对外贸易园区，除了得克萨斯州毗邻大西洋以外，还有一个重要原因，即与墨西哥接壤，能够充分发挥沿边优势。可以说，得克萨斯州集沿海、沿边的区位优势于一身，再加上其较为发达的经济条件，种种有利条件共同造就了这一对外贸易园区的沃土。

由于美国几乎每个州至少设立1个对外贸易园区，因此美国的对外贸易园区数量较为庞大，对外贸易园区遍布美国的沿海、沿湖、沿边与内陆，这种园区区位多样化的空间布局使得美国能够充分发挥其发达的陆运、海运以及空运枢纽的联通作用，降低贸易的运输成本。同时，各州均有对外贸易园区能够在国内形成一定的联通性，充分发挥贸易园区的协同效应，促进了本国的对外贸易发展。以坐落在密苏里州的15号对外贸易园区为例，该园区充分发挥了堪萨斯城发达的陆路交通，29号、35号、70号州际高速公路为其运输提供了极大的便利，这也是15号对外贸易园区迅速发展的重要原因。总体来看，美国的对外贸易园区或自由贸易区数量众多，能够连点成线、以线带面，充分发挥物流产业优势与园区间的协同效应，但也能够做到有所侧重，进一步在沿海、沿湖和经济发达的州建设更多对外贸易园区。

2. 新加坡

新加坡位于马来半岛南部和马六甲海峡咽喉处，北隔狭窄的柔佛海峡与马来西亚紧邻，南隔新加坡海峡与印度尼西亚相望，处于太平洋和印度洋的要冲地带，是天然的黄金水道，素有“东方十字路口”之称。尽管新加坡面积仅有719平方千米，自然资源比较匮乏，但凭借其优越的地理位置、天然的海港条件以及宗主国英国在此地实行的自由港政策，新加坡成为历史悠久的转口贸易中心。1965年独立后，新加坡为应对转口贸易衰退大力发展本国工业化。1969年，新加坡以裕廊工业区为依托设立了其第一个自由贸易区——裕廊港自由贸易区。

新加坡目前共有8个自由贸易区，其中裕廊港自由贸易区、吉宝分销园自由贸易区成立于1969年，是新加坡成立的第一批自由贸易区；丹戎巴葛终端站、森巴旺码头、布拉尼终端保税区、樟宜自由贸易区则是集中兴建于20世纪70~90年代。这一时期新加坡兴建了多个自由贸易区，将新加坡四面环海的地理优势尽可能发挥出来。空港物流园区、巴西班让港口自由贸易区则是在21世纪后新建的自由贸易区。巴西班让港口自由贸易区作为2020年刚刚竣工的自由贸易区，面积最大，岸线最长，集装箱年处理能力高达5 000万国际标准箱单位（TEU）。

新加坡自由贸易区兴建情况如表3-6所示。

表 3-6　新加坡自由贸易区兴建情况

批次	自由贸易区	定位与功能
第一批 （1969 年）	裕廊港自由贸易区	配合工业化发展战略，促进工业制成品的出口
	吉宝分销园自由贸易区	
第二批 （20 世纪 70 年代至 90 年代）	丹戎巴葛终端站	充分发挥新加坡四面临水的地理优势，拓宽自由贸易区的辐射范围
	森巴旺码头	
	布拉尼终端保税区	
	樟宜自由贸易区	
第三批 （21 世纪至今）	空港物流园区	应对激烈的全球自由贸易区之间的竞争，促进自由贸易区现代化、机械化、集成化的发展
	巴西班让港口自由贸易区	

注：根据新加坡自由贸易区申报手册整理。

新加坡的 8 个自由贸易区全部设立在沿海地区，除了樟宜自由贸易区和空港物流园区依托机场建立外，其余 6 个自由贸易区均毗邻海港，说明临近海港仍是新加坡政府在规划建设自由贸易区时考虑的重要因素。此外，在 8 个自由贸易区中，仅有森巴旺码头坐落于新加坡的北岸，以柔佛海峡为界与马来西亚隔水相望，其余所有自由贸易区均位于新加坡的南岸。相比于北部较为狭窄的柔佛海峡，新加坡南部海域宽广，适合大型海港的建造以及大型邮轮的航行，同时新加坡填海造陆计划的重点区域也集中在南部，因此在南部发展自由贸易区是更加合理的选择。根据新加坡市区重建局 2019 年发布的城市总体规划草案，新加坡的中部地区、北部地区将被打造成生活居住中心，而新加坡的南部地区则要充分发挥其广阔海域的地理优势和已有工业园区的协同效应，新加坡的南部地区也将成为作为未来自由贸易区建设的候选地。

3. 韩国

二战前，韩国是一个以农业为主、经济落后的殖民地国家。为了促进战后经济的恢复与发展，韩国实施进口替代战略，但伴随着自然资源匮乏的内忧和美国经济援助下降的外患，韩国开始实施以“自主”为特色的新经济政策，主要包括建立自由出口区、发展劳动密集型产业等。1967 年，韩国建立了马山自由出口区，给予外资企业各类优惠待遇，从而进一步吸引外资、促进就业、发展本国出口加工业。然而，20 世纪 80 年代后，过度依赖国外技术以及本国工人工资不断上升使得韩国的出口加工品的国际竞争力不断下降，韩国将传统的出口加工区向现代化、科技化、综合化的自由经济区转变。2002 年，韩国政府正式提出要将韩国打造成“东北亚经济中心”，通过各类经济特区发展韩国的物流业、商业与金融业，各类自由经济区也应运而生。韩国的自由经济区除了依托邻近的机场、海港作为转口贸易、加工贸易的中转站，还是一个集工业制造、科技研发、商务办公、旅游度假于一体的综合性区域，突破了单一的“自由贸易”范畴，功能十分多样化。

表 3-7 展示了韩国自由经济区的基本情况。2003 年 10 月，韩国第一个自由经济区——仁川经济自由区，在仁川的延寿区、中区和西区正式运营。2004 年 3 月，釜山-镇海自由经济区和光阳湾自由经济区也随即运营。这三个自由经济区以旅游业为主体产业，同时带动区内的商务、物流和科技等产业实现综合化发展。2008—2013 年，韩国又先后成立了京畿道自由经济区、大邱-庆北自由经济区、忠北自由经济区和东海岸自由经济区，在此阶段设立的自由经济区聚焦于信息技术、汽车、生物医疗、石油化工等制造业，产业综合化、现代化程度不断提高。2021 年，韩国建立了蔚山自由经济区和光州自由经济区，这两个自由经济区则是更加顺应时代的要求，大力发展环保能源、人工智能等新兴行业。

表 3-7　韩国自由经济区的基本情况

自由经济区名称	位置	面积（km^2）	运行时间	机场、港口	基本产业
仁川自由经济区	仁川（延寿区、中区、西区）	122.4	2003 年 10 月 15 日	仁川国际机场、仁川港口	商务、物流运输、旅游休闲、高科技产业
釜山-镇海自由经济区	釜山（江西区）、庆南（镇海市）	59.80	2004 年 3 月 20 日	金海机场、釜山新港	高科技产业、复杂物流、休闲娱乐
光阳湾自由经济区	金南、庆南	69.57	2004 年 3 月 24 日	光阳港口、丽水机场	物流、制造业、休闲旅游
京畿道自由经济区	京畿（平泽、始兴）	5.24	2008 年 7 月 22 日	平泽港口、唐津港口	汽车零件、半导体、钢铁、石油化工
大邱-庆北自由经济区	大邱、庆北	18.45	2008 年 8 月 13 日	大邱国际机场	运输设备、医疗健康、信息技术行业
忠北自由经济区	忠北（清州）	4.96	2013 年 4 月 26 日	清州国际机场	太阳能发电、半导体制造、生命工学
东海岸自由经济区	江原道（东海、江陵）	4.44	2013 年 7 月 9 日	襄阳国际机场、东海港口	高科技零件、高科技材料、物流、研发投资
蔚山自由经济区	蔚山	4.70	2021 年 1 月 14 日	蔚山机场、蔚山港口	氢能源行业、汽车配件、燃料电池行业
光州自由经济区	光州	4.37	2021 年 1 月 27 日	光州机场	人工智能、能源、汽车制造

注：根据韩国自由经济区网站（http://www.fez.go.kr/）整理。

从现存自由经济区的分布情况来看，韩国的自由经济区在纵向与横向上分布较为均匀，韩国的南、中、北部区域或东、中、西部区域均有自由经济区设立，自由经济区的建设较为均衡，能够更好地发挥各区域之间的协调性。但是，在沿海与内陆的比较中，大多数自由经济区均设立在沿海，占韩国自由经济区的2/3，相比于建于内陆的自由经济区，天然地理优势使得沿海的自由经济区能够更容易地吸引外资，进行更大宗的对外贸易。从发展历程来看，韩国自由经济区的地理位置也呈现出由南向北、由沿海向内陆的过程，即第一批自由经济区的建设以南部沿海区域为主，第二批自由经济区的建设开始向内陆、向北部发展，第三批自由贸易区的建设包括位于内陆的光州自由经济区。

第三节　典型自由贸易区建设的国际比较与经验借鉴

一、典型自由贸易区建设的共同点

根据上述典型的自由贸易区的介绍，对其进行对比与总结可以发现这些成功发展的自由贸易区往往有以下共同特征：

1. 充分发挥区位优势

优越的地理位置是自由贸易区成功的前提条件，其决定了自由贸易区最基础的贸易功能是否能够完全发挥。大多数自由贸易区都坐落在世界主要贸易通道（如海运、陆运和空运）的节点枢纽，能够辐射的经济腹地更加广阔，服务半径更大，地处交通要道、位居运输网络核心位置的自由贸易区必然会有更低的运输成本、更短的物流时间、更大的装卸规模，这些有利的区位条件为自由贸易区发展国际贸易、物流运输、金融业、商贸业打下了基础。但是，仅仅拥有优越的地理位置是不够的，因地制宜，根据不同的地理位置对自由贸易区量身打造，使其发挥出符合预期的功能才更加关键。例如，鹿特丹港始建于莱茵河与马斯河的交汇处，西接北海，东接多瑙河与莱茵河，同时位于经济十分发达的西欧地区，注定拥有广阔的市场，而鹿特丹港也借此大力发展海运，创新港口运营模式，建设国际航运中心，形成了物流交通枢纽的核心竞争力。杰贝阿里自由贸易区位于中东地区，是连接东亚、西欧和北美的重要枢纽，该自由贸易区借助机场与港口迅速发展成为国际贸易的重要中转站。

鉴于此，我国自由贸易试验区未来规划与建设需要考虑的重要因素就是发挥选址的区位优势，为自由贸易试验区的未来发展打造良好的先天条件并充分利用。以中国

（四川）自由贸易试验区为例，尽管四川位于西南内陆，但却是西南门户的枢纽，是支撑“一带一路”建设和长江经济带发展的战略纽带与核心腹地。因此，中国（四川）自由贸易试验区充分发挥面向欧亚的国际贸易大通道优势，依托其原有的区位优势，推动国际铁路港的交通合作与“西进南拓东联”的区域合作。事实上，区位优势是一个相对概念，无论是沿海、沿边，还是内陆都有其独特的选址战略意义，将自由贸易试验区与国家战略、城市自身发展特色相匹配，充分发挥其区位优势是未来自由贸易试验区发展需要着重强调的一点。

2. 重视海运，依托海港

海运不受道路、轨道的限制，具有较强的通行能力，并且能够根据情况随时调整、改变航线以完成运输任务。此外，海上运输航道是天然形成的，港口设施一般为政府所建，经营海运业务的公司可以大量节省用于基础设施的投资。海运的船舶运载量大、使用时间长、运输里程远，单位运输成本较低，为低值大宗货物的运输提供了有利条件。海运总运量占国际贸易总运量的 2/3 以上，是国际物流中最主要的运输方式，因此毗邻海港建立自由贸易区是更加普遍的选择。例如，鹿特丹港本身就是历史悠久的港口，杰贝阿里自由贸易区依托全球最大的人造港和中东地区最大的港口之一杰贝阿里港，裕廊港自由贸易区则直接就地建于裕廊港内部。尽管世界上不乏依托陆运、空运将自由贸易区做大做强的例子，如新加坡樟宜自由贸易区，但是绝大多数自由贸易区依然坐落沿海地区，毗邻港口。

同大部分国家一样，我国也很重视临港自由贸易区的发展。以目前积极推动的海南自由贸易港为例，2018 年 11 月 5 日，习近平总书记在中国国际进口博览会开幕式上向宣布：“中国将抓紧研究提出海南分步骤、分阶段建设自由贸易港政策和制度体系，加快探索建设中国特色自由贸易港进程。”2020 年 6 月 1 日，中共中央、国务院印发《海南自由贸易港建设总体方案》，为海南建设自由贸易港提供了多条优惠政策。然而，尽管我国海南与东南亚等国以南海为邻，具有一定的区位优势，但是海南的经济与珠三角地区的经济相比还有一定的差距，港口规模也较小，还不具备成为南海航运枢纽的比较优势。为了海南自由贸易港的长久发展，港口这类贸易所需的硬件设施必须跟上补齐。此外，虽然我国大部分港口的基础设施现代化、智能化建设已经取得明显成效，但是作为自由港长期稳定发展的基础条件的集疏运体系还不够完善，我国在未来应当大力发展江海联运、海铁联运、多式联运，实现不同运输方式的无缝、高效衔接。

3. 功能综合化、服务化

自由贸易区的发展模式与当前国际经济发展阶段息息相关，随着全球化的不断深入，自由贸易区也从最初的转口贸易逐步推进为出口加工与商业化服务，尤其是金融、旅游和商贸等第三产业和服务贸易领域的发展尤其迅速。伴随着国际分工的深化，自由贸易区之间的竞争越发激烈，传统的转口贸易、进出口贸易已经无法满足当前跨国公司在全球配置资源的需求，并且中间部门的利润逐渐降低，自由贸易区要想获得更高的利润势必要提高附加值，大力发展生产性服务。因此，综合化与服务化是当前自由贸易区发展的必然选择。自由贸易区在保证传统物流运输、仓储服务现代化的同时，还要积极发展高技术制造、深加工等业务，并要配套补齐与贸易相关的金融、保险、投资、旅游等功能。当然，自由贸易区的发展模式受经济发展阶段及国内外因素条件的影响而呈现出差别。例如，作为发展中国家的自由贸易区，巴拿马科隆自由贸易区在转口贸易之外也在积极发展加工制造与第三产业；作为中东地区的经济金融中心的迪拜，其重点发展的杰贝阿里自由贸易区除了作为国际贸易的中转站外，在汽车和零配件、食品和农产品、石化产品等行业也发展迅速，并且其商业活动也十分发达。

综上所述，世界各国成功的自由贸易区的发展经验表明，每个自由贸易区的功能侧重点根据自身发展模式和经济发展阶段是不同的，而我国国土面积大、各地区经济发展水平不尽相同的特点注定了我国各地的自由贸易试验区的功能定位有所差异。具体而言，我国自由贸易试验区应当遵循“类似的基本功能+有特色的扩展功能”的思路进行设计，在保证各个自由贸易试验区的贸易、物流这类基本功能完备发展的前提下，根据各地自身情况按照“一事一议”的原则酌情、合理地添加具有地方特色的扩展功能。扩展功能应当更加侧重于以金融、投资、商贸、旅游为代表的服务业，同时也要符合国家整体规划布局，体现国家重点发展的战略思路。

二、典型自由贸易区建设的不同点

1. 注重绿色发展

相比于其他自由贸易区，鹿特丹港和裕廊港自由贸易区尤其注重环保与绿色发展，无论是鹿特丹港的能源转型还是裕廊港自由贸易区的绿色建材都是自由贸易区注重可持续发展的范例。在能源紧缺、世界各国更加注重碳减排的今天，能够尽早发展绿色、可持续的自由贸易区是一项必要且具有前瞻性的任务。创新、协调、绿色、开放、共享的新发展理念已经深入人心，党的十九大报告再次强调要加快生态文明体制改革，建设美丽中国。自由贸易试验区作为中国对外开放的急先锋与排头兵，更应当积极探索低碳发展的路径和措施，推动落实 2030 年碳达峰和 2060 年碳中和目标。在未来，我国应当进一步完善自由贸易试验区的绿色低碳发展管理体系，加强对企业碳排放的监测与管理，同时综合运用财政税收、融资投资等政策措施推动自由贸易试验区的绿色发展，大力发展绿色金融，鼓励支持自由贸易试验区内的企业参与全国碳市场建设与碳交易。

2. 数字化与信息化

当前，数字经济的发展如火如荼，鹿特丹港与杰贝阿里自由贸易区尤其注重数字化、信息化的转型。鹿特丹港务局数字化与港口开发管理数字化是该自由港仍然能够保持欧洲第一大港口地位的创新点。杰贝阿里自由贸易区的电子商务迅速发展也为该自由贸易区未来引领数字经济新潮流打下重要基础。我国作为第五代移动通信技术（5G）的引领者，更应当在数字化潮流中积极探索自由贸易试验区数字化、信息化发展。政府应充分发挥自身的引导功能，积极推动自由贸易试验区内的企业与区外的研发企业之间的统筹安排、业务协同、资源共享，加强企业与研究机构的深入合作，吸引更多人才和社会资本开发共建数字经济基础设施，形成信息化的投融资机制和人才保障机制。

3. 发展国际合作

积极与其他港口开展国际合作是裕廊港自由贸易区区别于其他自由贸易区的重要特点。尽管众多设立多个自由贸易区的国家都会将各个自由贸易区连点成线，发挥其协同效应，但是放眼全球，一国的自由贸易区仍然是一个孤立的点。裕廊港自由贸易区与中国、印度尼西亚的港口积极合作，能够进一步拓宽国际市场，在未来有望形成国际化的自由贸易区网络。目前，我国也在积极推动自由贸易试验区的国际合作。例如，为了促进与马来西亚经济贸易的互联互通，为两国企业的“引进来”与“走出去”提供更加广阔的平台，我国分别于2012年和2016年同马来西亚政府共同启动了中国—马来西亚钦州产业园区和马来西亚—中国关丹产业园区，“两国双园”的合作模式是中国与马来西亚在“一带一路”倡议下的创新合作，有利于促进两国之间的贸易、投资以及产业协同发展。2021年，中国与印度尼西亚“两国双园”模式也在积极推动。在未来，我国在积极发展自由贸易试验区国际合作的同时，也要注重本国经验与当地实际相结合，完善顶层机制建设，进一步将中国自由贸易试验区的网络节点做多做强。

4. 商务功能发达

相较于其他几个自由贸易区，杰贝阿里自由贸易区的商业功能尤其突出，其优惠的政策、完善的设施吸引了诸多企业入驻。该自由贸易区内的餐饮、零售、商业办公、展销功能十分发达。可以说，杰贝阿里自由贸易区的综合化、服务化水平是这几个典型自由贸易区中最优秀的。相比于“自由贸易区”，“自由区”的名称更能体现杰贝阿里自由贸易区的发展特色。事实上，杰贝阿里自由贸易区的商业功能发达也是因为其宽松、良好的营商环境，大批国外知名企业愿意进驻此地，从而带来了各式各样的商业服务。中国的自由贸易试验区若想把商务功能做大做强，就必须在源头上优化园区内的营商环境，从而吸引更多的国内外企业入驻。政府应当建立以企业为中心、以需求为导向的营商环境优化机制，提高企业在营商环境优化中的参与程度；进一步放宽市场准入限制，深化“证照分离”改革，优化审批流程，提高效率；积极向企业宣传、解读政府营商环境优化政策，通过开展正面宣传和舆论引导工作使得企业充分了解各项政策措施，在政策空间内获得更多实惠。

5. 重视人才紧缺问题

科隆自由贸易区是拉丁美洲甚至是大多数发展中国家的自由贸易区的典型代表，转口贸易是该自由贸易区的核心业务。相比于新兴国家或发达国家的自由贸易区，此类自由贸易区显得功能单一，其吸引国外企业的唯一优势就是地处海运要道；同时，后备人力资源也略显匮乏。这是众多发展中国家自由贸易区当前面对并亟待解决的问题。借鉴科隆自由贸易区的经验，我国在未来的自由贸易试验区建设中，应当积极破除管理经验缺乏和人才缺乏这两类主要限制因素。第一，我国应积极从国外引进高端专业人才，为自由贸易试验区配备贸易、金融、商务、财务管理、信息技术、港口作业等领域的专业人才，并为其子女提供配套的优惠政策，使外来人才能够在自由贸易试验区常驻。第二，我国应积极聘请专家学者对自由贸易试验区发展进行研究、探讨、规划，在国内高校设立相关学科与专业，进一步培养对口人才，同时吸引各高校、研究机构在自由贸易试验区所在地设立分校或分支机构开展实地研究。第三，我国应在自由贸易试验区内部或者自由贸易试验区周边建设高品质的营商与居住环境，提高消费服务、教育服务、医疗服务等公共服务的水平，促进服务体系高端化，从而吸引跨国投资经营者与专业人才在自由贸易试验区集聚。

第四章

自由贸易试验区布局的成因及模式

自2013年9月上海自由贸易试验区率先成立以来，历时7年，我国自由贸易试验区的数量从1个增长到了21个。从沿海到内陆，从“一枝独秀”到形成“雁阵效应”，我国自由贸易试验区正在不断拓展、扩围、升级。目前，我国自由贸易试验区有序分布在我国的东、中、西部地区以及东北地区，基本实现了沿海省份的全覆盖，连点成线，再连线成面，形成了对外开放的前沿地带，全方位发挥沿海和沿边地区对腹地的辐射带动作用，更好地服务陆海内外联动、东西双向互济的对外开放总体布局。我国在全国各地设立多个自由贸易试验区，是新时代推进改革开放的一项战略举措，旨在通过自由贸易试验区建设，带动国家的区域发展战略，推动形成更高层次改革开放新格局。

归纳总结现有自由贸易试验区布局的成因及模式对进一步完善自由贸易试验区的布局具有重要的参考价值。既有研究针对自由贸易试验区布局的成因基本是从空间维度、产业维度出发，而影响自由贸易试验区整体布局的因素需先考虑产业布局、产业结构、产业集群，自由贸易试验区布局在不同发展阶段背景也必须根据其经济开放水平、市场规模、要素禀赋、自然条件、基础设施等情况进行考量。本章在结合中国特色制度背景和发展现状的基础上，创新性地引入了功能维度，并开展了丰富的系统性影响因素分析，从而实现对自由贸易试验区布局成因探讨的有益补充。

本章结构如下：首先，本章探究了自由贸易试验区布局的内在驱动因素。本章关于自由贸易试验区布局的内在驱动因素主要考虑了区域内产业基础、区位条件、基础设施条件、资源禀赋情况、科技创新能力。其次，本章探究了自由贸易试验区布局的外在驱动因素。本章关于自由贸易试验区布局的外在驱动因素主要考虑了宏观政策导向、自由贸易试验区分批次设立、“一带一路”倡议、改革开放、京津冀协同发展战略。这有利于更好地推进自由贸易试验区经济发展，推动各自由贸易试验区的经济规模不断壮大，也为自由贸易试验区的建立和完善奠定了基础。最后，本章探究了不同主导因素下自由贸易试验区布局的基本形态模式。

第一节 自由贸易试验区布局的内在驱动因素

当前，我国自由贸易试验区蓬勃发展，从地理位置上看逐步形成由东向西、自南向北的延伸式发展。全国各省（自治区、直辖市）先后参与自由贸易试验区建设，试点广度不断扩大，试点深度不断提高。截至2020年9月底，我国已分批设立18个自由贸易试验区，初步形成了“1+3+7+1+6”的基本格局，形成了东西南北中协调、陆海统筹的开放态势，推动形成了我国新一轮全面开放格局。影响自由贸易试验区整体布局的因素应首先考虑地区的产业基础，如产业布局、产业结构、产业集群情况等，自由贸易试验区布局在不同发展阶段背景也必须根据其经济开放水平、市场规模、要素禀赋、自然条件、基础设施等情况进行考量。本章将详细阐述影响自由贸易试验区布局的内在因素。

一、自由贸易试验区布局区域的区域内产业基础

产业是自由贸易试验区服务的主体对象，良好的产业基础更是自由贸易试验区实现发展的保证。较好的产业基础预示着所在区域具有较强的资源整合能力以及较为完备的经济循环系统，进而对自由贸易试验区带来的集散服务功能有更大的需求和更高的利用率。从目前国内外自由贸易试验区的布局具体实践来看，当地产业基础和地区优势产业也是影响自由贸易试验区布局的重要因素之一。表 4-1 显示部分自由贸易试验区重点发展产业。可以看出，每个自由贸易试验区都有当地重点发展的特色产业。例如，云南临近缅甸、越南、老挝，是我国沿边和跨境自由贸易试验区，其积极开展边境贸易，探索跨境电商贸易模式，发展高端制造、跨境物流、跨境电商、跨境产能合作、跨境金融等产业。浙江自由贸易试验区注重发展油气全产业链，重庆自由贸易试验区注重发展新能源汽车行业，海南自由贸易试验区围绕旅游业、现代服务业、高新技术产业三大主导产业发展。

表 4-1　部分自由贸易试验区重点发展产业

自由贸易试验区	片区	重点发展产业
上海	海关特殊监管区域（上海外高桥保税区、上海外高桥港综合区、洋山保税港区、上海浦东机场综合保税区）	国际贸易、高端制造、航运物流、金融服务、专业服务、融资租赁、跨境电商、航空维修、跨境电商
	陆家嘴金融片区	金融、总部经济、航运、贸易、高端研发、文化会展、专业服务
	金桥开发片区	未来车、智能造、大视讯、第五代移动通信、汽车保税展示与销售、保税维修与再制造、跨境电商、保税研发
	张江高科技片区	集成电路、生物医药、人工智能
	临港新片区	集成电路、人工智能、生物医药、航空航天、新能源汽车、装备制造、绿色再制造、新型国际贸易、跨境金融、航运服务、信息服务、科技创新服务

表4-1（续）

自由贸易试验区	片区	重点发展产业
广东	广州南沙新区片区	航运物流、特色金融、国际商贸、高端制造
	深圳前海蛇口片区	金融、现代物流、信息服务、科技服务、专业服务业
	珠海横琴新区片区	旅游休闲、商务金融服务、文化科教、高新技术
天津	天津港片区	航运物流、国际贸易、融资租赁、汽车及零配件流通、跨境电商、保税展示展销
	天津机场片区	航空航天、装备制造、新一代信息技术、研发设计、航空物流、保税维修与再制造、医药健康
	滨海新区中心商务片区	金融创新、人工智能、先进通信
福建	平潭片区	总部经济、文化康体、物流贸易、电子信息、生物医药、智能装备制造、旅游
	厦门片区	航运物流、航空维修、跨境电商、国际贸易、高端服务业、融资租赁、金融服务、文化贸易、高端制造业、专业服务、社会服务、旅游服务、数据服务
	福州片区	高端制造业、制造服务业、航运物流、跨境电商、文化创意、金融服务、会展经济、整车进口
重庆	两江片区	高端装备、电子核心部件、云计算、生物医药、总部贸易、服务贸易、电子商务、保税展示交易、仓储分拨、专业服务、融资租赁、研发设计
	西永片区	电子信息、智能装备、保税物流中转分拨
	果园港片区	国际中转、集拼分拨
四川	成都天府新区片区	现代服务业、高端制造业、高新技术、临空经济、口岸服务
	成都青白江铁路港片区	国际商品间转运、分拨展示、保税物流仓储、国际货代、整车进口、特色金融、信息服务、科技服务、会展服务
	川南临港片区	航运物流、港口贸易、教育医疗、装备制造、现代医药、食品饮料

表4-1(续)

自由贸易试验区	片区	重点发展产业
陕西	中心片区	高端制造、航空物流、贸易金融等产业
	西安国际港务区片区	国际贸易、现代物流、金融服务、旅游会展、电子商务
	杨凌示范区片区	农业科技
海南	海南全岛	旅游业、现代服务业、高新技术产业
云南	昆明片区	装备制造、生物医药、光电子信息、现代物流、信息软件、金融服务、技术服务、高端制造、航空物流、数字经济、总部经济
	红河片区	电子制造、集成电路、加工贸易、跨境旅游、国际物流
	德宏片区	跨境贸易、跨境产能合作、跨境电商

注：资料来源于商务部自贸区港建协调司和各自由贸易试验区片区产业发展规划。

上海自由贸易试验区是我国首个自由贸易试验区，其发展重点具有十分明显的优势产业特色，即围绕金融业的发展而不断壮大。上海的金融业是上海经济发展的先行者和主力军。上海金融市场发展迅速，金融市场体系和金融服务体系日益完善。金融业作为上海的支柱产业，为上海自由贸易试验区的建设和发展做出了重要贡献。上海自由贸易试验区分为五个片区，分别为海关特殊监管区域（保税片区）、陆家嘴金融片区（含世博园区）、金桥开发片区、张江高科技片区和临港新片区。陆家嘴金融片区是上海金融资源最为集中的区域，集聚了大量的银行、保险、证券等持牌类金融机构以及上海证券交易所、上海期货交易所等金融要素市场。

2020 年 1 月，上海市发布了《加快推进上海金融科技中心建设实施方案》，资本市场金融科技创新试点（上海）启动，同时推动了金融科技产业园和各金融科技公司的建立，进一步加快了金融领域数字化的转型发展，凸显了上海金融业的优势。

上海自由贸易试验区在制造业、运输业、服务业等多领域推动对外开放举措。其中，服务业的对外开放力度最大。如图 4-1 所示，2008—2019 年，虽然上海第二产业增加值占地区生产总值（GDP，下同）的比重不断降低，但是上海第三产业增加值占 GDP 的比重在稳步上升，服务业在上海经济发展中发挥着越来越重要的作用。金融服务属于服务业的重要组成部分，是上海自由贸易试验区的特色产业。随着金融业的逐步壮大，金融服务业的规模效应越发明显，边际服务成本不断降低。上海自由贸易试验区放宽相关规定，批准符合条件的外资机构设立外资银行以及和民营资本设立中外合资银行，在有关管理办法的约束下，开展离岸业务。自由贸易试验区对外开放政策促进了地区金融服务业的发展，形成产业聚集，扩大了金融业的产业规模。金融业的聚集也方便了金融机构与客户的交流，能够降低沟通成本，为建立区域金融中心形成前提。上海金融服务业中的融资贷款业务规模不断扩大，加大了对经济发展的支持力度。如图 4-2 所示，2008—2019 年年末上海金融机构各项贷款余额和 GDP 呈正相关关系。金融机构为企业提供了更多的信贷支持和良好的营商环境，为上海的经济发展注入了持续的动力。

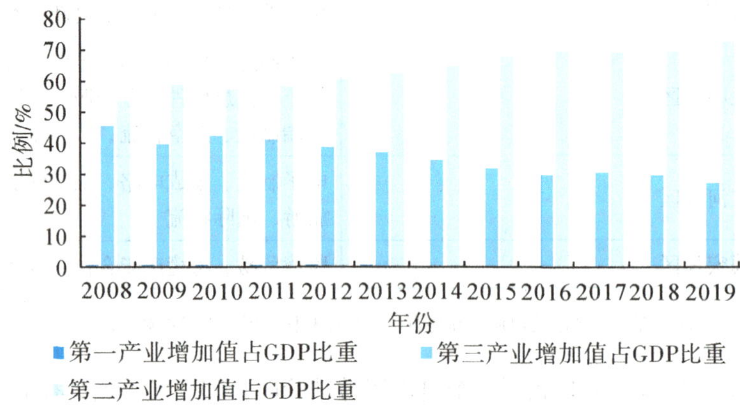

图 4-1　2008—2019 年上海三大产业结构变化

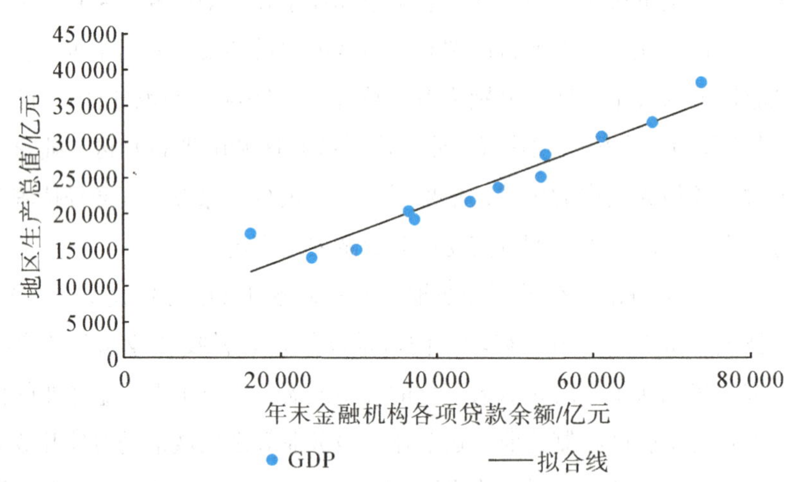

图 4-2　2008—2019 年上海年末金融机构各项贷款余额和 GDP

此外，上海金融业的发展充分体现出其在中国金融领域甚至在全球金融领域中不可替代的作用。第 29 期全球金融中心指数（GFIC 29）显示，上海排名全球第三，仅次于纽约和伦敦。上海自由贸易试验区是众多外资银行总部、跨国公司地区总部、外资资管机构、国际资管公司的所在地。国家金融业开放政策和上海自由贸易试验区的金融制度创新及改革极大地加快了上海金融国际化的进程。上海浦东新区公募基础设施证券投资基金（REITs）等金融产品的推出，也说明了跨境投融资服务体系更多面向国际化和全球化。上海金融业的发展为建立和完善上海自由贸易试验区打下了坚实的基础。

二、自由贸易试验区布局区域的区位条件

区位条件通常是指某一地区拥有的关于经济发展且客观存在的有利条件，主要体现在地理特征与社会特征两个方面。因此，区位条件并不是由单一因素决定的，而是集成了一个地区的多方面优势，如地理位置、自然气候、经济联系等。作为自由贸易试验区布局的基本考虑因素之一，有利的区位条件能够吸引资金、产业、高素质的劳动力等资源向自由贸易试验区周围聚集。反过来，这些生产要素又不断提高自由贸易试验区的优势，形成一种相互促进、相互依存的良性关系。

我国自由贸易试验区的建立和布局应合理借鉴国外自由贸易区和自由港的成功经验。例如，迪拜自由港拥有优越的地理位置，位于亚洲、非洲、欧洲的交汇点，地处波斯湾霍尔木兹海峡内湾的咽喉地带。迪拜将资源优势转为区位优势，重视建设港口和自由贸易区，提升其作为中转港的地位，形成迪拜自由港和自由贸易区的长期发展的有力支持。

以上海自由贸易试验区为例，上海拥有优越的地理条件，位于长江三角洲前沿，腹地广阔，处于我国海岸线的中点，是我国沿海的重要交通枢纽和重要口岸城市。作为世界一流的国际集装箱枢纽港，2021 年，上海港集装箱吞吐量达到 4 700 万标准箱，连续多年位居全球第一。上海港良好的港口基础设施以及高效的物流、仓储、交通运输服务为建立自由贸易试验区提供了独特的优势，有利于企业共享基础设施，形成产业集聚，扩大产业集聚效应。

从经济发展水平上看，作为一个国际消费中心城市，2021 年，上海全年社会消费品零售总额为 1.8 万亿元，同比增长 13.5%；网络购物交易额 1.3 万亿元，同比增长 12.3%。从融资能力上看，2019 年，上海金融机构各项贷款余额超过 7.3 万亿元，同比增长 9.2%，表明上海对资金的吸附能力强，凸显出其综合实力和发展潜力[①]。作为我国经济发展的前沿城市，上海特殊的区位条件使其成为我国第一批自由贸易试验区。

三、自由贸易试验区布局区域的基础设施条件

我国现有的自由贸易试验区主要集中分布在东部沿海的港口城市和内陆交通枢纽城市，是联系东亚地区以及欧美各国的重要经济区域，也是建设发展“一带一路”

① 数据来源：国家统计局。

和西部大开发再升级、振兴东北老工业基地等战略的重要衔接点，对内能够开发利用中西部地区丰富的资源，对外又能够通向世界各国市场，并通过较为完善的物流运输网络完成货物流及资金流循环。在一定的社会经济条件下，基础设施条件往往会成为决定区域经济发展的重要因素。

便利的交通条件是推动自由贸易试验区落成的重要原因之一。完善的公路、铁路、管道等交通基础设施能够吸引周边产业集聚，共享基础设施，并形成规模优势，提升企业生产水平，促进区域经济增长。此外，高铁作为重要的运输工具之一，其建设对提高大型高铁城市的就业水平有显著影响，特别是东部大型高铁城市的建筑业和高附加值行业，中部小型高铁城市的制造业和消费性服务业的就业，而较高的就业水平将直接或间接地推动当地经济进步。综合来看，基础设施水平是影响自由贸易试验区布局的重要因素，以上海为例，《2017 年世界城市营商环境报告》显示，上海“基础设施指数”在全球主要城市中排名第二，仅次于伦敦。上海完善的运输设施、先进的信息通信技术为国内外贸易提供了便利，这也成为上海能够率先获批建立自由贸易试验区的原因之一。

四、自由贸易试验区布局区域的资源禀赋情况

较为廉价的土地、水、能源以及工业发展所需的矿产资源、承载空间，充足的劳动力资源和高素质的人才资源，这些都将为设立自由贸易试验区提供必要的资源禀赋支撑。例如，能源、人力、土地以及各类原材料供给充足的地区适合布局发展以制造业为核心的自由贸易试验区，而人力资本丰富但能源、土地要素稀缺的地区更适合布局发展以服务业为核心的自由贸易试验区。

各自由贸易试验区应根据自身战略定位，合理利用当地的资源禀赋优势，对产业布局进行优化，推动自由贸易试验区差异化发展。例如，海南的旅游资源、电力能源丰富，拥有纯天然海港，有利于建设国际旅游消费中心和自由贸易港。云南旅游资源、特色产业资源丰富，民族特色浓厚，特色农业发展迅速，利于建设特色农产品产业基地和跨境贸易。四川利用成都自身“空港+综保区”的资源禀赋和口岸优势，通过提升行政效率，以航空发动机维修和跨境电商为突破口，找到了一条具有自身特色的对外开放和产业发展之路。江苏省利用“制造大省”优势，通过加快新旧动能转换，提升产业自主创新能力，推进自主可控先进制造业体系和先进制造业集群建设，将企业的功能从生产拓展到研发、检测、维修、售后服务，直至变成实体型的综合型总部，发挥全产业链优势，引导企业进行价值链转型升级。

人才资源是地区资源禀赋的重要组成部分。由图 4-3 可知，2011—2020 年我国

普通高等学校在校学生数量总数排名前十的省份为山东省、河南省、广东省、江苏省、湖北省、四川省、河北省、湖南省、安徽省、陕西省。其中，山东省普通高等学校在校学生人数最多，高达 1 923 万人。高校在校学生人数是人力资本的重要体现，人力资本丰富的地区能为高新技术产业园区的建设以及自由贸易试验区的建设提供便利。截至 2020 年年底，2011—2020 年我国普通高等学校在校学生数人数排名前十的省份均已建立自由贸易试验区，在一定程度上说明了人力资源禀赋是建立自由贸易试验区的考虑因素之一。

各自由贸易试验区充分利用当地人才优势推动自由贸易试验区发展，如广西自由贸易试验区的南宁片区出台支持人才发展若干举措，加大人才创新创业融资扶持力度，全力打造面向东盟的区域性国际人才高地核心区。天津自由贸易试验区建立人才“绿卡”制度，引进人才 90%以上服务事项实现即时办理。山东自由贸易试验区的济南片区创新开展人才和技术资本化评估，人才可以免抵押获得金融机构授信。

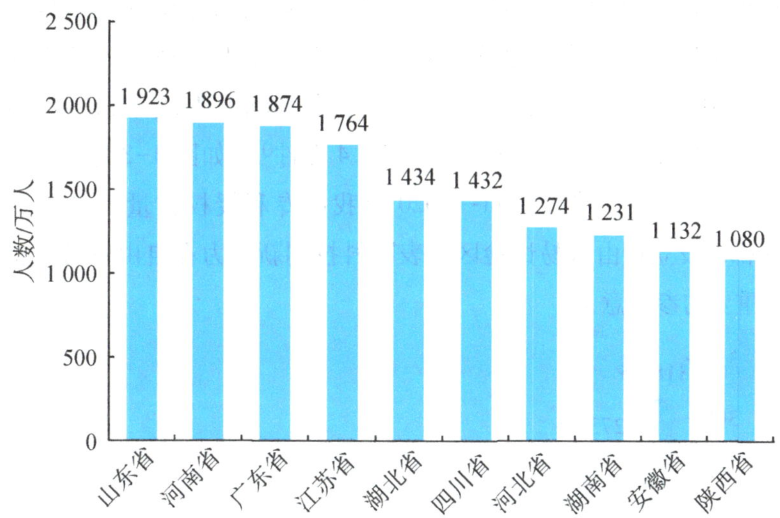

图 4-3　2011—2020 年我国普通高等学校在校学生人数排名前十的省份

五、自由贸易试验区布局区域的科技创新能力

当今世界正经历百年未有之大变局，我国发展面临的国内外环境发生深刻而复杂的变化，我国“十四五”时期以及更长时期的发展对加快科技创新提出了更为迫切的要求。对于自由贸易试验区来说，科技创新将成为其下一阶段发展中重要的竞争领域。一方面，科技创新将会为自由贸易试验区的产业向高技术含量、高附加值发展提供有力支撑，增强产品的国际竞争力并进一步引领产业发展方向。另一方面，科技创新也将有助于化解与日俱增的要素成本上升与资源环境约束，增强自由贸易试验区的

可持续性与环境友好性，使自由贸易试验区更好地承担除经济发展外的社会责任。

放眼国外，许多跨国公司之所以选择新加坡作为设立地点，有一个重要原因是新加坡重视教育与科技创新。新加坡政府为提高人力资本加大对教育和培训的投资，并投入了大量资金实施高科技研究开发援助计划，促进科技发展，并在高校周围建立科技园区，依托高校的人才优势集中建立技术部门、发展信息技术，为新加坡自由贸易区的高质量发展提供了重要支撑。

因此，一个自由贸易试验区的布局需要考虑当地的科技创新能力和政府支持科技创新的力度。广东集聚全球创新资源，加快发展战略性新兴产业，如人工智能、数字经济、金融科技等。行业巨头和众多公司总部落户于广东，高端制造业、高端服务业、高端金融业竞相发展。同时，各自由贸易试验区需要加强科技创新能力，为自由贸易试验区的建设与完善提供有力支持。

科技创新能力越强，城市的发展潜力越大，越是自由贸易试验区的良好布局地。2011—2020 年，我国 31 个省（自治区、直辖市，未包括我国港澳台地区）的专利申请数量总计超过 1 758. 6 万件，平均每个省份为 56. 7 万件。截至 2020 年年底，我国已在 21 个省份建立自由贸易试验区，21 个省份的专利申请数量总计超过 1 661. 2 万件，平均每个省份为 79. 1 万件，比前者高 22. 4 万件①。如图 4-3 所示，广东省的专利申请数量高达约 318 万件。2011—2020 年我国专利授权数量排名前十的省份在 2020 年年底都已设立自由贸易试验区，表明科技创新能力在自由贸易试验区的区位选择中具有重要的参考意义。

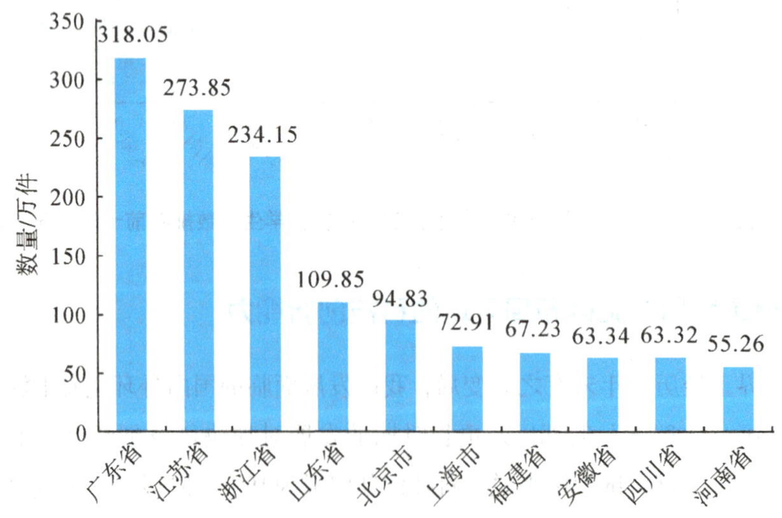

图 4-4　2011—2020 年我国专利授权数量排名前十的省份

① 数据来源：国家统计局。

六、自由贸易试验区布局区域的影响因素分析

自由贸易试验区的区位选择是多种因素共同作用的结果。为考察各影响因素对我国自由贸易试验区布局的影响，运用 2008—2019 年 31 个省份的数据，采用 Logit 模型和 Probit 模型估计各地区被选为自由贸易试验区的概率。模型设定如下：

$$FTZ_{it} = \beta_0 + \beta_1 Secindu_{it} + \beta_2 Sea_{it} + \beta_3 One_{it} + \beta_4 Pergdp_{it} + \beta_5 Sale_{it} + \beta_6 Book_{it} + \beta_7 NX_{it} + \beta_8 Road_{it} + \beta_9 Student_{it} + \beta_{10} Inv_{it} + \mu_{it}$$

以下为变量定义和计算说明：

（1）被解释变量（FTZ_{it}），表示第 i 个地区在第 t 年是否获批建设为自由贸易试验区，若某一地区为自由贸易试验区，则赋值为 1，否则赋值为 0。

（2）工业化水平（$Secindu_{it}$），采用第二产业增加值占地区生产总值的比重度量，以衡量自由贸易试验区的产业基础。

（3）沿海城市（Sea_{it}），该变量为虚拟变量，表示该地区是否为沿海城市，若为沿海城市就赋值为 1，否则赋值为 0。

（4）“一带一路”沿线城市（One_{it}），该变量为虚拟变量，表示该地区是否为“一带一路”沿线城市，若为“一带一路”沿线城市就赋值为 1，否则赋值为 0。

（5）地区经济发展水平（$Pergdp_{it}$），采用人均地区生产总值度量。

（6）市场消费潜力（$Sale_{it}$），采用社会消费品零售总额度量。

（7）文化设施水平（$Book_{it}$），采用公共图书馆图书总藏量度量。

（8）对外开放程度（NX_{it}），采用地区进出口贸易总额度量。

（9）基础设施条件（$Road_{it}$），采用地区公路客运量度量。

（10）人力资源禀赋（$Student_{it}$），采用普通高等学校在校学生人数度量。

（11）科技创新能力（Inv_{it}），采用专利申请数量度量。

（12）随机扰动项（μ_{it}）。

为尽量避免内生性问题，此处所有解释变量均为滞后一期项加入模型进行估计。由表 4-2 中 Logit 模型和 Probit 模型回归结果可知，影响自由贸易试验区布局的主要因素为工业化水平（$Secindu_{it}$）、是否为“一带一路”沿线城市（One_{it}）、地区经济发展水平（$Pergdp_{it}$）、人力资源禀赋（$Student_{it}$），其次为基础设施条件（$Road_{it}$）。所有的估计系数均显著。

工业化水平对自由贸易试验区区位选择的影响显著为正，一个地区的产业基础是自由贸易试验区建立的重要基础。拥有雄厚工业实力或产业基础的地区更有可能建立

自由贸易试验区。地区的产业基础决定了自由贸易试验区建设的主要内容和方向，不同地区将有不同的重点产业发展规划。自由贸易试验区建设可以促进产业结构升级，扩大商业活动，提升当地的经济竞争力。

一个地区的区位条件影响了该地区能否较早获批成为自由贸易试验区。如表4-2所示，人均地区生产总值和该地是否为“一带一路”沿线城市对自由贸易试验区布局有显著影响。人均地区生产总值代表一个地区的经济发展水平，是影响自由贸易试验区建设的非常重要的因素。地方经济发展水平不仅影响自由贸易试验区的区位选择，而且会影响自由贸易试验区建立的批次。经济发展水平越高的城市，越可能较早建立自由贸易试验区。是否为“一带一路”沿线城市关乎是否能通过自由贸易试验区的建设来发挥与“一带一路”倡议的互联互通作用，从而促进自由贸易试验区建设和“一带一路”倡议的共同发展。我国自由贸易试验区大部分建立在“一带一路”沿线城市，有利于更好地服务于“一带一路”建设。因此，自由贸易试验区的区位选择应考虑地区的经济发展水平、地理位置、市场需求等。在全面开放的新格局背景下，我国政府实行对外开放政策和“负面清单”等制度，促进经济发展，同时推动自由贸易试验区的进步和完善。

人力资源禀赋是地区资源禀赋的一个重要因素。其对一个地区是否建立自由贸易试验区的影响也显著为正。地区的普通高等学校在校学生人数代表地方的人力资本，人力资本有助于促进地区高科技发展，提升科技创新水平，为各产业的发展注入新的活力。地区的科技创新能力越强，企业和产业越可能在该地集聚，从而降低企业生产成本，形成集聚效应，为建立自由贸易试验区奠定坚实的基础。

除此之外，基础设施条件也是自由贸易试验区区位选择需重点考虑的因素之一。交通条件是否便利决定了一个地区能否快速地建立起与其他地区的贸易联系，基础设施越健全、越完善的地区越能够降低企业之间的交流成本，促成自由贸易试验区的建立。

表4-2 Logit模型和Probit模型回归结果

项目	Logit模型	Probit模型
$Secindu_{it}$	-0.089*** (-2.89)	-0.051*** (-2.96)
Sea_{it}	0.645 (1.25)	0.320 (1.12)
One_{it}	3.837*** (4.80)	2.096*** (4.74)

表4-2(续)

项目	Logit 模型	Probit 模型
$Pergdp_{it}$	0. 000*** (4. 88)	0. 000*** (4. 95)
$Sale_{it}$	-0. 000 (-1. 40)	-0. 000 (-1. 41)
$Book_{it}$	-0. 000 (-0. 96)	-0. 000 (-0. 67)
NX_{it}	-0. 000 (-1. 17)	-0. 000 (-1. 21)
$Road_{it}$	-0. 000** (-2. 23)	-0. 000** (-2. 26)
$Student_{it}$	0. 000*** (4. 34)	0. 000*** (4. 20)
Inv_{it}	0. 000 (0. 26)	0. 000 (0. 24)
Constent	-8. 186*** (-4. 49)	-4. 548*** (-4. 43)
N	341	341

注：括号中给出的是 t 统计量，*、**、*** 分别表示 $p < 0.1$，$p < 0.05$，$p < 0.01$。

第二节　自由贸易试验区布局的外在驱动因素

自由贸易试验区布局的外在驱动因素是指自由贸易试验区自身以外的后天人为因素，如宏观政策导向、市场需求情况、国际合作需要等。这些都是自由贸易试验区布局应考量的因素，有利于更好地推进自由贸易试验区经济发展，推动各自由贸易试验区经济规模的不断扩大，为自由贸易试验区的建立和完善奠定基础。

一、宏观政策导向

自由贸易区建设不仅是经济体制改革的组成部分，而且是国家治理体系变革的重要内容。从开发区到保税区，从保税区再到自由贸易区，体现了不同发展阶段国家治理思路和逻辑的根本性转变，是国家治理方式从政策试验到制度试验的历史性转折。

我国自由贸易试验区的建设和布局服务于国家重大战略。自由贸易试验区整体空间布局应立足于国家总体战略，不仅要与西部大开发、中部崛起、振兴东北老工业基地、长江经济带等战略相结合，也要与“一带一路”建设、深化改革开放、京津冀协同发展、粤港澳大湾区建设、区域经济一体化战略等国家宏观政策紧密联系，推动形成“沿海+内陆+沿边”自由贸易试验区的相互协调、相互带动的对外开放新格局，实现开放优势互补，完善我国开放型经济新体制。习近平总书记在党的十九大报告明确指出，要以“一带一路”建设为重点，形成陆海内外联动、东西双向互济的开放格局。因此，我国要更加注重将自由贸易试验区的布局与“一带一路”倡议相对接，加快构建周边自由贸易试验区、积极推进“一带一路”沿线自由贸易试验区建设和逐步形成全球自由贸易区网络。在“一带一路”倡议下全面推进自由贸易试验区建设过程中，我国应逐步实现布局合理、覆盖全面、多层次融合的区域一体化网络的目标。

1. 自由贸易试验区分批次设立

我国上海自由贸易试验区建立于2013年，是我国第一批自由贸易试验区。其设立之初首先就考虑到上海对外开放水平高、市场规模大、基础设施完备、综合实力强，具备先行先试、先行示范的成功基础。作为第二批自由贸易试验区，广东自由贸易试验区、天津自由贸易试验区、福建自由贸易试验区设立于2015年，它们积极服务于国家重大战略，积极深化改革，发挥区域优势。例如，广东自由贸易试验区粤港澳大湾区合作示范区建设成果显著；天津自由贸易试验区承接首都北京的部分功能，京津冀地区协同发展；福建自由贸易试验区金融开放创新服务不断推进，三地都具备建立自由贸易试验区的良好基础。

海南自由贸易试验区是全国第四批自由贸易试验区，其贸易投资自由化便利化程度提高，国际开放程度提高，有利于海南构建开放型经济新体制，加快服务业创新发展。山东自由贸易试验区、江苏自由贸易试验区等第五批自由贸易试验区的设立实现了自由贸易试验区沿海全覆盖，沿边地区新设立自由贸易试验区，开展更大范围的差异化经济建设。第六批自由贸易试验区——北京自由贸易试验区、湖南自由贸易试验区、安徽自由贸易试验区、浙江自由贸易试验区设立或扩区，实现了京津冀全覆盖，有利于推动京津冀协同发展；实现了长三角全覆盖，有利于推动长三角区域一体化；进一步推动了中部崛起等国家发展战略。由此可见，自由贸易试验区布局也是国家宏观政策的落脚点之一。

2. “一带一路”建设

自由贸易试验区的建设服务“一带一路”建设，两者相互促进，互为补充，并且发展形式丰富多样。各个自由贸易试验区在“一带一路”建设中发挥着不同的作用。

上海自由贸易试验区是服务国家“一带一路”建设、推动市场主体“走出去”的桥头堡。广东自由贸易试验区是“21世纪海上丝绸之路”的重要枢纽，福建自由贸易试验区是“21世纪海上丝绸之路”的核心区，重庆自由贸易试验区是“一带一路”和长江经济带互联互通的重要枢纽。

福建自由贸易试验区自2015年4月成立以来，积极深化改革，加强“海上丝绸之路”的沿线交流合作，已取得显著成效。例如，福建自由贸易试验区开辟了多条“一带一路”航线，开通了“海上丝绸之路”航线60条；中欧（厦门）国际班列开通至莫斯科、汉堡、纽伦堡、蒂尔堡和罗茨五个欧洲终点站，现开行已超过1 000列；福州片区积极建立“一带一路”数据共享（国家级）联合实验室，成立了25个“一带一路”进口商品展示馆，促进福州与“一带一路”沿线国家的经济贸易和资源合作。福建拥有海港、陆港的资源互联互通优势，不仅是区域性国际航运枢纽，而且是地区对外开放合作的新高地和重要载体。福建自由贸易试验区由于地缘优势，拥有对外开放的便利和前沿优势，有利于融入“一带一路”建设，积极服务于“21世纪海上丝绸之路”核心区的建设。

河南自由贸易试验区通过建设现代立体交通体系和现代物流体系，建成现代综合交通枢纽，大力发展多式联运，为“一带一路”建设服务。河南自由贸易试验区深化郑州和卢森堡的“双枢纽”战略，增强“空中丝绸之路”的影响力；依托中欧班列（郑州），加快“陆上丝绸之路”建设；扩大与“一带一路”沿线国家和地区在规则体系、通关模式等领域的合作，推动“网上丝绸之路”创新；建立现代化多式联运网络海陆枢纽核心节点，推进“海上丝绸之路”无缝衔接。

陕西自由贸易试验区是“一带一路”国际中转内陆枢纽港，其战略定位为“一带一路”经济合作和人文交流重要支点。陕西自由贸易试验区通过建设中欧班列跨境电商全国集结中心，设立奥地利、德国等国家铁路跨境电商货物中心仓，进一步推动了陆海贸易大通道建设。2021年，陕西运营了6条国际客运航线，开拓运营了19条国际货运航线，并且开通了“莫斯科—西安—阿拉木图”第五航权货运航线，连接了陕西省及中西部地区与中亚及东欧地区①。服务于“一带一路”建设的自由贸易试验区如表4-3所示。

① 姬文艳. 陕西：推动形成“一核两翼多点支撑”口岸发展新格局［EB/OL］.（2021-12-07）［2021-12-20］. http://sl.china.com.cn/2021/1207/130337.shtml。

表 4-3 服务于"一带一路"建设的自由贸易试验区

开放批次	自由贸易试验区	"一带一路"建设的相关政策定位
第一批	上海	服务国家"一带一路"建设，推动市场主体"走出去"的桥头堡
第二批	广东	"21 世纪海上丝绸之路"重要枢纽，全国新一轮改革开放先行地，粤港澳深度合作示范区
	福建	建设"21 世纪海上丝绸之路"核心区，打造面向"21 世纪海上丝绸之路"沿线国家和地区开放合作的新高地
第三批	辽宁	提升东北老工业基地发展整体竞争力和对外开放水平的新引擎
	浙江	打造东部地区重要海上开放门户示范区、国际大宗商品贸易自由化先导区和具有国际影响力的资源配置基地，建成自由贸易港区先行区
	河南	服务于"一带一路"建设的现代综合交通枢纽，全面改革开放实验田和内陆开放型经济示范区
	重庆	"一带一路"和长江经济带互联互通重要枢纽、西部大开发战略重要支点
	陕西	"一带一路"经济合作和人文交流重要支点、全面改革开放试验田、内陆型改革开放新高地
第四批	海南	面向太平洋和印度洋的重要对外开放门户
第五批	广西	面向东盟区域的国际通道，打造西南、中南地区开放发展新的战略支点，形成"21 世纪海上丝绸之路"与"丝绸之路经济带"有机衔接的重要门户
	云南	打造"一带一路"和长江经济带互联互通的重要通道，建设连接南亚、东南亚大通道的重要节点，建设成为面向南亚、东南亚的辐射中心和开放前沿
	黑龙江	推动东北全面振兴、建成向北开放重要窗口，打造对俄罗斯及东北亚区域合作的中心枢纽
第六批	安徽	推进"一带一路"建设与长江经济带发展中的重要节点，内陆开放新高地

注：资料来自各个自由贸易试验区总体方案、《推动共建丝绸之路经济带和 21 世纪海上丝绸之路的愿景与行动》。

3. 改革开放

党的十九大报告指出："推动形成全面开放新格局……赋予自由贸易区更大改革自主权，探索建设自由贸易港。"自由贸易港是设在一国（地区）境内关外、货物资金人员进出自由、绝大多数商品免征关税的特定区域，是目前全球开放水平最高的特殊经济功能区[①]。自由贸易试验区的建设要对接自由贸易港，立足于当地的区域经济发展，实现自由贸易试验区与自由贸易港的开放优势、政策、资源、产业以及功能互补。

福建自由贸易试验区的建立和完善的核心是制度创新，通过差异化的改革创新措施，积极打造国际化、法治化、便利化营商环境。福建自由贸易试验区开展了一系列独具特色的改革措施，推进金融领域开放创新，全面融入“海上丝绸之路”核心区建设，打造了台湾海峡两岸经济合作示范区。福建自由贸易试验区充分利用“一带一路”建设契机，深化金融开放创新，发掘积累金融资源，引进开放领域的金融人才，加大金融创新力度，推动人民币国际化进程。围绕“一带一路”建设需要，各类金融机构为“一带一路”沿线客户提供金融服务产品，促进“一带一路”沿线国家和地区的经贸往来。深化改革开放，使福建自由贸易试验区建立了较为宽松和自由开放的金融生态环境，为福建自由贸易试验区的建立和稳步发展提供了强有力的支持。

国务院印发的《关于推进自由贸易试验区贸易投资便利化改革创新的若干措施》指出，赋予自由贸易试验区贸易投资便利化更大改革自主权，实施外商投资准入负面清单等政策，推动自由贸易试验区实现高水平对外开放。广东自由贸易试验区作为全国新一轮改革开放先行地，是对外开放战略实施的重点区域[②]。广东自由贸易试验区建设粤港澳大湾区合作示范区，在《内地与香港关于建立更紧密经贸关系的安排》《内地与澳门关于建立更紧密经贸关系的安排》及其补充协议框架下探索对港澳更深度开放。此外，广东自由贸易试验区还推进贸易新业态发展，设立“多国集拼中心”和“国际分拨中心”，建立全球商品质量溯源体系，打造金融创新及金融开放示范窗口，深化外汇管理改革，积极促进广东自由贸易试验区的贸易便利化。深化改革开放的举措为广东自由贸易试验区的高质量发展奠定了坚实的基础。

改革开放政策首先在东部沿海城市实施，与我国自由贸易试验区也首先设立在东部沿海城市相对应。自由贸易试验区建立的特征为分批次且有梯度。东部沿海城市普遍比内陆城市的经济更为发达，对各种资源要素有更强的吸附力，自由贸易试验区更有理由优先布局于东部沿海城市。

天津自由贸易试验区的战略定位和鲜明特色是服务京津冀协同发展。中心商务片区在“金融+科技”产业领域重点布局，服务国家重点发展战略，主动融入京津冀协

① 汪洋. 推动形成全面开放新格局［N］. 人民日报，2017-11-10（04）.

② 罗珊珊. 赋予自贸试验区贸易投资便利化更大改革自主权［EB/OL］.（2021-09-04）［2021-12-20］. http://www.gov.cn/xinwen/2021-09/04/content_5635360.htm.

同发展，集聚优势产业集群，打造一系列具有各具特色的专业化服务载体，如京津冀众创联盟、跨境电商产业联盟、科技成果转化交易市场等。京津冀协同发展战略催生了天津自由贸易试验区，是天津自由贸易试验区建成与发展的重要因素之一。河北自由贸易试验区重点在战略定位、片区选择和制度设计上充分聚焦服务京津冀协同发展重大国家战略。在战略定位上，河北自由贸易试验区全面落实党中央关于京津冀协同发展战略和高标准高质量建设雄安新区要求，积极承接北京非首都功能疏解和京津科技成果转化，着力建设国际商贸物流重要枢纽和新型工业化基地、全球创新高地和开放发展先行区。不同的片区选择和功能划分有利于形成布局合理、产业互补、协同共进、融合发展的区域格局，增强了开放协同效应，带动河北沿海区域、冀中南区域乃至京津冀区域的开放发展。

二、市场需求情况

市场是促进自由贸易试验区各类要素自由流动和资源优化配置的重要动力源，其作用主要体现为两个方面：一是激发自由贸易试验区内企业活力，促进企业竞合博弈、优胜劣汰；二是在市场驱动下，拉近了自由贸易试验区内外以及自由贸易试验区与其他区域的距离，进一步促成市场资源集聚、技术进步、标准统一以及制度优化。因此，较大规模的市场需求（或潜在市场需求）对自由贸易试验区布局有着重要的驱动作用。

以天津自由贸易试验区为例，天津自由贸易试验区服务京津冀协同发展战略。自2015年4月挂牌以来，天津自由贸易试验区累计新登记市场主体65 271户，注册资本2.2万亿元，累计新增外资企业2 707户，实际利用外资10.17亿美元（约合人民币70亿元），体现天津自由贸易试验区周边的市场潜在需求较大。在融资租赁业方面，天津港片区东疆内资租赁业居全国自由贸易试验区首位，飞机、船舶、海工等跨境租赁在全国占比达到80%以上。该片区的飞机租赁业已成为全球第二大飞机租赁中心。在国际贸易方面，天津港片区成为国内首个实现全国电子仓单系统试运行的区域。此外，天津还建成了中国北方重要的以海运保税备货模式为特色的跨境电商海港口岸，这些举措都显示出为满足市场需求，天津自由贸易试验区不断建立和完善市场基础设施。

广东自由贸易试验区辐射珠三角地区。2019年，广东自由贸易试验区集聚了广东省1/6的进出口和1/3的实际外资。2019年，广东自由贸易试验区实际利用外资73.38亿美元（约合人民币505亿元），占广东省的32.86%；外贸进出口11 535.35

亿元，占广东省的16.15%；开通250条国际航线，集装箱吞吐量超过2 700万标准箱，占广东省的1/3；77个世界五百强企业投资设立388家企业；地区生产总值达到1 288亿元，税收达到798.8亿元；固定资产投资累计超过6 000亿元，各项指标居全国自由贸易试验区前列。广东自由贸易试验区不断拓展港澳发展空间，成为粤港澳大湾区核心示范区，集聚了港澳大部分知名企业，累计新增港澳资企业1.67万家，2019年实际投资457.77亿元，占广东省实际利用港澳资总额的39.78%。2019年，南沙商品车吞吐量超过110万辆，水上货运周转量占全国18%，居全国第二①。由此可见，广东自由贸易试验区的建立更大地满足了珠三角地区市场需求和全球部分产业的产品需求，如高端制造业等。

三、国际合作需要

自由贸易试验区功能定位各有特色，既体现了改革开放和经济发展的需要，又综合考虑了国际合作的需要。通过部分国内自由贸易试验区的比较可以发现，每个自由贸易试验区均结合了所在地区的地缘辐射能力与国际经贸关系，各有所长，各有侧重。

中非经贸博览会长期落户于湖南，为我国与非洲的经贸合作提供了得天独厚的条件。在此基础上，建设湖南自由贸易试验区更是落实构建更加紧密的中非命运共同体倡议，建立中非战略合作伙伴关系的实际行动和有力支撑。天津自由贸易试验区立足核心产业，鼓励大型飞机制造龙头企业向上下游拓宽业务范围，或者积极吸引上下游配套产业环节投资，逐步延伸构建起完整的产业链条，并成为欧洲之外最大的空中客车合作研发及生产基地。广东自由贸易试验区突出同香港特别行政区、澳门特别行政区的合作，特别是加强对港澳地区高端服务业的开放、衔接、转移。广西自由贸易试验区更加注重深化我国与东盟的开放合作，推动建设国际陆海贸易新通道，探索沿边地区开发开放路径，成为“21世纪海上丝绸之路”和“丝绸之路经济带”的重要门户。

海南具有连通和融入粤港澳大湾区市场、东盟市场的独特优势。建设海南自由贸易试验区（港）可以以倡导构建“泛南海经济合作圈”，有力促进中国-东盟经济合作和区域设施互联互通，提升投资贸易便利化水平，增强经济融合，使中国-东盟自由贸易区升级版的成果在南海周边地区迅速得以呈现②。

---

① 刘良龙. 广东自贸试验区：各项指标居全国自贸试验区前列［EB/OL］.（2020-04-22）［2021-12-20］. http://qh.sz.gov.cn/sygnan/qhzx/zthd_1/qhwzn/xwbd/content/post_7270793.html。

② 吴士存. 海南自由贸易区（港）建设为中国-东盟合作提供新动能［EB/OL］.（2019-03-18）［2021-12-20］. http://www.nanhai.org.cn/review_c/351.html.

第三节　自由贸易试验区布局的基本形态模式

一、世界自由贸易园区布局基本形态

自由贸易区作为促进本国经济及国际贸易发展的特殊功能区域，在世界各国均有设置。各国自由贸易区种类不一、名称繁多、规模不同、形态模式日趋复杂，功能定位也在不断调整。全球自由贸易区主要有以下分类：

以功能划分，包括四种模式：以新加坡为代表的自由港型，港口内可以从事多种商业活动且商品可以免税自由流动；以德国汉堡为代表的综合型自由贸易园区，兼具贸易、出口加工、金融、教育、旅游等多种功能；以智利伊基克为代表的贸易导向型自由贸易园区，以国际贸易为主导产业，促进区域内经济全面发展；以阿联酋迪拜为代表的工贸结合型自由贸易园区，以出口加工、对外贸易以及仓储运输为主导产业。

以覆盖区域划分，包括四种模式：港城融合型，即将港口所在城市或地区全部划分为自由贸易园区，如新加坡等；港城分离型，仅将城市内部的特殊区域作为自由贸易园区，如汉堡、哥本哈根等；主副园区型，根据产业发展需要划分主副区域；跨境园区型，如中巴经济走廊、中缅经济走廊。

以专注领域划分，包括两种模式：单一领域专业集聚型和多元化产业领域集聚型。单一领域专业集聚型是指一国根据本国的产业发展，对某个重点发展产业划定特殊经济区域，如尼日利亚的专业自由贸易园区；多元化产业领域集聚型是指园区内不限制特定产业，而是根据自身比较优势形成多元化产业聚集模式，如新加坡。世界自由贸易园区分类如表 4-4 所示。

表 4-4　世界自由贸易园区分类

划分依据	模式名称	代表区域
以功能划分	自由港型	新加坡
	综合型	德国汉堡
	贸易导向型	智利伊基克
	工贸结合型	阿联酋迪拜

表4-4(续)

划分依据	模式名称	代表区域
以覆盖区域划分	港城融合型	新加坡
	港城分离型	德国汉堡、丹麦哥本哈根
	主副园区型	美国部分地区
	跨境园区型	中巴经济走廊、中缅经济走廊
以专注领域划分	单一领域专业集聚型	尼日利亚的专业自由贸易园区
	多元化产业领域集聚型	新加坡

二、区位布局：沿海、沿边和内陆全方位梯度性开放格局已形成

1978 年以来，我国实行由东部沿海到内陆地区渐进式开放路径，各种对外开放政策率先在沿海地区实施，沿海地区在市场化程度、公共服务水平、要素市场发育程度和市场法治环境等方面走在前列。处于沿海、内陆和沿边不同区域的自由贸易试验区也存在显著的开放差距，无论是贸易和投资的开放水平还是金融业与服务业的开放水平均存在着“东高西低”的区域差距问题。自由贸易试验区作为新时代改革的先行区和开放高地，通过自身制度创新形成可复制可推广的制度创新成果，其探索的更高水平开放型经济体制对其所在地区及其周边地区起到辐射、引领、示范作用。因此，本书主要以区位布局为划分依据，将我国自由贸易试验区划分为沿海型自由贸易试验区、内陆型自由贸易试验区以及沿边型自由贸易试验区三种基本形态模式进行进一步分析。

党的十九届五中全会提出，建设更高水平开放型经济体制，作为新时代我国改革试验田和开放高地的自由贸易试验区必然充当着建设更高水平开放型经济体制的先行先试和示范引领者。自 2013 年我国的自由贸易试验区战略实施至今，我国共设立 21 个自由贸易试验区，从时间先后可分为 6 个批次，按地理位置划分则分布在沿海、内陆、沿边等不同区域的 21 个省份。其中，沿海省份 10 个（涵盖东部沿海地区所有省份），中西部内陆省份 7 个（涵盖河南、湖北、重庆、四川、陕西、湖南和安徽），沿边省份 3 个（涵盖黑龙江、广西和云南）。开放程度较高的沿海自由贸易试验区在先行先试、深化创新等方面走在前列，内陆自由贸易试验区、沿边自由贸易试验区紧随其后，形成了一个制度创新前后衔接的雁阵模式。

当前，我国自由贸易试验区已形成“沿海+内陆+沿边”开放总体格局，为我国全方位探索更高水平开放型经济体制奠定了坚实的基础。各自由贸易试验区在成立时

期、区位条件、资源禀赋、产业布局、开放平台以及经济优势等方面存在着明显差异，各自的发展模式和重点也不尽相同。自由贸易试验区的设立在原有的对接新型经贸规则、转变政府职能的制度创新之上，通过调整，形成以可复制可推广经验为基础，对接长江经济带发展、京津冀协同发展、粤港澳深度合作、海峡两岸经济合作、东北振兴、中部崛起、西部大开发等区域发展战略，并联融入“一带一路”建设，服务于中国深化改革与扩大开放的总体布局之中。

我国已形成沿海型自由贸易试验区、内陆型自由贸易试验区和沿边型自由贸易试验区三大类型开放发展特色。各类型自由贸易试验区除了具有与世界上境内关外型自由贸易区一般属性以及中国所特有的“试验区”特性外，还具有沿海、内陆和沿边的不同开放优势特色，并朝着彼此开放、优势互补、协同开发方向发展。

1. 沿海型自由贸易试验区

沿海型自由贸易试验区依托优良的海港、便捷的出海通道和海洋运输条件等优势，依靠技术和信息等高端要素发展先进制造业和现代服务业的优势明显，尤其在发展海上贸易和向海经济等沿海开放型经济的优势更明显，同时发挥着对内陆和沿边地区的辐射带动作用。

（1）依托天然良港及信息技术优势，发展沿海开放型经济。沿海型自由贸易试验区依托优良的海港、便捷的出海通道和海洋运输条件等区位优势实现发展。由于沿海地区天然的海港区位优势，因此自改革开放以来，围绕这些港口的开发和利用，我国沿海外向型经济不断发展，优化升级了当地的产业结构，当地经济得到快速发展。目前，我国已设立的10个沿海地区自由贸易试验区依然以各自拥有的港口优势为依托，设立专门片区，通过在片区内设立金融、税收、投资、贸易、人才等诸多政策，带动自由贸易试验区的整体发展。此外，基于临港的海洋资源优势，海南自由贸易港、山东自由贸易试验区和以舟山群岛为主片区的浙江自由贸易试验区因地制宜，利用其海洋经济资源优势，取得更大的发展空间。例如，山东自由贸易试验区围绕发展海洋经济，加快推动海洋科技创新，培育东北亚水产品加工和贸易中心，推进国家海洋药物中试基地建设，提升海洋国际合作水平。

沿海型自由贸易试验区依靠技术和信息等高端要素发展先进制造业与现代服务业的优势明显，尤其在发展海上贸易和向海经济等沿海开放型经济优势更为明显。作为改革开放的前沿，我国东部沿海地区最早承接国外产业转移，具备一定的产业基础及经济基础，在进一步推动沿海地区产业在国民经济转型升级中发挥重要作用。基于上海、天津、广东、江苏、辽宁等地区原有的高端制造业企业优势，加上自由贸易试验区的制度便利，将会更有力地推动我国经济结构的转型升级。例如，江苏自由贸易试验区推动科技与产业融合，促进集成电路、人工智能、生物医药、纳米技术应用等产业创新发展。上海自由贸易试验区临港新片区将在三年的时间里发展世界最为前沿的产业集群，打造我国经济发展新的增长极。辽宁曾经是中国最大的工业基地，辽宁自由贸易试验区的产业发展重点是要在先进装备制造业、航空装备、汽车及其零部件、金融、港航物流等现代服务业等领域都能实现较大的发展。此外，沿海自由贸易试验区的发展还要借鉴国际先进经验，在保护生态环境、发展沿海地区现代服务业等方面实现较大突破。

沿海型自由贸易试验区承接区域发展战略，推动区域经济协同发展。自由贸易试验区的设立，除致力于自身制度创新及产业转型升级，促进当地经济发展之外，还要承担国家区域发展战略，与周边邻近省份协同发展，形成合力，共同实现区域经济发展。各自由贸易试验区总体方案设计也体现出该战略思路：在自由贸易试验区实施更加开放自由的投资与贸易政策的主要出发点之一，就是要使自由贸易试验区带动整个所属经济区域的连片发展。例如，河北自由贸易试验区在战略定位、片区选择和制度设计上充分聚焦服务京津冀协同发展重大国家战略。在战略定位上，河北自由贸易试验区全面落实党中央关于京津冀协同发展战略和高标准高质量建设雄安新区要求，积极承接北京非首都功能疏解和京津科技成果转化，着力建设国际商贸物流重要枢纽和新型工业化基地、全球创新高地和开放发展先行区。上海自由贸易试验区利用综合优势，发挥辐射带动作用，对接长江经济带发展战略。辽宁自由贸易试验区要通过大连、沈阳、营口三个片区高端制造业等产业的发展，发挥其提升东北老工业基地整体竞争力和对外开放水平新引擎的重要作用。

沿海型自由贸易试验区发挥对内陆地区的辐射带动作用。从自由贸易试验区的分布来看，我国已经实现沿海省份全覆盖，连点成线、连线成面。对于综合竞争力较高的东部沿海地区来说，其可以更好地发挥比较优势，形成对外开放的前沿地带，全方位发挥沿海地区对内陆腹地的辐射带动作用，更好地服务陆海内外联动、东西双向互济的对外开放总体布局。

（2）发挥对外开放龙头作用。沿海自由贸易试验区利用与周边国家和地区的经贸合作关系，进一步发挥对外开放龙头作用。其中，广东、福建、上海自由贸易试验区建设方案都突出体现了在我国跨境经贸合作中的战略定位。作为我国对外开放重要门户的广东和海南两地，在我国新时代对外开放战略中承接着重要的发展使命，遵循面向世界、服务内陆的思路，两者相互协同合作，大力推动粤琼港澳之间的多边深度合作。同样，福建自由贸易试验区重点致力于促进闽台合作，以建设海峡两岸经贸合作示范区，打造海峡两岸区域性金融和贸易中心。

沿海型自由贸易试验区的对外合作是全方位的全球开放合作，区域合作范围相对较广，涵盖“一带一路”沿线国家和其他国家或地区，“21世纪海上丝绸之路”沿线国家是其重点开放合作对象。例如，上海、浙江、福建、广东等自由贸易试验区在总体方案中，要求扩大对“21世纪海上丝绸之路”沿线国家或地区港口的投资，促进与这些港口的对接和合作。

沿海型自由贸易试验区依托优良的海港和海运运输优势，形成面向全球开放和辐射带动全国经济发展的沿海开放型经济发展特色，功能定位主要是打造“一带一路”交汇点和“21世纪海上丝绸之路”的重要枢纽、沿海地区改革开放的新高地以及沿海开放型经济示范区。例如，天津、福建、广东和海南自由贸易试验区要打造“21世纪海上丝绸之路”的重要枢纽或核心区，上海、江苏自由贸易试验区通过建设亚欧间的国际交通枢纽，分别打造“一带一路”的桥头堡和交汇点。山东、浙江等其他沿海地区自由贸易试验区把海上开放和发展向海经济作为重要方向。

沿海型自由贸易试验区具有外向型优势产业发展特色。相比于内陆及沿边地区，沿海型自由贸易试验区在新技术、新工艺、新产品的创新上处于优势地位，积极嵌入全球价值链分工高端环节，重点发展战略性新兴产业、海洋经济、数字经济、现代服务业和高新技术产业等特色优势产业。

（3）对标最先进的国际规则，大胆突破创新。沿海地区特别是经济较发达的省份，其自由贸易试验区制度创新的起点要大大高于其他自由贸易试验区。在深化改革方面，这些发达的沿海型自由贸易试验区建设，要按照法治化、国际化和风险可控的要求，在很多核心领域均对标最先进的国际规则。同时，沿海型自由贸易试验区在金融与税收、贸易与投资、人员流动等方面都结合国内外社会经济状况的变化，在旧的管理体制基础上进行大胆突破和创新。通过先行先试，沿海型自由贸易试验区总结出成功经验在国内其他地区进行复制推广。

沿海型自由贸易试验区对标国际先进自由贸易港，在制度创新方面，重点围绕海洋运输国际贸易模式、国际航运、港口监管服务和海洋经济等领域进行探索。例如，海南自由贸易试验区首创了不同品种保税油品同船混装运输监管模式；辽宁自由贸易试验区大连片区在港口监管上首创了“保税混矿”监管创新举措；浙江自由贸易试验区首创了单一锚位对一艘国际航行船舶提供整套海事服务；山东自由贸易试验区在海工装备、海洋生物种质等海洋经济领域先行先试。

沿海型自由贸易试验区及港口如表 4-5 所示。

表 4-5　沿海型自由贸易试验区及港口

自由贸易试验区	沿海港口
上海	上海
广东	深圳、广州、珠海
福建	福州、宁德、厦门
天津	天津
浙江	宁波、舟山
辽宁	大连、营口
海南	海口、洋浦、八所、三亚、清澜
江苏	连云港
山东	烟台、青岛
河北	秦皇岛、唐山

数据来源：中国港口网。

2. 内陆型自由贸易试验区

内陆型自由贸易试验区地处大陆腹地，既不沿边也不沿海，借助自身陆港与沿海沿边地区海港和边境口岸，依托内陆腹地资源和市场优势，在承接东部地区产业转移和发展加工制造业等方面特色明显。

（1）依托交通枢纽优势，发展新兴产业和高端制造业。内陆型自由贸易试验区依托内陆腹地丰富的资源、广阔的市场和劳动力成本低等优势承接东部地区产业转移，重点打造新兴产业、高端制造业，发展加工贸易。我国内陆地区设立了湖北、河南、重庆、四川、陕西、北京、湖南、安徽 8 个自由贸易试验区，其设立及其战略定位就是要在所属省份乃至整个周边地区经济发展过程中，发挥先行先试的“试验田”作用，进而推动所属经济区域更快更好发展。这些区域同时也是我国科教重镇与研发基地，具有高科技产业的坚实基础和发展潜力。例如，重庆、陕西等内陆型自由贸易试验区把汽车制造、高端装备、生物医药等先进制造业作为重点产业，并结合各自优势把白酒产业、农业技术国际服务产业以及“互联网+产业”作为其特色优势产业。湖北自由贸易试验区的发展重点是战略性新兴产业和高技术产业，其原因在于武汉等片区拥有集成电路、人工智能、光电子信息、生物医药等高科技产业集群。

内陆型自由贸易试验区依托发达的铁路运输及航空运输优势，发挥交通枢纽优势，发展现代物流运输业。我国内陆几乎所有中心城市甚至地级城市都通铁路和高速公路。北京、成都、郑州、乌鲁木齐、昆明、武汉等属于全国铁路运输的枢纽城市和中欧班列的起始港。这些地区利用其铁路、公路交通干线重点发展中欧班列运输业，带动物流运输业与加工制造业发展。截至 2021 年 7 月底，中欧班列累计开行达到 41 008 列，通达欧洲 23 个国家、168 个城市，运输货物类型达 5 万余种。2021 年上半年，中欧班列共计开行 7 377 列，运送货物 70.7 万标准箱，重箱率达 98%，其中五大集结中心（西安、成都、重庆、郑州、乌鲁木齐）中欧班列运量占全国 62%。

2017—2022 年中欧班列累计开行列数及增长率如图 4-5 所示。

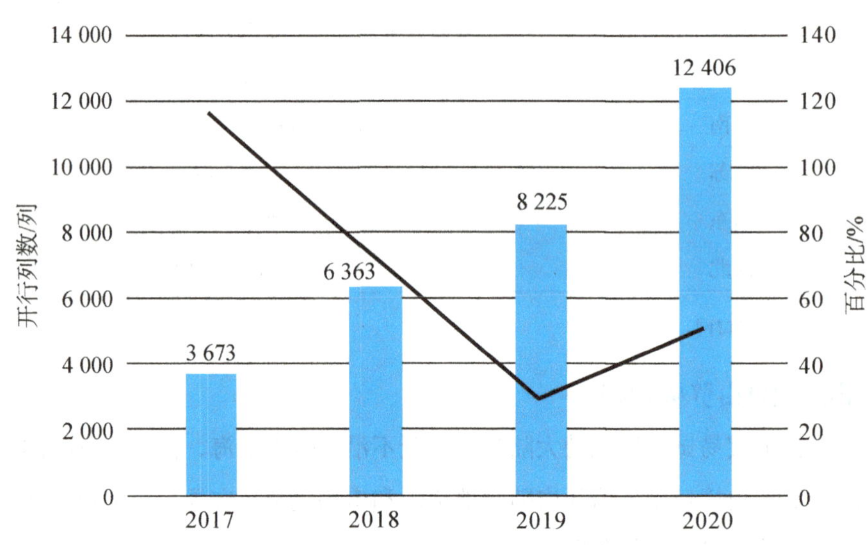

图 4-5　2017—2022 年中欧班列累计开行列数及增长率

北京、郑州、西安、昆明、武汉、成都具有国际空港优势，利用国际空港快捷特点与公路、铁路交通系统发展旅游和快递产业以及将科研实验中心和研发机构作为空港腹地，带动高科技产业的发展。例如，北京、武汉、郑州、西安、成都可以发展成为我国的科技研发与高科技产业经济特区。

内陆型自由贸易试验区带动中西部连片区域的发展。重庆、四川和陕西自由贸易试验区都直接承担着我国西部大开发的战略使命，湖北和河南自由贸易试验区的发展既有利于推动中西部地区经济的发展，又将在沿海地区参与西部大开发过程中发挥协同连接的积极作用。2019 年 8 月，国家发改委提出发展西部陆海新通道规划，进一步强化西部地区交通基础设施建设，提升物流发展质量和效率。同时，新通道建设促进了我国与东南亚等地区更加紧密的经贸合作，进一步发挥了毗邻北部湾港的区位优势，扩大了对外开放。加快西部陆海新通道建设，对充分发挥西部地区连接“一带”和“一路”的纽带作用、深化陆海双向开放、推进西部大开发形成新格局，具有重大现实意义和深远历史意义。

内陆型自由贸易试验区承担中国经济内循环的重要节点功能。受劳动力成本和房地产价格快速上涨的不利因素影响，不少沿海的内外资企业一直在向中西部地区转移。内陆型自由贸易试验区的设立，有利于中西部地区有序承接来自沿海地区的产业转移。这种产业转移将带动中西部地区的投资、消费与产业升级，对中西部地区适应国内经济大循环的价值链、供应链重构需要，实现长江经济带的联动发展与整体效应具有重要意义。

（2）积极融入“一带一路”建设。内陆型自由贸易试验区以向西开放为重点方向，对外开放合作对象是丝绸之路经济带沿线国家。内陆型自由贸易试验区积极融入“一带一路”建设，促进与丝绸之路经济带沿线城市互联互通和建设国际陆路大通道，打造内陆地区改革开放高地，是服务内陆地区向西开放的重要平台和示范引领区。

内陆型自由贸易试验区具有开放型经济优势。湖北、河南、重庆、四川等内陆型自由贸易试验区依托内陆无水港、空港等综合交通优势以及内陆地区的区位优势，在加强与沿海沿边地区陆港海港联动、开通中欧班列和开展多式联运合作等陆路贸易通道建设方面成效显著，形成带动中西部地区经济发展的内陆开放型经济，其功能定位主要是打造“一带一路”沿线国家经济合作的重要节点和内陆型改革开放的新高地以及内陆开放型经济示范区。例如，湖北自由贸易试验区的功能定位是打造中部地区有序承接产业转移示范区、内陆对外开放新高地，陕西、四川和重庆等内陆型自由贸易试验区打造内陆开放型经济高地和“一带一路”经济合作重要节点。河南处于我国在“一带一路”的南向、西向和连接海上丝绸之路的中心，建立现代立体交通体系和现代物流体系，可以更好地服务于“一带一路”建设。

（3）深化改革，推动制度创新。内陆型自由贸易试验区的经济发展基础相比于沿海地区还有一定差距。同时，长期以来，我国实际利用外商直接投资存在着一定的不平衡现象，东部地区实际利用外资往往要占到全国的80%左右。再加上影响我国引进外资的一些不利因素，中西部地区的自由贸易试验区的招商引资面临较大的压力。因此，内陆型自由贸易试验区的发展应在贸易加工方式、产品结构、互联网营销等方面借鉴沿海地区相关发展经验的同时，更多地与其他自由贸易试验区开展合作，避免在引进外资等方面出现恶性竞争现象。

内陆型自由贸易试验区围绕向西对外开放、承接国际国内产业转移、加快自由贸易园区和内陆“无水港”建设等重点领域进行探索。内陆型自由贸易试验区在内陆地区国际贸易模式和陆运贸易规则创新方面表现突出。例如，四川自由贸易试验区首创了中欧班列（蓉欧快铁）集拼集运新模式；重庆自由贸易试验区首创了创新实施铁路运输信用证结算等六个陆上贸易规则；河南等自由贸易试验区探索了多式联运物流合作模式和陆上贸易运输融资新规则，形成多式联运一单制；湖北等自由贸易试验区在加快承接国际国内产业转移方面探索体制机制改革创新。

内陆型自由贸易试验区创新通关管理模式，依托电子口岸公共平台，深化国际贸易单一窗口制度改革，将机场货站关口前移，采取“舱单归并”“大包过机”的通关方式，推行陆空联运新模式，降低企业物流成本，促进“一带一路”国际贸易发展。

3. 沿边型自由贸易试验区

沿边型自由贸易试验区依托与周边国家毗邻、分布众多口岸和通往国际便捷的陆路大通道的地缘优势，以面向周边国家开放合作为重点，在发展边境贸易、跨境物流、跨境旅游、跨境金融和跨境劳务合作等沿边开放型经济上特色明显。

（1）依托地缘优势，发展边境贸易。沿边型自由贸易试验区依托原有制造业基础，促进产业结构升级。2019 年，在我国新批准的国家级自由贸易试验区中，增加了广西、云南（与越南、老挝、缅甸跨境合作）和黑龙江（与俄罗斯、朝鲜跨境合作）3 个沿边型自由贸易试验区。广西自由贸易试验区扶持发展电子信息、装备制造、新能源汽车、人工智能、生物医药、绿色化工等六大类制造产业，并鼓励企业在现代物流、数字经济、文化创意、医疗康养、融资租赁、人力资源服务等六大类现代服务业投资。云南自由贸易试验区重点发展高端制造、航空物流、数字经济、总部经济等产业；同时，鼓励发展加工及贸易、大健康服务、跨境旅游、跨境电商等产业。黑龙江是我国十分重要的农业生产基地，黑龙江自由贸易试验区可以大力发展以粮食生产为核心的现代农业产业，推动粮食生产的科技化和规模化发展。

沿边型自由贸易试验区将经济发展重心与周边国家合作相协调。沿边型自由贸易试验区依托连接国外的便捷口岸优势，充分利用国外资源优势，依托边境经济合作区、跨境经济合作区和境外经贸合作区的平台载体优势，与周边国家要素资源优势互补，实现跨境产业链分工合作，重点发展能源和资源加工、跨境商贸、跨境物流、边贸加工以及跨境旅游等特色优势产业。广西和云南自由贸易试验区发展方案中，都重点提到了面向南亚、东南亚，特别是面向东盟各国，在加工贸易、跨境金融、跨境电子商务、交通基础设施建设乃至对外文化交流方面开展国际合作。同样，我国最北端的黑龙江自由贸易试验区的战略定位是建成向北开放的重要窗口，打造对俄罗斯及东北亚区域合作的中心枢纽。

受地理位置和经济发达程度等因素的影响，沿边型自由贸易试验区不必照搬内陆及沿海自由贸易试验区的发展模式，苛求发展某些高端战略产业，应当在国家设立沿边型自由贸易试验区的大背景下，因地制宜地制定符合自身自然与社会经济条件的发展模式。例如，黑龙江自由贸易试验区中的黑河片区是地处我国最北端的自由贸易试验区，其制定了努力提高生态环境质量，让“绿色”成为黑河发展底色的正确发展模式，在保护好我国最北端生态环境的前提下推动经济高质量发展。

（2）向周边国家开放合作为重点。沿边型自由贸易试验区对外开放合作的重点对象是与之毗邻的周边国家和地区性国际区域。例如，广西自由贸易试验区对外开放合作的重点对象是东南亚国家，云南自由贸易试验区对外开放合作的重点对象是南亚和东南亚国家，黑龙江自由贸易试验区对外开放合作的重点对象是俄罗斯和东北亚国家。

沿边型自由贸易试验区依托与周边国家毗邻、分布众多边境口岸和通往国际便捷的陆路大通道的地缘优势，打造对周边国家和地区经贸合作的开放高地，形成带动西部沿边地区经济发展的沿边开放型经济发展特色。其功能定位主要是打造面向毗邻周边国家合作的前沿阵地和沿边型改革开放的新高地以及沿边开放型经济示范区。例如，广西自由贸易试验区可以发挥与东盟国家陆海相邻的独特优势，重点打造对东盟合作先行先试试验区，着力建设为西南、中南、西北出海口，面向东盟的国际陆海贸易新通道，形成“21 世纪海上丝绸之路”和“丝绸之路经济带”有机衔接的重要门户。云南自由贸易试验区发挥其连接南亚、东南亚大通道的重要节点作用，着力打造面向南亚、东南亚辐射中心和开放合作前沿。黑龙江自由贸易试验区侧重于建设成向北开放的重要窗口，打造对俄罗斯及东北亚区域合作的中心枢纽。

（3）围绕沿边特色，进行制度创新。沿边型自由贸易试验区围绕沿边开放开发和跨境经济合作为重点领域进行探索。沿边型自由贸易试验区（片区）既体现“边”的特色，大力推进陆路口岸和边民互市点便利化通关措施，开展跨境公路货物运输、跨境铁路集装箱班列常态化运行等国际陆路物流合作模式，并积极推进“边境贸易进口商品 + 落地加工”“边境加工 + 边贸出口”等边境贸易模式创新；又体现“跨境”特色，围绕跨境贸易、跨境物流、跨境农业、跨境金融、跨境旅游和跨境劳务合作等重点领域进行跨境经济合作的先行先试。其中，广西和云南自由贸易试验区探索的沿边金融开放与跨境劳务合作、黑龙江自由贸易试验区探索的对俄特色医疗旅游模式等特色明显。

第四节 自由贸易试验区布局的比较分析

一、自由贸易试验区发展的共性特征

1. 制度创新的系统共性

自由贸易试验区在差异化发展过程中，体现出一种制度创新的系统共性，即以优化营商环境为导向的“普惠型”制度创新为支撑，助推以培育新兴及重点产业为导向的“特惠型”制度创新以及以深化区域合作为导向的“互惠型”制度创新。“普惠型”制度创新是各自由贸易试验区制度创新的首选入手点，但“普惠型”制度创新较为同质化、浅层化，多围绕通关便利、简化政府监管流程等浅层营商环境改善。尽管“普惠型”制度创新复制推广较多，但已不够凸显自由贸易试验区作为改革开放新高地的重要意义（赵爱玲，2019），后续要继续推动向深层次营商环境的优化以及推动“特惠型”和“互惠型”制度创新，并围绕这两个方面形成更多可复制推广的经验。

2. 建设意图的指向共性

未来，中国自由贸易试验区的建设目标普遍会向综合性多功能发展。这种综合性多功能目标不仅仅是从投资、贸易、金融、产业布局等层面进行突破，逐步对接国际标准，与发达地区的自由贸易试验区逐渐并行靠拢，更主要是全方位考量与国际上发达自由经济体制的区别与差距，利用自由贸易试验区这一“试验田”尝试向更加自由开放的经济体制进行多维度的借鉴及创新，在更广范围对中国经济体制的改革进行“试错测压”。未来，自由贸易试验区的建设也会逐步转向自主开放，开放的领域会不断拓宽，更加重视各个领域要素流动自由化以及对国际标准的突破与引领。

二、自由贸易试验区的差异化特征比较

纵观各自由贸易试验区建设方案和探索实践，除了共性的政府职能转变、投资领域改革、贸易转型升级等“规定动作”创新内容外，各自由贸易试验区均结合自身地理区位、产业基础、国际合作等特色优势开展了许多“自选动作”的探索和创新，逐渐表现出差异化、特色化发展路径和趋势。

1. 宏观层面：服务国家战略的定位各不相同

服务于国家战略需要是自由贸易试验区试验和探索的功能之一。基于区位优势、

自身发展特色和产业优势的差异，各自由贸易试验区服务国家战略的定位又各不相同。

（1）“一带一路”倡议。上海、河南、重庆、陕西、云南、安徽等自由贸易试验区均提出要服务“一带一路”建设。广东自由贸易试验区提出建设“21世纪海上丝绸之路”重要枢纽。福建自由贸易试验区提出建设“21世纪海上丝绸之路”核心区。江苏自由贸易试验区提出建设“一带一路”交汇点。广西自由贸易试验区定位于“一带一路”有机衔接的重要门户，打通面向东盟的国际陆海贸易新通道。

（2）对外开放战略。云南自由贸易试验区重点打造面向南亚、东南亚辐射中心。黑龙江自由贸易试验区承担起东北振兴发展以及打造重点面向俄罗斯及东北亚的开放合作高地。辽宁自由贸易试验区围绕老工业基地振兴，强化与东北亚区域开放合作。山东自由贸易试验区以推动中日韩区域合作为特色。

（3）长江经济带发展战略。上海、湖北、重庆、四川、江苏、安徽等自由贸易试验区均提出推动长江经济带发展，包括长三角区域一体化发展。云南自由贸易试验区提出建设“一带一路”和长江经济带互联互通重要通道。湖南自由贸易试验区提出联通长江经济带和粤港澳大湾区等。

（4）区域发展战略。广东自由贸易试验区重点对接粤港澳合作，福建自由贸易试验区重点对接海峡两岸合作，同时强化对内陆区域的辐射带动。天津、河北、北京共同承担京津冀地区外向型经济协同发展以及雄安新区建设。辽宁、黑龙江等自由贸易试验区重点对接东北振兴战略。湖北、安徽自由贸易试验区重点对接中部崛起战略。四川、陕西等自由贸易试验区重点对接西部大开发战略。海南将全岛划为自由贸易试验区，围绕国家生态文明试验区、国际旅游消费中心和国家重大战略服务保障区实行更加积极主动的开放战略，并逐渐向自由贸易港建设过渡。

2. 中观层面：重点推进的产业内容各有侧重

自由贸易试验区建设的一项主要内容，就是基于各自的产业基础及发展优势，推动自由贸易试验区成为高端产业、新兴业态聚集地，这是自由贸易试验区在引领产业发展方面的重要体现，有利于对区域整体产业链供应链的稳定性及推动新兴产业发展、产业结构升级形成重要的支撑作用。

例如，沿海自由贸易试验区多辅以港口作为重要的对外开放载体，大力推动沿海地区高端产业和现代服务业发展。北京自由贸易试验区以服务业开放、数字经济建设为主要动能。浙江自由贸易试验区以石化全产业链建设为核心目标。山东自由贸易试验区以高质量海洋经济为特色。湖南、辽宁等自由贸易试验区以高端制造业为发展优势。陕西自由贸易试验区是唯一的农业自由贸易试验区。武汉自由贸易试验区以国家高新区为依托，主要发展芯片及光电子相关产业。天津自由贸易试验区的融资租赁及平行进口业务发展良好。

在这些重点产业领域的政策制度创新又进一步强化了其产业发展优势。各自由贸易试验区通过制度创新及包容审慎监管理念，推动形成高端产业及新兴业态的聚集地，大大提升了自由贸易试验区的影响力和经济效益，也带动了区域经济的发展。

3. 微观层面：具体创新举措各有特色

目前已在全国复制推广的260项制度创新成果中，大部分来自各自由贸易试验区的特色化创新探索，这也显示出自由贸易试验区在制度创新上的不同侧重点。

例如，具有特殊区位优势的自由贸易试验区探索设立国际交通物流枢纽，可以依托海港、空港、铁路港等打造通关便利的自由化物流枢纽。围绕这一目标畅通物流堵点，有利于国内国际双循环的加速，也有利于通过高效率的物流成为跨国企业全球化运作的最佳选择地点。

自由贸易试验区为助力与相关国家的经贸合作平台建设，打造消费专区。在新冠疫情和中美贸易摩擦持续的国际背景下，自由贸易试验区通过打造消费专区释放消费潜力。例如，上海自由贸易试验区率先建设进口商品直销中心，通过灵活的保税规则降低商家成本，同时也惠及消费者。之后，其他自由贸易试验区也都陆续成立相应消费专区并升级创新。成都国际铁路港搭建“一带一路”沿线国家商品展销、体验以及文化交流的开放型双向交流平台，推行“线上销售+线下体验+保税仓储物流”的一体化经营模式，实现成都国际铁路港从集货中心向消费中心转变。山东自由贸易试验区打造中日韩消费专区电商体验中心，以“跨境电商+新零售”为特色，满足消费者对互动型体验消费及优质购物体验的需求，同时积极培育对外贸易新业态、新模式。

总体而言，各自由贸易试验区的建设围绕制度创新这一内核，已经呈现差异化发展趋势，服务于“一带一路”建设、京津冀协同发展、长江经济带发展、粤港澳大湾区建设、中日韩合作、中俄合作、西部大开发、振兴东北老工业基地、面向东盟合作、中部崛起、东部地区率先发展等，与新旧动能转换、创新驱动发展战略环环相扣，与国家新一轮改革开放的总体布局高度吻合。

第五章

自由贸易试验区布局的评估机制

本书第一章至第四章已对自由贸易试验区布局的理论基础、发展历程及功能定位、国际比较与经验借鉴、成因及模式等方面进行了深入分析与研究。为进一步完善我国自由贸易试验区布局，本章围绕如何构建我国自由贸易试验区布局的评估机制进行系统论述。本章主要从自由贸易试验区布局量化体系的理论分析、评估指标体系的构建和评估测度三个方面展开，包括梳理有关自由贸易试验区量化评估的现有文献，阐述自由贸易试验区布局量化评估的基本原则和基本方法；依照“分区域研究+逐级考察”的指导思想搜集指标数据、计算分类整理，并加以概括描述；解析完善自由贸易试验区布局绩效评估机制的多维度指标，建立全过程评估机制，对目前国内各自由贸易试验区建设情况进行对比分析，提出具体可行的政策建议。

第一节　自由贸易试验区布局量化体系的理论分析

本节通过系统搜集和梳理有关自由贸易试验区量化评估的已有文献，进一步厘清近年来有关自由贸易试验区量化评估对象及相应方法的研究脉络与应用发展方向，同时根据我国自由贸易试验区布局量化评估的实际需要，阐述自由贸易试验区布局量化评估的基本原则和基本方法，从而为后续相关指标体系的构建与测度奠定理论基础。

一、相关研究评述

随着近年来我国自由贸易试验区的数量不断增多、开放水平不断提升，有关自由贸易试验区发展成效的量化评估问题也成为学术界的关注焦点，已有文献主要集中在以下三个方面：

1. 关于自由贸易试验区制度创新效果的量化评估

进一步扩大开放，推动完善开放型经济体制机制是我国建立自由贸易试验区的重要目标之一。因此，一些学者尝试对自由贸易试验区制度创新效果进行量化评估。由于自由贸易试验区制度创新多以政策文本、政策实践的形式呈现，如何较为准确客观地对制度创新进行量化与比较分析成为这一领域的重要研究方向。谢丽彬和李民（2016）基于目的性、精简性、完整性、具体性四项基本原则筛选出了自由贸易试验区创新绩效评价指标，并通过层次分析法（AHP 法）计算出各指标权重进而构建出了自由贸易试验区创新绩效评价模型，最后还结合问卷访谈、模糊数学等方法对自由贸易试验区创新绩效进行了评价。李宜钊和叶熙（2020）通过构建“时间-主体-目标-工具”的政策量化分析工具对2008—2019年海南自由贸易试验区建设过程中出台的政策文本进行了量化分析。其研究中的“时间-主体-目标-工具”分别指政策发文时间、政策主体、政策目标和政策工具。李宜钊和叶熙（2020）认为，对政策发文时间的分析可以考察海南自由贸易试验区政策体系的整体演进过程以及海南地方政策对中央政策的响应速度；对政策发文主体的分析可以了解海南自由贸易试验区建设的主导主体和协同推进主体以及不同主体间的合作情况；对政策目标的分析可以掌握海南自由贸易港政策所要完成的任务以及期望的治理进度；对政策工具选择情况的分析可以研判海南自由贸易试验区建设的基本思路和政策落实情况。刘海燕（2021）以自由贸易试验区负面清单制度安排为基础，采用频数法测算了我国各自由贸易试验区每年的货币金融、资本市场、保险业及其他金融业的市场开放度，发现我国自由贸易试验区金融市场准入度有明显提升，而且各行业年均开放度提升较均衡，自由贸易试验区金融业总体呈梯度开放的态势。杨剑等（2021）认为，2013—2020年国务院正式出台的28个自由贸易试验区方案是政府决策机制的集中体现，是具有施政性质的决策性文本。因此，他们以这些方案为基础，利用文本分析方法将文本信息转化为定量直观的材料，从定性和定量两个方面分析政府在推进制度型开放过程中的重点和关注点。在量化分析中，杨剑等（2021）采用了定性软件“QSR Nvivo10”对自由贸易试验区方案进行文本分析，并测量出了政府对制度型开放的关注度。

2. 关于自由贸易试验区优化营商环境的量化评估

优化营商环境是我国自由贸易试验区进行先行先试的重点任务之一，也是我国不断提升对外开放水平、对标国际一流自由贸易港（区）的长期系统工程。因此，学者们大多通过构建多层次量化指标体系来对我国自由贸易试验区营商环境情况进行较为全面的评价。孙杨杰（2017）设计了基于公共服务“消费-供给”核心关系的政府服务质量评估框架和指标体系，同时分析总结了不同片区的“投资者-服务提供者”对自由贸易试验区政府服务质量评价。王江和吴莉（2018）在对以上海自由贸易试验区为代表的我国四大自由贸易试验区贸易投资便利化现状进行分析后，构建了自由贸易试验区贸易投资便利化指标体系。其中，市场准入、基础设施、海关边境管理、政府监管及效率、营商环境和商务流动性被作为一级指标。徐越倩和李拓（2019）以浙江自由贸易试验区为研究对象，通过构建涉及法治环境、政务环境、市场环境、要素环境、公共服务与基础设施、国际贸易环境六个方面的营商环境评估指标体系来衡量浙江自由贸易试验区营商环境总体水平。韦倩青等（2021）在梳理我国自由贸易试验区改善投资环境的举措以及相关的评估研究后，提出了自由贸易试验区投资环境的评价指标体系。韦倩青等（2021）提出的体系包括政务环境、贸易环境、金融环境和市场环境四个一级指标，之后通过熵值法测算得到关于自由贸易试验区投资环境的量化评价结果。陈芳和付雨芳（2021）在对国内自由贸易试验区营商环境进行量化评估时，首先归纳总结了国内构建营商环境评价指标体系的三种主要思路，分别为重点评价企业所处的社会、市场与人才环境，政府行为及政策环境以及企业开设及日常运行环境。鉴于此，他们认为，自由贸易试验区营商环境的评价不能与城市营商环境的优化相分离，必须考虑要素环境、社会环境等环节。此外，他们还提出，营商环境评价的主要目的应为以评促改，为优化营商环境提供参考与依据。

3. 关于自由贸易试验区辐射带动效应的量化评估

自由贸易试验区除了要实现自身的功能运转、实践创新外，更重要的是促进本地区，乃至更大范围的经济社会发展，其中既包括促进外商投资、对外贸易、生产总值增长，更涉及对地区制造业生产率、技术创新、产业结构与就业等方面辐射带动效应。当前，围绕自由贸易试验区的辐射带动效应进行量化评估的研究较为丰富，是我国自由贸易试验区理论研究快速发展的主要方向之一。

在促进区域经济增长方面，殷华和高维和（2017）以上海自由贸易试验区为例，基于面板数据的政策效应评估方法，通过构造实验组的合理对比对象，克服实验组和控制组之间的差异问题，进而估计出了上海自由贸易试验区产生的“制度红利”效应。其结果显示，上海自由贸易试验区建设显著促进了上海地区生产总值、投资、进口和出口的增长。杨艳红和胡加琪（2018）研究了2009—2016年上海自由贸易试验区对相邻地区进出口贸易的影响。他们发现，上海自由贸易试验区的成立对相邻周边地区，如上海腹地和浙江省的进出口贸易带来正溢出效应。黄启才（2018）通过非参数合成控制法来克服在选择控制对象时可能出现的样本选择偏误和政策内生性问题，并将上海作为政策干预单元，其他未试点省份作为政策控制组，从而建立了一个准自然实验。黄启才（2018）的实证研究显示，自由贸易试验区的设立对地区生产总值与吸引外资具有正向促进作用。类似地，赵亮（2020）、彭羽和杨作云（2020）、何树全和吴佳（2020）等人也利用合成控制法就我国自由贸易试验区对区域工业发展、经济增长、外资利用等方面的辐射效应进行了分析。

除上述提到的研究以外，一些学者以自由贸易试验区设立为准自然实验进行了更加深入的因果分析与效果评价，并发现我国自由贸易试验区辐射带动效应的诸多异质性特征。例如，刘一鸣等（2020）发现，自由贸易试验区政策对上海经济增长产生了显著的正向效应，并且自由贸易试验区在对外贸易方面的优势对东部沿海省份的对外贸易和经济增长产生了显著的挤出效应或替代效应，而对中西部省份既有正向的外溢效应又有负向的外溢效应。王恕立和吴楚豪（2021）基于我国省级层面数据进行研究后发现，自由贸易试验区建设显著降低了属地省份与其他省份的经济周期同步性，属地省份与非属地省份间均存在转移效应，而在考虑了双边经贸合作的情况下，自由贸易试验区建设显著降低了其他省份的实际地区生产总值增长率，这一现象对中部和西部等内陆型自由贸易试验区更加明显。罗舟和胡尊国（2021）发现，自由贸易试验区的设立能够显著地促进外国直接投资（FDI）的增长，并且，对外国直接投资（FDI）增长的促进作用随着城市等级的升高呈现出边际效应递减的规律。此外，相比于沿海试点城市，自由贸易试验区政策对外国直接投资（FDI）增长的促进作用在内陆试点城市更加明显。崔日明等（2021）发现，相对于较早设立的自由贸易试验区，后续设立的自由贸易试验区对经济的拉动效应较弱，而相对于内陆型自由贸易试验区，沿海型自由贸易试验区的经济拉动作用更加显著。李子联和刘丹（2021）发现，自由贸易试验区建设推动了区域经济的高质量发展，对提升贸易质量、带动社会投资以及激发创新能力等方面都具有积极作用，但不排除个别地区存在政策效应“失灵”的现象。

在促进地区产业结构优化方面，何骏（2018）分析了上海自由贸易试验区的设立对当地产业结构优化的影响与机制，并指出自由贸易试验区主要通过制度创新、营商环境、市场环境等层面吸引资金、技术和人才等要素，进而促进产业结构优化。同样，以上海自由贸易试验区为例，李世杰和赵婷茹（2019）认为，自由贸易试验区先行先试的政策能够显著促进产业结构的高级化，而对产业结构合理化的促进作用表现为前期作用显著，后期作用不显著。白仲林等（2020）基于广义合成控制法对我国自由贸易试验区设立政策的区域经济增长和产业结构升级效应进行了实证检验。他们指出，自由贸易试验区的区位选择需要以其外向型经济发展水平为基础，避免地理上的均匀布局。邓慧慧等（2020）通过对比自由贸易试验区设立前后产业升级变量的实际值与合成控制地区变量的“反事实”估计值来评估上海自由贸易试验区设立的产业升级效应，进而发现上海自由贸易试验区对上海产业升级起到了显著的正向作用。王丽娅等（2021）基于自由贸易试验区金融开放的角度提出，提升金融业发展水平、社会消费水平和科技创新实力是金融开放推动区域产业结构优化的主要途径。与王丽娅等（2021）的观点较为相似，李晓钟和叶昕（2021）的研究表明，在经济发展水平较高、金融业较为发达的地区，自由贸易试验区政策对区域产业结构升级具有积极作用；反之，自由贸易试验区政策对区域产业结构升级的影响较弱。

另外，部分学者也对自由贸易试验区拉动就业、稳定经济以及优化资源配置的作用进行了量化评估。例如，曹翔等（2020）发现，自由贸易试验区的设立显著提升了当地就业水平。其中，自由贸易试验区的设立对城镇私营和个体从业人员、服务业、非高新技术产业的就业促进作用较大，而对高新技术产业的就业促进作用相对较小。郎丽华和冯雪（2020）发现，设立自由贸易试验区能够降低全要素生产率的波动率，从而抑制经济的下滑态势，促进经济的平稳增长。同时，沿海型自由贸易试验区与内陆型自由贸易试验区相比，对地区经济平稳增长的贡献度更高，自由贸易试验区的制度红利释放存在空间差异性。

4. 总结评述

当前，我国对外开放水平不断提高，自由贸易试验区的“质”和“量”持续提升。许多学者对我国自由贸易试验区的发展成效进行了量化评估、比较和分析，以期帮助我国自由贸易试验区建设向更高水平迈进。本书通过对已有文献的系统梳理可以发现，关于我国自由贸易试验区量化评估的研究大致集中在自由贸易试验区制度创新效果、营商环境优化、辐射带动效应等方面，极大丰富了针对我国自由贸易试验区发展现状的学术研究。例如，谢丽彬和李民（2016）、李宜钊和叶熙（2020）、杨剑等（2021）使用绩效评价模型、文本分析方法等对自由贸易试验区制度创新实践成果进行了量化评估；孙杨杰（2017）、王江和吴莉（2018）、徐越倩和李拓（2019）构建了有关我国自由贸易试验区营商环境的评价指标体系；何树全和吴佳（2020）、罗舟和胡尊国（2021）、崔日明等（2021）、李子联和刘丹（2021）基于合成控制法、双重差分法等政策效应评估方法对我国上海、福建、辽宁等自由贸易试验区的经济增长效应进行了考察；李世杰和赵婷茹（2019）、白仲林等（2020）、邓慧慧等（2020）、李晓钟和叶昕（2021）量化分析了自由贸易试验区在促进地区产业结构优化等重要领域的实际效果。

然而，现有研究仍存在明显不足。一方面，现有研究关于我国自由贸易试验区的量化评估大多仅针对单个自由贸易试验区或几个自由贸易试验区的某一方面，仅个别学者，如刘晶和杨珍增（2016）、翁智妍和徐丽华（2019）、雅玲（2021）尝试提出有关我国自由贸易试验区整体发展水平的评估体系，但他们均未进行全面的测算、评估以及检验。另一方面，现有研究忽略了我国自由贸易试验区的布局具有重要的理论逻辑与战略效益，未从全局角度对我国自由贸易试验区建设与布局成效进行系统和深入的研究，相关衡量指标及评估体系非常匮乏。总体来说，目前关于我国自由贸易试验区整体布局与成效的量化评估体系尚未得到学术界的充分关注和系统研究，难以为我国自由贸易试验区布局的进一步完善提供有力的理论与实践保障。

二、量化评估的基本原则

虽然由于研究对象与研究目标的差异性，学者们在构建量化评估体系时遵循的原则并不完全相同，但是需要牢牢把握的是，量化评估体系的构建应该满足科学、高效、准确以及实用等重要且基本的要求。自由贸易试验区布局量化评估体系的构建应格外关注评价指标、评价方法的适用情况，做到减少主观性，定性与定量相结合，系统关联有逻辑，纵向横向皆可延伸，并提高实用性、可查性、可量化性与针对性，为成功构建科学、全面、准确、可行的自由贸易试验区布局评估指标体系打好基础。

1. 科学性原则

自由贸易试验区布局量化评价体系的指标构建与选取首先要遵循科学性原则，即选取具有实际意义且能够代表自由贸易试验区布局中制度创新、产业布局、联动发展、信息协同等多方面不同层次的指标，从而保障最终评价结果精准地反映自由贸易试验区布局实际情况，同时也能够对完善和提升自由贸易试验区布局提供较具体且恰当的指导意见。指标选取要以自由贸易试验区建设的相关学科理论为基础，并使用科学严谨的筛选方法，确保不会因为可供选择的指标过于纷繁复杂而导致选择过程十分繁复，也不会因为选择的指标不具备科学代表性而导致最终评价结果不准确。科学性可以通过定量的客观赋权法和定性的主观赋权法相结合来体现。应特别注意的是，自由贸易试验区布局量化评价体系构建所遵循的科学性原则还强调将国际标准与中国特色相结合。我国自由贸易试验区是服务于畅通国际国内市场的，同时是要尽可能地提升自由贸易试验区监管规范和水平，进而对标国际一流自由贸易港（区）的。因此，科学性原则的重要体现之一是在设计自由贸易试验区布局量化评价体系时充分考虑和借鉴国际通行做法、惯例或标准。但是，与其他国家的自由贸易港（区）相比，我国自由贸易试验区建设还具有更加独特的制度环境、时代背景与现实意义，因此量化评价体系的构建也必须紧密结合我国现实国情，契合发展需要。

2. 系统性原则

自由贸易试验区布局量化评估涉及范围较为广泛，包括制度创新、产业布局、联动发展、信息协同多个层面，每个层面又涵盖多级指标体系，因此在对自由贸易试验区布局量化评估时需要格外关注是否能够覆盖其全部方面，这样才能够全面系统地反映我国自由贸易试验区布局的真实情况，才能够被有效应用于优化与完善自由贸易试验区的布局过程中。同时，各层面、各体系中的指标之间也要有一定的逻辑关系。这些指标不但要从不同的侧面反映出自由贸易试验区布局的制度创新、产业布局、联动发展、信息协同等各层面的主要特征和状态，而且要反映它们互相之间的内在联系。每一评价子系统由一组评价指标构成，各指标之间既相互独立又彼此联系，共同构成一个有机统一体，各子系统最终形成一个不可分割的评价体系。

3. 可操作与可比较原则

自由贸易试验区布局量化评估体系所选指标的根本作用是从不同维度、不同方面反映或衡量自由贸易试验区布局的实际情况，并且服务于自由贸易试验区布局量化评估的具体实证分析。因此，所选指标必须具有较强的可操作性。可操作性主要体现为三点：一是每项指标应当相对独立，而不存在交叉重复，同时也应当足够简明，避免使用难以反映实际情况或对实际情况反映不够直接准确的指标。二是每项指标应当具有一定的理论和实践基础，最好选自相关领域经典或成熟的研究成果之中，具有较强的可靠性、代表性以及客观性。三是每项指标要能够且方便地被实际运用，防止量化体系的纯理论化，而不能服务于具体实践。类似地，自由贸易试验区布局量化评估体系所选指标还需要注意可比较性。因为对自由贸易试验区布局进行评价是为了准确掌握我国自由贸易试验区布局的实际发展状态与水平，找出目前存在的不足。所选指标或所构建的指标体系若不具有可比性，则不能在实践中帮助发现自由贸易试验区布局的差距与不足，丧失了构建和使用自由贸易试验区布局评估指标体系的初衷。

4. 典型性原则

关于自由贸易试验区布局的量化评估是一个复杂的研究问题，并且目前自由贸易试验区布局的针对性、系统性研究非常匮乏。尽管如此，有关自由贸易试验区其他领域中的量化评估研究已经积累较多有益成果并日渐成熟。因此，一部分自由贸易试验区布局的量化评估指标与方法可以从这些领域的研究成果中进行深入提炼、改进和反复检验。借鉴已有研究中的典型指标与方法既是科学研究继承性的一种体现，也可以保证自由贸易试验区布局量化评估指标体系构建的高效性和准确性。由于优化与完善自由贸易试验区布局是下一阶段我国对外开放的重要任务之一，因此在自由贸易试验区布局的量化评估体系构建中，我国必须充分考虑自由贸易试验区布局的实践需要和未来方向，紧密衔接自由贸易试验区布局的综合评价与问题治理的现实需求。为此，指标方法的选择与应用也应该突出典型性，充分借鉴和拓展现有重要成果，围绕自由贸易试验区布局的制度创新、产业布局、联动发展、信息协同四个层面展开研究。

5. 动态性原则

从本质上看，我国自由贸易试验区布局与发展是一个在数量、质量等多层次上的动态变化过程。因此，构建自由贸易试验区布局量化评估体系在确保这一体系满足当前我国自由贸易试验区发展现状与基础条件的同时，还需要具有一定的动态性，乃至预见性与适应性。动态性原则主要体现在两个方面：一方面是自由贸易试验区布局量化评估体系的指标与方法选择要尽可能地与我国乃至世界经济社会发展的实际需求相适应。我国要通过基于自由贸易试验区相关理论演变、实践经验，设计、构建能够兼顾当前试验区自身、所属区域乃至国内不同发展时期实践需要的指标体系。另一方面是自由贸易试验区布局量化评估体系的设计要能对未来自由贸易试验区或国际经贸合作发展趋势及特征进行一定的前瞻和预判，从而有助于推动我国自由贸易试验区布局能够始终沿着正确的发展轨道进行建设和调整。此外，动态性原则也强调自由贸易试验区布局量化评估要考虑自由贸易试验区布局的过程变化，而不仅仅是结果变化，因此自由贸易试验区布局量化评估体系应该将自由贸易试验区布局的现状、分阶段建设以及整体实现情况评估相统一。

三、量化评估的基本方法

1. 调查研究法

自由贸易试验区布局量化评估使用的基本方法之一为调查研究法。调查研究法是指通过考察了解客观情况，直接获取有关材料，并对这些材料进行分析的研究方法，在描述性、解释性和探索性的研究中都可以运用。在调查研究法中，最为常见的具体方法之一是问卷调查法，即通过向调查对象发放问卷从而获取所需要的数据及信息的研究方法。问卷调查法的实施步骤包括设计问卷、测试问卷、修改问卷、实施调查、整理数据、得出结论等。设计问卷是整个问卷调查法的核心步骤，对问题选项的设置要求能够做到清晰合理地传达出问卷信息，准确反映出研究目标。调查者确定问卷结构后正式实施调查，在实施调查的过程中确保科学性和准确性。调查者在回收调查问卷之后进行调研数据的整理，并做出分析，得出结论。另外一种较为典型的调查研究法为访谈法，即通过跟个人谈话或团队谈话的方式收集信息资料的方法。该方法的优点是可以发现其他方法难以发现的各类细节，而缺点是访谈准备与访谈材料整理需要花较多时间与精力，访谈组织门槛也相对较高。

2. 统计分析法

统计分析法是目前广泛使用的一种比较科学、精确和客观的分析方法，主要通过对研究对象的规模、速度、范围、程度等数量关系的分析研究，认识和揭示事物间的相互关系、变化规律和发展趋势，最终实现对行为、特征以及现象的正确解释与预测。统计分析法有广义和狭义之分。这里主要是指狭义的统计分析法，包括比率分析法、趋势分析法、相互对比法、图表测评法、指标评分法等。其关键在于运用数学方法对所获取的自由贸易试验区布局相关数据及资料进行数理统计和分析，形成量化分析结论。统计分析法的优点在于客观性较强、标准化较高。但是，其缺点也较为突出，如对历史统计数据的完整性和准确性要求高；统计数据分析方法选择不当会严重影响标准的科学性；统计资料只反映历史的情况而不反映现实条件的变化对标准的影响。

3. 文本分析法

文本分析法是将性质分析和量化分析两种方法结合并用的一种内容分析方法。其特点是经过适当的识别和区分，将原本难以量化分析的文字或图像等不系统的、定性的符号性内容转化成系统的、定量的数据资料。因此，文本分析法也正逐渐在现代社会科学领域（尤其在近年来我国自由贸易试验区制度创新评价研究中）得到越来越多的应用。文本分析法具有一定的规程和遵循，体现了较强的科学性，同时也能保证研究结论的客观化。文本分析法一般包括三个步骤：明确数据来源、建立分析类目、量化分析数据。需要注意的是，文本分析法也存在一定的不足，如通常需要研究者进行大量的基础统计分析工作，耗费的时间和精力较多。

4. 层次分析法

层次分析法是由美国运筹学家、匹兹堡大学教授萨蒂（T. L. Saaty）提出的一种定性和定量相结合的、系统的、层次化的决策分析方法，这种方法的特点是在对复杂决策问题的本质、影响因素及其内在关系等进行深入研究的基础上，利用较少的定量信息使决策的思维过程数字化，从而为多目标、多准则或无结构特性的复杂决策问题提供简便的决策方法。在自由贸易试验区布局量化评估中，利用层次分析法是可以构造和测度反映我国自由贸易试验区布局某一个方面或多个方面现状水平和演变趋势的，是具有纵向上和横向上的可比性的工具性指标。层次分析法的基本步骤包括：第一，建立层次结构模型，即根据研究对象的特点建立能够真实、全面评价和反映评价对象水平的结构模型。其一般包括准则层、目标层和方案层三个层次。第二，构建判断矩阵，即根据1~9比例标度法对各个层次、各个指标相对重要性做出判断，构建出判断矩阵。第三，指标权重的确定，即计算出矩阵各指标的最大特征根和特征向量。第四，进行一致性检验。

第二节　自由贸易试验区布局评估指标体系的构建

基于自由贸易试验区布局评估指标体系的研究脉络、发展方向与基本原则，本节主要依照“分区域研究+逐级考察”的指导思想，采用指标、数据的搜集、计算和分类整理，并加以概括描述的基本方法，解析自由贸易试验区布局评估机制的多维度指标，从全局角度对自由贸易试验区建设与布局成效建立测量指标和评估体系，为后续相关指标体系的测度和评价分析构建基础框架。考量自由贸易试验区布局主要通过四个方面：第一，在全面深化改革的背景下自由贸易试验区差异化制度创新的组织协同；第二，区域协同发展下自由贸易试验区产业布局优化的产业协同；三，双循环新发展格局下自由贸易试验区内外联动发展的通道协同；第四，创新驱动发展战略下自由贸易试验区信息协同发展的信息协同。本节以科学性、系统性、可操作与可比较、典型性、动态性为原则，围绕制度创新、产业布局、联动发展、信息协同四个层面构建自由贸易试验区布局建设绩效评估指标体系。

现有文献虽然对自由贸易试验区建设的不同阶段，即事前、事中和事后都有不同程度的研究，但是立足于全局的评估机制还不够完善。在继承了自由贸易试验区量化评估的基本原则和基本方法的前提下，本书建立的指标体系主要有两个方面的创新：一方面，少有文献从我国全局角度对评估自由贸易试验区建设与布局成效建立系统的测量指标和评估体系，既有研究大多聚焦对单一自由贸易试验区或单一区域的研究，如海南自由贸易港（李宜钊和叶熙，2020）、陕西自由贸易试验区（翁智妍和徐丽华，2019）；另一方面，当前研究多是从单个角度对自由贸易试验区建立测量指标和评估体系，如政策发布与执行（李宜钊和叶熙，2020；谢丽彬和李民，2016）、产业发展与布局（白仲林等，2020），而本书建立的评估体系从多角度、多层次出发，指标体系更加全面。

一、构建自由贸易试验区制度创新评估指标体系

不同地区的自由贸易试验区有不同的发展重点和对外开放方向，但同样以制度创新为核心使命。作为制度型开放的重要载体，自由贸易试验区在推动形成全方位的对外开放新格局、以更深层次开放带动改革全面深化等方面起到了关键作用（王力，2019；刘海云，2020）。制度型开放是我国在新时代进一步深化改革的首要任务，而

自由贸易试验区作为我国推动改革开放制度创新的重要举措，应当首先评估其在制度创新方面的成效。从制度创新内容来看，目前自由贸易试验区的制度创新主要涵盖两个方面：一是在政府职能转变上（肖林，2015），促进行政部门简政放权，推动行政审批制度改革，提升税款缴纳便利性，提高政策透明度等；二是在横向上，各地自由贸易试验区推动自身特色化发展（杜国臣，2020），打造优质营商环境，为区域内企业在投资、融资和契约执行等环节提升便利程度。自由贸易试验区制度创新评估指标下设三个二级指标，分别是政府效能评估指标、投融资便利化评估指标、营商环境评估指标。

1. 政府效能评估指标

自由贸易试验区实施高水平的开放战略，在客观上要求政府效能相应提升，在制度和监管体系上进行配套改革，以便在保证有力监督的前提下提高政府和市场的互动效率。这主要包括行政执行效率、出口退税力度、政策透明度、知识产权保护水平四个方面。行政执行效率表明自由贸易区所在地级市政府在市场个体许可管理中，各项审批和备案所需程序与时间。首先，政府预算与预算执行的公开情况是政府财政公开透明的核心，其决定了政府财政的透明度，预算和预算执行的得分越高表明其行政执行越良好，而按照规定，及时、完整、准确地进行预算公开才能保证预算执行良好。因此，本书选择《2020 年中国市级政府财政透明度研究报告》中市级政府预算与预算执行公开得分作为指标。其次，出口退税制度在促进贸易增长、提高出口企业国际竞争力起到重要的作用，不同自由贸易试验区的出口退税力度直接反映了地区对贸易的重视程度，出口退税力度指标以自由贸易试验区所在省份出口退税年度金额为参考，数据来自《中国税务年鉴 2020》。此外，政策透明度测度自由贸易试验区法律法规和政策措施出台的及时性，获取渠道的便利性和多样性，相关法律法规和政策措施的可解读性。本书选择《2020 年中国市级政府财政透明度研究报告》中市级政府全口径财政透明度评价水平来度量。最后，知识产权保护水平评估了自由贸易试验区知识产权保护制度的完善程度和服务的便利程度。本书以自由贸易试验区所在地级市当年获得专利总数为依据评估，此项数据来自万得（Wind）数据库中国地级市（州）专利授予量。

2. 投融资便利化评估指标

推进自由贸易试验区跨境贸易和投融资便利化，提高自由贸易试验区投融资便利化水平，首先要加强自由贸易试验区风险防控和监管能力建设，构建一套能适应自由贸易试验区负面清单管理方式的信用监管体系，对自由贸易试验区的外商投资活动进行有效监管。投融资便利化评估指标包括外商投资吸引力、市场创业活力、金融机构效率三个方面。其中，外商投资吸引力与自由贸易试验区投融资便利化水平息息相关，要求健全外商投资服务体系，编制外商投资指引，为外国投资者和投资企业提供法律法规、政策措施的咨询与解读，增强外商投资跟踪服务意识，加快推进外资项目落地，指导自由贸易试验区审查各类投资主体准入相关行业，并且做好各投资主体进入各级市场后的管理工作。外商投资吸引力以外商直接投资合同项目数测度分析。市场创业活力以所属地级市每千人创办企业数度量。金融机构效率越高，该地区企业投融资成本越低、效率越高。金融机构效率以人均年末金融机构人民币各项贷款余额来计算比较。相关数据来自《中国城市统计年鉴（2020）》和《2020 年中国城市营商环境报告》。

3. 营商环境评估指标

为了能更好地实现吸引国外投资和国外企业来华办厂，自由贸易试验区必须十分重视营商环境的营造与优化。自由贸易试验区应以政府监管机制改革、外贸监管便利化、金融领域开放创新、外商投资管理体制改革等为抓手，进一步完善国际化营商环境；从财政、税收、人才引进、对外投资管理等方面进一步强化政策支持，采取各种措施优化服务体系，吸引高素质人才，重视技术、资本、劳动力、数据等生产要素在更高层次集聚，参与更广领域的资源优化配置，发挥生产要素的竞争优势，从宏观政策上为各地自由贸易试验区内入驻企业提供政策优惠和便利。本书选取了营商环境指数作为依据进行计算，相关数据来自《2020 年中国城市营商环境报告》。

二、构建自由贸易试验区产业布局评估指标体系

产业布局是产业在一定地域范围内的空间组合，反映着产业系统中各要素为了实现最优配置而形成的再重组和再优化，是产业结构合理化的空间落实。产业协同发展的推进，要求产业布局的集中与分散相结合、空间的优化与结构的合理化相结合、实现均衡→不均衡→再均衡的动态演进，有效带动区域经济的全面发展，形成各产业部门以及各关联企业相互融合、相互协作、相互促进的合理格局（施锦芳，2017）。

建设现代产业体系是高质量发展的产业基础和经济基础，自由贸易试验区的产业布局服务于国内产业布局的优化和整体产业结构的升级，是打造现代产业体系的有效手段。自由贸易试验区布局要充分吸收科技创新、现代金融、人力资源、数据信息等高端要素，打造先进制造业、战略性新兴产业和现代服务业，通过自由贸易试验区的辐射效应，拉动整体产业结构调整，实现各产业之间的集聚效应和产业链的优化相互

促进，形成正向外部效应。自由贸易试验区应打造多元化产业发展体系，完善现代产业链的全环节，占据高端产业链、高端价值链。各自由贸易试验区应根据地区、功能等不同，在优势产业之间进行协同联动，形成互补产业，完善整个现代产业链条。自由贸易试验区产业布局评估指标下设两个二级指标，分别是服务业开放发展评估指标、行进制造业开放发展评估指标。

1. 服务业开放发展评估指标

我国自由贸易试验区的发展模式多是以服务业开放为主，而我国大多数地区的经济结构则以制造业为重点，因此服务业开放发展水平对评估自由贸易试验区产业布局尤为重要。服务业产业准入包括金融服务业发展水平、运输服务业发展水平、现代商业服务业发展水平、文化服务业发展水平、社会服务业发展水平、其他服务业发展水平六个方面。金融服务业发展水平关系到企业投融资便利程度，使用金融业从业人员工资总额度量；运输服务业发展水平使用交通运输、仓储和邮政业从业人员工资总额度量；现代商业服务业发展水平使用租赁和商业服务业从业人员工资总额度量；文化服务业发展水平使用文化、体育和娱乐业从业人员工资总额度量；社会服务业发展水平使用卫生、社会保障和社会福利业从业人员工资总额度量；其他服务业行业发展水平使用居民服务、修理和其他服务业从业人员工资总额度量。相关服务业开放发展数据均来自《中国城市统计年鉴（2020）》。

2. 先进制造业开放发展评估指标

产业布局中特别重要的是投资周期长、前期投入成本高的现代服务业和先进制造业企业。制造业从根本上决定一个国家的综合实力和国际竞争力，而先进制造业对自由贸易试验区引领我国企业打破发达国家技术垄断、促进劣势产业转型升级起到关键性作用。先进制造业开放发展包括精密仪器设备制造业发展水平、新一代信息技术行业发展水平、医药科技制造业行业发展水平、计算机制造业行业发展水平四个方面。精密仪器设备制造业发展水平以医疗仪器设备及仪器仪表制造业营业收入评估；新一代信息技术行业发展水平以电子及通信设备制造业营业收入评估；医药科技制造业行业发展水平以医药制造业营业收入评估；计算机制造业行业发展水平以计算机及办公设备制造业营业收入评估。相关先进制造业开放发展数据均来自《中国高技术产业统计年鉴（2019）》。

三、构建自由贸易试验区联动发展评估指标体系

现阶段，我国自由贸易试验区已经形成“片区联动”（自由贸易试验区片区之

间)、“双自联动”(自由贸易试验区与自主创新示范区之间)、“双区联动”(自由贸易试验区与高新区之间)、“区际联动”(不同自由贸易试验区之间)、“战略联动”(自由贸易试验区与区域发展战略之间)以及港区港城联动、联动创新区建设、自由贸易试验区与行政区之间、“三区联动”(航空港、自由贸易试验区、自主创新示范区之间)等联动发展模式(邓明亮等,2021)。推动自由贸易试验区联动发展是构建国内国际双循环新发展格局的重要途径。我国自由贸易试验区具有多重国家发展战略优势,推动自由贸易试验区的联动发展能够推动我国实施国家重大区域发展战略,深化对内对外开放,构建双向投资、互联互通发展格局,着力拓展开放合作的新空间,促进区域差异化、协同化发展,加快形成以国内大循环为主体、国内国际双循环相互促进的新发展格局。自由贸易试验区联动发展评估指标下设三个二级指标,分别是人才联动评估指标、技术联动评估指标、对外辐射效率评估指标。

1. 人才联动评估指标

人才联动评估指标包括人才虹吸效率、研究与试验发展(R&D)支出水平、大学和企业合作研发效率三个方面。人才虹吸效率是体现地区间环境联动发展的重要指标,人才与人才之间往往存在黏合性和群集性,各地聚才引才、育才选才的能力条件、基础资源、平台建设存在差异。对于我国自由贸易试验区来说,如何吸引自由贸易试验区建设所需的人才,激发人才服务地方经济社会发展,关键需要释放人才虹吸效应。该指标采用《中国科技统计年鉴(2020)》的研究与试验发展(R&D)人员数量度量。企业研究与试验发展(R&D)支出水平是指企业为开发新产品、新工艺,或者改进现有产品、工艺而进行的基本研究活动以及把科技成果转化为生产力而进行的活动中发生的支出。成功的研究与试验发展(R&D)活动能使自由贸易试验区企业保持并不断提高自身的市场竞争优势与综合实力。该指标采用《中国科技统计年鉴(2020)》的研究与试验发展(R&D)项目经费投入强度度量。大学和企业合作研发效率是指自由贸易试验区内企业与高校等科研机构间的协同创新水平,包括自由贸易试验区是否与当地高校建立研究中心,是否有联合研发成果,如论文、专利技术数量等。大学和企业合作研发效率越高,研发收益越高,研发成本越低,越有利于促进自由贸易试验区企业研发活动深入发展。该指标采用《中国科技统计年鉴(2020)》的研究与试验发展(R&D)项目数量度量。

2. 技术联动评估指标

技术联动评估指标包括高新技术产业发展水平和科研机构效率两个方面。中国制造业的融合水平较低的原因之一在于高新技术与现有技术、机械制造技术与其他领域技术、硬件技术与软件技术的融合和发展过慢。自由贸易试验区以技术创新为基础要求，高新技术产业发展水平成为自由贸易试验区制造业效果评估的关键。该指标采用自由贸易试验区所在地级市上市公司高新技术企业统计数量度量。相关数据来自国泰安数据库。科研机构效率是指科研机构和研究人员的科研贡献与学术水平，与大学和企业合作研发效率类似，具体包括自由贸易试验区与相关科研机构合作的科研成果。该指标采用《2019 年高等学校科技统计资料汇编》中的地方高等学校研究与发展机构数量度量。

3. 对外辐射效率评估指标

对外辐射效率评估指标包括基础设施多式联运水平、综合交通运输指数、片区所涉及城市数量、区域产业集群发展指数四个方面。多式联运是由两种及以上的交通工具相互衔接、转运而共同完成的运输过程。上海、广东等自由贸易试验区积极构建完善的陆海联运走廊，健全综合运输体系，依托港口和开放优势，建立向海经济产业集聚区。本书采用《2020 年中国城市营商环境报告》中的基础设施指数，衡量基础设施多式联运水平体现的自由贸易试验区交通运输发展程度。我国一直提倡建立综合交通运输体系，即以铁路为骨干、公路为基础，充分发挥水运，包括内河、沿海和远洋航运的作用，积极发展航空运输。我国对外交通逐步畅通，内部路网逐步完善，综合立体交通指数不断提升，进一步提高了对外辐射能力，为进一步优化营商环境、促进自由贸易试验区高质量发展提供了有力支撑和保障。该指标采用《中国城市统计年鉴（2020）》中的公路货运量度量。我国的自由贸易试验区渐成“雁阵”，覆盖了从南到北、从沿海到内陆到边境省份的广大区域。自由贸易试验区逐渐扩容，实现了多个地区的全覆盖，有利于地区间互补及协同发展。本书根据自由贸易试验区官网基础数据，采用自由贸易试验片区所涉及地级市数量测算片区所涉及城市数量。产业集群超越了一般产业范围，形成特定地理范围内多个产业相互融合、众多类型机构相互联结的共生体，构成这一区域特色的竞争优势。本书采用《中国城市统计年鉴（2020）》的规模以上工业企业数，考察区域产业集群发展指数，体现对外辐射产业发展的程度。

四、构建自由贸易试验区信息协同指标体系

“协同”即协调与合作。信息协同以信息集成为手段，建立相应的协同机制，实现信息的组织管理，使相关多元化的信息有机融合并优化使用。自由贸易试验区建设是一个复杂的系统工程，要推进各种创新模式的协同，包括科技、制度、信息等的协同。其中，信息协同应当是自由贸易试验区创新发展的重要组成部分。自由贸易试验区利用信息协同，掌控信息资源发散方向，就可以更好地利用其他有形资源，使有形

资源通过优化组合以更好地发挥效益。信息协同的建设有助于我国在战略层面上统筹区域经济建设，有利于长远谋划自由贸易试验区蓝图，有助于建立产业技术创新联盟，完善多赢的利益共享机制，从而打破片区之间的信息壁垒，推动各类创新资源加速释放。

自由贸易试验区信息协同可以改善资源配置状况。自由贸易试验区中不同片区的内部沟通互动，不仅体现在物资、资金等方面，更体现在信息的交互层面上。信息作为经济社会中的重要资源，已经成为自由贸易试验区建设中的重要战略组成部分。通过信息协同，自由贸易试验区能够有效减少组织内部各经济体发展过程的信息不对称，从而改善资源配置状况，减少资源低附加值的重复开发，减少在区域经济发展中资源浪费对社会的负面效应（常金玲和任照博，2017）。通过信息共享与充分利用，自由贸易试验区将内部各个办公部门的数据资源深度整合，为政府科学决策提供数据支撑，有助于丰富城市功能，改善区域环境，促进可持续发展。信息协同还可以为各经济主体和社会公众提供一个信息服务平台，使自由贸易试验区内的从业者及居民的工作与生活方式进一步享受信息协同平台的便利。

自由贸易试验区作为改革创新实验的新高地，信息化建设也应走在时代前列，进一步促进信息自由化便利化。自由贸易试验区信息协同评估指标主要包括数字金融服务覆盖水平、企业信用信息共享指数、信息基础设施水平三个方面。

如今，信息技术与实体经济深度融合的数字经济成为世界经济发展趋势。作为数字经济高质量发展的重要动能，数字金融在加速经济发展方式转变、推进数字产业化和产业数字化进程、助力更高水平的对外开放等方面发挥着不可替代的作用。本书采用北京大学数字普惠金融指数的数字金融覆盖广度衡量数字金融服务覆盖水平。企业信用信息共享指数具体包括企业是否公示年度报告，企业信用信息公示制度规定、强度和频率等。本书采用北京大学数字普惠金融指数的信用业务数字金融使用深度衡量企业信用信息共享指数。广义的信息基础设施水平是指信息通信能力、信息通信产业发展水平、信息化与自由贸易试验区产业融合水平。例如，互联网用户普及率、移动电话普及率、信息服务业营业收入增长率、信息技术产品进出口占该地区总进出口的比例等。本书采用《中国城市统计年鉴（2020）》中的互联网宽带接入用户数来衡量信息基础设施水平。

据此，本书建立的自由贸易试验区布局评估指标体系包含 4 个一级指标、9 个二级指标、30 个三级指标（见表 5-1）。各指标数据来自中国城市统计年鉴、中国科技统计年鉴、中国高技术产业统计年鉴、中国税务年鉴、中国城市营商环境报告、中国市级政府财政透明度研究报告、北京大学数字普惠金融指数等。

表 5-1 自由贸易试验区布局评估指标体系

一级指标	二级指标	三级指标	使用指标
自由贸易试验区制度创新	政府效能	行政执行效率	市级政府预算与预算执行公开得分
		出口退税力度	所在省份出口退税年度金额
		政策透明度	市级政府全口径财政透明度评价水平
		知识产权保护水平	所在地级市当年获得专利总数
	投融资便利化	外商投资吸引力	外商直接投资合同项目
		市场创业活力	每千人创办企业数
		金融机构效率	人均年末金融机构人民币各项贷款余额
	营商环境	营商环境水平	营商环境指数
自由贸易试验区产业布局	服务业开放发展	金融服务业发展水平	金融业从业人员工资总额
		运输服务业发展水平	交通运输、仓储和邮政业从业人员工资总额
		现代商业服务业发展水平	租赁和商业服务业从业人员工资总额
		文化服务业发展水平	文化、体育和娱乐业从业人员工资总额
		社会服务业发展水平	卫生、社会保障和社会福利业从业人员工资总额
		其他服务业发展水平	居民服务、修理和其他服务业从业人员工资总额
	先进制造业开放发展	精密仪器设备制造业发展水平	医疗仪器设备及仪器仪表制造业营业收入
		新一代信息技术行业发展水平	电子及通信设备制造业营业收入
		医药科技制造业行业发展水平	医药制造业营业收入
		计算机制造业行业发展水平	计算机及办公设备制造业营业收入
自由贸易试验区联动发展	人才联动	人才虹吸效率	研究与试验发展（R&D）人员数量
		研究与试验发展（R&D）支出水平	研究与试验发展（R&D）项目经费投入强度
		大学和企业合作研发效率	研究与试验发展（R&D）项目数量
	技术联动	高新技术产业发展水平	自由贸易试验区所在地级市上市公司高新技术企业统计数量
		科研机构效率	地方高等学校研究与发展机构数量
	对外辐射效率	基础设施多式联运水平	基础设施指数
		综合交通运输指数	公路货运量
		片区所涉及城市数量	自由贸易试验片区所涉及地级市数量
		区域产业集群发展指数	规模以上工业企业数
自由贸易试验区信息协同	信息协同	数字金融服务覆盖水平	数字金融覆盖广度
		企业信用信息共享指数	信用业务数字金融使用深度
		信息基础设施水平	互联网宽带接入用户数

第三节　中国自由贸易试验区布局的评估测度

本节以本章第二节建立的自由贸易试验区布局评估指标体系为基础，综合量化评估的各类基本方法及现有文献的做法，最终选取熵值法作为自由贸易试验区布局建设绩效评估的主要方式。结合自由贸易试验区布局评估指标体系，本节将详细介绍自由贸易试验区布局熵值法评估的主要流程及数据处理过程，计算评估体系中各项指标的熵值、权重以及差异系数，形成自由贸易试验区布局评估测度的主体结果，在综合评价、制度创新、产业布局、联动发展和信息协同五个维度进行评估结果分析，最终提出评价总结及政策建议。

一、自由贸易试验区布局评估测度方法及过程

1. 数据处理过程

本节共选取 30 个不同含义的指标作为自由贸易试验区布局评估体系内容。本节选取的部分指标在量纲、数据观测年份、数据个体维度、完整度等方面存在差异。为保证布局评估体系的标准化及可对比性，本节所用数据的处理步骤如下：

（1）数据搜集。鉴于数据的可得性和时效性，本节主要以 2019 年及之前年份成立的自由贸易试验区为观测对象建立布局评估体系，以 2019 年为主要观测时间点，以自由贸易试验区涉及地级市各类经济指标为基础数据，主要指标采集来自《中国城市统计年鉴（2020）》《中国科技统计年鉴（2020）》以及《中国高技术产业统计年鉴（2019）》等官方统计数据，详细来源可见第二节评估指标体系构建说明。在现有成立的 21 个自由贸易试验区名录当中，北京、安徽和湖南自由贸易试验区于 2020 年才挂牌成立，不在评估数据的可得范围内，因此暂不纳入比较分析，最终涉及自由贸易试验区数量为 18 个。

（2）数据补全。在数据观测时点方面，本节以 2019 年为评价指标观测年份，少数指标鉴于时效性未搜集到 2019 年相关数据，以其前一年份（2018 年）数据替代。在数据完整性方面，个别自由贸易试验区所在地级市经济指标存在缺失，对此本节以自由贸易试验区涉及的省份内其他地级市指标均值替代。特别指出的是，数据来源为《2020 年中国城市营商环境报告》的各项指标，其数据统计仅涉及指标排名前 200 名的地级市，个别自由贸易试验区所在地级市未进入排行榜，因此以排名第 200 位的地

级市数据水平替代。

（3）数据维度。自由贸易试验区片区划分多涉及一个或多个地级市（直辖市），甚至整个省份（如海南自由贸易试验区），为保证数据来源的准确性，本节以片区划分所在地级市为数据搜集主要维度，部分指标层级未细化到地级市层面，统一以自由贸易试验区所在省份（直辖市）层级数据替代。需要说明的是，海南自由贸易试验区片区划分为海南省全省范围，鉴于数据的可得性，所涉及的地级市设定为三亚、海口和儋州三个主要城市。

（4）数据加总。本节布局建设的绩效评估旨在形成18个自由贸易试验区个体层面的横向对比及排名信息，因此地级市数据需要转换为自由贸易试验区层面数据。具体操作是将地级市层面指标按片区所在城市个数进行简单平均，若所选指标层级为所在省份，则直接以省份层面数据为准，以此得到18个自由贸易试验区在30个不同指标上的数据统计结果。

2. 信度检验

在正式量化评估之前，我们需要对自由贸易试验区布局评估所使用指标进行信度检验。一般而言，在问卷、量表设计时，为了衡量测量工具质量，设计者往往要对设计内容进行信度检验。信度反映了测量中的随机误差，用以表示设计内容的可靠性或一致性。信度高表明针对同一事物进行多次测量的结果可以保持一致，测量工具可靠、稳定，能够准确捕捉到测量内容。对于自由贸易试验区的布局建设绩效评估来说，目的在于实现建设绩效的综合考量，准确评价自由贸易试验区在多个方面进行布局建设的成果。各一级指标可看成在不同维度的布局绩效衡量。因此，对自由贸易试验区布局评价体系内容进行信度检验，可以预先判断设计指标的总体可靠性。

信度检验主要可以分为重测信度、复本信度、内部一致性系数以及评分者信度检验四种方式。针对自由贸易试验区布局绩效评估的研究内容，本节选取较常用的克朗巴哈（Cronbach）-a 系数法进行检验。Cronbach-a 系数是内部一致性系数测量方法的一种，是体系中所有可能的项目划分方法得到的折半信度系数均值。其计算公式为 $\alpha = k\bar{r}/[1+(k-1)\bar{r}]$，其中 k 为评价指标数量，$\bar{r}$ 为 k 个指标相关系数的均值。Cronbach-a 系数介于 0~1，越接近 1，信度越好。系数为 0.9 以上表示内容设计很好；系数介于 0.8~0.9 表示内在信度可以接受；系数为 0.7~0.8 表示设计存在一定问题，但仍有参考价值；系数小于 0.7 表示误差太大，应考虑重新设计。基于 Cronbach-a 系数的信度检验结果如表 5-2 所示。

表 5-2　信度检验结果

类型	系数值	指标项数
Cronbach-a	0.478 8	30
基于标准化指标的 Cronbach-a	0.968 8	30

由表 5-2 可知，各项指标未标准化的 Cronbach-a 信度检验系数为 0.478 8，效果并不理想，这主要是由于采用的经济指标间存在明显的量纲差异。使用极值法对数据进行标准化后，基于标准化指标的 Cronbach-a 信度检验系数为 0.968 8，大于 0.9 的临界值，表示使用标准化指标数据进行体系构建较为合适，内容设计合理。综上所述，若通过数据标准化消除指标量纲差异，第二节构建的自由贸易试验区布局评估指标体系具有较高的可靠性。

3. 熵值法

根据确定权重的不同方式，常用的综合指标评价方法大致分为两类：以专家打分法、层次分析法为代表的主观赋权法，以熵值法、主成分分析法为典型的客观赋权法。相对而言，主观赋权法依赖研究者对问题的个人认识及判断，伴随着一定程度上的主观因素干扰，因此本节的自由贸易试验区布局评估测度选取熵值法为主要计算方法。一方面，熵值法会对指标数据进行标准化处理以消除量纲的影响；另一方面，熵值法以指标离散程度作为其对综合评价的权重参考，通过信息熵确定权重能够更加客观地给予评价。

使用熵值法评价自由贸易试验区布局绩效的主要步骤如下：首先，对各自由贸易试验区 30 项不同含义指标进行标准化处理；其次，信息熵对各指标进行客观赋权，得到权重矩阵；最后，将各指标标准化得分与权重相乘再累加，得到各自由贸易试验区布局绩效评估的综合评价结果。熵值法计算的具体过程如下：

（1）指标选取。本节对自由贸易试验区布局绩效评价为单一观测时点，包括 18 个自由贸易试验区个体以及 30 个评价指标，使用 x_{ik} 表示第 i 个自由贸易区在第 k 个指标的取值。

（2）标准化处理。自由贸易试验区绩效评估涉及的 30 项不同指标均为正向，且具有不同的量纲和单位，对正向指标标准化处理得到 $x'_{ik} = (x_{ik} - x_{\min k})/(x_{\max k} - x_{\min_k})$。$x'_{ik}$ 取值范围为［0，1］，其含义为指标 x_{ik} 在统计样本间的相对大小。由于标准化后部分个体存在零值，本节对标准化数据进行平移得到 $x''_{ik} = x'_{ik} + 10^{-4}$。

（3）计算第 k 项指标下，自由贸易试验区 i 占该项指标的比重 $p_{ik} = x''_{ik}/\sum_{i=1}^{n} x''_{ik}$

(n =18，k = 1，2，…，30)，其中 n 为自由贸易试验区的个数。

(4) 计算第 k 项指标的熵值 $S_k = -(1/\theta)\sum_{i=1}^{n} p_{ik}\ln(p_{ik})$。其中 $\theta > 0$，且 $\theta = \ln(n)$。

(5) 计算第 k 项指标的差异系数 $g_k = 1 - S_k$。

(6) 对差异系数归一化处理，计算第 k 项指标的权重 $w_k = g_k / \sum_k g_k$。

(7) 计算自由贸易区布局绩效的综合评价指标 $h_{ik} = 40 \times \sum_k w_k x''_{ik} + 60$。

4. 自由贸易试验区布局评估权重计算

基于前文评价体系的构建，自由贸易试验区布局评估分为制度创新、产业布局、联动发展和信息协同四个一级指标。为了体现熵值计算的中间过程，各项指标熵值(S_k)、差异系数(g_k)以及权重(w_k)在表 5-3 中展示。在四个一级指标中，对布局绩效影响的相对重要程度从大到小依次为产业布局、制度创新、联动发展和信息协同，相应权重占比分别为 0.504 3、0.241 6、0.205 4 及 0.048 7。结合自由贸易试验区深化对外开放、促进经济发展的政策使命可以看出，以服务业和先进制造业开放发展水平为评估基础的产业布局是自由贸易试验区整体布局建设的重点，产业发展水平提升对于提升自由贸易试验区布局发展绩效而言最为重要。自由贸易试验区制度创新通过政府效能优化、投融资便利化和营商环境改善为区域经济发展进一步优化了资源配置。自由贸易试验区通过人才联动、技术联动以及对外辐射等联动发展方式提升产学研融合水平及区域配套发展，对于自由贸易试验区布局发展绩效提升而言同样具有重要作用。

表 5-3 自由贸易试验区布局评估指标权重

一级指标	二级指标	三级指标	熵值	差异系数	权重
自由贸易试验区制度创新	政府效能	行政执行效率	0.955 2	0.044 8	0.008 3
		出口退税力度	0.706 5	0.293 5	0.054 1
		政策透明度	0.951 6	0.048 4	0.008 9
		知识产权保护水平	0.847 8	0.152 2	0.028 0
	投融资便利化	外商投资吸引力	0.578 8	0.421 2	0.077 6
		市场创业活力	0.908 7	0.091 3	0.016 8
		金融机构效率	0.865 6	0.134 4	0.024 8
	营商环境	营商环境水平	0.874 4	0.125 6	0.023 1

表5-3(续)

一级指标	二级指标	三级指标	熵值	差异系数	权重
自由贸易试验区产业布局	服务业开放发展	金融服务业发展水平	0.750 6	0.249 4	0.046 0
		运输服务业发展水平	0.714 3	0.285 7	0.052 6
		现代商业服务业发展水平	0.631 3	0.368 7	0.067 9
		文化服务业发展水平	0.746 0	0.254 0	0.046 8
		社会服务业发展水平	0.827 3	0.172 7	0.031 8
		其他服务业发展水平	0.602 7	0.397 3	0.073 2
	先进制造业开放发展	精密仪器设备制造业发展水平	0.751 2	0.248 8	0.045 8
		新一代信息技术行业发展水平	0.663 8	0.336 2	0.062 0
		医药科技制造业行业发展水平	0.849 0	0.151 0	0.027 8
		计算机制造业行业发展水平	0.726 9	0.273 1	0.050 3
自由贸易试验区联动发展	人才联动	人才虹吸效率	0.862 4	0.137 6	0.025 3
		研究与试验发展(R&D)支出水平	0.922 8	0.077 2	0.014 2
		大学和企业合作研发效率	0.900 3	0.099 7	0.018 4
	技术联动	高新技术产业发展水平	0.753 8	0.246 2	0.045 4
		科研机构效率	0.927 7	0.072 3	0.013 3
	对外辐射效率	基础设施多式联运水平	0.802 5	0.197 5	0.036 4
		综合交通运输指数	0.917 6	0.082 4	0.015 2
		片区所涉及的城市数量	0.915 0	0.085 0	0.015 7
		区域产业集群发展指数	0.883 0	0.117 0	0.021 6
自由贸易试验区信息协同	信息协同	数字金融服务覆盖水平	0.932 1	0.067 9	0.012 5
		企业信用信息共享指数	0.919 2	0.080 8	0.014 9
		信息基础设施水平	0.884 6	0.115 4	0.021 3

二、自由贸易试验区布局评估测度结果

1. 自由贸易试验区布局综合评价分析

表 5-4 显示了运用熵值法测算出的 2019 年我国 18 个自由贸易试验区布局综合评价结果及排名。从表 5-4 可以看出，上海、广东自由贸易试验区在综合布局评价中的得分分别为 89.81、83.68，位居前两位，相比于其他自由贸易试验区布局建设水平具有较大发展优势。从这两个地区的经济因素来看，上海和广东始终保持着较高的经济活跃程度，金融国际化、对外贸易开放发展较早，辅以完善的基础设施配套和高校

人才积累，共同组成了两地自由贸易试验区布局发展的优良基础。从区域特色上看，上海作为中国自由贸易试验区的战略先行试点，以制度创新为指导方向、以金融开放为重要路径，通过先行先试为其他自由贸易试验区渐进开放探索出了一系列具体而可推广的改革措施，凭借雄厚的经济基础、丰富的开放经验充分发挥了作为中国新发展阶段交流窗口的先行者优势。广东作为第二批自由贸易试验区试点省份之一，拥有以往经济特区对外开放实践经验可遵循，毗邻港澳，经济交流频繁，以对标国际高标准规则体系为制度建设目标，建立了较为成熟的自由贸易试验区布局体系。综合来看，上海、广东自由贸易试验区在更大范围、更高程度上实现了贸易和投资便利化，在现阶段为高质量发展的战略要求提供了广泛的实践经验。

此外，我们也观察到，以江苏、浙江为代表的长三角一带自由贸易试验区布局评价排在较前位置，此后是四川、重庆两个西南地区经济核心省份；天津、山东、福建、湖北、河南等省份自由贸易试验区布局评价排在中间水平；西南边疆、东北边疆以及西北内陆地区的省份自由贸易试验区评价水平则相对较低。需要指出的是，自由贸易试验区布局综合评价水平最为靠后的省份为黑龙江、海南和广西，得分依次为61.29、61.47、61.95。从自由贸易试验区设立的时间节点上看，黑龙江与广西自由贸易试验区于2019年获批设立，海南自由贸易试验区于2018年获批成立，由于设立时间相对较晚，加上区域经济发展及产业结构上的不足，自由贸易试验区发展成果尚未得到充分体现。从这些自由贸易试验区建设指导方向上看，黑龙江自由贸易试验区承载东北亚地区深度开放及东北振兴战略要求，广西自由贸易试验区致力于在中越跨境合作上推动沿边开放，海南自由贸易试验区通过自由贸易港建设大力推进国际贸易、国际投资方面的长期合作。无论是通过黑龙江自由贸易试验区建设面向俄罗斯及东北亚地区的交通物流枢纽，还是通过广西自由贸易试验区创新实施中越边境地区“五跨”发展，寻求与周边新兴经济体的制度型开放政策及金融、贸易合作均是一个需要长期坚持的过程。对于海南自由贸易试验区而言，其核心制度设计在于首先初步建立以贸易自由化和投资便利化为核心的自由贸易港政策体系，改善海南营商环境，在后续保证运作模式成熟的基础上进一步构建贸易、投资、跨境资金流动、人员进出和国际货物运输自由便利的建设格局，在当下建设初期仍需聚焦于制度设计和政策优化。

表 5-4 自由贸易试验区布局综合评价结果及排名

自由贸易试验区	批次	所属区域	综合得分	排名
上海	第一批	东部	89.81	1
广东	第一批	东部	83.68	2
江苏	第五批	东部	75.25	3
浙江	第三批	东部	70.50	4
重庆	第三批	西部	69.95	5
四川	第三批	西部	69.73	6
天津	第二批	东部	69.47	7
山东	第五批	东部	67.56	8
福建	第二批	东部	67.14	9
湖北	第三批	中部	65.38	10
河南	第三批	中部	64.36	11
云南	第五批	西部	64.35	12
陕西	第三批	西部	64.08	13
辽宁	第三批	东北	63.67	14
河北	第五批	东部	63.29	15
广西	第五批	西部	61.95	16
海南	第四批	东部	61.47	17
黑龙江	第五批	东北	61.29	18

自由贸易试验区的成立与开放是一个渐进的过程，成立的先后顺序决定了政策实施的时间长短差异，可能对布局发展效果产生一定影响。如图 5-1 所示，我们统计了本章分析计算的共五批自由贸易试验区的平均得分情况：第一批（上海）为 89.81 分，第二批（广东、福建、天津）为 73.43 分，第三批（浙江、重庆、四川、湖北、河南、陕西、辽宁）为 66.81 分，第四批（海南）为 61.47 分，第五批（江苏、山东、云南、河北、广西、黑龙江）为 65.62 分。由图 5-1 可知，从成立批次先后看，自由贸易试验区布局的综合评价得分整体呈下降趋势，即成立、开放越早，布局发展表现越好，反过来说，成立越晚的自由贸易试验区，其布局的绩效表现也相对越差。第一批，即上海自由贸易试验区开放时间最早，布局发展效果最好，在自由贸易试验区推广过程中发挥了示范先行作用；受制于成立期限较短和地域原本开放水平，第三批、第四批和第五批自由贸易试验区尚与前两批自由贸易试验区存在一定差距。

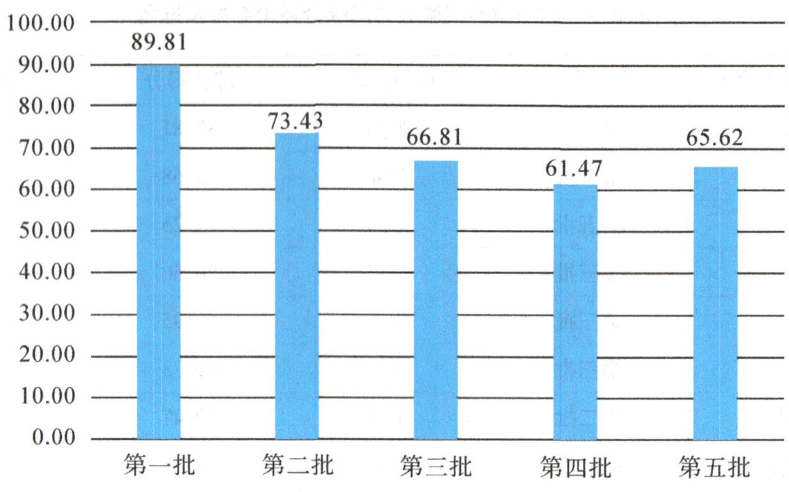

图 5-1　分批次自由贸易试验区布局评价平均得分

依据表 5-4 统计的所属区域信息，我们按自由贸易试验区所属区域来观察布局综合评价的地域间差异，将成立自由贸易试验区的省份归入中部、西部、东部和东北四大地区，查看各区域自由贸易试验区布局评价的平均得分（见图 5-2）。可见，我国自由贸易试验区布局发展情况存在明显的区域差异，布局绩效基本由东向西呈递减趋势。结合图 5-1 按批次统计的评价情况，我国基本形成“东部先行开放、带动引领内陆”的建设格局，加上东部地区自身较为雄厚的经济基础，东部自由贸易试验区布局评价平均水平为 72.02 分，具有明显的发展优势。不过，这一现象也表明自由贸易试验区的开放发展与所在区域的经济基础是分不开的，并在一定程度上受制于地域经济基础。要缓解这一问题，自由贸易试验区发展应更加注重示范引领、区域协调和制度优化。

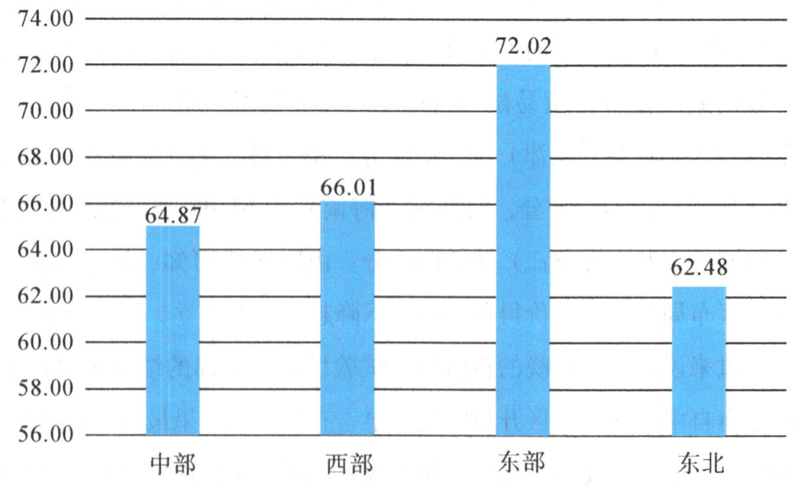

图 5-2　分区域自由贸易试验区布局评价平均得分

2. 自由贸易试验区制度创新评价分析

自由贸易试验区制度创新评价结果及排名如表5-5所示。我们运用熵值法，在一级指标范围内，得到2019年中国18个自由贸易试验区制度创新评价结果及排名。可以看出，上海、广东自由贸易试验区在制度创新方面的布局评价依然是最优的，指标评分依次为93.09、92.56，两者较为接近。考虑制度创新领域的二级指标贡献得分，上海自由贸易试验区在投融资便利化领域的发展建设具有显著优势，制度创新优势主要依靠区域内投融资便利化拉动。上海在中国市场化改革以来长期作为金融国际化对外窗口，并率先试点金融服务业领域改革。从广东自由贸易试验区制度创新评价的内部构成来看，政府效能方面的评价更优，广东政府近年来将大数据充分运用至政务处理当中，行政事项精准放权，提高了政府工作效率和政务服务效能。天津、福建自由贸易试验区在制度创新方面表现出较高水平，排名仅次于长三角、珠三角地区的自由贸易试验区。天津与福建作为第二批自由贸易试验区成立时间早，是中国自由贸易试验区制度创新的试验田。与上海、广东自由贸易试验区对比可见，第一批、第二批自由贸易试验区的早期试点省份，均在制度创新方面取得了较好成效，表现出自由贸易试验区建设路径的制度先行特点。例如，天津自由贸易试验区在生物医药、高端制造维修、跨境电商等方面有着多项制度创新措施，较早地在生物医药产业中实施医疗器械注册申请人委托生产模式，推行药品上市许可人制度试点。黑龙江自由贸易试验区在制度创新领域评估得分仍处于较低水平。从评价构成来看，黑龙江自由贸易试验区在投融资便利化及营商环境建设方面存在较大提升空间。伴随着东北地区工业产能过剩、产业结构落后、人口流出等发展问题的不断涌现，通过自由贸易试验区制度优化推进中俄及东北亚地区开放合作，以内外联动的方式振兴东北地区经济发展，是黑龙江自由贸易试验区需要重点探索和积累的沿边经验。

表5-5　自由贸易试验区制度创新评价结果及排名

自由贸易试验区	制度创新	排名	二级指标贡献得分		
			政府效能	投融资便利	营商环境
上海	93.09	1	31.73	50.58	10.78
广东	92.56	2	46.16	38.26	8.13
浙江	74.66	3	47.84	20.14	6.68
江苏	74.01	4	46.72	21.26	6.03
天津	70.45	5	38.56	24.47	7.42
福建	70.19	6	28.65	32.56	8.98

表5-5(续)

自由贸易试验区	制度创新	排名	二级指标贡献得分		
			政府效能	投融资便利	营商环境
重庆	68.16	7	36.25	7.93	23.98
山东	68.09	8	39.03	21.40	7.66
云南	66.96	9	31.62	24.98	10.36
四川	66.94	10	35.80	19.13	12.01
湖北	64.99	11	41.70	14.97	8.32
陕西	64.33	12	33.86	19.60	10.87
辽宁	63.72	13	29.72	24.63	9.37
河南	63.51	14	40.64	16.19	6.68
广西	62.58	15	40.15	17.58	4.85
河北	62.44	16	48.43	12.51	1.50
海南	62.33	17	0.65	49.39	12.29
黑龙江	61.01	18	60.83	0.16	0.02

3. 自由贸易试验区产业布局评价分析

自由贸易试验区产业布局评价结果及排名如表5-6所示。上海自由贸易试验区的产业布局最优，远高于排名第二的广东自由贸易试验区。从二级指标来看，上海自由贸易试验区服务业开放发展水平最高，江苏自由贸易试验区的先进制造业开放发展水平略高于广东。在先进制造业开放发展方面，江苏与广东自由贸易试验区呈现齐头并进的局面。四川、重庆自由贸易试验区在产业布局评价中排名靠前，成渝双城经济圈吸引了产业进入，人才回流，加之四川、重庆处于“一带一路”和长江经济带交汇处，两大自由贸易试验区能够充分发挥区位优势，实现服务业与先进制造业产业布局的优化。浙江自由贸易试验区在长三角经济圈中评价最低，处于全部自由贸易试验区评价排名中游位置，这主要是因为浙江自由贸易试验区中较大区域位于舟山港，舟山港致力于开展大规模油气产业链建设和国际化船舶运载港口，在先进制造业和服务业全行业门类发展方面，与其他沿海型自由贸易试验区相比还存在较大差距。即使从先进制造业和服务业开放的双重角度来看，海南自由贸易试验区的产业布局均处于相对落后水平。作为中国南部边疆沿海省份，海南省产业结构相对单一，产业门类长期集中于国际航运和旅游业，工业制成品需要较多依靠内地输送。建设高水平开放的海南自由贸易港的基本原则在于借鉴国际经验、体现中国特色、符合海南定位、突出改革创新以及坚持底线思维，为海南自由贸易港制定符合自身发展特点的产业开放设计在当下显得尤为重要。

表 5-6　自由贸易试验区产业布局评价结果及排名

自由贸易试验区	产业布局	排名	二级指标贡献得分	
			服务业开放发展	先进制造业开放发展
上海	88.85	1	59.89	28.97
广东	77.80	2	22.62	55.18
江苏	73.80	3	9.69	64.10
四川	71.40	4	19.14	52.27
重庆	67.68	5	36.98	30.70
天津	67.52	6	36.98	30.54
山东	64.90	7	17.31	47.59
浙江	64.88	8	20.95	43.93
福建	63.44	9	19.57	43.87
湖北	62.86	10	20.28	42.58
河南	62.53	11	15.09	47.44
陕西	62.36	12	38.68	23.68
云南	61.72	13	45.72	16.01
辽宁	61.53	14	35.30	26.22
河北	61.31	15	22.87	38.44
广西	60.74	16	19.82	40.92
黑龙江	60.54	17	40.45	20.09
海南	60.05	18	10.33	49.72

4. 自由贸易试验区联动发展评价分析

自由贸易试验区联动发展评价结果及排名如表 5-7 所示。上海、广东自由贸易试验区的联动发展布局评价依然处于前列水准，但发展结构上存在明显差异。从二级指标来看，上海自由贸易试验区在对外辐射效率和技术联动方面具有相当优势，而广东自由贸易试验区则更为注重人才联动。包括广东、江苏、浙江以及山东在内，这些产业分类相对较为齐全的省份均在人才联动方面具有突出优势，说明这些省份在产业升级和技术研发方面更加注重人才积累和研究投入。上海作为中国首个自由贸易试验区，承担着自由贸易试验区试验改革的重任。在对外辐射效率方面，截至 2018 年年底，上海自由贸易试验区由最初的28.78平方千米扩展至240平方千米，扩围后新增企业数量大幅增加。上海自由贸易试验区占据长江下游优势地理位置，进一步助推长江经济带快速发。在技术联动方面，上海自由贸易试验区利用开放优势，吸引全球研发创新机构在沪集聚发展，同时建设亚太知识产权中心以打造知识产权保护高地。

表5-7　自由贸易试验区联动发展评价结果及排名

自由贸易试验区	联动发展	排名	二级指标贡献得分		
			人才联动	技术联动	对外辐射效率
上海	87.63	1	17.66	30.26	39.71
广东	87.43	2	33.09	27.69	26.65
江苏	78.62	3	38.27	16.76	23.59
浙江	76.75	4	36.25	12.57	27.92
重庆	74.58	5	13.27	6.36	54.95
天津	71.84	6	20.73	15.22	35.89
山东	71.73	7	30.71	13.12	27.91
湖北	70.10	8	25.80	14.12	30.19
福建	69.11	9	24.30	19.27	25.54
四川	68.99	10	27.90	14.26	26.83
辽宁	68.24	11	21.88	17.42	28.95
河北	68.02	12	19.15	5.99	42.88
河南	67.63	13	26.46	12.15	29.02
陕西	66.29	14	24.18	14.62	27.49
云南	65.63	15	12.63	9.12	43.88
广西	63.75	16	16.09	7.34	40.32
黑龙江	63.60	17	17.80	13.57	32.23
海南	61.56	18	0.04	1.46	60.06

5. 自由贸易试验区信息协同评价分析

自由贸易试验区信息协同评价结果及排名如表5-8所示。上海自由贸易试验区评价得分为92.69，表现最优。整体来看，长三角经济圈涉及的自由贸易试验区在信息协同方面表现较好。其原因有三点：第一，长三角区域的新一代信息基础设施协同布局。长三角区域率先开展第五代移动通信技术（5G）应用示范，新一代的基础设施建设及运用持续提速。第二，长三角区域的智慧城市重点应用不断拓展。长三角区域实现了区域空气质量预报数据及太湖流域、长江口、杭州湾污染数据共享，推进航运物流信息互通共享。第三，长三角区域的工业互联网建设合作区域密集。长三角区域的核电、船舶、新材料等重点行业的工业互联网企业应用加快部署，构筑工业互联网平台集群联动体系。

表 5-8　自由贸易试验区信息协同评价结果及排名

自由贸易试验区	信息协同	排名
上海	92.69	1
广东	84.86	2
重庆	82.84	3
江苏	82.40	4
福建	82.00	5
浙江	81.86	6
山东	75.00	7
天津	74.99	8
河南	73.79	9
湖北	73.54	10
云南	73.24	11
海南	71.59	12
陕西	71.41	13
四川	69.48	14
河北	68.06	15
辽宁	66.53	16
广西	63.76	17
黑龙江	60.76	18

6. 自由贸易试验区布局评价结构分析

（1）自由贸易试验区布局评价的贡献占比分析。我们通过总体评价以及制度创新、产业布局、联动发展和信息协同四项一级指标对比分析，横向展示了各自由贸易试验区在相应领域的比较优势。然而，从结构内部来说，理清自由贸易试验区内部四项指标对总体评价的贡献占比，对于分析自由贸易试验区布局的优势、短板而言至关重要。图 5-4 展示了各自由贸易试验区布局评价的分领域贡献占比。

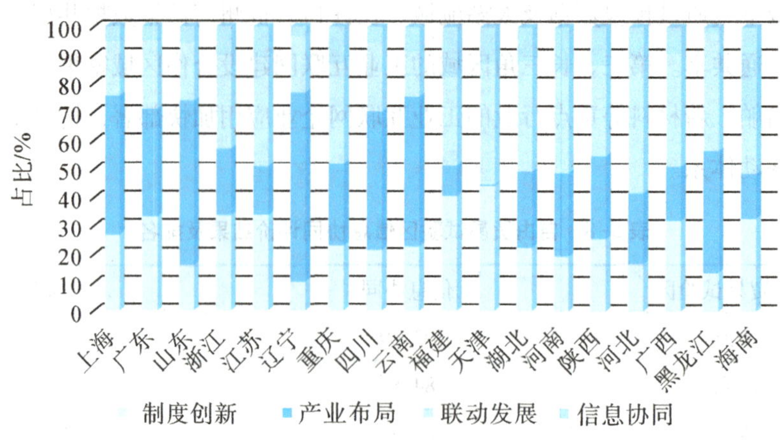

图 5-4　各自由贸易试验区布局评价的分领域贡献占比

从结构占比可以看出，上海、山东、辽宁、四川、云南以及黑龙江自由贸易试验区属于产业主导型，这些自由贸易试验区在产业布局领域的发展成效对整体评价发挥了重要作用。福建、天津是制度创新型自由贸易试验区的典型代表，广东、浙江、江苏、广西和海南自由贸易试验区在制度创新领域的贡献占比也较高。河北、天津、江苏、广西和黑龙江自由贸易试验区的联动发展贡献比也较为突出。特别地，海南自由贸易试验区在信息协同方面对于推动整个自由贸易试验区布局发展而言发挥了重要作用，一定程度上弥补了在产业布局和联动发展方面的不足。在某一领域较低的贡献占比表现出该自由贸易试验区的结构失衡情况，如产业布局已经成为福建、天津、海南自由贸易试验区的内部短板。辽宁、黑龙江自由贸易试验区在信息协同、制度创新方面存在明显劣势，开放发展较为保守。

（2）自由贸易试验区布局评价的比较优势分析。基于前文的分析结论，自由贸易试验区布局发展情况与成立时间的先后顺序存在明显关联。横向分析各自由贸易试验区在四项主要领域的比较优势，需要区分成立批次并选取代表性自由贸易试验区进行判断。根据成立批次和数量，我们将第一批、第二批自由贸易试验区，第三批自由贸易试验区和第四秕、第五批自由贸易试验区进行区分比较，分别如图 5-3、图 5-4、图 5-5 所示。

图 5-3 比较了第一批、第二批自由贸易试验区在四项主要领域的布局评价情况。上海自由贸易试验区在各领域发展绩效的评价具有综合性的全面优势。在第二批中具有较强经济基础的广东自由贸易试验区在信息协同、产业布局方面相较上海自由贸易试验区略有不足，而在制度创新和联动发展方面与上海自由贸易试验区基本持平。天津、福建自由贸易试验区在各方面比较上较为接近，福建自由贸易试验区在信息协同方面具有一定的比较优势。

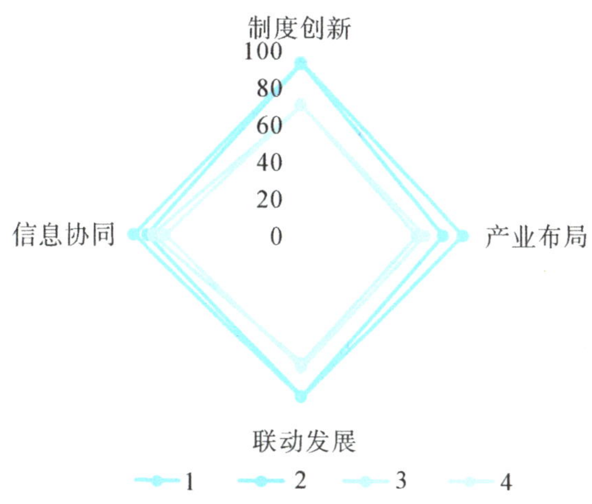

图 5-3　第一批、第二批自由贸易试验区布局评价综合比较

图 5-4 展示了第三批自由贸易试验区的布局评价综合比较。第三批自由贸易试验区于 2017 年统一挂牌成立，涉及七个地区均属我国东中部重要省份，开放时间点一致，在四项领域的评价得分方面较为相似，大多位于 60～80 分区间。其中，浙江、重庆自由贸易试验区在信息协同、制度创新领域具有一定发展优势，而辽宁自由贸易试验区在四项领域的评价中均表现出一定程度上的发展滞后。

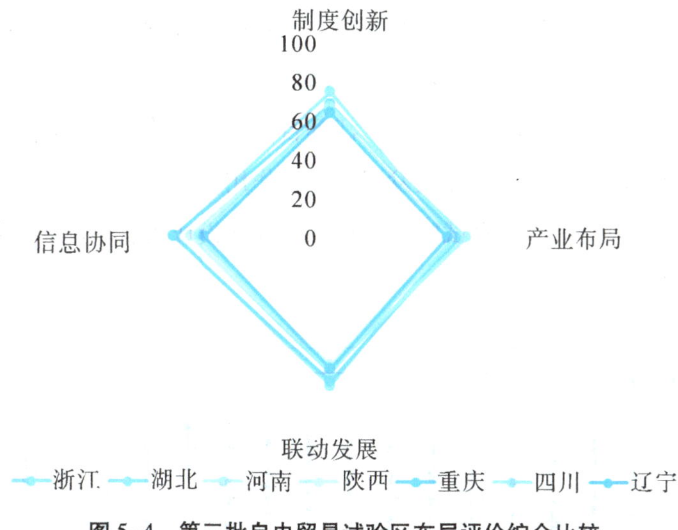

图 5-4　第三批自由贸易试验区布局评价综合比较

图 5-5 展示了第四批、第五批自由贸易试验区布局评价综合比较。除了江苏自由贸易试验区具有较为全面的绝对性优势外，海南自由贸易试验区和其他第五批自由贸易试验区在产业布局方面表现出高度的相似性，这些自由贸易试验区之间的优劣差距集中表现在信息协同领域。即便海南自由贸易试验区在总体评价中并不突出，但其在信息协同领域的绩效评估在第四批、第五批自由贸易试验区中具有一定的比较优势。

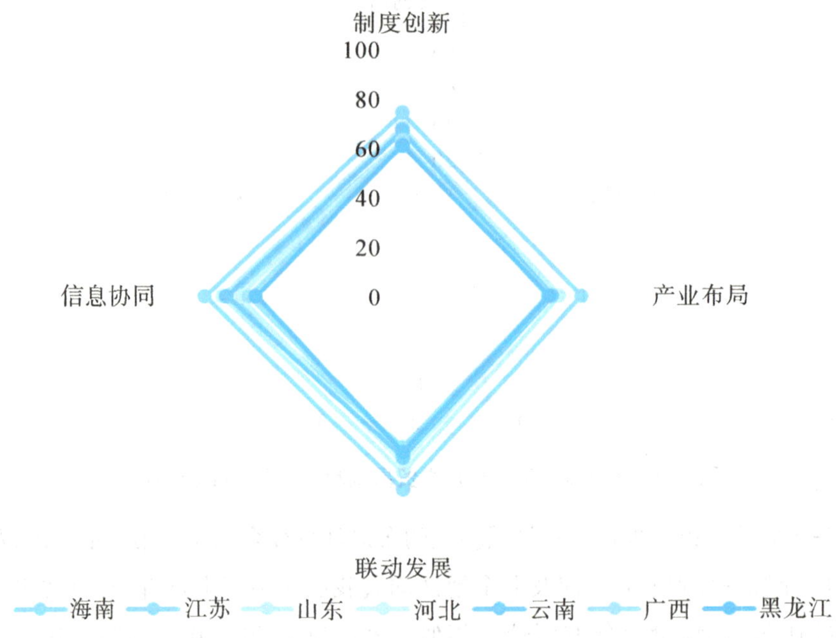

图 5-5　第四批、第五批自由贸易试验区布局评价综合比较

我们通过图 5-6 展示各批次自由贸易试验区在四项主要领域的评价比较。上海自由贸易试验区依然表现出较为全面的发展优势，各领域得分较高。广东自由贸易试验区紧随其后，但在产业布局方面略显不足。浙江、重庆自由贸易试验区可认为是第三批自由贸易试验区布局发展的典型代表。江苏自由贸易试验区成立较晚，但仍然为较晚设立的自由贸易试验区起到了开放发展的标杆作用。一些产业基础薄弱的自由贸易试验区，如海南、云南自由贸易试验区，信息协同建设成为它们提高总体的布局发展水平的首要选择。

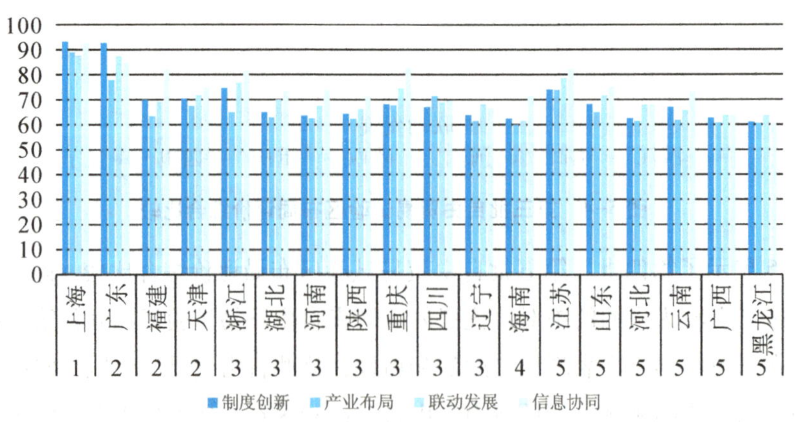

图 5-6　各批次自由贸易试验区在四项主要领域的评价比较

三、自由贸易试验区布局评估总结及建议

1. 自由贸易试验区布局评估总结

总体而言，中国自由贸易试验区布局发展趋势持续向好，各自由贸易试验区在制度创新、产业布局、联动发展和信息协同四个领域不同程度上取得了建设成效，特别是早期成立的自由贸易试验区凭借先行者优势，为后续自由贸易试验区布局建设提供了成熟可推广的实践经验，个别自由贸易试验区结合自身发展优势也建成了独具区域特色的布局成果。最早成立的上海自由贸易试验区在各评价方面均处于领先地位，充分展现了上海在中国自由贸易试验区发展建设中承担的先行先试、开放探索、积累新经验的重要责任。从时间分布上看，包括上海自由贸易试验区和广东自由贸易试验区在内，较早成立的自由贸易试验区制度创新、产业布局改善效果显著。成立较晚的自由贸易试验区在上述领域的改善相对较弱，政策效果尚未显现，如黑龙江、海南等自由贸易试验区。从地域差异上看，由于中国区域发展差异导致的自由贸易试验区布局建设异质性特征同样非常明显，集中表现为东部尤其是东部沿海自由贸易试验区布局建设效果显著，而在内陆包括西南、西北地区的自由贸易试验区之间布局绩效差别较大，自由贸易试验区建设的区域不均衡性问题突出。具体来说，现阶段中国自由贸易试验区布局发展呈现出以下几个特点：

（1）早期建立的自由贸易试验区先发优势明显。以上海为例，国务院先后发布上海自由贸易试验区建设总体方案、深化改革方案、全面改革方案，体现了上海自由贸易试验区作为中国自由贸易试验区建设先行者的改革之路和政策升级导向。上海自由贸易试验区改革试点早，取得的成果多，区域影响力大，在政策试点背景下，伴随中国进一步对外开放，助推了上海经济转型发展，并带动了周边区域联动建设。上海自由贸易试验区总面积为 120 平方千米，在 2019 年实现税收总额超过 2 600 亿元，生产总值逾 7 500 亿元，凭借高水平经济聚集程度，上海自由贸易试验区以占上海 2%的土地面积贡献了上海 25%的地区生产总值和 40%的进出口贸易总额。

（2）设立片区的经济基础提供了重要的发展便利性。长三角、珠三角一带设立的自由贸易试验区，凭借改革开放以来积累的发展经验和产业基础，为自由贸易试验区政策背景下的进一步发展提供了相当的便利性。广东自由贸易试验区拥有早期经济特区开放建设经验，加上临近港澳优越的地理位置和高校人才储备，虽然晚于上海自由贸易试验区设立，但仍然在绝大多数布局领域建立了发展优势，特别是在政府效能建设、先进制造业开放发展以及人才联动方面甚至优于先行的上海自由贸易试验区，

形成了广东自由贸易试验区深入推广的良好基础。

（3）自由贸易试验区中东西布局区域差异显著。在分布范围上，中国自由贸易试验区试点设立具有较为合理的空间布局，包括在珠三角、京津冀、长三角、东部沿海、东北延边和中西部地区均有分布，这与中国宏观发展层面的区域优化要求基本一致。不过，由于试点先后顺序、区域经济基础、地理区位等方面存在较大差异，各区域自由贸易试验区布局均衡发展的愿景仍然需要长时间的改进、优化。各自由贸易试验区在明确自身发展优势、长期发展定位的基础上，仍有必要进行区域联动，补齐短板，形成自由贸易试验区之间相互借鉴、相互进步的发展局面。

（4）自由贸易试验区功能特性与城市特色匹配。我们通过布局评估发现，各省自由贸易试验区的建设重点并非完全一致，而是力争求同存异，充分尊重地方原有发展路径和发展目标。首先，各自由贸易试验区建设的共性在于高水平要求下的进一步对外开放，并通过制度创新加以实现。其次，各自由贸易试验区由于历史发展沿革，在经济文化水平、基础设施条件和自然资源要素方面存在很大不同，但显著的区域个体差异并没有成为自由贸易试验区布局建设当中的障碍问题，而是在自由贸易试验区建设中得到了充分保留，目的在于强化优势以弥补短板。例如，上海自由贸易试验区凭借坚实经济基础承担开放“排头兵”“桥头堡”的关键角色，山东自由贸易试验区将原有新旧动能转换融入自由贸易试验区发展目标，辽宁、黑龙江自由贸易试验区继续推进东北振兴国家战略。最后，结合地区发展特色，自由贸易试验区政策充分尊重了不同区域发展优势和劣势的客观情况，将地方发展优势融入改革路径，共同服务于国家需求，如将广东、福建自由贸易试验区作为21世纪海上丝绸之路的重要枢纽和核心区，河南自由贸易试验区形成连接陆上丝绸之路的枢纽经济，陕西自由贸易试验区将扩大“一带一路”沿线经济合作范围作为其主要建设任务等。

2. 自由贸易试验区布局发展相关建议

（1）强化组织领导保障。我国应加强党对完善自由贸易试验区布局工作的领导作用。全国上下应坚定团结在以习近平同志为核心的党中央周围，保持高度一致的政治自觉、思想自觉、行动自觉，贯彻落实党的十九大、十九届一中、二中、三中、四中、五中全会和中央经济工作会议精神，深刻领会习近平总书记对自由贸易试验区工作的一系列重要指示精神，站在增强“四个意识”、坚定“四个自信”、做到“两个维护”的战略高度，把思想和行动统一到党中央、国务院和各级政府的决策部署上来，统筹推进完善自由贸易试验区布局、建立更高水平对外开放的经济和贸易制度。

我国应加快完善上下协调、精简高效、统一指挥的管理推进机制。我国应按照既尊重各自由贸易试验区的创新精神，又利于各方形成改革合力；既表彰激励先进，又鞭策督促后进的标准，加快补偿在各个自由贸易试验区建设前期暴露的短板弱项。各级部门应进一步强化对事权下放工作重要性的认识，摒弃部门本位思想，达成事权下放的共识，以充分释放各个自由贸易试验区在自主决断、制度创新、探索实践方面的空间和活力。各级部门和相应地区可以就事权下放问题进行专题讨论，对标发达地区事权下放清单，直接面对面、点对点、就事论事地对相关事权下放与否、承接需要的条件、下放后产生的影响进行深入探讨和研究，厘清权力和责任边界，明确事权下放的必要性和可行性，对需要国家部委下放的事权由各省级部门积极向上争取协调。此外，我国应从强化保障工作的层面对相关人员进行培训，将相关人员调动至一线窗口进行对接辅导和锻炼，保证事权下放的平稳过渡。

（2）风险监管与防范。

①创新监管机制。我国应明确政府职能，建立政府部门的权力清单与责任清单制度；增强政府各部门的行政管理协同能力；建立主要监管部门牵头、相关部门参与的协同监管机制，明确牵头部门和协同部门的职责分工，细化监管程序、落实承办机构。

②以法规细则为保障推动监管落实。我国应聚焦重点行业、领域和市场，研究制定市场主体行为规范，制定市场主体自律实施细则、业界自治操作办法以及第三方专业机构、媒体、公众等社会力量参与监管实施细则；建立健全监管责任制度和责任追究制度，强化落实对监管者的监督。

③以新兴技术为支撑提升监管效率。我国应积极运用新媒体、移动互联网等新技术，丰富监管部门与企业的网络化、信息化沟通渠道；积极利用大数据等现代化信息技术，积极探索规划各政府管理部门信息的互联互通和共享。

④进一步完善社会信用体系建设。我国应推动监管部门与第三方平台企业开展合作，形成政府数据与第三方平台双向流动、透明开放、多方共享的合作监督格局，将信用约束的范围进一步从政府扩大到市场和社会，在信用监管的基础上对企业进行分类管理。

⑤加强风险监测、预警等前导机制建设。我国应建立信息预警系统，采用大数据分析技术，对事中事后监督过程中发现的各类风险进行判断识别，并根据风险程度分类监督和管理。对高风险领域和重点领域，我国要建立风险监测评估、风险预警跟踪、风险防范联动机制，加强对即将发生违法违规的环节的监督和及时预警，防止重大事故发生。

（3）财税政策保障。我国目前共设立了 21 个自由贸易试验区，根据各地区的实际情况不同，各地区政府给予自由贸易试验区的财税政策也不同。当前，国家和地方均不同程度出台了相关财税政策扶持自由贸易试验区建设，完善而系统的财税政策是自由贸易试验区保持运行活力与产业、人才吸引力的重要手段，对于自由贸易试验区产业布局建设、联动发展建设而言具有重要意义。现有财税政策仍可从以下几个方面进行改进：

①推动自由贸易试验区财税政策写进法律法规，形成投资者稳定的政策预期。现阶段，我国自由贸易试验区税收优惠政策没有国家层面的立法予以保障，而是通过总体方案及国家税务总局、海关总署等发布的规章和规范性文件等予以规定。在实际执行过程中，这较容易出现透明度不高、执行力不强、监管不到位等情况。

②加大力度支持自由贸易试验区财政税收返还。根据税法的规定，各自由贸易试验区普遍存在对投资人的个人所得重复征收企业所得税、个人所得税的问题，高附加值产业增值税税率普遍过高、个人所得税税率过高，这些问题需要通过地方财政部门加大返还力度来解决。

③构建自由贸易试验区财税政策体系。虽然财税政策种类繁多、内容丰富，但是不少自由贸易试验区的财税政策不成体系，政策与政策之间没有形成相互配合、相互支撑的框架结构，地区间财税政策差异易产生政策洼地，造成恶性税收竞争和资源浪费。自由贸易试验区与非自由贸易试验区财税政策的差异、自由贸易试验区内不同片区财税政策的差异等既不利于企业成本的节约和资源的有效利用，也不利于政府实现区域内资源整合和统一规划的目标。部分财税政策表述过于笼统，对于适用主体而言，难以单纯依靠文件直接获得辅助决策的有效信息。

（4）人才培养和创新政策保障。现有的人才培养和创新政策已为自由贸易试验区的发展做出了突出贡献。但是，在深化供给侧结构性改革的大背景下，为了充分发挥我国超大规模市场优势和挖掘内需潜力，构建国内国际双循环相互促进的新发展格局，也为了自由贸易试验区发挥更大作用，人才培养和创新政策也要不断创新发展。

①坚持人才培养和引进“双轮驱动”，构建人才高地，优化人才引进与发展环境。一方面，我国应加快国际人才引进和管理制度创新，吸引高端创新创业团队入驻自由贸易试验区。我国应试点建立与国际规则接轨的人才管理、投融资、股权激励、成果转化、离岸创新创业等制度，允许取得永久居留资格的国际人才在自由贸易试验区创办科技型企业，担任新型科研机构法人以及领衔承担政府科技计划项目。另一方面，我国应进一步完善人才激励制度。我国应落实以增加知识价值为导向，与国际接

轨的科技人才薪酬激励机制，针对科研关键岗位和高层次人才推行协议工资、年薪制，对重大科技项目负责人可以采用项目工资制。我国应支持赋予科研机构和高校更大的收入分配自主权，健全与岗位职责、工作业绩、实际贡献紧密联系和鼓励创新创造的分配激励机制。

②实施激励创新创业的科技金融政策。推进大众创业、万众创新是自由贸易试验区深入推进供给侧结构性改革的重要途径。一方面，我国应发挥新兴产业创业投资引导基金、国家科技成果转化引导基金的作用，带动社会资本设立创业投资子基金，支持科技成果转移转化；设立自由贸易试验区“双创”发展资金，鼓励创新创业。另一方面，我国应采取税收减免和补贴政策为创新创业人才与创业服务机构减轻负担。对创业投资企业和天使投资个人采取股权投资方式直接投资于初创科技型企业，在一定时间内给予所得税减免；对急需的创新人才实施个人所得税减免或返还，同时对赡养人口费用、教育支出及医疗费用等进行税前扣除；对提供技术转让、技术开发、技术咨询和技术服务的机构，对其增值税实际税负超过一定部分实行即征即退政策；对创新创业载体免征房产税和城镇土地使用税。

③进一步完善知识产权保护和运用体系。高效的知识产权保护和运用是自由贸易试验区健康发展的重要保障。塑造良好的知识产权保护形象，营建国际化、法治化、便利化以及公平、统一、高效的营商环境，对自由贸易试验区的发展至关重要。一是要深化知识产权服务体系建设。各地区要建立地方知识产权交易中心，推进高端知识产权服务业态发展；搭建知识产权投融资综合服务平台，加大知识产权证券化试点力度，推广贷款、保险、财政风险补偿捆绑的知识产权质押融资模式。二是要加强知识产权的国际合作。我国应积聚国际知识产权资源，吸引世界知识产权组织设立办事处，引进高端国际化知识产权服务机构入驻自由贸易试验区开展业务。

第六章

自由贸易试验区布局的优化机制

当前，我国已经形成东中西协调、陆海统筹的自由贸易试验区发展格局。随着我国开放水平的逐步提高和各地区探索、复制自由贸易试验区建设步伐的加快，各自由贸易试验区改革试验不再是“单兵突进”，而将更加注重整体性、系统性、协同性。通过自由贸易试验区内外部的协同发展，优化自由贸易试验区布局，发挥自由贸易试验区的协同效应，成为我国自由贸易试验区更高水平整体发展和更高质量网络建设的重要内容。

回顾已有文献，针对优化自由贸易试验区布局机制的研究主要是从以下两个方面来讨论的：第一，整体制度与自由贸易试验区建设。已有文献从整体制度角度出发，主要是从宏观层面分析如何通过制度改进与创新来实现自由贸易试验区的优化布局。相关研究认为，通过制度创新以构建制度内生增长极、加强制度变迁的辐射能力、推进制度与体制机制的全方位改革、提高制度的联动能力、对标高水平经贸规则以形成便利化的制度体系等可以有效促进我国自由贸易试验区布局优化，并且能够进一步推动我国经济高质量发展。第二，具体制度与自由贸易试验区建设。针对具体的制度安排，现有文献从组织协同的维度进行了研究，认为我国自由贸易试验区的建设应当重视中央与地方的关系，科学下放省级权限，探索适合各地实情的容错机制等。这些具体的制度安排有助于满足自由贸易试验区布局优化以及高质量发展的需要。部分学者也关注了产业协同的重要性，特别是要进一步扩大服务业开放力度，构建高标准的贸易投资体系，通过高品质的服务业发展带动我国其他产业升级转型，进一步推动自由贸易试验区的优化布局。现有文献针对自由贸易试验区建设与布局的研究大多探讨了制度创新、产业联动等因素对自由贸易试验区发展的影响，但尚未针对优化自由贸易试验区布局的内在机理进行研究，本章的机制分析将是对现有文献的完善。

当前，我国自由贸易试验区协同发展在制度复制推广、协同开放、多层次合作等方面取得一定成效。组织协同、通道协同、产业协同和信息协同是自由贸易试验区布局优化的四个主要发力点与支撑点。因此，本章将构建自由贸易试验区布局优化机制分析框架，尝试从组织协同、通道协同、产业协同和信息协同四个维度解析自由贸易试验区布局的制度性需求、内在逻辑和政策功能，进一步促进自由贸易试验区充分发挥各类开放平台协同优势，学习世界高水平自由贸易园区的建设经验，形成更多有国际竞争力的制度创新成果，推动经济发展质量变革、效率变革、动力变革。

第一节　差异化制度创新的组织协同

一、组织协同的概念与内在逻辑

从弗雷德里克·温斯洛·泰勒（F. W. Taylor）的科学管理分工开始，组织为了不断获得更高的管理效率，分工的效能也被不断强化，用分工获得的相对稳定的责任体系进而又推进了绩效的获得，分工成为主要的组织管理方法。发展到现在，组织需要解决的是整体效率问题，既有组织内部的问题，又有组织间的问题与组织外部的问题。产业价值链条上的各个环节的效率则需要依靠协同，即依靠组织间的协同才能得到效率最大化。

在自由贸易试验区建设中，制度创新的实质是中央政府、国家部委、省级政府、省级以下政府（地方政府）、企业和第三方机构等多元主体围绕特定区域政策展开的协同治理过程。在协同治理中，政治过程的各种权力处于明显的分割状态，多元行动者之间的相互博弈、寻求共识、达成合作和维持信任等互动行为将成为常态。这与政策试点理论描述的自上而下的行为模式以及地方政府创新理论强调的地方自主探索模式都有显著的区别。这种区别的背后隐藏着几个深层次的理论问题，即自由贸易试验区布局为什么需要组织协同机制、自由贸易试验区组织协同机制遵循什么样的内在逻辑以及自由贸易试验区组织协同机制的政策目标何在等。

组织协同的内在逻辑由协同能力、协同体系与协同机制有机构成。第一，协同能力是组织协同的逻辑前提。组织协同需要行为主体具备较强的协同能力，这是组织协同的逻辑前提。在自由贸易试验区组织协同过程的多元主体中，中央政府具有政策顶层设计能力，国家部委具有政策方向规划和政策压力传导能力，地方政府具有政策目标属地化、政策内容再填充和政策资源调动能力，企业和第三方评估机构具有政策建议和监督能力。自由贸易试验区布局的优化有赖于充分发挥和利用多元主体的力量调动更多的政策资源，形成自由贸易试验区改革的强大合力。第二，协同体系是组织协同的制度保障。在各个行为主体都具有足够的协同能力的基础上，自由贸易试验区的协同治理还要求这些行为主体构成相互联系、相互制约的协同体系。协同行为的先决条件就是相互依存，也就是说，协同体系中的任何个体或组织都无法单独实现其目标。中央政府创造了自由贸易试验区这一独特的政策载体之后，包括中央政府自身在内的各种行为主体采取了不同的行为策略，这些行为策略相互影响，构成了自由贸易试验区的协同体系。第三，协同机制是组织协同的推动路径。自由贸易试验区的协同体系形成以后，如果要真正运作起来，还要通过各种具体的协同机制发挥作用。

自由贸易试验区组织协同的机制主要有以下四种：

一是联动机制。自由贸易试验区的治理是一个多主体协同一致的过程，这个过程若要启动，关键因素在于多主体的联动。

二是激励机制。对于地方政府而言，在自己管辖的区域内建设自由贸易试验区，无疑是发展地方经济的捷径。对于身处政治锦标赛的地方官员来说，成功申报自由贸易试验区意味着在区域发展竞赛当中抢占先机。除此之外，获批建设自由贸易试验区也意味着地方政府自主权的扩大，此前一直受到“条条”限制的政策，可以在自由贸易试验区的国家战略之下得以推行。

三是约束机制。地方政府自主权的扩大，有助于提高地方政府参与自由贸易试验区改革的积极性。但是，自主权不可能是无限扩张的。事实上，无论是中央政府，还是地方政府，都要在法治的基础上推行自由贸易试验区的各项改革措施。自由贸易试验区改革中的法律框架，为所有参与自由贸易试验区治理的行为主体提供了标准和依据。

四是长效机制。自由贸易试验区的改革不是一朝一夕就能完成的，改革中的组织协同治理需要长效机制来维持。特别地，由于自由贸易试验区的组织协同改革具有较强的制度特性，因此需要与时俱进、形随时动，也唯有不断具体化、不断根据实际情况进行调整，才能确保组织协同改革能够更加适应自由贸易试验区布局的发展需要，不断巩固自由贸易试验区的发展成果。

二、自由贸易试验区组织协同的制度性需求

精简高效的行政管理体制和治理模式是自由贸易试验区建设的保障，自由贸易试验区组织协同的制度性需求产生于自由贸易试验区实践过程中。自由贸易试验区主动适应国际经贸规则变迁，瞄准国内经济发展面临的深层次矛盾，以制度创新为核心，已探索形成不少在全国可以复制推广的经验，改革事项相对集中，参与部门呈多元化，改革成果各具特点。但是，由于现代社会的公共事务具有高度的复杂性，任何政府机构在面对自由贸易试验区改革这样的宏大政治命题时，都会显得力不从心。参与主体认识受限、改革判定依据不足、部门之间协同欠佳以及专业人才较为匮乏等问题，制约着自由贸易试验区深化改革创新。自由贸易试验区组织协同的制度性需求由此产生。因此，我国有必要从组织协同方面着手，融化政府组织间的强大边界，通过

机制层面的政治主体间频繁互动来弥补体制层面的阻隔与壁垒；通过政府之间的协同治理来制定和执行政策，降低治理单元之间的交易成本，提高治理体系的整体绩效，进一步优化自由贸易试验区布局，以便更好地发挥其开放引领作用。

例如，自由贸易试验区在政府职能改革方面仍然面临很多共性的问题：一是改革权限受困，即因为各层级政府事权划分不顺制约了自由贸易试验区改革权限；二是改革协同受阻，即部门条块分割与部门本位主义影响综合执法、综合监管体系的协同治理；三是改革保障缺位，即高阶位法律制度缺乏制约了制度创新的合法性；四是改革主体单一，社会力量参与自由贸易试验区治理相对薄弱。

为减少审批层级，提高自由贸易试验区的自主权及办事效率，自由贸易试验区所在省级政府纷纷列出清单，赋予自由贸易试验区省级经济管理权限。例如，河南省对自由贸易试验区首批下放了455项省级管理权限，湖北省对自由贸易试验区首批下放了61项省级管理权限，广东省对自由贸易试验区下放了近百项省级经济社会管理权限的审批事项，尤其是经济管理权限，一律下放给片区管委会等。从理论上来讲，赋予自由贸易区省级经济管理权限，对提高自由贸易区的自由度的确有诸多好处。但是在实践中，由于种种原因所限，自由贸易试验区实际上很难承接省级经济管理权限，导致了省级政府对自由贸易试验区的放权往往流于形式。例如，我国自由贸易试验区的人员编制多为20人左右，往往缺乏人手专门研究省级权限的落实问题。不少事项下放后流于形式，未能对相关事项增加人员编制、提供专项经费予以保障，甚至只能开设远程受理窗口，提供代收件及简单咨询服务。有些省直部门在下放权限时，未考虑自由贸易试验区的实际需要，导致一些核心权限并未下放，而下放的部分权限自由贸易试验区并不需要，简政放权流于形式。

三、组织协同的纵向和横向发展路径

1. 开展“多合一”管理体制改革，构建全链条服务模式

自由贸易试验区属地政府部门应该朝着更加集成的方向不断深化管理体制改革。其一，政府部门应整合管理职能，在机构设置上突出管理顺畅、运转高效，采取“多合一”的方式，推行大部制改革，消除区域内职能部门重叠、管理权限交叉的问题。其二，政府部门要进一步简政放权，加快将部分审批权限下放到各自由贸易试验区，实施一揽子授权，以此提高办事效率。例如，政府部门可以在自由贸易试验区各片区、联动区依据其功能设立一揽子服务审批窗口，保证自由贸易试验区具有高效发展的体制机制优势。

2018年和2021年，国务院先后印发了《关于支持自由贸易试验区深化改革创新若干措施的通知》和《关于推进自由贸易试验区贸易投资便利化改革创新的若干措施的通知》，将外资企业设立建筑企业、人才中介机构、港澳服务提供者设立旅行社等审批权下放到自由贸易试验区。同时，国家相关部门围绕不同自由贸易试验区的产业定位，向地方下放特定领域的审批权。例如，国家将国际航行船舶保税加油许可权下放至舟山市人民政府，同时也是第一次正式明确了保税油供应资格的申请条件，精简了准入程序；将增值电信业务外资准入审批权、国际快递业务经营许可审批权以及无船承运、外资经营国际船舶管理业务行政许可权等下放给海南省。此外，中央也积极推动相关省、自治区、直辖市政府加大向自由贸易试验区下放省级管理权限，尤其是投资审批、市场准入等权限。

在国家“放管服”改革的引领下，各地重视将部分行政审批权下放给自由贸易试验区，推进简政放权，提升自由贸易试验区行政效率，提升外商投资便利度。2015年，上海市政府率先将部分行政审批权下放给上海自由贸易试验区。2015年、2017年和2021年，广东省政府分三批将总计105项省级管理权限直接下放给自由贸易试验区。2017年和2018年，广东省政府分两批将202项省级管理权限事项调整由地级以上市实施，自由贸易试验区各片区根据实际需求和有效承接的原则，对已下放至地级以上市的部分省级管理权限提出了下放或委托实施的诉求。2020年，云南省发布《关于向中国（云南）自由贸易试验区各片区管委会下放第一批省级管理权限的决定》，向自由贸易试验区下放第一批省级行政权力事项73项。2021年，湖南省发布《关于在中国（湖南）自由贸易试验区开展放权赋权极简审批的通知》，明确向自由贸易试验区下放第一批98项省级管理权限等。目前，上海、福建、陕西、四川下放了外商投资企业设立、变更审批权；福建、陕西、河南、辽宁、云南下放了中外合作职业技能培训机构设立审批权；福建、河南、重庆、四川、辽宁下放了外商投资道路运输立项审批权；福建、河南下放了外资企业、中外合资企业、中外合作企业在我国沿海、江河、湖泊及其他通航水域水路运输审批权；福建、陕西、江苏、湖南下放了设立中外合资（合作）经营娱乐场所审批权；四川、湖北、江苏下放了设立中外合资、合作印刷企业和外商独资包装装潢印刷企业审批权；湖南、黑龙江下放了外国非企业经济组织在华设立常驻代表机构审批权。部分自由贸易试验区下放行政审批权如表6-1所示。

表 6-1 部分自由贸易试验区下放行政审批权

时间	自由贸易试验区名称	下放内容
2015 年	上海	行政审批权
2015—2021 年	广东	105 项省级管理权限
2020 年	云南	73 项省级行政权力事项
2021 年	湖南	98 项省级管理权限
截至 2021 年年底	陕西、四川等	外商投资企业设立、变更审批权
截至 2021 年年底	福建、陕西等	中外合作技能培训机构设立审批权
截至 2021 年年底	福建、河南等	外商投资道路运输立项审批权
截至 2021 年年底	福建、河南等	外资企业在我国通航水域水路运输审批权
截至 2021 年年底	江苏、湖南等	中外合资（合作）经营娱乐场所审批权
截至 2021 年年底	湖南、黑龙江等	外国非企业经济组织在华设立常驻代表机构审批权

2. 搭建要素共享共用平台，促进信息、资源互通

自由贸易试验区属地政府部门应从信息层、产业层、服务层出发，为全域的联动发展搭建各类要素共享共用平台，促进信息、资源互通。第一，政府部门应搭建跨机构、跨地区的信息共享平台，保证信息的互通性和共享性。例如，政府部门可以考虑推动“自由贸易试验区-联动区-经济腹地”的信息共享平台建设，共享政策、产业、人才的需求与供给信息，降低由信息不对称带来的联动障碍。第二，政府部门应搭建各区域联动的产业合作平台，围绕自由贸易试验区的发展规划和本地领军企业的业务需求，对生产网络进行调整和布局，促进产业发展形成合力。第三，政府部门应搭建公共服务平台，全面提升公共服务平台的功能和服务能力。例如，政府部门应建立全流程一体、高度集成的在线政务服务新模式，使本地政务服务实现标准化的在线统一管理和协同联动。

3. 加强自由贸易试验区政策的宣传与培训，鼓励民营企业参与建设

自由贸易试验区的建设不能只依靠政府，创新成果的转化与产业规划的落地都需要依托企业来完成。自由贸易试验区的机构设置和改革权限缺乏充分的法律授权，自由贸易试验区的机构只是作为当地政府的派出机构，容易导致体制机制不顺、责任主体不明等问题。目前，我国自由贸易试验区管理模式呈多元化发展，但市场治理作用仍然有待提升。同时，企业的资本也是自由贸易试验区发展重要的资金来源。因此，属地政府部门应在加强制度创新的同时，加强对本地民营企业的宣传与辅导，让民营企业熟知自由贸易试验区出台的支持政策和举措，引导、鼓励企业参与自由贸易试验

区建设，形成“自上而下”与“自下而上”双向互动协作的良性发展格局。

4. 落实完整工作机制，为实现联动发展打破分割式管理的格局

制度联动是自由贸易试验区与经济腹地联动发展的重要保证。实现该维度联动的关键是自由贸易试验区属地政府打破分割式管理的格局，站在统筹全局的高度，建立面向整体区域的共同服务与治理机构，并最终形成一系列包括融合机制、利益分配机制、激励机制、资源共享机制、协同创新机制、保障机制、监督机制等在内的促进联动发展的机制体系。例如，杭州设立了三级管理制度，设立了中国（浙江）自由贸易试验区杭州片区建设领导小组，由市委书记任组长，市长任第一副组长，相关市领导任副组长；设立了中国（浙江）自由贸易试验区杭州片区管理机构作为领导小组的日常办事机构；在钱塘、滨江和萧山三个区块分别设立了自由贸易管理局，担负该区块自由贸易试验区工作的主体责任。宁波建立了更细致的四级管理制度。宁波片区建设领导小组负责统筹协调宁波片区建设发展工作，研究决定宁波片区改革发展的重大事项和重要规划；领导小组办公室负责协调、督查宁波片区改革试点任务，组织实施宁波片区创新经验成果复制推广工作；宁波片区管委会主要负责宁波片区建设、管理等工作；联动区和辐射区所在区（县、市）或开发园区指定相关部门设立办公室，统筹开展相关工作。这种更加细致的管理格局能够尽量解决层级分割导致的效率低下、分工不明等问题，不断提高组织协同的效力。

四、通过组织协同推动制度创新的意义

1. 确保制度创新的合法性

国家部委的配套政策代表了中央政治决策的具体化，地方政府的制度创新只有在此基础上进行，才能体现中央的决策精神。自由贸易试验区组织协同过程的多主体性，给制度创新的合法性带来了挑战。组织协同的政治机制使得不同的行动主体围绕着同一个政策议题贡献自己的政策资源，彼此之间交换利益，达成一致，共同行动，从而克服了政策执行的合法性危机。同时，各自由贸易试验区积极强化法治化建设，为市场主体的发展保驾护航。例如，河南自由贸易试验区建立起机制健全、仲调结合、一律平等的法律服务体系，成立了片区国际商事仲裁院和自由贸易试验区法庭，并设立专门合议庭或专项合议庭，负责涉及自由贸易试验区案件的立案、审查、执行。四川自由贸易试验区人民法院挂牌成立，成为全国唯一以省域冠名的自由贸易试验区法院，国际商事仲裁中心也投入运营。海南自由贸易试验区出台《中国（海南）自由贸易试验区重点园区极简审批条例》，以专门立法的形式推动和深化极简审批改革。

2. 提高制度创新的自主性

自由贸易试验区改革更强调协同治理，意味着地方政府在制度创新方面的自主性有所增强。上级政府对下级政府进行指导性授权，下级政府的自主性看似受到了抑制，实际上却有所扩张。因为下级政府在改革中的自主性是动态存在的，它不是体现在政策条文中，而是体现在政治过程中，上下级政府之间的频繁互动是这种自主性得以存在和发展的过程逻辑。自由贸易试验区的主要任务之一就是对标先进的国际经贸规则。因此，在这一先行先试的过程中，自由贸易试验区也将获得更大的自主权，敢于试错，能够做到风险可控，有利于促进自由贸易试验区的高质量发展。

3. 增强制度创新的专业性

自由贸易试验区改革具有很强的专业性。金融、财税等领域的改革任务，一般的政府机构很难胜任，需要在协同治理的过程中最大限度地投入智力资源。上级政府在其主管的领域处于统摄地位。和下级政府相比，其可以在某一领域集中更多的人力和物力开展专题调研，及时总结自由贸易试验区改革中的经验和教训，找到并分析存在的问题，增强制度创新的专业性。例如，海南自由贸易试验区改革外商投资管理模式，建立以国际投资“单一窗口”为核心的外商投资管理制度，提升招商引资国际商务服务水平，推动 2019 年海南实际利用外资同比翻一番。广东南沙片区成立国际仲裁中心，明确规定聘用外籍仲裁员比例。前海片区是目前国家批复的唯一一个中国特色社会主义法治建设示范区，直接对接国际商事规则。山东自由贸易试验区加快实施“负面清单”赋权，除法律法规明确不能下放的省级事权外（约占全部省级行政审批权限的 8%），其他均根据片区发展需要和承接能力下放实施。

4. 产生制度创新的示范性

对于中央政府而言，建设自由贸易试验区的主要目的是寻找一批可复制、可推广的新制度。上级政府的配套政策在客观层面将这些新制度标准化、规范化，从而使其产生了示范性。例如，广东自由贸易试验区横琴片区率先探索制定对标国际的供用电规则，推行低压供电模式、受电工程强制监理、取消受电工程现场验收等举措，企业“获得电力”程序、时间和成本均大幅压缩，用户报装审批环节从平均 5.5 个简化为 2 个，服务过程耗时缩减 73.2%，用电报装成本下降 81%，电力设备品类精简 75%。重庆自由贸易试验区推进“多证合一”和“证照分离”改革试点，探索推行“四十一证合一”，通过取消审批、审批改备案、告知承诺、提高透明度、加强市场准入监管等措施，解决“准入不准营”的问题。

5. 追求制度创新的可控性

自由贸易试验区是突破现行政策框架的新鲜事物，因此需要控制各种风险，多方参与的协同治理机制可以有效降低制度创新的风险，将各类风险控制在可控的范围之内，确保自由贸易试验区在推进制度创新过程中将风险阻力降到最低。

第二节　国内外联动发展的通道协同

一、构建通道协同的内在逻辑

自由贸易试验区通道协同包含硬件基础设施和软件制度规则两个方面，在自由贸易试验区建设中起到了相互促进的作用。一方面，自由贸易试验区建设完善了区域间的通道建设；另一方面，通道建设也塑造了自由贸易试验区的布局。通道协同的内在逻辑包含交通通道为载体、要素流动为动力、引力分析为模型等有机组成部分。

第一，交通通道是通道经济形成的基本载体。交通通道是要素资源流通和集散的平台，是通道经济形成和发展的前提条件、产业活动和布局的先行条件，是自由贸易试验区之间贸易交流合作得以实现的基础。通道的性质和发展层次直接决定了通道经济的发展水平。因此，通道被看成经济地域系统内外物质、能量、信息循环和交换的“脉络”与向外扩展、运动的“桥梁”。作为通道经济的基本载体，交通通道与区域经济之间相互影响，通道建设与经济发展之间形成正反馈机制，从而走向协同发展，推向更高水平的经济演化。

第二，要素流动是通道经济发展的基本动力。通道经济发展首先建立在要素流动、流通的基础之上。在这一基础上，通过资本、人才、信息、技术等要素流通，制度流通以及由这些要素流通形成的商品流通、以产业转移为特征的产业流通等综合性流通，催生了通道经济的形成。流量要素经过集聚、整合、扩散完成。

第三，引力模型是分析通道经济的基本模型。自由贸易试验区之间劳动力的转移、人才的流动、商品的流通、人口的短期迁移、信息流通、深造求学以及产业转移等，加深了区域间的联系和相互作用，形成了区域间的相互作用模型，即引力模型。根据引力模型的基本原理，要素在区域内的集聚和扩散能够激发地区发展潜力，吸引沿线地区的要素和产业聚集，带动流量经济的发展。

二、交通循环系统是推动通道协同的基础

交通基础设施是自由贸易试验区联动发展的支撑与基础。交通、管线、数字基建等基础设施是自由贸易试验区与经济腹地联动的基础。

通道协同的制度性需求产生于自由贸易试验区建设布局的实践中。由不同运输方式共同构成的综合运输通道，是国民经济重要的组成部分。但是，受限于空间布局等

方面的因素，自由贸易试验区布局与通道建设存在不同程度的割裂现象，不同运输方式间的协同水平仍有待提高，跨区协同方面仍暴露出一些不足，通道的综合优势发挥受限。因此，自由贸易试验区有必要从通道协同方面着手，研究如何通过相互协作、相互配合进而形成的交通循环系统，为经济活动所需要的各种资源在区域内部与区域外部、不同产业门类之间的交流互通提供基本保障，进而推动自由贸易试验区布局优化。

例如，在基础设施方面，广西自由贸易试验区自成立以来不断拓展集装箱班轮航线。目前，北部湾港已开通 3 条远洋航线、52 条集装箱航线，其中至东盟航线 19 条，不断升级西部陆海新通道的互联互通。同时，广西自由贸易试验区打破西部陆海新通道海铁联运瓶颈，建成运营钦州铁路集装箱中心站工程及北海铁山港进港铁路专用线，致力于确保海铁联运“最后一公里”的畅通。此外，为加强北部湾港与中欧班列无缝衔接，广西自由贸易试验区进一步拓展中西部地区海铁联运班列线路，通过集拼班列等形式，吸引陕甘蒙等西北地区货物通过北部湾港海铁联运出海，不断拓宽陆海新通道物流网络和辐射范围，增强通道示范带动效应，吸引外贸货源，为稳步推动国际产业合作打下扎实的物质基础。

三、基于联动发展需求的通道协同发展路径

基础设施特别是交通设施和数字基建是自由贸易试验区与经济腹地联动发展的基础。实现该维度联动的关键是自由贸易试验区与经济腹地基础设施的统筹规划和合理布局，打破封闭建设的格局，在整体范围内整合交通运输、供水、电力路线、通信光缆、微波通道建设。同时，自由贸易试验区还需要根据联动发展需求，大力发展数字基建，打造便捷高速的信息传播通道，实现跨行政区域共建共管和共用共享。

1. 打破封闭发展格局，共建共享交通枢纽等基础设施

自由贸易试验区属地政府要联动推进交通综合枢纽建设，打造空铁一体、多种运输方式融合的国际性综合枢纽。同时，自由贸易试验区还应研究出台跨区域重大基础设施建设方面的共建共享共担机制，在医疗、教育、交通、物流集散体系等公共基础设施建设方面形成共同规划发展、共同投资监管、风险共担、利益共享机制。重庆自由贸易试验区地处“一带一路”和长江经济带联结点，已建成东西南北“四向”联通、公铁水空多式联运的国际物流枢纽体系，区位和交通优势突出。此外，重庆与四川合力打造川渝国际航运和物流枢纽，拥有西部陆海新通道等互联互通示范项目，共同创建了全国首个中欧班列品牌。

针对铁路箱、海运箱缺箱和库存箱之间的突出问题，为节省集装箱换装时间和换箱成本，重庆创新优化通道物流组织模式，推动通道运营平台公司、海船公司、铁路运输企业签署箱源共享合作协议，在陆海新通道内陆铁路场站引进海运箱，推广“铁路原箱下海、一箱到底”模式，提高班列运行效率，整体通关时间压缩了40%。

目前，西部陆海新通道已通达全球106个国家、308个港口。2021年1~7月，铁海联运班列（重庆始发）开行1 140班，同比增长128%，运输货值71.2亿元，同比增长113%；跨境公路班车（重庆—东盟）开行1 993车次，同比增长104%，运输货值12亿元，同比增长150%；国际铁路联运班列（重庆—越南）开行34列，运输货值17亿元，同比增长21%。三种方式运输箱量6.2万标准箱，同比增长123%，运输货值共计100亿元，同比增长92%。此外，重庆江北国际机场、成都双流国际机场国际航线分别超过105条、130条，对国际人流、物流、消费流集聚辐射能力不断增强。

江苏自由贸易试验区连云港片区围绕“一枢纽一门户一平台”的定位，通过建设新亚欧陆海联运通道、国际航运、国际物流、国际贸易平台，加强自由贸易试验区与各类经济功能区联动发展，提升中哈（连云港）物流合作基地、上合组织（连云港）物流园、“霍尔果斯—东门”经济特区无水港承载能力，推进连云港—里海供应链基地项目，启动联动创新区建设，深化连云港海港与徐州陆港、淮安空港合作，建设物流枢纽“黄金三角”。

2. 抢抓新基建政策机遇，共建数字转化平台与赋能平台

自由贸易试验区属地政府应进一步抢抓新基建政策机遇，与国内龙头企业合作，加快云计算、第五代移动通信技术、物联网、区块链等数字信息基础设施的建设，提升自由贸易试验区数字基础设施建设、网络服务质量和应用水平，构建安全便利的国际互联网数据专用通道。同时，自由贸易试验区应加强数字技术在联动发展方面的技术结合，如利用互联网技术与信息平台的搜集、传递等功能建设相结合，助力信息的互联互通。自由贸易试验区应与大型平台企业共建共营数字化转型的通用性基础软硬件和应用平台，形成基于大型企业的数字化转型平台和面向中小企业安全稳定的数字化赋能平台。陕西自由贸易试验区自成立以来，为解决企业登记注册便利化“最后一公里”问题，经过反复调研实践，开发了工商登记注册全程电子化系统，获得了较好的经济和社会效益。李克强同志在陕西调研期间，对通过微信扫码、上传身份证和刷脸就能远程办理营业执照给予充分肯定，高兴地称赞“陕西这项改革让群众不跑腿就能办事”。

四、通过通道协同优化综合运输体系的意义

1. 通道协同对自由贸易试验区经济总量的促进

一方面，综合运输基础设施建成并投入运营之后大大改善了当地的交通条件，减少不同运输方式的衔接空间，缓解区域当前的运输压力，从而降低原有企业的运输成本，增加经济收入，进而提高了产品或服务的市场竞争力，最终使区域经济总量增加；另一方面，交通基础设施建设能够产生对新生产要素（如新技术、新知识）的需求，有利于促进和扩大商品、人员、技术、知识等在区域内部以及区域之间的交流和传播，形成经济外溢效应，带动本地产业的重构和升级，从而拉动相关行业发展，促进区域经济总量增长。

作为西部陆海新通道的主要节点和重要区域，广西是西部陆海新通道的出海口以及东、中、西三条通路的终点区。面对新形势、新任务，广西从西部陆海新通道建设的发展需求出发，重点围绕全面提升完善主通道建设、推进陆海联运协调发展、科学布局集疏运物流基地和推动沿线产业联动发展几个方面，统筹推进新通道各领域协同发展，进一步拓展和提升新通道的综合效能。到2025年，广西将基本建成经济、高效、便捷、绿色、安全的西部陆海新通道。东、中、西三条通路持续强化，通道、港口和物流枢纽运营更加高效，对沿线经济和产业发展的带动作用明显。

2. 综合运输体系对区域市场一体化及区域产业结构优化的作用

通道建设尤其是跨区交通一体化的实现客观上起着打破行政壁垒、突破行政区划界限、推动优势互补、资源整合、促进不同自由贸易试验区协调发展的作用。发达的综合运输通道能够消除自由贸易试验区之间的地理限制，加速区域内部和外部统一市场的形成。统一市场形成过程中产生的市场竞争客观上促进市场淘汰机制的形成，这又会促进不同产业间融合与调整，并进一步推进自由贸易试验区的市场一体化、产业发展规模化、企业经营集约化，从而在整体上促进产业结构的优化调整。

广西应着重从以下三个方面来完善综合运输体系建设：

一是加强主通道建设。广西要完善东通道，重点应提升怀化至柳州段机车牵引吨位，加快柳州至南宁段扩能改造，提高其铁路运输等级，提升其货运通过能力，提高其货运配送效率。广西要扩能中通道，应推动黔桂铁路增建二线，推进柳州至南宁段扩能改造。广西要畅通西通道，应加快建设成都经泸州（宜宾）、隆昌、黄桶、百色至北部湾出海口铁路等，拓宽成渝、川南、黔西、滇东地区物资南下出海通道。同时，广西还要提高南宁至北部湾出海口铁路快捷高效南下通过能力。

二是统筹推进陆海联运协调发展。广西全面疏浚右江至西江（百色至南宁段、南宁至西津段）水运航道，开工建设百色水利枢纽通航设施，提升百色至南宁段、南宁至西津段水运航道等级，拓宽新通道西线水陆联运综合运输通道，保障西线南下货物通过右江—西江—平陆运河—钦州港口出海，分流、减轻南昆铁路、南宁至北部湾港口铁路运输压力。广西加快平陆运河建设，推动南下货物由南宁至西津段经平陆运河与钦州港出海口连接。

三是科学布局集疏运物流基地。随着新通道东、中、西三条通道建成运营，西南、西北、中南地区的货物将沿线集中汇入柳州、南宁、百色。东线的柳州、黎塘将成为大型物资集散地，可规划在柳州、黎塘布局建设相应的物流基地（园区）。中线的黔桂铁路增建二线后，川渝黔等地物资仍需经过柳州、南宁南下出海，还需在六景配套建设对应的大型物流基地，从六（景）钦（州）高速公路南下钦州港出海，分流、减轻南宁货物集疏运压力。另外，西线的百色货物集疏运能力将骤然增大，应加快建设百色大型综合物流基地（园区），通过南昆铁路和右江航道水陆分流疏运南下。

3. 综合运输体系对区域生产力空间布局的位移促进

通道建设的构建与完善促进了物质的空间内位移，有利于经济要素在空间上的合理配置，增加了自由贸易试验区间的生产和生活联系，并作用于生产力空间布局。流动性强的生产要素以及越来越多更加专业化的企业沿着新式交通方式扩散到价格相对较高的各类节点地区，最终形成新的区域产业格局。

针对西部陆海新通道“缺乏有效产业支撑”的软肋，广西试点在北部湾沿海地区规划建设“通道飞地园区”，鼓励、吸引、集聚通道沿线的资源、产业、技术、资本项目进驻置业创业，共商规划，共布项目，共享品牌，同建市场，同构产业链，分享利益，重点布局建设一批混合型、共享型的特色产业融合区和“三来一补”加工贸易区等，推动沿线产业联动发展。

第三节　区域间比较优势的产业协同

一、产业协同的概念与理论基础

党的十八届五中全会提出，要贯彻落实创新、协调、绿色、开放、共享的新发展理念。我国以新发展理念引领新常态化发展方向，强调经济发展的质量和效益，促进产业的结构调整与优化配置。就实现产业结构调整和优化而言，产业协同是非常重要的一环，协同发展是系统内部子系统之间的相互配合、协作的良性循环过程。

协同是主体之间协调合作的意思，协同可以解释结构如何产生和谐关系并且相互促进，是在一个系统各部分之间进行协作的理论。哈肯（Hermann Haken）在1990年提出的协同理论包括三个部分：协同效应、伺服原理和自组织原理。他认为，协同可以探究系统中子系统之间的配合是怎样构成时间、空间和功能结构的。叶锋（2009）在研究中将产业聚集、产业转移和资源禀赋理论作为产业协同的理论基础。

产业协同以战略管控为依托，规划出科学的产业发展计划，同时研究制订产业对冲方案，加快产业链在纵向、横向延伸和拓展，形成产业协同高效互补。产业协同是自由贸易试验区布局优化的重要内容。产业协同是一个由多元要素构成的复杂的开放性系统。产业协同是系统内各个子系统之间的相互配合、相互协作，在关联性和差异性的对立统一中寻求更高协同效益，进而形成协同竞争新优势的过程。通过政府职能的再重组，政府治理实现由传统范式治理向协同治理的转变，熨平“行政分割”、地方治理的“碎片化”以及跨区域协同组织和机制缺乏带给产业协同的一系列负效应，推动自由贸易试验区空间尺度的重组，形成产业协同发展新格局。

二、产业协同的内在机制

所谓产业协同机制，就是在一定外部环境和内部条件下，对产业运行规律和内在运行方式及其相关关系的概括。产业协同机制通过正确处理产业系统中各要素之间的配置关系以及各系统之间的相互制约、相互作用和相互促进关系，使产业的协同组织功能更为完备优越，运行系统更为严密有序，产生的经济能量和社会能量更为丰富。产业协同机制不是抽象的概念，而是通过产业的关联方式和运行活动展示出来的内在的、本质的必然联系。产业协同机制的充分发挥既与产业内部条件有关，也与外部环境相联系；既需要一定的条件或因素作为前提，也需要一定的体制机制作为保障。因此，不同地域、不同类别的产业的协同机制存在差异，即便是同一地区、同一产业在不同时期或不同体制机制下，协同机制及其协同效果也是不同的。

一般而言，产业协同机制主要包含以下五种：

第一，利益机制。利益是调动产业协同各主体积极性的物质能量和精神激励的综合。利益既是产业协同追求的重要目标，也是产业协同存在与发展的基础和条件。产业协同的利益机制就是产业及相关主体从协同利益最大化目标出发，对产业系统环境中各种现象及其变动的自发反应，是对产业协同系统中各行为主体彼此之间相互依存关系的内生性制约。它通过提高产业的协同利益，并引导利益的公平合理分配而发挥作用，是产业协同机制的核心。

第二，决策机制。决策机制就是根据产业协同发展目标，通过市场调研、分析和预测，制订协同方案，运用科学的方法比较、选择、确定、实施协同方案以及在整个决策过程中形成的一系列关系的总和。决策机制是产业协同机制的关键。

第三，动力机制。产业协同作为一个动态的开放性系统，不断与外界系统进行着物质和能量的交换。在交换过程中，各种因素的叠加与综合作用形成了动力机制。产业协的动力主要来自两个方面：一个是产业外部的压力（或拉力），主要表现为企业外部环境的变化、市场需求的变化等，是外界因素通过驱动、刺激等方式对产业协同产生动力；另一个是产业求生存促发展的内生动力，主要源于企业对资源配置和获取利润的主动反馈的过程，主体利益最大化就是产生动力的源泉。在内部压力和内生动力的驱动下，在系统内随机产生了若干“小涨落”。这些“小涨落”的不断累积和消化再吸收，在相关效应的催化下，不断增长和发展，最终形成破坏原结构，并使之发生质的裂变的“巨涨落”，从而外化为产业协同从非平衡状态到平衡状态的结构性变迁。这里的“小涨落”和最终形成的“巨涨落”就是产业协同动力机制的来源。

第四，约束机制。产业协同受各种因素影响和制约，这些因素的综合作用形成了产业协同的约束机制。产业协同的约束机制一般来自两大领域：一个是外部环境的约束，即宏观约束。其主要包括市场约束、社会政治经济约束、法律约束、行政约束以及道德约束等。另一个是产业内部约束，即微观约束。产业协同系统各构成要素为适应宏观约束，在协同利益最大化的动态均衡中进行调整和博弈。

第五，发展机制。产业协同作为开放性系统，需要不断积累，不断更新，不断发展。这形成了产业协同的发展机制。其中，耦合机制和自组织运行机制是产业协同系统中最重要的两大发展机制。根据耦合的概念，耦合机制应该是导致事物或系统发生方向性变化的，存在于关联事物或关联系统之间的非线性、复杂作用关系，具体到产业之间，可以理解为各个产业发展相互协调、彼此促进，实现要素资源的优化配置和效率改善。自组织运行机制是产业将自身的某些信息加以吸收，以调节系统内部的各方关系，改善自身同外界的关系，可以促进产业的协调发展。

产业协同机制体系如图 6-1 所示。

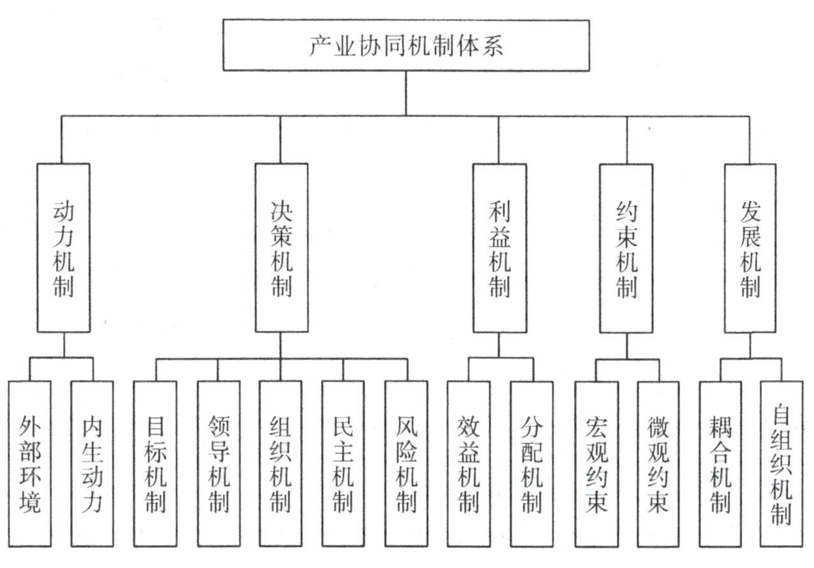

图 6-1　产业协同机制体系

三、产业协同的一体化发展路径

产业协同是顺应产业内部关联性、外部聚集性和要素自组织性这一要求下的大势所趋，是推动要素优化配置、提高产业综合竞争力、改善产业发展环境的必然选择。它影响着区域竞争优势的获取，反映着区域经济的一体化发展水平。

1. 产业协同推动要素流动的自由化

产业协同作为一种要素组织方式，可以有效化解现有行政体系下对价值链分工的诸多约束，实现价值链高端环节与技术创新的密切耦合，推动价值链地位的升级、网络结构的优化以及治理方式的变革，强化区域对技术、人才、资本等高端要素的吸附能力，在更广阔的空间内形成有利于价值发现、价值创造、价值实现的全链条循环。产业协同还有利于促进创新、资本、信息等高端要素与产业环节的深度融合，推动市场价值的发现与再造，激发更大范围内价值链权益分配格局的再调整，为区域竞争新优势的获得争取更多主动权。目前，重庆自由贸易试验区形成了“战略平台+功能平台+活动平台+园区平台”的开放平台体系，以“一区两群”产业聚集式发展，增强其协同发展的能力，促进创新、资本等要素与产业环节融合，为重庆区域取得了更大的竞争优势。此外，新兴产业在重庆自由贸易试验区加速聚集，如德国埃马克机床总装及集成基地、中欧数字生态城、万国数据重庆中心等大批标志性项目落地，释放出巨大的“磁吸效应”，吸引众多外资企业、国际资本、高端人才聚集于重庆自由贸易试验区，推动了重庆自由贸易试验区高水平开放和高质量发展格局建设。在四川自由贸易试验区，国家级工业软件协同攻关中心已经落户成都市高新区。成都信息工程大学、成都天府软件园有限公司等成功中标工信部2020年工业软件协同攻关中心项目。按照此项目的建设计划，成都天府软件园公司将负责在工业软件体验推广平台和人工智能（AI）创新中心建设工业软件创新服务平台，推动工业软件在实际应用中的推广、高端人才的引进和有针对性的专业培训，并且在工业软件企业对接融资服务等方面进行协助。作为西部第一个超前概念性产业园，“人工智能+第五代移动通信技术”（“AI+5G”）推动了成都市高新区数字经济的发展，实现了四川自由贸易试验区价值链高端环节与技术创新的密切结合，汇聚大量人工智能企业和研发中心，推动工业软件市场价值的发现和再造，为四川自由贸易试验区的发展争取更多竞争主动权。

2. 产业协同推动区域发展格局的均衡化

2013年9月，上海自由贸易试验区率先建设。2015年，广东、福建、天津自由贸易试验区开始建设，上海自由贸易试验区进行了扩建。2017年，四川、重庆等自由贸易试验区开始建设。2019年山东、云南等自由贸易试验区开始建设。2020年，北京、安徽等自由贸易试验区开始建设。截至2020年年底，拥有自由贸易试验区的省份已经占全国的近2/3。21个自由贸易试验区之间存在客观的发展差距，即便是片区内部也存在着不同程度的梯度差。其中，上海自由贸易试验区有着先建设的优势，其片区类型较多、综合实力较强，对其他自由贸易试验区有着可复制可推广的经验，在全国自由贸易试验区中发挥着“领头雁”的作用，作为标杆引领着全国其他自由贸易试验区的发展。全国自由贸易试验区适度的发展差距能激发后起地区的积极性和创造性，在赶超效应和后发优势作用下促进后起地区崛起。内陆地区的自由贸易试验区由于地理位置不具有优势，建设时间较晚且发展过程较为缓慢。在基础条件不佳的情况下，全国各自由贸易试验区坚持以制度创新为核心，以可复制可推广为基本要求，走在开放发展的前列，各地围绕现代产业体系对制度创新进行强化，加快各地关键要素的聚集，发挥了产业链供应链的作用。同时，先富地区的示范效应和探索模式也给后起地区的跨越式赶超提供了有益参考。上海自由贸易试验区最先通过临港片区进行前沿科技链的产业布局，积极对接重点产业项目，加快其优势产业飞机总装产业链企业的聚集。江苏自由贸易试验区充分发挥其生物医药产业的优势，加快生物医药领域的优秀人才聚集、扩大医药产品进口、加强产业链协同，在产业格局建设中进行创新，聚集了大量的生物研究机构和医药企业。由此可见，通过“领头羊”式自由贸易试验区的发展可以牵动其他自由贸易试验区的改革和创新。同时，自由贸易试验区在推动各城市群发展、产业转型升级和区域一体化建设方面都发挥着强大的引领的作用。广东自由贸易试验区引领着珠三角地区城市群的融合发展，推动基础设施一体化的建设。重庆、四川自由贸易试验区促进了区域产业转型升级，推动区域产业的合理布局和优势互补，将区域优势发挥到最高的水平。天津自由贸易试验区通过高端产业的聚集，促进了天津现代服务业、先进制造业的合理布局，创新了区域内经济合作方式。为此，全国每个自由贸易试验区根据其不同的要素禀赋、经济发展水平和区位条件制定的战略定位都有各自的特色，各自由贸易试验区也担负着推动相应区域发展的使命，促进区域发展格局的均衡化。

3. 产业协同可以获取规模经济的最大化

生产力发展具有一种内在扩张力。生产力发展到一定水平就会内生出一种必然要求，推动其突破原有的范围限制，在更宽广的范围内将各种要素进行组合和优化配置，推动其向新的地区、新的产业转移和扩张。这种转移和扩张就是获取规模经济的内生驱动力。它体现着劳动生产率的改善，反映了经济规模扩展与要素空间聚集之间的协同性。多样化和专业化的产业协同组织方式，可以促进要素的自由流动，推动自由贸易试验区区域统一性大市场的形成，实现各种要素按照技术经济联系与规模经济要求优化配置；可以使各自由贸易试验区承担起其在整个地域系统中的分工职能，发展比较优势最大化的产业体系，解决区域之间的同构化难题；可以使不同区域、不同产业在信息、技术、基础设施、资本、政策等方面实现共建和共享，获得采购、生产、销售、管理、信用等环节集规模化和质量化于一体的优质供给以及随之而来的效率的提高、成本的节约与效益的递增等优势。长三角自由贸易试验区联盟于 2021 年 5 月成立，由沪、苏、浙、皖一市三省的自由贸易试验区共同发起，涉及 11 个城市。长三角自由贸易试验区在差异化探索的同时促进各自由贸易试验区联动发展。在联盟中，每个自由贸易试验区都承担着各自的分工，上海自由贸易试验区推进建设具有竞争力的特殊经济功能区；江苏自由贸易试验区推进建设具有国际化特征的高水平协同创新共同体，服务于长三角地区重点产业的统筹发展；浙江自由贸易试验区加快构建长三角地区港口群的跨港供油体系；安徽自由贸易试验区则对接其他三个自由贸易试验区，推动长三角地区协同发展，强化国内大循环为主体和国内国际双循环的战略部署，提高对外、对内的开放水平。同时，为了充分发挥自由贸易试验区的辐射作用来带动长三角地区一体化发展，需要各自由贸易试验区和长三角其他区域的产业紧密联系，自由贸易试验区自身的发展也至关重要。长三角自由贸易试验区以主题产业链将自身与其他区域相串联，形成新的发展格局，推动各自由贸易试验区的产业分工，将每个自由贸易试验区都作为动力源形成动力集合，提升自由贸易试验区的活力。自由贸易试验区的各个片区在产业链分工中拥有不同的定位，比如上海张江片区专注于生物医药研发，上海临港片区和江苏苏州片区专注于生物医药制造，这样差异性的产业格局形成了互补，跨区域的合作可以取长补短，提高区域经济效益。

四、通过产业协同优化自由贸易试验区布局的意义

1. 通过要素供给及一系列合作协议，提升产业协同的水平

第一，提高产业结构的科学性。我国要立足于充分发挥各自由贸易试验区、各产业的比较优势，从各自由贸易试验区、各产业的发展环境、资源禀赋和市场分布的差异化情况出发，以能够实现各自由贸易试验区的因地制宜、分工合理、优势互补为原则，着力形成结构合理、梯度适宜、共赢发展的产业结构。第二，提高产业分工的专业性。分工的专业化通过中间投入要素的规模效应、劳动力的市场效应、公共物品的共享效应以及价格体系变化的快速敏捷效应，扩大了要素和服务的市场半径，延伸了中间产品和最终产品的需求范围，在提高要素聚集度的同时，也在提高着产业的协同程度。第三，提升产业布局的优化性。产业布局是产业在一定地域范围内的空间组合，反映着产业系统中各要素为了实现最优配置而形成的再重组和再优化，是产业结构合理化的空间落实。产业协同发展的推进，要求产业布局的集中与分散相结合、空间的优化与结构的合理化相结合、实现均衡→不均衡→再均衡的动态演进，有效带动区域经济的全面发展，形成各产业部门以及各关联企业相互融合、相互协作、相互促进的合理格局。第四，提高产业政策的统筹性。产业政策是自由贸易试验区有关产业发展的一系列政策的总和。基于产业政策的重要性和产业协同发展的复杂性，产业政策的制定与实施要具有很强的统筹性。统筹度高、执行力强的产业政策对产业协同具有明显作用。

2. 促进产业协同发展可以优化自由贸易试验区布局

首先，产业协同促进要素的优势互补。沿海地区的自由贸易试验区可以凭借其沿海区位、经济发展水平高等优势，获取更多的技术和信息等高级生产要素，成为我国创新高地，对周边的自由贸易试验区产生辐射效应。内陆地区的自由贸易试验区应把握住自身的独特要素资源和劳动力资源拓展产业链，促进跨区域的要素流动和优化配置，为沿海自由贸易试验区经济发展做好支撑，并且带动周边区域的经济协同发展。产业协同也加强了产业之间的合理分工与合作。沿海地区的自由贸易试验区依靠其优势将产业布局重点放在现代服务业、战略性新兴产业和高科技产业上，将加工制造业转移到中西部地区的自由贸易试验区中，可以节约大量的劳动力成本。内陆地区的自

由贸易试验区依托其丰富的市场、低成本的劳动力和土地资源重点发展加工制造产业和跟随式技术性产业，与沿海地区形成分工合理的产业链体系，提高了资源整体利用效率，为全面优化全国自由贸易试验区布局奠定坚实的基础。

第四节　新型数字化转型的信息协同

一、信息协同的概念与主要形式

信息协同是协同理论中的一个典型部分，协同理论由赫尔曼·哈肯在 1976 年提出。信息协同是指有两个或两个以上的主体通过信息交流来和其他个体达成目标的一种活动。在信息协同的过程中，各主体通过与信息、环境交互提高信息传递的效率，提升信息的价值，获得协同效应。信息协同强调的是主体之间的分工和协作。赵杨等（2010）研究了信息资源协同配置需要的因素，确立了信息资源协同配置的控制机制、实现机制和反馈机制。张向先（2010）研究发现信息协同是运用协同的方式对主体之间传递的信息进行加工，使信息协同主体之间的各个运作环节产生协同力得以维持整个信息系统的运行和平衡。胡漠等（2019）以无边界管理理论为基础，以区块链技术为支撑探索无边界智慧政务机制，研究说明可以通过技术支撑机制、法律保障机制、政策鼓励机制对信息化的智慧政务进行推进。张云开等（2021）基于复杂网络理论以网络结构熵作为信息协同网络结构协同度的测度指标，研究发现网络结构熵在信息协同网络的协同度测量中拥有较好的解释力。

实现信息协同的高水平发展，区域信息化是需要着重探讨的。国家“十二五”规划提出，要全面提高信息化水平，推动经济社会各领域的信息化。吴国誉（2016）认为，区域信息化是指区域依靠要素禀赋和区位条件因地制宜地发展信息产业，高效利用信息技术、资源、设施等在该区域进行信息化建设，将信息技术和区域内的经济活动进行融合，来提高该地区的信息服务水平，加速经济发展的进程。区域信息化与自由贸易试验区布局之间是相互影响、相互依赖的。区域信息化的发展是提升区域竞争力、推动自由贸易试验区发展的引擎，因此探讨如何更好地提高区域信息化水平对于自由贸易试验区的布局而言十分关键。自由贸易试验区的信息协同需要政府各部门进行跨部门、跨区域、跨主题的信息共享与协同，以各自由贸易试验区之间的信息活动来提升自由贸易试验区区域信息化水平。

二、信息协同推动自由贸易试验区布局的内在机制

信息协同的制度性需求响应了自由贸易试验区政府治理能力与治理体系现代化的要求。自由贸易试验区建设的多元主体性，客观上造成了政府组织内部各类业务间分割、一级政府各部门间分割以及各地方政府之间分割的状况，弱化了部门之间的交流和协作功能，影响了工作流程和工作效能。在政府组织机制中，恶性碎片化主要变现为部门碎片化和权力碎片化，从政府流程运行角度来看，易呈现“支离破碎”、架构生硬以及共享和协同较弱的状况；从政府部门设置角度来看，易呈现“山头林立”、职能边界不清晰以及多头指挥的状况；从政府组织文化角度来看，易滋生本位主义思想，弱化公共服务意识，忽视公共服务效能；从政府组织成员角度来看，易使其忽视整体利益，弱化其适应性能力，限制其个人综合发展。恶性碎片化的存在限制了政府行政效能的充分发挥，无助于政务流程的有序开展，从某种程度上看会限制组织成员的个人成长。与之同时，在信息时代，共享、高速、便捷的政务管理与服务理念深入人心，打造国际化、便利化、法治化的营商环境也是自由贸易试验区的应有之义。因此，我国有必要借助信息化手段，推进自由贸易试验区布局优化，提升政府治理能力与治理体系现代化。

北京自由贸易试验区高端产业片区在 2020 年 9 月 28 日正式挂牌，北京全市 16 个区和北京经济技术开发区以及科技、商务、金融、教育、信息、医疗健康等 9 个重点领域牵头部门分别制订了推进建设的工作方案。这正是政府部门在实现信息协同，区别于以往各部门分管的模式。在这种部门与部门之间协同推进建设的新模式下，以往的信息空白领域能够得到填充，信息重叠领域能够避免浪费。部门与部门在信息传递中，更能够发现数字贸易、文化贸易、商务会展、医疗健康、国际寄递物流、跨境金融等产业中存在的经济增长机会，为优质创新企业提供更好更全面的服务。信息协同无疑能够推动投资贸易自由化便利化，信息协同意味着信息透明化与信息多样化，这有助于促进国际投资、提升贸易便利化水平、创新服务贸易管理。完善“走出去”综合服务和风险防控体系、提高境外投资便利化水平、优化企业境外投资外汇管理流程等都离不开信息协同的支撑。

三、信息协同的内在逻辑和发展路径

信息协同的内在逻辑体现在优化政策执行过程、明晰政策执行主体定位和强化政策执行效果中。

1. 信息协同优化政策执行过程

自由贸易试验区建设涉及转变政府职能、促进贸易便利化、统筹双向投资、实现金融创新和区域协调发展等多领域政策主题，需要政府上下多部门合力推进。传统政策执行模式容易出现“多头治理”和“踢皮球”现象。借助信息化手段，实行“双随机、一公开”监管方式，加强事中事后监管，实现了信息的跨部门、跨区域共享，实现了片区间、部门间合力共治。广东自由贸易试验区创新金融监管方式，深化外汇管理改革，形成了一批具有开创性、实效性的金融改革成果，其中包括在珠海横琴发放第一批“电子证照银行卡”实现证照户卡的整合，拓展了“金融服务+电子营业执照”应用场景。这样的创新举措利用了信息化发展的成果，优化了贸易外汇的办理流程，简化了贸易外汇的办理手续，提高了企业与政府之间的合作效率，实现了区域的金融创新，促进了区域的经济贸易发展。2019 年 10 月，天津“企业开办一窗通”也成功在东疆保税港区测试成功，并且上线运行，天津的企业可以通过网上窗口实现“一窗受理、信息共享”，企业开办的时间可以压缩到一天内。整个服务平台包含了电子税务部门、公安部门、市场监管部门、社保部门等系统，通过政务服务一体化，实现“一网一门一次”；通过政务信息数据的交换和整合，打破了数据孤岛的局面，实现了跨地区、系统、部门、业务的协同共享，优化了政务流程，提高了政府的办事效率。

2. 信息协同明晰政策执行主体定位

在地方政府传统科层制的政治化运作过程中，地方政府与公众间的信息交流对等度和透明度偏低，交流渠道不畅，容易出现部分公共权力的私有化与商品化，从而滋生地方保护主义、个人官僚主义等不正之风。借助信息化手段，推行政务服务一体化，可以有效增加公众的信息获得优势，倒逼政府改革，主动服务、前置服务。党的十九届四中全会审议通过的《中共中央关于坚持和完善中国特色社会主义制度 推进国家治理体系和治理能力现代化若干重大问题的决定》将加快推进全国一体化政务服务平台建设作为完善国家行政体制、创新行政管理和服务方式的关键举措。国家政务服务平台在 2019 年 5 月正式运行，成为全国一体化平台的总枢纽，以“七个统一”“四大功能”推动解决跨地区、跨部门、跨层级政务服务信息难以共享、基础支撑不足的问题，助力了全国政务服务一体化。数字政府建设正在强化顶层设计，深化数据共享。自由贸易试验区的协同发展，需要以试点示范先行的思路逐步推进，为自由贸易试验区企业、群众在政务服务方面提供强大支撑和坚实保障。

3. 信息协同强化政策执行效果

传统政策执行强调了对市场主体的监管，对政策执行效果的关注相对不足。借助信息化手段，市场主体可以通过线上平台对政策执行效果进行评价，完成了政策执行→监督→评价的闭环。广东自由贸易试验区珠海横琴新区推出集合企业各类信息的商事主体电子证照卡等，探索政府智能化监管服务模式，为企业的经营活动提供清晰的事前指导，并且通过建立市场监管大数据平台，整合了各监管部门的信息资源，减轻监管压力。政府明晰了市场监管执法的各项权力，清楚地划出了市场监管执法的“边界线”，让企业和群众对市场监管部门的执法边界和依据都可以很直接地加以把握，促进了市场监管部门执法的透明化、公开化，市场主体可以对政策执行进行反向监督，有效避免工商执法过程中不必要的误解和矛盾。同时，市场主体可以通过线上平台对执行效果进行评价和反馈，通过信息化的信息协同对政策执行效果进行准确把控。

四、优化自由贸易试验区信息协同的意义

信息协同可以推进政府决策科学化、社会治理精细化、公共服务高效化以及实现政府间资源共享，降低行政管理成本和推进中国信息产业的发展。

第一，推进政府决策科学化。政府建立健全运用互联网、大数据、人工智能等技术手段进行行政管理的制度规则，为社会协同和公众参与提供丰富的路径。政府以数字政府建设为引领，提高服务水准、提升行政效能和效率，推动政府向数字化转型，建设“智慧政府”“服务型政府”，增强政府治理行为的规范性、透明性，优化行政流程，提高行政决策的科学性，进而提高行政效能，提升公共服务的质量，也提升政府在公众中的形象。

第二，推进社会治理精细化。针对群众工作不到位、社会治理标准化程度低、社会事业服务表面化、“最后一公里”等问题，政府借助物联网、大数据等技术手段，提高社会治理的精准度和靶向性，加强社区治理体系建设，推动社会治理重心向基层下移，发挥社会组织作用，实现政府治理和社会调节、居民自治良性互动。

第三，推进公共服务高效化。政府加快部门间信息共享，全面梳理并简化为群众提供公共服务的流程，大幅度减少各种不必要的证明和比较繁琐的手续流程，真正做到便民利企，为大众创业、万众创新清障搭台，切实提高公共服务的针对性和实效性，进一步提升公共服务质量和效率，为公民提供公平、可及的服务。

第四，实现政府间资源共享，降低行政管理成本。在公共管理活动中，政府部门跨省份、跨区域的互联互通能够实现资源、信息共享，减少政府信息采集的成本，通过对信息的有效处理、切实管理，提高政府部门之间信息资源的共享程度，有效减少

行政管理资金。

第五，推进中国信息产业的发展。政务信息化需要依靠信息化产业创新，拉动中国高新技术产业的发展，带动中国应用式软件产业的发展，而这些高新技术产业对我国自由贸易试验区的发展也具有重要的意义。

第五节 理解“四大协同”之间的关系

一、“四大协同”之间的区别

组织协同、通道协同、产业协同和信息协同从不同的角度促进自由贸易试验区的布局优化，具有较强的特殊性。从内涵上看，组织协同是制度层面的协同，更加注重整体的效率，有利于自由贸易试验区内多元主体相互配合、达成共识。通道协同是流通性的协同，主要是通过硬件基础设施和软件制度规则两个方面建设提高交通通道的通达能力并降低要素流动的限制。产业协同是经济系统内部的协同，侧重于利用各自资源优势，使不同的产业在生产、营销、技术等方面相互联系和相互协作，以形成产业联系、促进产业升级、优化产业结构。信息协同是信息交互层面的协同，通过信息交流来和其他个体达成目标，各主体通过与信息、环境交互提高信息传递的效率，提升信息的价值，获得协同效应。

从作用机制上看，组织协同通过政治主体间频繁互动来弥补体制层面的阻隔与壁垒，通过政治主体之间的协同治理来制定和执行政策，降低治理单元之间的交易成本，提高治理体系的整体绩效，进一步优化自由贸易试验区布局。通道协同一方面通过不同交通运输方式等“硬件”设施的相互协作、相互配合进而形成的交通循环系统，为经济活动所需要的各种资源在区域内部与区域外部、不同产业门类之间的交流互通提供基本保障；另一方面通过制度体制等“软件”设施的优化与协同，进一步保障要素资源的自由流动，进而推动自由贸易试验区布局优化。产业协同需要科学处理产业系统中各要素之间的配置关系以及各系统之间的相互作用关系，通过利益、决策、动力、约束、发展五个子系统共同发挥作用，以促进自由贸易试验区的布局优化。信息协同主要依赖信息要素的共享，是各个主体共享“信息流”，避免“碎片化”等现象的产生，借助信息化手段，推进自由贸易试验区布局优化。

从发展意义上来看，组织协同将主要有利于制度创新，增强自由贸易试验区制度创新的合法性、自主性、专业性、示范性和可控性。通道协同更加有利于经济整体发展，如经济总量增加、区域市场一体化发展、生产力空间布局优化等。产业协同更加强调产业自身的发展壮大，如结构更加优化、分工更加专业、布局更加合理、政策统筹更加科学等。信息协同致力于提高政府的政务能力和水平，使政府决策更加科学合理、社会治理更加精细、公共服务更加高效以及共享政府资源等。

总之，“四大协同”在不同的领域各司其职，具有较强的特殊性，为自由贸易试验区布局优化贡献各自的力量。

二、“四大协同”之间的联系

如前文所述，组织协同、通道协同、产业协同和信息协同在内涵、作用机制、发展意义等方面具有较大的区别，但值得注意的是，作为优化自由贸易试验区整体布局系统的组成部分，“四大协同”之间也必然是相互联系、相互作用的。组织协同作为加强主体联动、提高管理效率的重要手段，能够为通道协同、产业协同和信息协同提供制度基础和支撑。通道协同通过增强区域间“硬件”和“软件”之间的连通性，能够为组织协同、产业协同和信息协同提供物质保障。产业协同可以加强经济系统内部的协调性，能够为组织协同、通道协同和信息协同提供更加微观的产业与要素支持。信息协同通过畅通信息交换、优化信息资源配置，使各个主体更加合理竞争，为组织协同、通道协同和产业协同提供良好的发展环境。更加注重统筹“四大协同”在整个布局系统中的作用，能够促进我国自由贸易试验区在组织管理、区域流通、产业发展和信息共享方面齐头并进，不断提高自由贸易试验区优化布局水平。

综上所述，尽管组织协同、通道协同、产业协同和信息协同各具特色，并且在优化自由贸易试验区布局中承担着不同的角色，但这绝不意味着割裂看待各个协同的作用及其相互关系，要更加合理利用“四大协同”的目标定位，统筹发展，促进自由贸易试验区布局更加高水平优化。

第七章

完善自由贸易试验区布局的战略路径

第一节 完善自由贸易试验区布局的总体思路

一、发展环境

1. 主要挑战

（1）国际形势错综复杂。当今世界正经历百年未有之大变局，和平与发展仍然是时代主题，开放合作、互利共赢仍是长期趋势，国际环境日趋复杂，不稳定性、不确定性明显增强。新一轮科技革命和产业变革深入发展，数字化、网络化、智能化趋势加快，人类生产生活方式和思维模式正在发生深刻变革。国际力量对比深刻调整，新兴大国群体性崛起、国际体系深刻调整，全球经济治理体系进入重要变革期。世界经济持续低迷，国际市场需求疲软，跨境贸易投资增长乏力。经济全球化遭遇逆流，单边主义、保护主义抬头，地缘政治风险上升，贸易投资壁垒日益增多，多边贸易体制面临严峻挑战，国际经贸规则更趋碎片化，国际贸易投资规则面临重塑。新冠疫情影响广泛深远，各类衍生风险不容忽视。国际产业链供应链正加速向区域化、本土化调整。

（2）国内竞争更加激烈。国内高质量商品和服务供给仍然不足，消费需求新增长点需深入挖掘，商贸流通现代化水平有待提高，与新业态、新模式、应用场景创新相适应的政策和监管体系亟待完善。商务领域绿色低碳转型需要加快推进，区域间开放水平仍不平衡，营商环境与国际先进水平仍有差距，要素成本持续上升，资源环境承载能力达到瓶颈，传统竞争优势逐渐弱化，国际合作和竞争新优势需加快重塑。

（3）产业变革趋势加快。在全球产业分工中，我国主要提供了低成本劳动力、土地等附加值较低的生产要素，而附加值较高的资本、企业家和技术等要素则主要由外方提供，由此导致本土产业价值增值能力较弱，产业自控能力和根植性不强。进入“十四五”时期，国际产业竞争版图将深刻调整，先行工业化国家尤其是美国对我国开始采取更加歧视和敌视的态度，不惜多管齐下、频繁施压，产业链升级阻力加大。随着我国数字技术的发展和应用，各类社会生产活动能以数字化方式生成为可记录、可存储、可交互的数据、信息和知识，数据由此成为新的生产资料和关键生产要素。互联网、物联网等网络技术的发展和应用，使抽象出来的数据、信息、知识在不同主体间流动、对接、融合，深刻改变着传统生产方式和生产关系。人工智能技术的发展，信息系统、大数据、云计算、量子通信等数据信息处理技术和先进信息通信技术的应用，将带来产业重大变革，加快产业变革趋势。

（4）改革创新进入深水区。我国改革已经进入攻坚期和深水区，先行先试的空间有限，进一步改革突破难度加大。自由贸易试验区的改革创新靠单兵突进很难实现，需要顶层设计、系统集成，中央部委、省级部门、自由贸易试验区各片区协同攻坚。各组织之间的协调既不能靠各部门的独立行动，也不能依赖新成立一个“超级部门”，而是需要根据已有的政策目标，整合各个相互独立的组织实现在不取消部门边界前提下的跨部门合作以进一步深化改革。目前，每一级政府在所辖区域内拥有广泛事权，部门性职责配置与层级性职责配置嵌套，单一事项的处理必须形成多部门、跨层级的共识后得以推动，这也导致不同层级政府事权缺乏边界。我国需要以职能调整推动职责总量梳理，以流程规范推动权责划分，以权责清单制度厘清权责归位，实现高效协调，实现中央集中统一领导与地方主动推进的有机结合。

2. 重要机遇

（1）我国进入高质量发展阶段。我国开启全面建设社会主义现代化国家新征程，经济发展进入高质量发展新阶段，在努力转变发展方式、优化经济结构、转换增长动能等方面优化突破，以高水平开放助推高质量发展。随着社会主要矛盾转化和国内外形势深刻变化，我国着力推动以国内大循环为主体、国内国际双循环相互促进的新发展格局，对外开放和产业发展被赋予新的时代特征和历史使命。目前，我国制度优势显著，治理效能提升，经济长期向好，超大规模市场优势日益显现，产业体系完备，人力资源丰富，发展韧性强劲，自主创新步伐加快，新业态、新模式快速发展，与欧洲、亚洲国家的经贸合作进一步深化，推动开放发展具有多方面的优势和条件。

（2）区域多边合作加强。自“一带一路”倡议实施以来，中国为世界全球化治理提供了全新的思路，在制度层面推动政府间的沟通交流；在基础设施方面加强各地的道路建设与联通；在经济层面覆盖了全球 56 个主要国家，近 30 亿人口；在金融层面加强了货币流通，分散了经济金融风险，有效降低了“逆全球化”的单边金融政策带来的金融市场动荡；在文化层面推动了各国民心相通，发展凝聚共识。2019 年，我国与“一带一路”沿线国家和地区的贸易总额为 1.3 万亿元，“一带一路”区域贸易所占同期贸易总量比重为 29.4%，仍处于一个稳步增长的发展态势。2020 年 11 月 15 日，中国、韩国、澳大利亚、日本、新西兰与东盟十国签订了《区域全面经济伙伴关系协定》（RCEP 协定），标志着总人口、国内生产总值、贸易总额上全球体量最大的自由贸易区的形成。该协定的签订将推动各国之间的经贸合作，也有助于推动人民币的国际化进程，营造以人民币自由使用为基础的新型互利合作关系，充分发挥人民币的货币锚效应潜力。

（3）重大国家战略叠加。我国目前持续推动国内国际双循环，国家重大战略的推动更是进一步深化供给侧结构性改革，多项重大国家战略，诸如粤港澳深度合作、建设粤港澳大湾区、成渝地区双城经济圈、京津冀协同发展、环渤海经济带、长江经济带发展战略、中部地区崛起战略、振兴东北老工业基地战略的实施，拓展了开放的深度与广度，提高了我国的国际竞争力，更是为我国的进一步开放打下了深厚的基础。

中国区域战略规划如表 7-1 所示。

表 7-1　中国区域战略规划

区域	战略规划
东部地区	长江三角洲经济区、环渤海经济圈、江苏沿海经济区、海峡两岸经济区
西部地区	成渝经济圈、重庆两江新区、关中-天水经济区、青海柴达木循环经济试验区
南部地区	海南国际旅游岛、珠江三角洲经济区、泛珠三角横琴经济合作区
北部地区	京津冀都市圈、辽宁沿海经济带、黄河三角洲高效生态经济区
中部地区	中部崛起（包括山西、安徽、江西、河南、湖北、湖南）
东北地区	东北老工业基地振兴战略

二、总体部署

1. 指导思想

指导思想是高举中国特色社会主义伟大旗帜，深入贯彻党的十九大和十九届二中、三中、四中、五中、六中全会精神，坚持以马克思列宁主义、毛泽东思想、邓小平理论、“三个代表”重要思想、科学发展观、习近平新时代中国特色社会主义思想为指导，全面贯彻党的基本理论、基本路线、基本方略，立足新发展阶段，坚定不移贯彻创新、协调、绿色、开放、共享的新发展理念，坚持稳中求进工作总基调，以推动高质量发展为主题，以深化供给侧结构性改革为主线，以改革创新为根本动力，以制度创新为核心，统筹发展和安全，加快建设现代化经济体系，加快构建以国内大循环为主体、国内国际双循环相互促进的新发展格局，推动我国建设更高水平的开放型经济新体制，推进国家治理体系和治理能力现代化。

2. 基本原则

（1）坚持新发展理念，构建新发展格局。新发展理念是我国经济高质量发展的指挥棒，创新、协调、绿色、开放、共享的新发展理念从不同方面解决经济社会发展过程中面临的突出问题和挑战，新发展格局的发展动力、内外联动等依托的就是新发展理念。自由贸易试验区的布局优化为了促进经济高质量发展，就必须在新发展理念基本原则的指导下，发挥重要抓手作用。我国要坚持创新发展理念，把创新摆在国家发展全局的核心位置。自由贸易试验区的布局要坚持创新驱动发展，不断培育发展新动力，拓宽发展新空间。我国要坚持协调发展理念。自由贸易试验区要抓住国内大循环这个主体，形成国内国际双循环，在国内实现区域布局、空间布局、产业结构布局的协调，加快国内统一大市场的协同联动；在国际上积极构建开拓双向市场，促进国内市场和国际市场深度融合，对标国际先进水平，建立高标准的自由贸易试验区布局。我国要坚持绿色发展理念。自由贸易试验布局优化的路径中必须将生态文明建设贯穿各方面和全过程，高质量发展的重要方面是要实现人与自然的和谐共生，资源利用高效，生态环境质量改善。我国要坚持开放发展理念，利用自由贸易试验区的布局优化率先形成全方位、多层次、宽领域的对外开放新格局，在投资、贸易、营商环境、政府管理各方面形成对外开放新格局。我国要坚持共享发展理念。共享发展强调分享经济增长成果、缩小区域差距、实现社会公平，自由贸易试验区要实现信息、资源、人才等各要素在区域间共享，以先发展的优势带动全国各地高质量发展。

（2）坚持供给侧结构性改革，不断释放国内市场活力。供给侧结构性改革在中国经济经历了快速发展阶段后，进入新常态的背景下提出。在新常态背景下，中国经济增长面临“四降一升”，即经济增速下降、工业品价格下降、实体企业盈利下降、财政收入下降、经济风险发生概率上升。究其根源，我国经济发展出现了结构性失衡。从国内看，“十四五”时期，我国经济运行的主要矛盾仍然在供给侧，必须坚持以供给侧结构性改革为主线不动摇。自由贸易试验区的布局优化不可一味地追求“量”的提高，而是要把重点聚焦在“质”的飞跃上，依托“引进来”和“走出去”两个方面，既要吸收国外高端生产要素，如技术、人力资本要素来推动自由贸易试验区内的全要素生产率，又要改革国内供给侧，面向国内消费者提供中高端服务型产品，扩大国内市场的需求规模，提升供给体系对国内需求的适配性，使国内市场成为最终需求的主要来源。从国际上看，一国的产业在参与全球价值链分工的过程中，参与程度和分工地位非常关键。虽然全球经济体几乎都参与到全球价值链和全球供应链的分工之中，但是以中国为代表的新兴经济体前向参与程度较低，产业供给多体现在中低端分工上。目前，国际经贸环境日趋复杂，新冠疫情影响深远，全球市场有效需求萎缩，单边主义、保护主义、霸权主义涌现，全球价值链和全球供应链面临重组。

中国自由贸易试验区的布局优化要注重提高在全球价值链中的供给地位，发挥新发展阶段的比较优势。

（3）坚持创新驱动发展，全面塑造发展新优势。创新是实现高质量发展的必由路径。自由贸易试验区设立的初心就是要先行先试，在制度、产业、商业模式、人才等各方面创新发展，进而形成可复制可推广的经验。创新驱动经济高质量发展的关键在于制度创新。自由贸易试验区的布局要从劳动力、土地等要素流动型开放向规则等制度型开放转变，在以国内大循环为主体、国内国际双循环相互促进的新发展格局下，探索出针对性强、实效性强、集成性强的制度创新成果。自由贸易试验区的制度创新的首要问题是厘清政府和市场的关系，党的十九大提出要赋予自由贸易试验区更大的自主权。在投资方面，实行更高水平的自由化便利化，自由贸易试验区在推行负面清单方面先行先试，抓住全球以服务贸易为重点的新机遇，实施跨境服务贸易负面清单制度。在监管方面，政府要始终坚持转变职能，以市场为主体，实现“放管服”制度创新。在人才引进制度方面，政府起到带头作用，鼓励贸易、投资、金融等各类专业人才为自由贸易试验区的布局优化问题贡献智慧。总之，在高质量发展过程中，坚持市场在资源配置中的决定性作用，更好地发挥政府的作用，自由贸易试验区率先探索出政府优化营商环境服务于市场的制度创新成果，为其布局优化奠定制度基础，向全国推广可复制的创新驱动发展经验。

（4）坚持产业高质量发展，推动产业体系优化升级。建设现代产业体系是高质量发展的产业基础和经济基础，自由贸易试验区的布局优化是打造现代产业体系的有效手段。现代产业体系的发展核心是实体经济，党的十九届五中全会提出坚持把发展经济着力点放在实体经济上。制造业从根本上决定一个国家的综合实力和国际竞争力。自由贸易试验区的布局要以打造现代产业体系为基本原则，从质和量两个方面出发，推动我国经济结构的优化升级。

从“质”的方面出发，自由贸易试验区布局要充分吸收科技创新、现代金融、人力资源、数据信息等高端要素，打造先进制造业、战略性新兴产业和生产性服务业，通过自由贸易试验区的辐射效应，拉动整体产业结构调整，各产业之间的集聚效应和产业链的优化相互促进，形成正向外部效应。同时，自由贸易试验区的布局优化要考虑现代产业体系结构合理、发展协调问题，占据高端产业链、高端价值链。从“量”的方面出发，自由贸易试验区的布局优化路径不能局限于单一产业，要打造多元化产业发展体系，完善现代产业链的全环节。各自由贸易试验区根据地区、功能等不同，优势产业之间进行协同联动，形成互补产业，完善整个现代产业链条。

2002—2021 年中国三次产业构成情况如图 7-1 所示。2002—2021 年中国三次产业贡献率如图 7-2 所示。

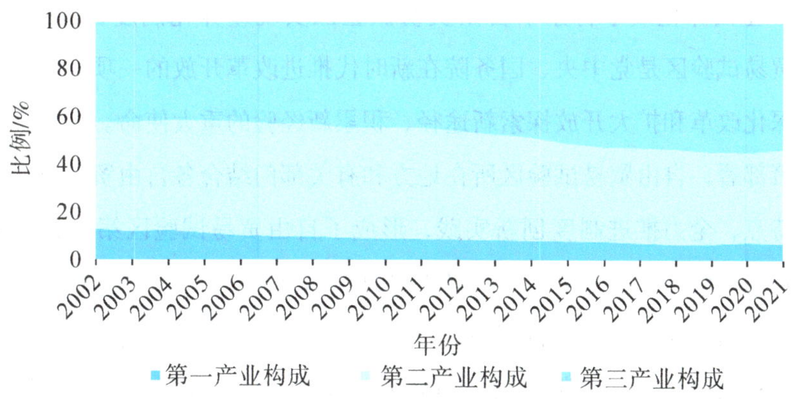

图 7-1 2002—2021 年中国三次产业构成情况

注：资料来自国家统计局。

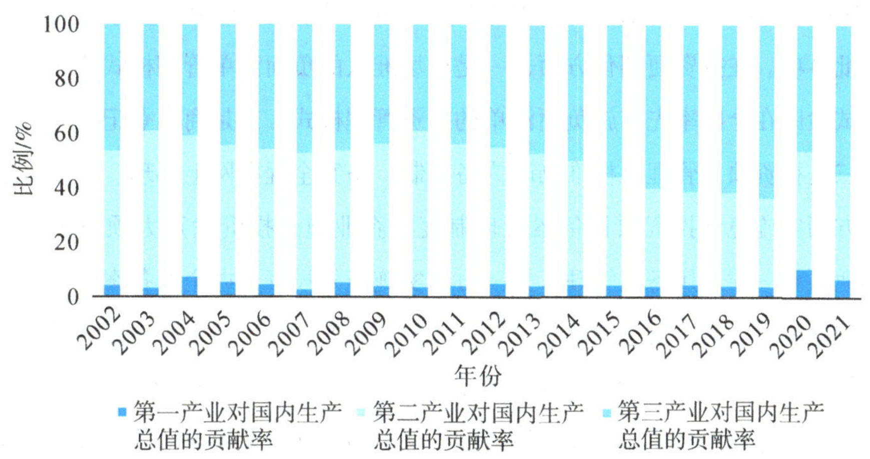

图 7-2 2002—2021 年中国三次产业贡献率

注：资料来自国家统计局。

3. 发展思路

自由贸易试验区是新时代下推动经济高质量发展的重要抓手，其建设对我国经济的高质量发展有着至关重要的作用。当前，我国自由贸易试验区协同发展在制度复制推广、协同开放、多层次合作等方面取得了一定的成效。我国自由贸易试验区在高质量发展推动下进一步优化空间布局的发展思路如下：一是在全面深化改革背景下自由贸易试验区实现差异化制度创新的组织协同，二是在区域协同发展下自由贸易试验区实现产业布局优化的产业协同，三是在双循环新发展格局下自由贸易试验区实现内外联动发展的通道协同，四是在创新驱动发展战略下自由贸易试验区实现协同发展的信息协同。

（1）在全面深化改革背景下自由贸易试验区实现差异化制度创新的组织协同。建设自由贸易试验区是党中央、国务院在新时代推进改革开放的一项战略举措，肩负着为全面深化改革和扩大开放探索新途径、积累新经验的重大使命。按照党中央、国务院的决策部署，自由贸易试验区所在地方和有关部门结合各自由贸易试验区功能定位及特色特点，全力推进制度创新实践，形成了自由贸易试验区第六批改革试点经验。自由贸易试验区一直都是制度创新的高地，自2013年上海自由贸易试验区成立以来，各批自由贸易试验区各自创新，在政府职能转变、贸易便利化、投资便利化、金融开放和法治化建设五大制度创新领域不断改革，从而取得了一大批制度创新成果。差异化的制度创新总体上可以从纵向、横向两个方面具体分析。

第一，纵向的差异化制度创新主要体现在以下几个方面：在政府职能转变方面，政府不断简政放权，大力推行行政审批制度改革，如取消、删减、转移诸多市场准入前置审批事项。在投资便利化方面，一是市场准入的负面清单管理模式不断升级，自由贸易试验区在全国率先实施负面清单的投资管理模式；二是商事登记制度改革不断完善；三是投资项目管理由核准制改为备案制，备案全程在网上办理。在境外投资领域，一方面实施境外投资项目备案管理制度，企业境外投资除重大项目和敏感项目外，其他项目一律适用备案管理；另一方面实施境外投资开办企业备案管理制度。在贸易便利化方面，其主要包括海关监管和货物通关便利化。其中，最显著的成果在于国际贸易“单一窗口”建设、通关便捷程度不断提升、货物分类监管手段不断优化以及贸易新业态和新功能的不断发展，如跨境电商、文化艺术保税等产业。在金融开放方面，自由贸易试验区逐步推进人民币国际化，加强对国内、跨境融资风险管控，同时加强金融的服务功能。在法治化建设方面，自由贸易试验区确立了从管理体制、投资开放、贸易便利、金融服务到综合监管的法律制度框架，基本建立司法保障和争议解决机制，同时不断完善法律服务平台。

第二，在横向的差异化制度创新上，各自由贸易试验区又有着各自的特色化试验。从试验任务看，21个自由贸易试验区都承担四大领域的创新任务——政府职能转变、投资领域创新、贸易便利化自由化和金融改革创新。同时，各自由贸易试验区肩负地方特色制度创新任务。从改革创新的深度和广度看，目前海南在建设自由贸易试验区的同时开始着手探索建设自由贸易港。海南自由贸易试验区的开放力度最大、授权最灵活，其改革措施涉及调整现行法律或行政法规的，经全国人大或国务院统一授权后实施；中央有关部门根据海南发展改革需求，及时下放相关管理权限，给予充分的改革自主权；其他自由贸易试验区已探索的改革措施，海南自由贸易试验区可以根据需要施行。可以说，从上海自由贸易试验区到海南自由贸易试验区再到包括雄安新区在内的河北自由贸易试验区等第五批自由贸易试验区，我国自由贸易试验区建设经过六年的发展，开放层次逐步提高、营商环境更加优化、辐射作用更加明显，自由贸易试验区已成为我国改革开放、制度创新的新高地。

目前，各地以制度创新为核心，立足区位特色优势，突出差别化的横向与纵向探索相结合，加强系统集成，自由贸易试验区建设取得显著成效，初步实现了在更大范围、更广领域、更深层次加强改革探索的设立目标，更好地服务了我国全面对外开放的战略布局。商务部将继续推进高质量建设自由贸易试验区，推动赋予自由贸易试验区更大改革开放自主权，形成更多针对性强、实效性强、集成性强的制度创新成果，推动更深层次改革，实行更高水平开放，在探索形成以国内大循环为主体、国内国际双循环相互促进的新发展格局方面走在前列，打造改革开放新高地。

（2）在区域协同发展下自由贸易试验区实现产业布局优化的产业协同。随着我国城镇化快速发展进入新的阶段，区域协同发展成为国家、区域以及城市治理的重点政策议题。为不断促进区域协同发展，我国近年来在各省份相继设立自由贸易试验区。目前，我国自由贸易试验区已经扩容至 21 个，有序分布在华东、华南、华北、华中、东北、西南地区，基本实现了沿海省份的全覆盖，连点成线，再连线成面，形成对外开放的前沿地带，全方位发挥沿海、内陆和沿边地区对腹地的辐射带动作用，更好地服务陆海内外联动、东西双向互济的对外开放总体布局。日渐完善的自由贸易试验区布局有力促进了我国的区域协同发展，而如何更好地实现区域协同发展，则需要更为科学的产业布局，进一步优化已有的产业布局。

从比较优势出发，我国各区域都根据自己的区位优势优化各自由贸易试验区的发展。虽然我国自由贸易试验区设立时间不长，但各个自由贸易试验区立足各自的发展定位和区域特色，聚焦贸易、投资、金融等领域开展务实的制度创新实践。伴随着自由贸易试验区的扩容，其对所在区域的改革开放和经济高质量发展发挥了重要的推动作用。在高质量发展的主题下，各自由贸易试验区将更充分发挥战略叠加优势，不断创新，破解发展难题，推动发展质量变革、效率变革、动力变革，聚集新产业、新业态、新模式。例如，山东自由贸易试验区临近海洋，海洋资源丰富，围绕发展海洋经济，加快推动海洋科技创新，培育东北亚水产品加工和贸易中心，推进国家海洋药物中试基地建设，提升海洋国际合作水平。江苏自由贸易试验区凭借其南通和连云港两个亿吨大港的港口优势，借助长三角北部的区位条件，承接苏南和上海的产业转移，利用便利的水陆空交通运输条件以及丰富的技术和资源，着力推动科技与产业融合，促进集成电路、人工智能、生物医疗、纳米技术应用等产业创新发展。河北自由贸易试验区重点在战略定位、片区选择和制度设计上充分聚焦服务京津冀协同发展，积极承接北京非首都功能疏解和京津科技成果转化，建设国际商贸物流重要枢纽和新型工业化基地、全球创新高地和开放发展先行区，在产业发展上注重了互补性。各自由贸易试验区都具有独特的区位优势，通过深入研究分析各地区的优势，进一步优化产业布局，更好地实现高质量发展和区域协同发展，将进一步提升我国自由贸易试验区的发展，也将进一步均衡我国的区域发展格局。

此外，自由贸易试验区的溢出效应和辐射带动作用能够缩小自由贸易试验区与周边地区的发展差距，实现各区域经济均衡协调发展，为实现社会经济发展新目标注入新的活力，从而更好地服务于我国全面对外开放的总体战略布局。在产业布局方面，各自由贸易试验区既有统一的政策指引，也有基于发挥地理优势和产业特点建构的功能定位。例如，上海自由贸易试验区旨在进一步探索金融开放创新；广东自由贸易试验区突出粤港澳深度合作目标；福建自由贸易试验区彰显对台特色；陕西自由贸易试验区响应国家的“一带一路”倡议；辽宁自由贸易试验区为东北工业基地转型提供经验探索；浙江自由贸易试验区在海洋贸易制度创新上充当排头兵；广西、云南、黑龙江自由贸易试验区的设立，有利于推动沿边地区开放，辐射带动沿边发展，进一步密切同周边国家的经贸合作，提升沿边地区的开放开发水平。这样的空间布局很好地协同了“一带一路”倡议和粤港澳大湾区建设、京津冀协同发展、长三角一体化发展、东北振兴、成渝地区双城经济圈建设、创新驱动发展等国家重大战略。

（3）在双循环新发展格局下自由贸易试验区实现内外联动发展的通道协同。逐步形成以国内大循环为主体、国内国际双循环相互促进的新发展格局是中央根据国内国际形势发展的新变化做出的重大战略部署。作为新时代改革开放的新高地，自由贸易试验区是链接双循环新发展格局的重要平台和关键节点，也是促进双循环新发展格局形成的重要抓手和有力支撑。2020 年 5 月 14 日，习近平总书记首次提出构建国内国际双循环相互促进的新发展格局。自由贸易试验区是链接国内国际两个大舞台的关键节点。

习近平总书记提出，把满足国内需求作为发展的出发点和落脚点。这说明，中国未来增长的动力将更多依赖内需拉动，而自由贸易试验区要想在双循环新发展格局下实现内外联动发展，其首要任务便是引领本地区的发展。各自由贸易试验区只有在发展好本区域的基础上，才能更好地实现双循环下的内外联动发展。自由贸易试验区的不断扩容，也是党中央、国务院在新形势下全面深化改革和扩大开放的战略考量。

我国拥有大规模的国内市场，国内消费潜力巨大。充分发挥我国的超大规模市场优势，是有效应对外部环境变化、增强经济发展韧性和活力的战略选择。我国推进自由贸易试验区战略，结合各地区位特点和产业情况，不断推出差异化功能举措。这些最具吸引力的政策都是具体实施、区别对待的，是非广谱性的，都是针对地区产业发展和开放实际“量身订制”的，对推动该地区发展有很强的实效性和推动意义。例如，福建自由贸易试验区建成了全国最大、世界领先的“一站式”航空维修基地，试行了降低航材关税和区外保税维修两项政策，实现产值约占国内25%、全球2.5%。上海自由贸易试验区发挥金融区位优势，试行自由贸易账户政策，为实体经济提供强有力的金融支撑，临港新片区对具有基础优势的集成电路、人工智能、生物医药、民用航空等重点行业的关键核心环节相关企业，按15%的税率征收企业所得税，大力发展了先进技术，形成了产业辐射效应。在国内大循环方面，各自由贸易试验区更是不断加强彼此的联系，更好地实现了自由贸易试验区之间的联动发展。其中，每个自由贸易试验区都是一个区位节点，在节点的基础上，再沿长江经济带轴线、丝绸之路经济带轴线、21世纪海上丝绸之路经济带轴线扩散至轴线发展阶段，在轴线之间的贸易中以点带面，形成贸易开放的网格，实现可复制可推广创新经验向全国复制推广，在更大范围实现更高水平开放。可以说，自由贸易试验区是高质量发展战略布局中的重要节点，也是高水平开放连接跨市、跨区、跨省协同发展的“接力棒”。在高水平开放发展中，我国以自由贸易试验区为重要支撑节点，形成以点带面、协同联动的区域经济发展局面，形成高水平全方位开放的新格局。在促进国内大循环上，自由贸易试验区将以供给侧结构性改革促进国内大循环。目前，我国经济的结构性问题正是由有效供给不足导致的大量“需求外溢”。自由贸易试验区在深化供给侧结构性改革时，需要突出民生导向。其总体思路是围绕企业、要素、产业、市场和政府五个维度，通过“三去一降一补”，推动新旧动能转换和产业结构优化升级。

科技创新和制度创新的“双轮驱动”也将是促进国内大循环的关键。实现高质量发展，归根结底要依靠科技创新驱动，离开科技创新谈加快转变发展方式、优化经济结构、转换增长动能，是难以实现的。对于自由贸易试验区来说，打造引领高质量发展的新标杆，科技创新与制度创新缺一不可。自由贸易试验区要以市场为导向，以制度创新推进科技创新，加大力度培育领先的创新主体，携手产、学、研、商、用，打造联合创新平台，实现产品、企业、产业、技术、平台五聚集，这样就能在国内大循环中发挥中流砥柱的作用。此外，自由贸易试验区也将以“四链融合”① 促进国内大循环。自由贸易试验区是各种要素的聚集地，在强化“四链融合”方面有其得天独厚的条件。例如，自由贸易试验区积极构建融资租赁平台，同时通过创新业务模式，促进融资租赁业聚集发展。创新链有效拓展了产业链，而产业链的集聚效应又带动了招商链发展，让招商引资的规模效应凸显。“四链融合”促进了自由贸易试验区政府与市场之间、创新与产业之间、产业和招商之间的连接与匹配，同时也带动了区域各种生产要素的再配置。显然，自由贸易试验区的种种战略，皆有利于推动形成良性互动的内循环格局。

自由贸易试验区更高水平开放发展的国际大循环更是对我国现阶段经济高质量发展具有重要作用。习近平总书记强调，中国坚决维护国际多边自由贸易规则和体系，并以自身的实际行动践行对外开放理念。自由贸易试验区作为推动国际循环的主阵地，积极开拓双向市场，促进国内市场与国际市场深度融合，将助力我国在全球范围内加快与国际贸易伙伴的自由贸易协定谈判，形成维护全球多边主义、鼓励自由贸易的国际经贸规则体系，积极参与世贸组织改革，进一步提升中国在国际经济和国际贸易规则制定时的话语权。自由贸易试验区在商事、投资、贸易、事中事后监管、行业管理制度等重点领域先行先试，为全方位对外开放提供更全面的制度保障。此外，自由贸易试验区对接“一带一路”倡议，搭建推动“一带一路”沿线国家经贸合作、市场要素配置的新平台，推进和“一带一路”沿线国家在贸易、技术和文化等方面的互联互通，将有助于构建更加均衡和多元化的国际循环体系。跨国企业的全球化产业布局主要通过投资来推动，因此我国需要制定国际化的市场准入标准、统一的法律法规，以高效透明的行政效率来吸引外资进入，从而推进全球化的重心转向消除国内体制不兼容所产生的准入障碍。投资自由化是我国扩大新一轮对外开放的关键，而自由贸易试验区在探索解决这一问题的过程中将发挥重要作用，如自由贸易试验区探索以负面清单为特点的开放方式，增强了市场的透明度，扩大了外商投资的市场准入范围，增强了外资企业在中国长期发展的信心。自由贸易试验区有效打通国内国际通

---

① “四链”是指服务链、创新链、产业链和招商链。

道，从而实现自由贸易试验区通道协同的内外联动良性发展（见图 7-3）。

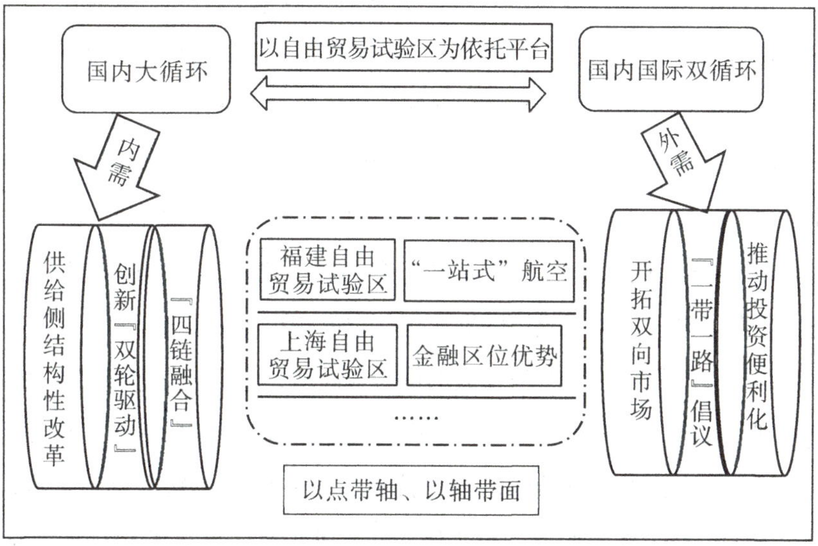

国内大循环
以自由贸易试验区为依托平台
国内国际双循环
内需
外需
供给侧结构性改革
创新“双轮驱动”
“四链融合”
福建自由贸易试验区
“一站式”航空
上海自由贸易试验区
金融区位优势
……
开拓双向市场
“一带一路”倡议
推动投资便利化
以点带轴、以轴带面

图 7-3　双循环新发展格局下自由贸易试验区的内外联动发展

（4）在创新驱动发展战略下自由贸易试验区实现协同发展的信息协同。信息资源是人在社会活动中积累起来的宝贵财富，是无形的财产。开发信息资源能充分发挥信息资源的效益，实现其价值。在大力支持技术创新，信息化不断发展的情况下，信息资源共建共享能使信息用户在利用信息资源上得到最大限度的满足。从我国其他自由贸易试验区发展情况来看，信息资源共建共享平台能提高信息传递的速度和质量，使信息资源发挥其经济效益，推动自由贸易试验区的发展。随着大数据、科技创新的不断发展，电子商务等各种形式的数字经济应运而生，各自由贸易试验区的数字化建设也显得至关重要。在现代信息社会，大数据日渐成为一种基础性战略资源，并深刻影响着社会治理方式变革，而大数据驱动下的信息化本质就是信息共享。其中，除了单个自由贸易试验区的数字化管理外，如何智能化、信息化地协调各区域的信息，从而更好地实现各自由贸易试验区的互联互通也十分重要。在科技创新的驱动下，自由贸易试验区借助信息化可以搭建高端服务网络和平台，如“政务云”。与此同时，自由贸易试验区着力打造全国科技创新枢纽，打造“一带一路”双向开放新通道和先进制造业合作平台。此外，政府应当加大对信息化平台建设的支持力度，各地区应建立完善的人才引进与培养制度。我国自由贸易试验区建设起步较晚，再加上信息化建设在较长时期没有得到足够的重视，因此我国自由贸易试验区在前期的发展阶段，信息共建共享存在着诸多问题。随着我国科学技术的不断发展，自由贸易试验区也将创造性地推动信息化建设，更好地协同各区域发展。上海作为全国自由贸易试验区第一片试验田，信息化建设也较为完善。经过一系列尝试和探索，“政务云”作为解决“跨条块资源集成难、跨部门信息共享难、跨领域业务协同难”等问题的良药，是符合现代“互联网+”环境下的新型政务体系。“政务云”建立了一体化政务云数据中心、五个区级政务信息共享交换枢纽平台、30个左右的区级行业政务平台和300个左右的业务应用系统。目前，“政务云”系统协同办公平台、审批办事平台、综合监管平台等五个区级政务信息共享交换枢纽平台已经上线使用。“政务云”平台将会大大提升信息贮存水平，对区域经济发展起到一定的积极作用。

自由贸易试验区作为我国对外开放的试验新高地，不仅仅促进了各自由贸易试验区的信息便利化发展，在对接“一带一路”建设上，高端信息服务平台更是不可或缺的。其中，上海自由贸易试验区搭建连接“一带一路”的航线网络和高端服务平台，成为“一带一路”经贸服务的桥头堡，并推进先进信息技术和科技创新的合作，打造“一带一路”科技创新枢纽。上海自由贸易试验区搭建“一带一路”高端服务合作平台，围绕商务、法律、咨询、信息、人才等领域设立服务“一带一路”的合作论坛、对话窗口，为“一带一路”经贸和科技合作创造条件，打造“一带一路”科技创新枢纽。上海自由贸易试验区通过大力发展邮轮经济，扩展国际邮轮旅游航线，创新游艇出入境管理模式，与周边国家建立海洋旅游合作平台和网络，促进海洋旅游便利化，推进游艇码头建设，以旅游带动周边国家经济发展，促进与“一带一路”沿线国家的人文交流。上海自由贸易试验区运用信息技术、大数据分析，实现公安、海关和财政等部门的数据对接和共享，解决监管中存在的“信息孤岛”问题，为企业“引进来”和“走出去”提供良好的环境。上海自由贸易试验区与“一带一路”沿线国家共建共享航运交易信息和服务平台，增强港口间的协同发展能力和服务功能，完善“一带一路”沿线国家之间的航运服务网络，最终形成连接国内外重点港口的亚太供应链中心枢纽。上海自由贸易试验区吸引“一带一路”沿线国家各类大型涉海企业总部入驻上海自由贸易试验区，引进涉海行业组织、中介机构、高等院校和科研机构，建设海洋服务业集聚区，推进涉海金融、航运保险、船舶和航运经纪、海事仲裁等业态发展，探索制定与“一带一路”沿线国家相适应的国际海运标准规范，形成国际航运中心的核心功能区和总部经济。在海事服务上，上海自由贸易试验区推进上海国际海事司法中心建设。例如，上海自由贸易试验区以智慧海事法院为依托，与国内外机构和组织围绕国际社会普遍关注的海事司法理论与实践重大热点问题展开讨论和合作，集聚国际海事法律人才和资源，建立国际海事司法高端智库。上海自由贸易试验区搭建海事司法信息交流共享平台，实现与国际海事法律领域更好的接轨。

信息协同的重要作用在于通过技术创新，让信息系统可以更好地对接各种公共服务平台，包括延伸和拓展产业链的技术服务、各种认证平台和信用监管平台、交易和展会等平台。我国自由贸易试验区信息资源共建共享平台由一个网站和九个系统模块组成。网站，即我国自由贸易试验区信息资源共建共享网，其一级栏目有通知公告、查询下载、行业资讯、政策法规、机构信息、信息公示、登录入口、互动交流共八个模块。基于此九个系统模块带来的信息协同可以在以下几个方面促进自由贸易试验区的建设：第一，自由贸易试验区各企业部门可以共享信息资源，实现全面信息化建设，进行更为高效便捷的沟通。第二，自由贸易试验区可以进一步优化信息资源管理，促进平台发展。第三，自由贸易试验区能够更好地对信息进行整理加工，为各部门做出更为科学的决策提供技术支撑，同时也能为企业订制更为个性化的服务。第四，平台的查询下载功能也将更为精确地为用户提供信息资源。第五，平台进一步促进公共信息资源的传播。鉴于信息协同对我国自由贸易试验区建设的重大作用与诸多功能，在部分区域条件有限的情况下，政府要加大对平台建设的支持力度，提供需要的资源，必要时颁布相关规章制度。企业要认识到建设自由贸易试验区信息资源共建共享平台的重要性，意识到参与信息资源共建共享不仅利人也利己，从而主动投入一定的人力、物力到信息资源的建设当中。此外，信息化建设人才对自由贸易试验区的信息协同也至关重要。自由贸易试验区需加大力度引进信息化相关的专业人才，适当提高优秀人才的福利。总而言之，自由贸易试验区作为改革创新实验的新高地，在创新驱动发展战略下的信息化建设也应走在时代前列，进一步促进信息自由化便利化，推动数据资源开放共享与信息便捷联通，加强互联网基础设施建设，促进跨境数据安全流动，加强知识产权和数据保护，率先探索建设全球数据港。此举将进一步引领自由贸易试验区创新发展，从而更好地带动国内经济发展，实现创新驱动发展战略下的高质量发展。

完善自由贸易试验区布局的总体思路框架如图 7-4 所示。

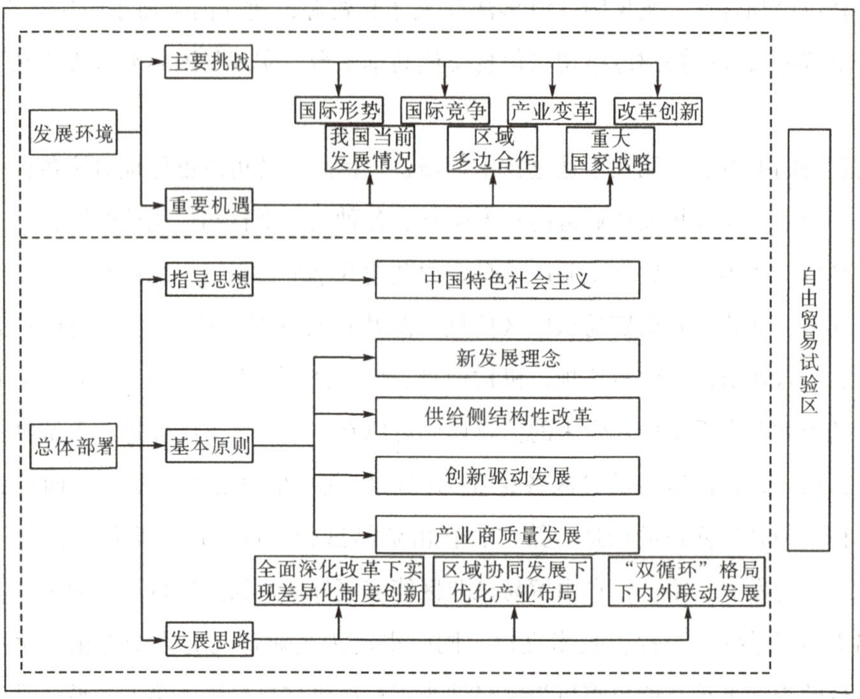

图 7-4　完善自由贸易试验区布局的总体思路框架

第二节　完善自由贸易试验区布局的战略路径

一、突破路径依赖限制，加快国内自由贸易试验区规则改革创新

1. 明确自由贸易试验区优劣势，推动差异化制度创新

从 2013 年上海自由贸易试验区建立以来，我国已形成 6 个批次共计 21 个自由贸易试验区，分布在我国的东部沿海到西部内陆的各个地区，6 个批次“1+3+7+1+6+3”的批次设置也促使整个自由贸易试验区布局呈现一个雁阵的形式。“头雁”为上海自由贸易试验区，“雁尾”为云南自由贸易试验区、广西自由贸易试验区和黑龙江自由贸易试验区等沿边地区，其余部分构成“雁身”。尽管自由贸易试验区的区位布局已成体系，但是我国自由贸易试验区目前的制度与规则存在着一定的问题，主要体现在各自由贸易试验区的制度规则缺乏创新，没能很好地做到与时俱进，存在着较大的路径依赖问题。面对日趋激烈的国际竞争格局，加快国内自由贸易试验区的规则改革创新，尤其是针对各自由贸易试验区进行差异化的制度创新，对外有利于应对国际经贸

规则的改变，接受中美经贸摩擦带来的挑战；对内有利于完成我国改革进入深水区背景下对自由贸易试验区提出的新任务。各自由贸易试验区要强化差异化发展，就需要从成立之初的战略定位进行深入分析。作为制度创新的高地，自由贸易试验区初始便要求差异化发展：一是根据各自由贸易试验区要素禀赋条件而定，二是根据各自由贸易试验区的政策要求与发展目标来定。各自由贸易试验区通过不同地区的区位条件、政策安排与发展目标，从而为各地区发展打开一个更加开放的口岸，为各地区之后的发展提供更多可实现、可复制与可推广的发展经验。

（1）加强沿海沿边沿江与内陆协同发展。自 2013 年起成立的 21 个自由贸易试验区中，明显区分为以下三大区位条件的自由贸易试验区格局：沿海自由贸易试验区 11 个、内陆自由贸易试验区 7 个、沿边自由贸易试验区 3 个。不同区位条件下自由贸易试验区拥有的资源禀赋条件各有差异，因此推进三种区位条件下自由贸易试验区发展也有所区别。针对沿海自由贸易试验区，由于其拥有长期以来发展较为成熟的港口与转口贸易，因此更应该发挥其具有毗邻海岸的港口条件的优势，大力拓展其区位禀赋条件，从以前只是转口加工贸易逐渐转型升级为高附加值的对外贸易，并且依赖已有的科研资源，大力推动海洋经济的探索与发展。作为改革开放的前沿阵地，沿海城市在改革开放 40 多年的发展历程中得以高速发展，积累了大量的产业转移的发展基础。但是，在人口红利逐渐减少，同时反全球化愈演愈烈的当下，自由贸易试验区迫切需要在原有较为成熟的加工贸易基础上，不断向上下游进行延伸，加快产业迭代升级，将此前的低附加值贸易逐渐转型成为高附加值贸易。例如，浙江自由贸易试验区、义乌保税区建立在原有的成熟的小商品生产基地之上，但低附加值产出的效益使其逐渐陷入发展瓶颈。杭州片区近几年以数字经济和电子商务逐渐崭露头角，有关部门应促使两者更好的协同，从而推动义乌加工经济向高附加值制造业转型，进而促进浙江自由贸易试验区更好地发展出口贸易。又如，山东具备优秀的海洋专业的高校、科研单位和相关人才，在进一步缩减负面清单和放宽外资限制的基础上，大力引进优良外资单位协同开发，不断探索海洋领域的经济发展路径。

与沿海自由贸易试验区相对的内陆自由贸易试验区则缺少了沿海港口的优势。改革开放后，这些地区由于不临海的区位弱势，导致其无法承接发达国家的产业转移，从而使其发展始终落后于沿海地区。国家建立的内陆自由贸易试验区中，其共性无疑都是我国西北、西南和中部地区重要的交通枢纽，良好的基础设施建设具有极强的外部效应。因此，内陆自由贸易试验区在发展中，应该持续强化自由贸易试验区所处的区位条件，发挥其交通枢纽的天然优势，促使物流和其他相关领域经济的高速发展。

例如，四川自由贸易试验区所属的成都是西南地区最大的空港城市，也是世界重要的空港转运中心，应不断强化交通运输优势，并借此开展相关领域产业转移和自主创新，积极推动内陆交通枢纽从单一化交通要道向经济发展要道的转型升级。

沿边自由贸易试验区分布在我国东北与西南地区，均与他国接壤。沿边地区沿边自由贸易试验区的设立定位明确，应持续加强同周边国家的联系，利用沿边地区的区位条件开展国际贸易与相关投资，借助较近的地理优势开展与周边国家的友好往来。

沿海、内陆、沿边三大类自由贸易试验区的定位不同，侧重点也不同。在推进差异化制度创新过程中，各自由贸易试验区有关机构应牢牢把握自由贸易试验区所属区位的禀赋条件，吸收成熟自由贸易试验区可复制可推广的经验，结合自己特殊的区位优势进行协同发展，沿海自由贸易试验区发展成熟的制造业体系可以借助内陆自由贸易试验区的交通优势，进行有序转移；沿边自由贸易试验区的资源合作与发展也可以同内陆自由贸易试验区的交通枢纽相结合，进而实现沿海、内陆和沿边三大自由贸易试验区协同发展。

（2）强化区域一体化发展模式。在六个批次的自由贸易试验区建设中，区域化布局路径的形成逐渐清晰，各自由贸易试验区的建立应立足区域化发展的战略目标，加强自身的差异化探索发展，同时结合所属城市圈与国家发展战略，尤其是国家级城市群的战略规划布局和“一带一路”倡议进行协同发展，借助已有战略的发展基础，结合自由贸易试验区自身的政策倾斜与开放优势，不断推进所属区域一体化进程，进而打造自由贸易试验区所属区域独特的区位优势。在国内重要的城市群中，京津冀、长江三角洲和成渝双城经济圈等几乎都已设立自由贸易试验区，相关部门应立足所属区域的优势条件，着力加强区域内自由贸易试验区的联系和互动，以单个自由贸易试验区的发展为基础，充分发挥自身优势的同时，再与其他自由贸易试验区进行联动，从而力争达到协同发展的效果。例如，长江中下游地区的上海、浙江、安徽等自由贸易试验区，既可以借助上海自由贸易试验区较为开放和发达的金融服务，又可以借助浙江自由贸易试验区成熟的小商品生产和数字经济，以此为结合点，发挥各自的优势，从而形成合力，最终实现区域协同一体化发展。

“一带一路”倡议自 2013 年实施以来，已初具成效，许多国家和地区陆续加入其中，不但极大地推动了我国与世界各国友好交流的步伐，也促使我国内陆地区，尤其是我国中西部地区有了更多向外出口的渠道和路径，这也为我国后续的发展带来了更多的机遇。我国自由贸易试验区和“一带一路”倡议的沿线地区之间又存在交叉与重叠，“一带一路”倡议在国内的沿线地区有着极强的辐射效应。在这种情况下，国内自由贸易试验区的发展应加强同“一带一路”倡议的联系，积极探索政策共通之处，抓住自由贸易试验区的开放引进之路，同时也搭上“一带一路”倡议的减税出口之路，以此协同一体化发展，以“线”和“带”惠及国内的“点”，再以“点”带“面”，进而促进自由贸易试验区沿线化的发展。例如，中欧班列的班次可以从武汉出发，途径成都、重庆等地，再到中亚、西亚乃至欧洲，以此条线为基础，相关产业进出口可以进行协同与分工，发挥各自由贸易试验区的优势，从而达到沿线的协同一体化发展。

（3）突出自由贸易试验区的独特优势。除了地理上的差别、国家城市圈建设战略以及“一带一路”倡议等区域化协同发展政策之外，自由贸易试验区还应将重心关注于自身的优势上。自身的优势项目，如土地、林木等资源禀赋，抑或是产业积累的集群优势等，都是各自由贸易试验区最具辨识度的资产。因此，有关部门应大力推动对各自由贸易试验区的优势项目进行探索式发展，在实践中找出一条适合自身优势的发展之路，并力争在发展中形成可复制可推广的经验，从而形成各自的特色化产业模式，进而打造出属于各自的蓝海市场。例如，北京的服务贸易实验、陕西的杨凌农业示范区、天津的融资租赁等，均在对应自由贸易试验区成立不长的时间内形成自身的独特优势，并且形成一批可复制可推广的经验，辐射到了其他自由贸易试验区发展之中。纵观 21 个自由贸易试验区，形成差异化特色并且有所成就的仍旧是少之又少。大部分自由贸易试验区在借鉴前人经验之后就很难有所突破，并且这种过度依赖的模式很容易造成上述提到的路径依赖，从而造成自由贸易区发展的停滞，严重的甚至会造成自由贸易区发展的同质化，进而违背自由贸易区建设的差异化初衷。为此，有关部门需要从以下两点进行调整：一是需要从根根上理清思路，自由贸易试验区的发展不是相互攀比，更不是相互竞争。相反，自由贸易试验区的发展更应该立足实际，结合自身的发展情况，实事求是，一步一个脚印，适合什么发展什么，不适合就不发展。自由贸易试验区应以自身优势为基点，潜下心来，扎下根来进行探索和发展。即便涉及项目在短期内很难收获较为实际的经济效益，可能会历经较长的发展期，可一旦取得突破，可以为后续发展带来助力，是值得的。二是有关部门需要广纳良言，虚心调研。中国自由贸易试验区的发展还不到十年，许多制度与政策仍旧处于一个摸着石头过河的阶段。与之相比，国外自由贸易区的建立已经历几十年的发展，不论是在政策领域还是在实际发展落实等方面，都已经形成一套相对成熟的体系。因此，在发展中，我国需要广泛吸收国外成熟自由贸易区的经验，虚心进行实地调研，从长远发展角度出发，切实提供可供我国自由贸易试验区优势发展的佳计良言。同时，我们需要强调的，成熟的经验不代表成功的经验，一切发展需要建立在中国的实际情况之上，“拿来主义”不可取，只有切实针对自由贸易试验区进行实地调研探索，并与成熟的经验相结合，才是可取之道。

2. 更大力度促进开放，促进投资贸易便利化

自由贸易试验区的发展不单单需要在定位和制度领域采取更加差异化的发展模式，还需要在贸易自由化领域采取更为便利的措施与保障，这就需要有关部门探索和落实更加开放的负面清单与更加完善的制度保障。

（1）更大程度放宽市场准入。关于某一行业的外资是否能进入中国，自由贸易试验区自建立之初就采取了负面清单的管理模式。负面清单是指一国政府制定或出台的文件，其中列明对外商投资准入进行一些禁止和限制管理的措施，在列明的禁止和限制管理的措施范围以内，禁止相应的外资进入的一种管理方式。相较于正面清单的管理模式来看，负面清单的限制相对宽松，一定程度上放宽了外资进入的领域和范围，进而更能激励相应外资企业在自由贸易试验区设立分支机构。自 2013 年起至今，我国自由贸易试验区建设已经接近十个年头，所采取的市场准入的限制措施也进行了大范围的缩减，从 2013 年的 190 条减少至 2021 年的 21 条，缩减比例达 88.95%。一系列的开放措施为自由贸易试验区的发展增添了活力，但如果我们仔细研读负面清单，就会发现在科技、教育、体育、电信、环保等领域仍旧“紧闭大门”。尽管部分领域涉及政治和国家安全等较为敏感的领域，但是某些领域可以适当放开一定的市场限制。同时，负面清单的内容不应过于细化，应为我国灵活地保护一些敏感行业和特定产业留有一些余地。除了对相关进入行业的限制以外，我国还应放宽对注册资本、经营方式、经营范围、融资模式等限制，为各类市场主体创建一个良好、公平、有序的竞争环境，进而吸引更多相关领域的、高水平的机构和人才到自由贸易试验区进行交流与合作。这样不但可以极大地激励外资到我国自由贸易试验区入驻，也为我国自由贸易试验区下一步更好地对接国际标准奠定了基础。此外，我国的负面清单的分类标准与国际上的主流分类标准存在一定差距，在外资进入的时候，可能存在一些因“灰色地带”而阻碍相关领域主体的市场准入。因此，为更好地落实和达到负面清单的制定目标，有关部门需要进一步完善行业的分类标准，以便我国在参与国际投资规则谈判制定时在同一标准框架下进行协商。

（2）完善自由贸易试验区制度保障。外商来了，不等同于外商能留下来。我国自由贸易试验区的有关机构需要清晰认识到自由贸易试验区的建立为中国的对外开放搭建了一个更大的平台，但是如果这个平台存在问题，那么这样的合作必然难以为继，甚至可能成为不良合作范例。因此，为避免上述情况的发生，有关部门还应该进一步解决产权保护、环境保护、员工人权、服务贸易、电信安全、监管一致性、争端解决机制等方面的问题，在以我国相应的法律和道德水平的基础上，更多地考虑不同国家的市场环境与规章要求，进而更好地同国际标准进行对接，打造一个更加适合外资开放发展的平台，从而为自由贸易试验区的发展打下坚实的基础。

3. 密切结合发展实际，完善监督和管理体制

自由贸易试验区是实施更高层面开放战略的重要支点，通过一系列政策的倾斜和制度改革，从而带动区域间城市群的协同发展。在更高水平的全方位开放战略下，中国监管体系客观上迫切要求进行相应的配套改革，以便中国的治理体系更加契合中国开放经济的发展。

（1）加强自由贸易试验区的事前事后管理。对于所引进的外资企业来说，由于其经历过残酷的市场竞争，并且在竞争中存活下来，因此拥有较为敏锐的市场嗅觉。尤其对于那些发展数十年的企业来说，其除了内部具备良好的治理体系和管理机制外，更是能洞悉所在市场的发展机遇与监管漏洞。对此，如果没有一个完善的监管体系和机制，很可能会造成后续外资企业的管理困境，严重的可能会造成管理体系的混乱，进而造成大批外资企业撤出自由贸易试验区。因此，我国需要构建一套能适应自由贸易试验区负面清单管理方式的事前事后监管体系。在事前，关于外资引入的审核，有关部门应建立严格的信用监管体系，审查外资企业的过往信用条件和违规风险，做好严格的信用把关。有关部门应按照外资准入的法规严格对外资进行审查和监管，确保引入外资符合法律规定和自由贸易试验区投资要求。对存在服务需求的外资企业，有关部门应提供相应的法律援助、投资建议以及政策咨询等投资指引，从而推动外资项目在自由贸易试验区落地生根。在事后，有关部门需要对引进外资企业在多个方面进行定期和不定期审核检查，进而确保其行为规范。例如，有关部门应不定期实地检查外商市场交易，做好特殊交易的备案记录；对某些关联方的融资与交易，检查是否符合相关法律规定等，从而确保外商在自由贸易试验区内进行正常的市场交易与合法的融资，进而在此基础上保证市场有序。

（2）加快信息技术处理审批的覆盖。以往，企业要办一件事，手续和步骤比较麻烦，除了时间上的限定外，审批材料也相对比较繁琐。为更好地提升自由贸易试验区监管和审批的效率，有关部门应更好地建立行政审批大数据服务中心，集中收集政府各部门的证照批复以及行政审批相关信息，保障审批部门快速、准确地获取各类信息，从而提高企业的办事效率。此外，有关部门应建立相关服务的反馈机制，切实帮

助企业解决在审批事项中存在的难点问题，进而更好地落实信息化技术监管。在此基础上，有关部门还应不断探索和借助智能化手段，将一般性“行业审查”通过数学建模等方式加以解决，尽可能实现最高效率和最精准的行业监管审批效果。自由贸易试验区有关部门应积极拓展更多的线上办事途径，充分利用微信、微博等公众信息平台，推进实施投资者“指尖办事”，积极推行“极简”审批原则，实现投资者利用手机等通信工具即可办理相关业务。

4. 加快政府职能转变，营造良好的营商环境

放宽了外资企业的进入领域和实施更好的监管体系后，自由贸易试验区还需要确保的是良好的营商环境。要实行更高水平的开放战略，自由贸易试验区有关部门需要提升服务水平，其中不乏学习外资企业所在国的风俗习惯、处事风格和交流模式，进而更好地对接国际标准。要达到这样的要求，有关部门在政府职能的转变和政策支持体系的完善上要下足功夫。

（1）转变政府职能，增强服务意识。各自由贸易试验区内的政府部门要更新观念，切勿仅仅采用过去服务国内企业的模式来进行相应管理，而是要在日常的服务中增强服务意识，创新管理方式，提高公共服务效率，主动为入驻企业提供政务服务。不仅如此，考虑到不同国家间的文化差异，针对有着较大差异的外资企业入驻时，有关部门应提前了解，及时聘请相关服务咨询机构做好事前调研，从而避免在实际服务提供过程中带来麻烦。有关部门尤其要以政府监管机制改革、外贸便利化、金融领域开放创新、外商投资管理体制改革等为抓手，进一步完善国际化营商环境，构建开放型经济体系，建设富有活力的开放新高地。在某些国内自由贸易试验区与国际成熟自由贸易区存在较大差异的地方，有关部门应做好充分调研，结合我国实际情况，有针对性地结合与调整，尤其在相关政策条例方面，应尽快建立与国际惯例接轨的自由贸易试验区政策法规，并且充分借鉴国外自由贸易区有关鼓励对外投资的优惠政策，为入驻企业更好地从事对外投资创造条件。

（2）完善自由贸易试验区政策支持体系。作为当前国内最开放的领域，自由贸易试验区如果仅仅划定一片区域、放宽外商进入条件、给予有针对性的管理，那是远远达不到建立自由贸易试验区的目标的。因此，对自由贸易试验区的政策倾斜，将势必影响自由贸易试验区的发展。有关部门要从财政、税收、人才引进等方面进一步强化对外投资管理政策支持。有关部门应采取各种措施优化服务体系，吸引高素质人才，重视技术创新、人力资源素质培训，将技术、资本、劳动力、数据等生产要素在更高层次集聚，参与更广领域的资源优化配置，发挥生产要素的竞争优势，从宏观政

策上为各自由贸易试验区内入驻企业提供政策优惠和便利，进而为良好的营商环境构建提供制度保障。

二、着眼结构嵌入视角，推动促成我国区域之间的产业协同

1. 统筹优化产业链布局，纵深推进产业协同

产业链是各个产业部门之间基于一定的技术经济关联，并依据特定的逻辑关系和时空布局关系客观形成的链条式关联关系形态。自由贸易试验区建设与产业链优化紧密结合，产业链协同的最终目的是发挥规模经济效应，打通不同产业之间、同一产业内的各环节，实现积极的产业集聚效应。实现自由贸易试验区的区域协同发展，关键是合理布局产业链。从纵向来看，自由贸易试验区内的产业链呈梯度有序性分布，避免产业布局同质性、产业梯度分布不均。按照“点→线→面→网络”的路径推进产业链的结构优化与创新，自由贸易试验区要立足自身的战略定位和资源特点，与稳住产业链供应链、扩大内需、深化供给侧结构性改革、区域发展有机结合起来。早在2018年，我国上海、广东、四川等11个自由贸易试验区之间就启动了《中国自由贸易试验区协同开放发展倡议》，明确将进一步强化协同改革、协同创新、协同发展的思维，大力实施内陆与沿海、沿边、沿江协同开放战略，这是自由贸易试验区向纵深发展的必然趋势。这体现为主体质量协同，以自由贸易试验区为连接点的战略协同，包括软环境和硬环境建设的环境协同。

完善自由贸易试验区可从价值链、供需链和空间链三个方面来推进产业之间的协同。从价值链角度来讲，产业链最具有价值的地方体现在产品的研发、设计和品牌营销上，因此完善自由贸易试验区需要打造纵向环节齐全、横向产业配套协调的全产业链，围绕区域产业链的短板和弱项，提高技术水平，加大研发力度，强化自主创新，以优化政府治理模式为基础，科学合理分工各产业。重要的是，自由贸易试验区要培育龙头引领性产业，提高产业链的附加值，形成综合实力强、产业链条完善的格局。从供需链角度来讲，自由贸易试验区要着眼于我国供给和需求的主要矛盾，以供给侧结构性改革为主线，坚持高质量发展，以供给拉动需求，推动自由贸易试验区向重点布局，从而提升总体效益。从空间链角度来讲，自由贸易试验区之间的产业协同不断，国内与国外之间、不同省份之间、区域内自由贸易试验区与经济技术开发平台之间都存在着不同程度的创新联动发展。从沿海到内陆再到边境，各区域之间进行战略优势互补以及产业链间的合作，推动了自由贸易试验区的空间布局不断完善。

2. 发挥区域比较优势，打造差异化竞合态势

我国目前已批准设立六批自由贸易试验区，总数量增至21个，共计67个片区。

自由贸易试验区在更大范围、更广领域、更深层次进行改革创新的实践和探索，综合发展成效显著。但是，不同自由贸易试验区之间也存在同质化发展现象。自由贸易试验区要明确自由贸易试验区的完善最终要充分依靠并发挥区域比较优势，打造出属于当地自由贸易试验区的竞争特色，探索差异化的竞合态势，才能先行提供更多可复制、可推广的经验。

我国各地在资源禀赋、区位条件和经济发展水平等方面存在较大差异，这就意味着自由贸易试验区要考虑区域性差异，基于各地的异质性特征进行布局。较早设立的自由贸易试验区把发展现代服务业和高端制造业作为主要目标，重点发展第三产业。上海自由贸易试验区作为最早一批对外开放的区域，通过开展亚太运营商计划、鼓励跨境电子商务等措施，促进了贸易结构向服务贸易方向转变。与此同时，上海金融业发展速度快，拥有贸易便利化、金融创新化和政策市场化的显著优势。在负面清单框架下，各国外资机构纷纷涌入，上海成为金融业改革前进的风向标。天津第三产业的比重在设立自由贸易试验区以后不断上升，融资租赁、航运物流等现代服务业在天津属于优势产业。近年来，融资租赁企业外债便利化政策试点、飞机离岸融资租赁业务对外债权登记政策试点、离岸融资租赁对外债权登记业务试点等一大批改革政策在天津——东疆片区落地，真正打出了融资租赁业务的名片。重庆自由贸易试验区适时调整产业政策，形成向金融、物流、保税等方向发展的格局。2020 年，全国唯一一家负责金融科技标准化认证的机构——重庆国家金融科技认证中心在重庆自由贸易试验区江北板块落户，为金融科技健康发展提供了重要支撑。

一些自由贸易试验区的优势不在金融业、服务业等，如黑龙江自由贸易试验区将重工业、农业等优势资源集中，利用不同产业之间的集聚效应，为引进投资和合作形成了良好的支撑基础。黑龙江自由贸易试验区黑河片区着力发展跨境能源合作，绥芬河片区则重点发展木业、油气业等。陕西自由贸易试验区杨凌片区是我国以推动现代农业国际合作交流为主要特色的区域，该区域以农产品为纽带，加强农业国际交流合作，对外开放水平显著提高，并先后与 60 余个国家在现代农业领域建立合作关系。可见，在自由贸易试验区建设的基本框架下，各地政府发挥当地的优势产业进行产业升级，打造出差异化优势，是我国自由贸易试验区不断完善的必要路径。

按照我国自由贸易试验区的定位，自由贸易试验区可以分为沿海型、内陆型和沿边型自由贸易试验区。针对不同的区域，我国要以现有自由贸易试验区试点内容为主体，结合地方特点和战略需要，增加差异化试点任务，将区域特色与国家总体布局相结合。

沿海型自由贸易试验区以上海、江苏、浙江、福建等自由贸易试验区为例。沿海型自由贸易试验区一是要依托自身区位优势，主要以港口为主要依托，打造多式联运平台，畅通海运、河运物流。这类自由贸易试验区的高端制造业和现代服务业发展较快，可以建成航运中心，结合其城市发展定位，通过实施服务重点功能、重点产业、重点要素的措施，打造辐射周边区域高质量发展和对外开放的高地与增长极。上海自由贸易试验区作为先行者，开发了临港新片区，推动离岸注册和离岸金融等金融服务业的发展，特别是目前关键的离岸人民币业务，就可以在这些经济较发达、市场较开放的自由贸易试验区开展，对标国际标准和条例。沿海型自由贸易试验区二是要站在对外开放的高地，充分吸收国外发达港口城市的经验，承担起窗口作用。例如，上海自由贸易试验区临港新片区要利用已有的资源优势，大力发展资本金融市场的开放，以临港新片区为中心，构建人民币资产多级托管体系，引进境内外保险、证券、银行等各类金融机构，同时发展高端航运服务业，如航运结算、船舶交易等业务。

内陆型自由贸易试验区以武汉、重庆、郑州、西安等自由贸易试验区为例。这些自由贸易试验区要承担起国内大循环的作用。一些内陆城市由于对外开放较晚，关于贸易、金融和现代服务业的带动作用不强，因此需要依靠中心城市来引领。内陆型自由贸易试验区的交通运输重点在空运、陆运、铁运以及一些河运，其中的水陆空交通枢纽则是自由贸易试验区发展的重点。例如，郑州和武汉就形成了辐射效应，其交通网四通八达。地处内陆的自由贸易试验区的金融业发展等仍有差距，但是可以利用资源优势，发展制造业，推动制造业向更高层次、更优结构方向发展。

沿边型自由贸易试验区与其他国家接壤，因此注重与周边国家的协调发展。云南和广西自由贸易试验区是探索东南亚经济合作发展的重要地区。黑龙江自由贸易试验区是我国向北开放的窗口，加上土壤优势和历史原因，可以探索构建以粮食发展为核心的现代农业体系。探索不同区域的差异化优势，目的在于形成各自发展特色以防止同质化竞争造成资源浪费和效率低下，也是为了促进东中西部区域的合作，实现均衡可持续发展。

3. 依托城市群主体，推进区域产业协同发展

围绕着自由贸易试验区布局建设的指导思想和基本原则，城市群应当承担起完善自由贸易试验区布局的责任。城市群以特大城市和大城市为核心，各种资源和要素集聚程度高、扩散效应强、空间组织完善，能很好地服务完善自由贸易试验区的布局工作。我国自由贸易试验区的设置与城市群发展高度耦合，覆盖了京津冀协同发展、长江经济带建设、西部大开发、中部崛起、振兴东北老工业基地、粤港澳大湾区建设等

国家战略。自由贸易试验区的区域协同发展集中体现为城市群的发展，因此要以经济发达、政策畅通的中心城市群为轴心，发挥其引领、辐射周边城市的作用，使城市群规模扩大的同时实现高质量发展。

（1）统筹区域机制建设。自由贸易试验区布局的完善需要各个城市群、中心城市共同努力，尽快形成区域产业制度统筹一体，政策安全、高效、便捷的机制，避免各自为政或制度落差较大的情况。我国应以城市群为主体，建立自由贸易试验区治理一体化体制机制，完善市场准入、税收优惠等标准体系，按照各区域功能，在共性中发展特性，在特性中形成共性，探索一体化的政策评价机制和平台。

我国应建立优化产业布局的协调机制。区域产业之间的协同发展，不可避免地存在企业、产业等资源和要素在城市群之间的转移。在这一过程中，我国应探索利益协调和补偿机制，从而引导资源要素合理流向，提高要素利用效率，增强产业集聚效应。我国应通过利益驱动，增强各自由贸易试验区协同发展的意识。在布局自由贸易试验区时，政府要统筹规划，要满足各自由贸易试验区在合作过程中的利益诉求，提高合作动力，形成区域协同的内在驱动力。

（2）共建共享配套设施。自由贸易试验区布局中共建共享的配套设施，不仅包括基础设施，还包括金融服务配套设施。自由贸易试验区通过对城市群发展战略的全覆盖，拓展了区域高水平开放的空间范围，为区域发展提供了发挥腹地广阔市场的优势。要实现区域协同发展，目前重要的基础设施便是物联网、工业互联网和人工智能等新型基础设施。如果周边城市能够建立起一体化网络体系、云端数据中心等智能基础设施，将为自由贸易试验区的基础设施建设提供极大的便利性。在金融服务体系方面，自由贸易试验区利用开放高地，率先进行金融领域的开放，跨境人民币支付结算、跨境汇款、结售汇、线上融资等服务蓬勃发展。

（3）区域产业优势互补。京津冀、长三角、珠三角等城市群形成了增长极，一方面，这些城市群产业承载的能力大，创造收入的能力强，吸纳外资和技术的能力强；另一方面，这些城市群空间开发密度较高、环境承载力较弱，如何通过产业结构升级，优化整合资源，保持自由贸易试验区各片区的发展动力是一个关键问题。我国产业发展不平衡，多数城市有较大的发展空间。我国应通过这些城市的发展，进而形成更大的城市群，承接现有城市群产业升级和优化整合后需要转移出来的产业、承接生态环境脆弱地区转移出来的污染较高的产业。现有城市群的可持续发展，形成可复制可推广的经验，带动后来承接转移产业的城市群，走出一条高质量发展的路子。

区域之间的优势产业互补，立足各城市群自身特色和优势推进协同发展，打造立体式产业结构。以长三角城市群发展规划为例，长三角城市群包括上海市、江苏省和浙江省的城市。上海自由贸易试验区和浙江自由贸易试验区先后成立，随后江苏在2019年也成功设立自由贸易试验区，涵盖南京、苏州、连云港三个片区，重要功能便是对接上海自由贸易试验区的机遇和挑战。江苏自由贸易试验区拥有众多开放性的产业园区平台，形成了“19个海关特殊监管区域+2个重大创新载体+8个国内外共建园区”的体系。上海自由贸易试验区形成的可复制可推广的经验，如制度创新等，可以在临近的江苏自由贸易试验区先行先试。不同自由贸易试验区的优势呈现异质性，各自由贸易试验区应充分发挥各自优势，取长补短，实现一体化进步，同时形成错位发展、互利共赢的生动局面，将区域产业协同带来的经济效应调整至最大。

4. 加强互联互通，促进要素跨区域自由流动

当前，各自由贸易试验区不断提出全新的政策措施，这些措施具有鲜明的地方特色。我国在追求自由贸易试验区差异化竞合态势的同时，也要密切关注自由贸易试验区的互联互通性。

（1）物流互联互通。一是要完善海陆空铁多式联运网络。多种运输方式实现无缝衔接，有助于提高贸易效率。各口岸的便利化水平也需要不断提高，实现口岸之间的互联互通。自由贸易试验区的布局要思考国际物流的中转功能，依托海港、航空港、铁路港等交通枢纽，使自由贸易试验区具备国际货物贸易、服务贸易流通中转，商品分拨或仓储功能。沿海沿江自由贸易试验区具有天然的区位优势，沿海沿江为国际化物流贸易港口提供了便利。进一步地，我国将自由贸易试验区升级为自由贸易港。自由贸易港具有显著的特色，在部分园区实行零关税、简税制、低税率等更加开放的措施。内陆自由贸易试验区缺少海运方式，因此要开发陆运、空运多种模式。中欧班列自开通以来承担的国际贸易越来越多，重庆自由贸易试验区开展多式联运“一单制”研究，推进铁海联运“一单制”试点，实现一次委托、一单到底等便捷服务。二是要布局物流网络。我国应集聚国内21个自由贸易试验区的物流资源，加强各类别、各层次交通物流枢纽和节点之间的联系，优化现有物流模式，做好物流园区和海陆空铁运输方式间的统筹规划，降低不必要的成本。同时，我国要充分考虑产业园区的地理条件等因素，使产品、仓储、运输三者间综合起来，从而实现空间上的物流网络优化。

（2）市场互联互通。市场开放程度高是自由贸易试验区的优势，完善其布局要探索要素市场的互联互通。在国际上，自由贸易区是国际贸易的中心，连接着国内市场和国际市场，其中国际大宗商品交易市场至关重要。上海自由贸易试验区有棉花、铁矿石、有色金属等八大交易市场，浙江自由贸易试验区对以油品为核心的大宗商品现货交易市场进行了有效探索。需要注意的是，许多大宗商品交易仍然亟待完善全产业链，交易市场间的核心业务需要实质性的互联互通。2021 年，《关于推进自由贸易试验区贸易投资便利化改革创新的若干措施》中就提出进一步丰富商品期货品种、加快引入境外交易者参与期货交易等 19 项措施，加强自由贸易试验区与期货交易所的合作，从国内市场需求强烈、对外依存度高、国际市场发展较成熟的商品入手，扩大国内要素市场的流动性。

资本市场也与自由贸易试验区呈现良性互动，自由贸易试验区在贸易、投资、金融等领域深入开展改革探索。完善自由贸易试验区布局要发展壮大资本市场。资本市场开放程度越高，对外资的吸引力越强，可以为企业提供资本，进而促进区域产业结构的优化。同时，借助于资本市场，行业内部优胜劣汰，提高了资本要素的生产效率。

（3）政策互联互通。国内、国内与国外之间要搭建起政策共享平台，特别是涉及国际贸易时，海关、检验检疫等管理部门之间的资源要能实现共享、协同合作，避免政策信息不同步带来的低效或损失。在政府治理方面，各部门应加强联动性，既有助于各部门信息互通，也有助于各部门间互相借鉴、取长补短，最大限度地释放政策红利。在贸易便利化方面，我国应及时将可复制的自由贸易试验区建设经验推广出去。2021 年全国就有一大批自由贸易试验区的改革成果落地，如以海关总署为主体，创新推行区外保税展示交易模式，在保税区外搭建集批发、展示、零售于一体的保税商品展示交易平台，极大提高了海外商品配送效率；河南自由贸易试验区提出跨境电商零售进口正面监管模式，建立以风险预判为重点的事前防控模式。在自由贸易试验区的规划部署上，我国应关注不同区域间政策怎样互通、协调，将关联性行业纳入同一个监管体系中，实现政策互联互通。

（4）人才互联互通。人才是自由贸易试验区布局不断完善的重要基础，人力资源是最重要的战略资源。我国要培养出高素质人才队伍，构建区域协作人才培养体系，助力区域协同发展和自主创新。人力资本在区域间的流动，需要一套完善的人力资源体系与之对应，从人才吸引政策，到社会保障体系，再到人才平台供需信息和人才市场服务相互衔接，才能打造人才高地，推进自由贸易试验区的制度、技术等一系列创新。当前，较为典型的是山东自由贸易试验区烟台片区规划建设的自由贸易试验区国际人才港。这是自由贸易试验区重点打造的人力资源服务产业基地，致力于将人口红利转变为人才红利，将人力资源升级为人力资本。

基于结构嵌入视角的区域产业协同路径如图 7-5 所示。

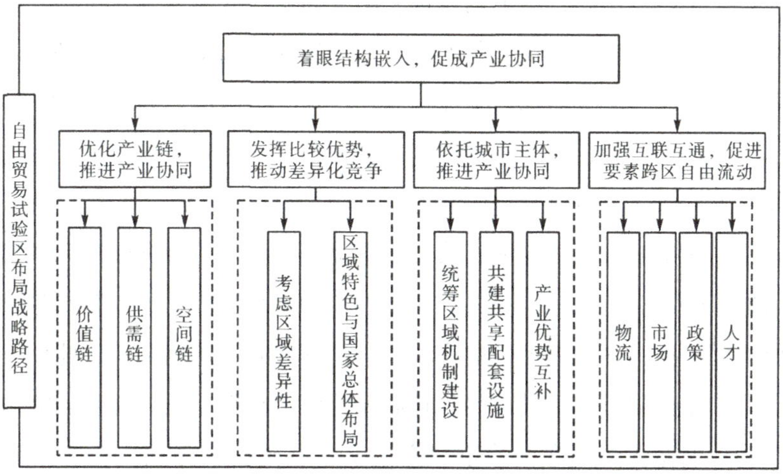

自由贸易试验区布局战略路径
着眼结构嵌入，促成产业协同
优化产业链，推进产业协同
价值链
供需链
空间链
发挥比较优势，推动差异化竞争
考虑区域差异性
区域特色与国家总体布局
依托城市主体，推进产业协同
统筹区域机制建设
共建共享配套设施
产业优势互补
加强互联互通，促进要素跨区自由流动
物流
市场
政策
人才

图 7-5　基于结构嵌入视角的区域产业协同路径

三、深化创新驱动发展战略，推动我国现代化产业体系升级完善

党的十八大提出实施创新驱动发展战略，强调科技创新是提高社会生产力和综合国力的战略支撑，必须将其摆在国家发展全局的核心位置。这是中央在新的发展阶段确立的立足全局、面向全球、聚焦关键、带动整体的国家重大发展战略。实施创新驱动发展战略是实现我国经济高质量发展的题中之义，是完善优化我国现代化产业体系的应有之举。放眼世界，全球新一轮科技革命、产业变革和军事变革加速演进，创新驱动发展逐渐成为世界各国谋求国际竞争力的核心战略，唯有勇立创新潮头，方能在国际竞争中掌握自主权，实现国家富强与民族复兴。聚焦国内，我国经济发展进入新常态，传统经济增长模式不断衰退，传统产业面临结构不合理与产能低下的双重压力，急需创新驱动为我国经济注入新的活力，打造新的经济增长点，助力实现经济保持中高速增长和产业迈向中高端水平“双目标”。

与此同时，我国许多产业目前仍处于全球价值链的中低端，大量关键核心技术受限于人。与发达国家相比，我国在科技创新、人才储备、体制机制等诸多方面都存在明显不足。自由贸易试验区是推动新时代全面开放的新引擎，自由贸易试验区深化创新驱动发展战略，对推动我国现代化产业体系升级具有重要意义。

1. 加快关键技术集成攻关，推动产业链补链、延链、强链

当前，我国正加快构建国内国际双循环新发展格局，对我国产业链自主可控提出了更高的要求。努力构筑“安全可靠有韧性、动态平衡有活力”的现代化产业链是

我国今后产业发展的重要主题之一。针对我国产业的薄弱环节，自由贸易试验区应起到创新驱动、先行示范作用，以创新之姿，引领新时代改革开放新风貌。

加快关键技术集成攻关是现代化产业体系升级完善的重要保障，是自由贸易试验区建设发展的重要内容。政府部门要充分利用产业支持政策，鼓励自由贸易试验区企业发展本国高端技术产业，提升国内产业技术水平。自由贸易试验区应站在国家战略高度，目光向外，依托自身优势，聚焦国家亟须发展的领域，如集成电路、人工智能、生物医药、航空航天、半导体、第五代移动通信技术等，突破国际围堵垄断，打出一片新天地。国家对重大科技攻关、引进技术的消化吸收、进口替代等给予关税减免和企业所得税优惠，支持建设各类实验室、工程中心、运用场景。此外，自由贸易试验区应着眼产业基础能力建设，聚焦核心零部件、材料、工艺等基础能力不能适应产业发展和需求侧变化的问题，着重建立数字化基础技术体系，补齐自动控制与感知、核心软硬件、工业云与智能服务平台等领域所存在的短板。

目前，我国产业基础能力发展欠缺，产业链与创新链的融合仍存在体制障碍，自由贸易试验区应积极推进产业基础再造，推动产业链补链、延链、强链，向更高级化迈进。一方面，自由贸易试验区应借助优质科创资源，延伸拓展“产业链”。一是自由贸易试验区推进传统产业转型升级，以新的视角看待区内既有传统产业，助力其转型升级，逐渐培养其成为具有新活力、新动能的现代化产业。二是自由贸易试验区推进战略性新兴产业加速发展，聚焦战略性新兴产业集群化发展，补齐短板和弱项，助力构建自主可控的现代化产业体系。三是自由贸易试验区推进多产业协同发展，推进科技与服务业融合，提升产业的自主能力与现代化水平。另一方面，自由贸易试验区应聚焦产学研深度融合，培育构建创新链。一是自由贸易试验区建立区域产业高效合作机制，完善上下游产业链配套衔接，推动创新要素高效对接。二是自由贸易试验区重视企业自主创新能力，推动企业自身创新平台建设，逐步引导企业发挥主体性作用。三是自由贸易试验区巩固夯实创新合作平台，发挥自由贸易试验区科技创新资源的分享和转移作用，完善区域创新资源共享机制，推动产业链与创新链深度融合、协同发展。此外，自由贸易试验区加大科技创新研发投入，优化整合资金链。自由贸易试验区作为政策偏向和资金导向的重要地区，应切实加强资金、创新和产业的传递与转化，在加强科研投入的同时加大科研监管的力度，完善研发人员管理机制，加强产业创新人才培育，健全产业创新人才政策、流动和激励机制，健全自由贸易试验区创新发展的人才链。

2. 聚焦产业发展瓶颈和需求，推动产业技术变革优化升级

中国特色社会主义进入新时代迫切需要我们自主掌握核心技术、关键技术。把核

心技术掌握在自己手中，才能真正掌握竞争和发展的主动权，才能从根本上保障国家的经济安全、国防安全以及其他安全。当今世界风云变幻，竞争激烈，在核心技术、核心产业方面，发达国家对我国充满戒备和防范，施加了严格的封锁和管控。因此，聚焦发展瓶颈，推动技术变革成为自由贸易试验区的重要发展方向。

第一，加快技术创新，突破技术障碍。我国拥有全球最完整的产业链，但也存在一定的短板。自由贸易试验区应增强产业链关键环节的控制力，畅通“科技”到“产业”的创新内循环。自由贸易试验区应着重发展产业链中“断点”“堵点”较多的行业，集中突破关键技术，掌握具有国际竞争力的“杀手锏”技术。当前，我国经济发展主要面临五大短板：一是高端发动机，特别是航空领域。二是高端芯片。对高端芯片严重进口依赖，严重影响了我国对产业链的自主可控和产业现代化进程。三是新型材料。作为高端产业重要的原材料，新型材料对我国创新发展是一个巨大的阻碍，严重制约了我国现代化产业体系发展升级。四是生物医药。新冠疫情暴发以来，生物医药对一国稳定发展的影响越来越显著，而我国在该领域的发展仍然存在诸多空白，与欧美发达国家相比仍存在巨大差距。五是精密机床。我国众多“卡脖子”领域源头问题便是缺少相关高端设备与精密仪器。精密机床的发展是我国经济发展无法回避的重要问题。如此众多的领域存在技术短板，是我国现代化进程的巨大阻碍，也是我国经济发展的痛点和难点。自由贸易试验区应以重点产业发展为目标，实现“卡脖子”产业突破性发展。对技术领域的发展瓶颈，自由贸易试验区应集中资源优势，重点发展短板产业，突破欧美发达国家对我国的技术封锁，加大重点领域的资金和人才投入，探求产业核心技术，掌握产业发展自主权，实现产业链发展融合升级和自主可控。

第二，解决体制机制瓶颈问题，打造坚实的制度基础。当前，我国自由贸易试验区面临着管理体制创新不足、贸易监管效率不高、外商投资监管模式单一、配套法律保障存在缺位以及营商环境吸引力不足等问题，处理好自由贸易试验区在体制机制面临的瓶颈问题是解决技术瓶颈问题的重要保障，也是推动现代化产业体系升级完善的重要前提。首先，自由贸易试验区应持续探索创新管理体制机制，优化事中事后监管，以双循环新发展格局下国内地区间行政壁垒消除、市场间障碍减少等措施为引领实现管理体制创新。其次，自由贸易试验区应进一步加快贸易便利化进程，优化贸易监管体制机制，持续扩大市场开放范围，完善外资监管体制机制。最后，自由贸易试验区建设既要对接国际高标准和高水平，也要做到因地制宜，在自由贸易试验区内形成特色化、便利化、法治化营商环境，完善立法司法模式，打造一流营商环境，夯实高水平自由贸易试验区制度基础。

第三，构造智能制造体系。自由贸易试验区的发展同样要顺应第四次工业革命的发展趋势，共同把握数字化、网络化、智能化发展机遇。为构建智能制造体系，首先，自由贸易试验区要在关键领域开展攻关，提升生产能和制造水平，把产品生产真正转化为产品价值。其次，构建智能制造体系需要良好的产业发展环境与协同创新的产业生态，自由贸易试验区要努力研制一批面向重点行业的智能制造标准，搭建行业标准试验验证平台，加强工业互联网、第五代移动通信网络等新型基础设施建设，完善智能制造公共服务平台。此外，自由贸易试验区应打通智能制造全产业链、供给链。在生产端，企业在构建自己的生产体系时，应站在整个产业价值链的角度思考问题。自由贸易试验区应积极鼓励自由贸易试验区内的企业相互交流，搭建智能制造设备服务交流平台，大力倡导区域合作共赢。最后，从政府层面来讲，政府要发挥引导作用，充分发挥政府在推动智能制造生态过程中的主要作用，加快搭建公共服务平台，建设和完善各类孵化器以及各类技术支撑平台。

第四，调动资源和政策优势，提高创新转化率。自由贸易试验区应积极调动资源优势，合理利用政策便利，主动瞄准国内发展高需求产业，着力解决国内的产业刚需，助力我国产业发展瓶颈得以突破和现代化产业体系发展升级。此外，自由贸易试验区还应着力推动创新突破与技术之间的转化，切实保障创新突破应用于生产实践，提高创新突破的有效性，加快技术革新，推动产业技术发展升级。

3. 集聚全球高端创新要素，激发市场主体创新创造活力

在经济全球化和知识经济的背景下，以创新要素集聚为基础的技术创新是国家和地区综合经济竞争力的关键驱动力。为深入推进创新驱动引领高质量发展，自由贸易试验区要充分发挥资源优势和政策优势，吸引吸收高端创新要素，提高区域综合竞争实力，培育壮大各类创新主体，激发市场主体活力。

第一，提高发展质量，聚焦高端产业。在高质量发展理念的指导下，自由贸易试验区应不断提高产业发展水平和发展质量，聚焦高科技产业与高端服务业的发展和融合，努力实现数字产业化、产业数字化。近年来，高端服务业作为我国的一个产业新概念受到了极大的关注。由于其本身具有强大的产业溢出效应以及有效的高端供给，高端服务业成为促进供给侧结构性改革、实现产业结构优化升级、提高我国整体经济实力的重要产业。高端服务业是自由贸易试验区发展的一个重要方面。在创新要素的驱动下，自由贸易试验区提高高端服务业的自主创新能力，夯实技术基础，改造传统服务行业，积极培育和发展高端服务业，可以增加高端服务业的有效供给，推动产业

结构迈向中高端乃至最高端，最终带动自由贸易区产业内部结构转型升级。此外，加强高科技产业建设，推动多产业融合发展也是自由贸易试验区发展的重要议题。自由贸易试验区应大力发展高科技产业，实现数字经济、互联网信息技术与传统制造业相结合，推动产业链与创新链的紧密对接，加快制造业创新迭代速度，努力构建自由贸易试验区全要素、全产业链、全价值链的全面连接新型工业生产制造和服务体系。

第二，改革创新土壤，加速高端创新要素流动。自由贸易试验区要深化科技体制机制改革，全方位激活区域创新活力。一方面，自由贸易试验区应全面建设与高端要素集聚相适应的创新体制机制，发挥自由贸易试验区的优势，创造一片有利于高端创新要素流动的土壤，激发高端创新要素集聚的原动力。另一方面，自由贸易试验区应夯实创新基础，强化重点设施建设，推进重大科技基础设施建设，提升本地高校和科研院所的科研能力。

第三，引进或培育科技龙头企业，鼓励企业创新创造。龙头企业对创新的引领作用越来越明显，是聚集高端创新要素的重要抓手。自由贸易试验区通过龙头带动、配套推动、链接互动，向产业链上下游挖掘新项目，不断吸引相关企业集聚和推动中小微企业成长壮大。自由贸易试验区应鼓励企业进行技术创新，大力发展高科技产业，瞄准产业发展前沿，实现创新突破，最终在自由贸易试验区内形成若干具有竞争活力的产业集群。新时代、新形势对市场主体有了新的要求，市场主体对经济发展至关重要，自由贸易试验区建设同样应加大对中小企业的扶持力度。企业是建立高水平产业体系的重要主体，自由贸易区相关政策应紧紧围绕激发企业活力而制定和实施。

第四，大力弘扬企业家精神。当前，世界百年未有之大变局加速演进，我国正处在实现中华民族伟大复兴的关键时期，全面建成小康社会取得伟大历史性成就，全面建设社会主义现代化国家新征程顺利开启。然而，前进的道路上总会布满荆棘与阻碍，面对我国经济社会发展涌现出的新矛盾与新困难，国际环境错综复杂带来的新挑战，我国更要大力弘扬企业家精神。自由贸易试验区聚集了大量各类国内外企业，是我国经济发展的重要阵地，大力弘扬企业家精神对自由贸易试验区的发展具有重要而深远的影响。我国通过将企业发展同国家繁荣、民族复兴、人民幸福紧密地结合在一起，推动企业家带领企业实现高效益、高质量、高影响力的发展，为自由贸易试验区建设以及我国经济社会发展做出新的更大贡献。企业家群体面临着时代变化、科技进步带来的诸多挑战，自由贸易试验区建设在弘扬企业家精神的同时也应当考虑企业家群体的现实需求和困难所在，使企业家精神同企业发展、经济发展、社会进步高效协同。

4. 完善创新支持政策体系，优化创新发展环境

建立健全自由贸易试验区创新支持政策体系不仅为发挥创新政策的功能提供了系统指引、为承接创新政策的配套措施提供了框架依据，也为优化创新政策目标提供了基础保障。科技创新政策是引导和规范创新活动的政府措施与行为，是提升国家和区域创新实力的重要支撑条件。近年来，各国不断丰富创新支持政策工具，以政策为重要手段的创新环境竞争日趋激烈。完善创新支持政策体系，优化创新发展环境，是自由贸易试验区健康发展的重要基础保障。

第一，逐步建立和完善自由贸易试验区创新法规，加大知识产权保护力度。法规是政策实施的工具，是国家具有强制性的政策体系。建立健全自由贸易试验区创新法规，是保障创新质量、提高创新成果的重要举措。一方面，自由贸易试验区应建立和完善本区域的创新法规，要进一步推进政府投资行为的法治化，加强政府在对企业创新计划、项目以及其他投资目标进行直接或间接投资时投资决策程序和投资权责关系的法治化，避免政府投资的低效率和财产损失。我国应进一步推进企业创新行为的法治化，通过对创新企业的认定和企业创新行为激励的法治化，使创新企业的创新资源与创新行为在一定范围内和一定程度上受到法规的约束，成为一种受法规调控的与区域政府创新目标相符合的社会行为和社会资源。例如，自由贸易试验区通过法律法规确定设立高新技术企业的进入“门槛”，建立动态的考评制度与奖罚制度等。另一方面，自由贸易试验区要加大知识产权保护力度，保护知识产权就是保护创新创业。随着我国自由贸易试验区改革的不断深入，试验区内的知识产权保护面临亟待解决的新问题，加强知识产权的国际对话、加强国内和国际知识产权的保护，对促进自由贸易试验区的发展具有十分重要的意义。关于自由贸易试验区的知识产权保护，自由贸易试验区一是要加强试验区内知识产权保护立法。知识产权立法滞后是中国自由贸易试验区知识产权保护的一大困境。我国立法机关亟须在自由贸易试验区定牌生产商标侵权、自由贸易试验区平行进口贸易中的知识产权侵权这两个区域内加强知识产权立法。在自由贸易试验区定牌生产商标侵权领域，立法机关应通过行政法规的形式确立定牌生产商标侵权的标准。在自由贸易试验区平行进口贸易领域，立法相关应当在具体的立法活动中明确放开在商标领域的平行进口，暂时禁止专利权和著作权领域的平行进口。自由贸易试验区二是要建立专门的海关知识产权保护机制，从明确海关执法权限、建立专门的知识产权队伍等方面入手，以此突破缺乏专门的海关知识产权保护机制的困境。试验区内海关应当借助自由贸易试验区的政策优势，借鉴发达国家的相关经验，明确试验区内海关的执法权限，如明确试验区内海关的执法范围包括了进出

口货物与复出口货物，保证海关的执法范围覆盖自由贸易试验区内所有的货物。自由贸易试验区海关应借鉴自由贸易港的相关经验，在海关内部应设置专门的知识产权保护队伍，负责进出境货物、知识产权状况的检查与知识产权侵权事实的调查。自由贸易试验区三是要夯实区内多元化纠纷解决机制，着力提高自由贸易试验区内的司法审判效率，增强司法机关的知识产权纠纷解决能力。

第二，围绕创新链完善政策链，营造良好的产业创新生态。产业创新政策是引导、促进和规范产业研发与创新的有关政策措施。我国自由贸易试验区产业创新政策要因产施策，深入研究不同产业的创新发展规律，充分发挥市场机制在产业创新中的决定性作用；同时，有针对性地用好政府“有形之手”以弥补市场失灵。自由贸易试验区应充分发挥市场的优胜劣汰机制，让创新能力强的企业自己凸显出来。在技术研发方面，自由贸易试验区应着重鼓励企业开展前沿技术的研究与开发，制定相应的技术研发政策，支持有能力的企业增加技术研发的投入和广度。在产业标准方面，自由贸易试验区应鼓励和支持国内外企业共同制定产业技术标准，增加中小企业在产业标准制定方面的话语权。在基础设施方面，自由贸易试验区应大力加强高端通信网络的建设，优化信息网络的布局，提高自由贸易试验区内的基础设施现代化水平。在能源消耗方面，自由贸易试验区应鼓励企业低排放、低耗能和进行绿色生产，加强试验区内污染整治，鼓励支持自由贸易试验区内进行能源创新，减轻试验区内绿色企业的生产负担。

第三，持续优化创新发展环境。创新环境是重要的发展环境、营商环境。对于科创企业、新经济新业态来说，良好的创新环境关系到市场竞争力，对企业发展起到了举足轻重的作用。对创新市场环境的优化，自由贸易试验区应优化创新生态，充分发挥自由贸易试验区创新引领作用，深入推进“双自联动”发展，实施科技创新与政策制度创新的“双轮驱动”，构建富有潜力、竞争力的创新生态。自由贸易试验区应营造“政府搭台、创新立区、人才主角、产业发展”的良好环境，促进政、产、学、研、用、金、服七要素高效联动，推进创新链、产业链、人才链、金融链“四链”深度融合。自由贸易试验区应深入推进科技制度创新，在科技成果转化应用、保税研发、科技金融等方面加大突破力度，盘活用好创新资源要素。自由贸易试验区应弘扬科学精神和工匠精神，加强全域科普工作，营造崇尚创新的社会氛围。自由贸易试验区应增强对高层次科技人才和创新团队的关心和支持，努力在试验区内营造“爱才敬才用才”的良好氛围。此外，自由贸易试验区应重视对科技创新土壤的培育，大力推进重要科研设施的建设，鼓励区内高校与外部的科研交流与合作，为自由贸易试验区持续输出高质量的创新人才与创新产物。自由贸易试验区要促进创新人才集聚，坚持人才生态和产业生态相结合、招才引智和招商引资相融合，精绘“人才+产业”图谱。自由贸易试验区应出台吸引和留住人才的相关政策，对落户居留、创业资助、住房申购、子女入学等一系列涉及生产生活的条件给予政策性优惠。自由贸易试验区应建立国际人才中心，创建离岸人才园区，建立国际化人才交流合作机制，建设知识型、技能型、创新型新时代产业人才队伍，促进自由贸易试验区人才建设实现专业化、国际化和现代化。

创新驱动产业转型升级路径如图 7-6 所示。

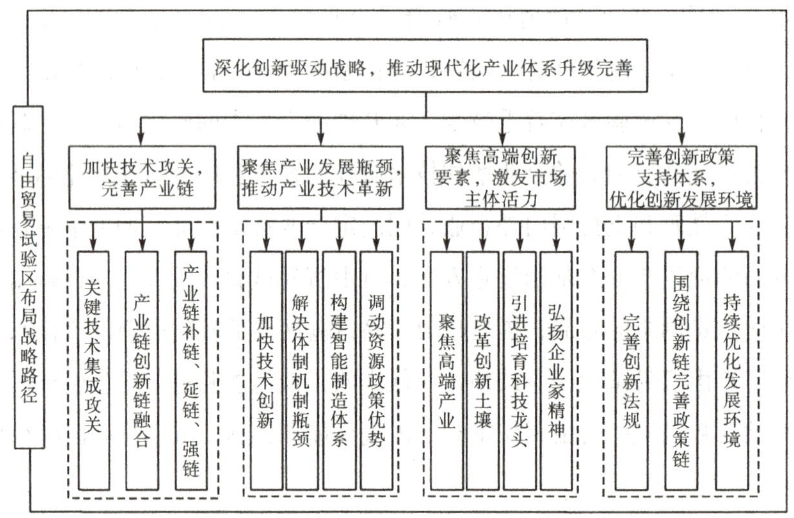

图 7-6　创新驱动产业转型升级路径

第八章

自由贸易试验区政策梳理与汇编

自2013年我国开始设立自由贸易试验区以来，21个自由贸易试验区先后通过不同阶段的发展，从制度创新、产业升级和区域发展上积累了大量改革开放的经验。当前，我国各自由贸易试验区正在以全面增强竞争力为目标，创新工作方式，探索发展路径，加快对外开放，塑造国际竞争新优势，努力构建新发展格局。无论从中央还是地方来说，政府针对自由贸易区的批准设立、建设发展、试点推广的各类政策对自由贸易试验区的日渐成熟发挥了重要作用。本章对我国自由贸易试验区相关指导性政策进行梳理与汇编，分别从中央级、地方级两方面进行政策类型总结、再分类和对比论述。

第一节　自由贸易试验区中央级政策

自由贸易试验区中央级政策以国务院对各地方自由贸易试验区设立批准的总体方案为主要政策基础。总体方案是中央批准各地方设立自由贸易试验区的决定性文件，涵盖了自由贸易试验区建设的总体要求、区位布局、主要任务和措施以及保障机制，为自由贸易试验区发展做出奠基性指导要求。自由贸易试验区成立后，如何因地制宜地发挥好地方性产业优势，成功肩负起政府职能转变、管理模式创新、促进贸易和投资自由化便利化、探索积累深化改革和扩大开放的新途径新经验的重要使命，仍然需要中央层面给予战略性政策指导。除了总体方案作为主要引领外，中央级政策还可以归类划分为市场准入、制度创新、经验推广、法规调整和其他类别，涵盖了外商投资准入、贸易投资便利化、改革试点经验复制推广以及行政法规的暂时性调整等主要内容。

一、总体方案类政策

2013年9月，国务院批准的《中国（上海）自由贸易试验区总体方案》是我国建设自由贸易试验区的首份基础性政策指导文件。自由贸易试验区的总体方案是自由贸易试验区成功获得批准并予以设立的“通行证”，是各省、自治区、直辖市设立自由贸易试验区的前置要件。当前，我国21个自由贸易试验区均有相对应的总体方案作为发展指导，方案主要框架均按照总体要求、区位布局、主要任务和措施以及保障机制四部分做出部署，但针对各自由贸易试验区地理特征、产业基础、转型需求差异，方案不仅包含标准化的统一性规划，也体现出强烈的因地制宜特征。按照时间线顺序，各自由贸易试验区的总体方案在表8-1中列出。

表 8-1 各自由贸易试验区的总体方案

时间	政策文件
2013 年 9 月	《国务院关于印发中国（上海）自由贸易试验区总体方案的通知》（国发〔2013〕38 号）
2015 年 4 月	《国务院关于印发中国（广东）自由贸易试验区总体方案的通知》（国发〔2015〕18 号）
2015 年 4 月	《国务院关于印发中国（天津）自由贸易试验区总体方案的通知》（国发〔2015〕19 号）
2015 年 4 月	《国务院关于印发中国（福建）自由贸易试验区总体方案的通知》（国发〔2015〕20 号）
2017 年 3 月	《国务院关于印发中国（辽宁）自由贸易试验区总体方案的通知》（国发〔2017〕15 号）
2017 年 3 月	《国务院关于印发中国（浙江）自由贸易试验区总体方案的通知》（国发〔2017〕16 号）
2017 年 3 月	《国务院关于印发中国（河南）自由贸易试验区总体方案的通知》（国发〔2017〕17 号）
2017 年 3 月	《国务院关于印发中国（湖北）自由贸易试验区总体方案的通知》（国发〔2017〕18 号）
2017 年 3 月	《国务院关于印发中国（重庆）自由贸易试验区总体方案的通知》（国发〔2017〕19 号）
2017 年 3 月	《国务院关于印发中国（四川）自由贸易试验区总体方案的通知》（国发〔2017〕20 号）
2017 年 3 月	《国务院关于印发中国（陕西）自由贸易试验区总体方案的通知》（国发〔2017〕21 号）
2018 年 10 月	《国务院关于印发中国（海南）自由贸易试验区总体方案的通知》（国发〔2018〕34 号）
2019 年 8 月	《国务院关于印发 6 个新设自由贸易试验区总体方案的通知》（国发〔2019〕16 号）
2020 年 9 月	《国务院关于印发北京、湖南、安徽自由贸易试验区总体方案及浙江自由贸易试验区扩展区域方案的通知 》（国发〔2020〕10 号）

注：2019 年 8 月，《国务院关于印发 6 个新设自由贸易试验区总体方案的通知》中设立的自由贸易试验区为第五批设立的自由贸易试验区，涉及山东、江苏、广西、河北、云南、黑龙江 6 个省份。

从各自由贸易试验区的总体方案的设定框架来看，主要内容包括总体要求、区位布局、主要任务和措施、保障机制四个部分。中央对不同自由贸易试验区在上述四个部分的要求既有重叠也有区分，充分体现了“赋予自由贸易试验区更大改革自主权”的指导思想。表 8-2 归纳了自由贸易试验区的总体方案的框架及内容。

表 8-2　自由贸易试验区的总体方案的框架及内容

框架	内容
总体要求	指导思想
	战略定位
	发展目标
区位布局	实施范围
	功能划分
主要任务和措施	根据自由贸易试验区定位的不同而不同。例如，转变政府职能、投资领域开放、金融领域开放、法律制度保障、贸易高质量发展、先进制造业高质量发展、创新驱动发展、海洋经济以及与其他国家的区域经济合作等
保障机制	强化法律制度保障、完善配套税收政策、加强组织实施等

在总体方案中，各自由贸易试验区根据所设片区的功能划分，设定主要发展任务和建设措施，从而实现真正的先行先试、遍地开花、各展其能的发展局面。以广东自由贸易试验区为例，其实施范围为116.2平方千米，涵盖三个片区：广州南沙新区片区重点发展航运物流、特色金融、国际商贸、高端制造等产业，建设以生产性服务业为主导的现代产业新高地和具有世界先进水平的综合服务枢纽；深圳前海蛇口片区重点发展金融、现代物流、信息服务、科技服务等战略性新兴服务业，建设我国金融业对外开放试验示范窗口、世界服务贸易重要基地和国际性枢纽港；珠海横琴新区片区重点发展旅游休闲健康、商务金融服务、文化科教和高新技术等产业，建设文化教育开放先导区和国际商务服务休闲旅游基地，打造促进澳门经济适度多元发展新载体。从主要任务和措施上看，广东自由贸易试验区以建设国际化、市场化、法治化营商环境，深入推进粤港澳服务贸易自由化，强化国际贸易功能集成，深化金融领域开放创新，增强自由贸易试验区辐射带动功能五项内容作为主要任务，致力于发挥国际贸易的对外合作窗口和粤港澳地区协同发展优势。

三、主要任务和措施

（一）建设国际化、市场化、法治化营商环境。

1. 优化法治环境。

2. 创新行政管理体制。

3. 建立宽进严管的市场准入和监管制度。

（二）深入推进粤港澳服务贸易自由化。

4. 进一步扩大对港澳服务业开放。

5. 促进服务要素便捷流动。

（三）强化国际贸易功能集成。

6. 推进贸易发展方式转变。

7. 增强国际航运服务功能。

（四）深化金融领域开放创新。

8. 推动跨境人民币业务创新发展。

9. 推动适应粤港澳服务贸易自由化的金融创新。

10. 推动投融资便利化。

11. 建立健全自由贸易试验区金融风险防控体系。

（五）增强自由贸易试验区辐射带动功能。

12. 引领珠三角地区加工贸易转型升级。

13. 打造泛珠三角区域发展综合服务区。

14. 建设内地企业和个人“走出去”重要窗口。

——《中国（广东）自由贸易试验区总体方案》①

除了作为主要政策基础的自由贸易试验区的总体方案外，国务院针对较早成立的自由贸易试验区的自身发展需要和深化改革要求，对第一批（上海）、第二批（广东、天津、福建）自由贸易试验区推出了深化改革方案，特别是针对上海自由贸易试验区提出全面深化改革方案，作为阶段性发展指导。国家对上海、浙江自由贸易试验区出台了以布局延伸为主要目的的区域拓展方案，以满足地方发展对自由贸易试验区的承载力要求。

自由贸易试验区深化改革与区域拓展方案统计如表 8-3 所示。

表 8-3　自由贸易试验区深化改革与区域拓展方案统计

方案类型	时间	政策文件
深化改革	2015 年 4 月	《国务院关于印发进一步深化中国（上海）自由贸易试验区改革开放方案的通知》（国发〔2015〕21 号）
	2018 年 5 月	《国务院关于印发进一步深化中国（广东）自由贸易试验区改革开放方案的通知》（国发〔2018〕13 号）
	2018 年 5 月	《国务院关于印发进一步深化中国（天津）自由贸易试验区改革开放方案的通知》（国发〔2018〕14 号）
	2018 年 5 月	《国务院关于印发进一步深化中国（福建）自由贸易试验区改革开放方案的通知》（国发〔2018〕15 号）

① 此处仅展示该总体方案的主要框架内容。详见《国务院关于印发中国（广东）自由贸易试验区临港新片区总体方案的通知》（http://www.gov.cn/zhengce/content/2015-04/20/content_9623.htm.）。

表8-3(续)

方案类型	时间	政策文件
全面深化改革	2017 年 3 月	《国务院关于印发全面深化中国（上海）自由贸易试验区改革开放方案的通知》(国发〔2017〕23 号)
区域拓展	2019 年 8 月	《国务院关于印发中国（上海）自由贸易试验区临港新片区总体方案的通知》(国发〔2019〕15 号)
	2020 年 9 月	《国务院关于印发北京、湖南、安徽自由贸易试验区总体方案及浙江自由贸易试验区扩展区域方案的通知》(国发〔2020〕10 号)

特别地，由于上海自由贸易试验区成立最早、实践经验最为丰富，中央先后出台了总体方案、深化改革方案以及全面深化改革方案，为指导上海自由贸易试验区阶段性发展提供了战略性指导。从各方案的总体目标上看，其均强调将上海自由贸易试验区建设为“具有国际水准的投资贸易便利、货币兑换自由、监管高效便捷、法制环境规范的自由贸易试验区”，但基于发展时期的先后，各方案分别为上海自由贸易试验区指出了不同的发展重点。总体方案着重于服务业扩大开放、管理体制改革，探索新模式和新贸易业态；深化改革方案强调了形成与国际投资贸易通行规则相衔接的制度创新体系的重要性，并致力于充分发挥金融贸易、先进制造、科技创新等重点功能承载区的辐射带动作用；全面深化改革方案要求上海自由贸易试验区率先建立同国际投资和贸易通行规则相衔接的制度体系，形成法治化、国际化、便利化的营商环境和公平、统一、高效的市场环境，强化自由贸易试验区改革同上海市改革的联动，进行经验推广。

（二）总体目标。

经过两至三年的改革试验，加快转变政府职能，积极推进服务业扩大开放和外商投资管理体制改革，大力发展总部经济和新型贸易业态，加快探索资本项目可兑换和金融服务业全面开放，探索建立货物状态分类监管模式，努力形成促进投资和创新的政策支持体系，着力培育国际化和法治化的营商环境，力争建设成为具有国际水准的投资贸易便利、货币兑换自由、监管高效便捷、法制环境规范的自由贸易试验区，为我国扩大开放和深化改革探索新思路和新途径，更好地为全国服务。

——《国务院关于印发中国（上海）自由贸易试验区总体方案的通知》（国发〔2013〕38 号）（2013 年 9 月）①

① 详见《国务院关于印发中国（上海）自由贸易试验区总体方案的通知》(http://www.gov.cn/zhengce/content/2013-09/27/content_4036.htm.)。

（二）发展目标。

按照党中央、国务院对自由贸易试验区“继续积极大胆闯、大胆试、自主改”“探索不停步、深耕试验区”的要求，深化完善以负面清单管理为核心的投资管理制度、以贸易便利化为重点的贸易监管制度、以资本项目可兑换和金融服务业开放为目标的金融创新制度、以政府职能转变为核心的事中事后监管制度，形成与国际投资贸易通行规则相衔接的制度创新体系，充分发挥金融贸易、先进制造、科技创新等重点功能承载区的辐射带动作用，力争建设成为开放度最高的投资贸易便利、货币兑换自由、监管高效便捷、法制环境规范的自由贸易园区。

——《国务院关于印发进一步深化中国（上海）自由贸易试验区改革开放方案的通知》（国发〔2015〕21号）（2015年4月）①

（二）建设目标。

到2020年，率先建立同国际投资和贸易通行规则相衔接的制度体系，把自由贸易试验区建设成为投资贸易自由、规则开放透明、监管公平高效、营商环境便利的国际高标准自由贸易园区，健全各类市场主体平等准入和有序竞争的投资管理体系、促进贸易转型升级和通关便利的贸易监管服务体系、深化金融开放创新和有效防控风险的金融服务体系、符合市场经济规则和治理能力现代化要求的政府管理体系，率先形成法治化、国际化、便利化的营商环境和公平、统一、高效的市场环境。强化自由贸易试验区改革同上海市改革的联动，各项改革试点任务具备条件的在浦东新区范围内全面实施，或在上海市推广试验。

——《国务院关于印发全面深化中国（上海）自由贸易试验区改革开放方案的通知》（国发〔2017〕23号）（2017年3月）②

二、市场准入类政策

推行市场准入开放是中国自由贸易试验区发展目标中的重要组成部分，目的在于打造国际水准的投资贸易便利化环境，进一步实现国际资本流入、优质国外企业入驻，从国际合作层面为自由贸易试验区提供更好的发展动力。自由贸易试验区市场准入类政策以区内外商投资准入特别管理措施（负面清单）为主，对外资流入领域限

① 详见《国务院关于印发进一步深化中国（上海）自由贸易试验区改革开放方案的通知》（http://www.gov.cn/zhengce/content/2015-04/20/content_9631.htm#.）。

② 详见《国务院关于印发全面深化中国（上海）自由贸易试验区改革开放方案的通知》（http://www.gov.cn/zhengce/content/2017-03/31/content_5182392.htm.）。

制做出制度性约束。虽然我国借鉴国外经验适用负面清单制度，但实施负面清单制度的时间相对国外较晚。2013 年上海自由贸易试验区成立后，我国首部针对自由贸易试验区外资流入的负面清单制度于 2015 年 4 月出台①，并在后续的 2017 年 6 月②进行了更新，此后每年更新一次。

自由贸易试验区市场准入类政策统计如表 8-4 所示。

表 8-4 自由贸易试验区市场准入类政策统计

时间	政策文件
2015 年 4 月	《国务院办公厅关于印发自由贸易试验区外商投资国家安全审查试行办法的通知》（国办发〔2015〕24 号）
2015 年 4 月	《国务院办公厅关于印发自由贸易试验区外商投资准入特别管理措施（负面清单）的通知》（国办发〔2015〕23 号）
2017 年 6 月	《国务院办公厅关于印发自由贸易试验区外商投资准入特别管理措施（负面清单）（2017 年版）的通知》（国办发〔2017〕51 号）
2018 年 6 月	《自由贸易试验区外商投资准入特别管理措施（负面清单）（2018 年版）》（发展改革委 商务部令 2018 年第 19 号）
2019 年 6 月	《自由贸易试验区外商投资准入特别管理措施（负面清单）（2019 年版）》（发展改革委 商务部令 2019 年第 26 号）
2020 年 6 月	《自由贸易试验区外商投资准入特别管理措施（负面清单）（2020 年版）》（发展改革委 商务部令 2020 年第 33 号）
2020 年 12 月	《海南自由贸易港外商投资准入特别管理措施（负面清单）（2020 年版）》（发展改革委 商务部令 2020 年第 39 号）
2021 年 12 月	《自由贸易试验区外商投资准入特别管理措施（负面清单）（2021 年版）》（发展改革委 商务部令 2021 年第 48 号）

自由贸易试验区外商投资准入特别管理措施（负面清单）与全国版负面清单每年同时发布，但自由贸易试验区负面清单开放程度相对更高。自由贸易试验区的第一份负面清单来自上海自由贸易试验区。上海自由贸易试验区设立之初该清单为 190 项。2014 年，该清单调整减少至 139 项。2015 年，在自由贸易试验区扩围之际，该清单又减少至 122 项，同时扩展到上海、广东、天津、福建四个自由贸易试验区。2017—2020 年，我国连续四年修订全国负面清单和自由贸易试验区负面清单，其中自由贸易试验区外资准入特别管理措施由 122 项减至 30 项，在金融、汽车等领域推出了一批重大开放举措，为外商投资提供了更加广阔的发展空间。2021 年版自由贸

① 详见《国务院办公厅关于印发自由贸易试验区外商投资准入特别管理措施（负面清单）的通知》（国办发〔2015〕23 号）（http://www.gov.cn/zhengce/content/2015-04/20/content_9627.htm.）。

② 详见《国务院办公厅关于印发自由贸易试验区外商投资准入特别管理措施（负面清单）（2017 年版）的通知》（国办发〔2017〕51 号）（http://www.gov.cn/zhengce/content/2017-06/16/content_5202973.htm.）。

易试验区负面清单依据《国民经济行业分类》（GB/T4754—2011）划分为15个门类、50个条目、122项特别管理措施，相较于2020年版负面清单完善了管理制度，提高了精准度，缩减至27条。自由贸易试验区负面清单历次修订的主要变化如表8-5所示。

表8-5 自由贸易试验区负面清单历次修订的主要变化

版本	修订内容
2017年	（1）进一步缩减了限制性措施。2017年版负面清单包括40个条目，95项措施，与2015年版负面清单相比，减少了10个条目、27项措施，开放度大大提升。 （2）放宽了外资并购的准入限制。除关联并购以外，凡是不涉及准入特别管理措施的外资并购，全部由审批改为备案管理。 （3）扩大了投资领域开放度。2017年版负面清单主要在采矿业、制造业、交通运输业、信息和商务服务业、金融业、科学研究和文化等领域扩大开放。 （4）提高了外资准入透明度。2017年版负面清单按照现行国民经济行业分类的标准表述对27个领域的具体条目加以规范，如将“原子能”调整为“核力发电”。同时，2017年版负面清单对照现行法律法规以及国际通行规则，对25个领域进行技术改进，更准确地反映现有全部准入特别管理措施，如在银行服务、保险业等领域列明了全部现行有效的，包括投资者资质、业绩要求、股比要求、业务范围等内容在内的限制性措施，透明度显著提高。上述改进将方便投资者认定其投资范围是否属于负面清单，大幅提升投资便利化程度
2018年	2018年版负面清单由2017年版负面清单的95项措施减至45项措施，在全国负面清单开放措施基础上，在更多领域试点取消或放宽外资准入限制。 （1）农业领域，将小麦、玉米新品种选育和种子生产外资股比由不超过49%放宽至不超过66%。 （2）采矿领域，取消石油、天然气勘探、开发限于合资、合作的限制，取消禁止投资放射性矿产冶炼加工与核燃料生产的规定。 （3）文化领域，取消演出经纪机构的外资股比限制，将文艺表演团体由禁止投资放宽至中方控股。 （4）增值电信领域，将上海自由贸易试验区原有的28.8平方千米区域试点的开放措施推广到所有自由贸易试验区
2019年	2019年版负面清单的措施由45项减至37项，压减比例为17.8%。 （1）推进服务业扩大对外开放。交通运输领域，取消国内船舶代理须由中方控股的限制。基础设施领域，取消50万人口以上城市燃气、热力管网须由中方控股的限制。文化领域，取消电影院、演出经纪机构须由中方控股的限制。增值电信领域，取消国内多方通信、存储转发、呼叫中心3项业务对外资的限制。 （2）放宽农业、采矿业、制造业准入。农业领域，取消禁止外商投资野生动植物资源开发的规定。采矿业领域，取消石油天然气勘探开发限于合资、合作的限制，取消禁止外商投资钼、锡、锑、萤石勘查开采的规定。制造业领域，取消禁止外商投资宣纸、墨锭生产的规定。 （3）继续发挥自由贸易试验区开放“试验田”的作用。2018年版负面清单试点的演出经纪机构、石油天然气勘探开发等开放措施推向全国。在全国开放措施的基础上，2019年版负面清单取消了水产品捕捞、出版物印刷等领域对外资的限制，继续进行扩大开放先行先试

表8-5(续)

版本	修订内容
2020 年	与 2019 年版负面清单相比，2020 年版负面清单的措施由 37 项减至 30 项，压减比例为 18.9%，还有一项为部分开放。 (1) 加快服务业重点领域开放进程。金融领域，取消证券公司、证券投资基金管理公司、期货公司、寿险公司外资股比限制。基础设施领域，取消 50 万人口以上城市供排水管网的建设、经营须由中方控股的规定。交通运输领域，取消禁止外商投资空中交通管制的规定，同时调整了民用机场条目的规定。 (2) 放宽制造业、农业准入。制造业领域，放开商用车制造外资股比限制，取消禁止外商投资放射性矿产冶炼、加工和核燃料生产的规定。农业领域，将小麦新品种选育和种子生产须由中方控股放宽为中方股比不低于 34%。 (3) 继续在自由贸易试验区进行开放试点。在全国开放措施基础上，自由贸易试验区继续先行先试。医药领域，取消禁止外商投资中药饮片的规定。教育领域，允许外商独资设立学制类职业教育机构
2021 年	2021 年版负面清单进一步将措施缩减至 27 项，主要变化如下： (1) 进一步深化制造业开放。汽车制造领域，取消乘用车制造外资股比限制以及同一家外商可在国内建立两家及两家以下生产同类整车产品的合资企业的限制。广播电视设备制造领域，取消外商投资卫星电视广播地面接收设施及关键件生产的限制，按照内外资一致原则管理。本次修订，实现了自由贸易试验区负面清单制造业条目清零。 (2) 自由贸易试验区探索放宽服务业准入。市场调查领域，除广播电视收听、收视调查须由中方控股外，取消外资准入限制。社会调查领域，允许外商投资社会调查，但要求中方股比不低于 67%，法定代表人应当具有中国国籍。 (3) 提高外资准入负面清单精准度。在负面清单说明部分增加“从事外资准入负面清单禁止投资领域业务的境内企业到境外发行股份并上市交易的，应当经国家有关主管部门审核同意，境外投资者不得参与企业经营管理，其持股比例参照境外投资者境内证券投资管理有关规定执行”，由中国证监会和有关主管部门按规定对从事负面清单禁止领域业务的境内企业到境外上市融资实行精准化管理。 (4) 优化外资准入负面清单管理。根据《中华人民共和国外商投资法实施条例》的规定，在负面清单说明部分增加“外商投资企业在中国境内投资，应符合外商投资准入负面清单的有关规定”。为做好外资准入负面清单与市场准入负面清单衔接，在负面清单说明部分增加“境内外投资者统一适用《市场准入负面清单》的有关规定”

资料来源：笔者根据相应年份商务部对自由贸易试验区负面清单的解读编制。

三、经验推广类政策

中国自由贸易试验区设立的最主要目标之一是通过先行先试探索制度型开放的有效路径，将改革试点经验向全国复制推广。自上海自由贸易试验区成立以来，自由贸易试验区制度创新成果不断积累，中央针对每一个阶段成立的自由贸易试验区均向全国复制推广了多批改革试点经验。自由贸易试验区改革试点经验复制推广的内容，按照推广主体可分为在全国范围内复制推广的改革事项、在特定区域复制推广的改革事项。在全国范围内复制推广类事项涉及投资管理领域、贸易便利化领域、金融开放创新领域、事中事后监管措施领域、人力资源领域等；在特定区域复制推广的改革事项在海关特殊监管区域实行，或者基于特定业务在相关地区实行。表 8-6 显示了自由贸易试验区经验推广类政策统计。

表 8-6　自由贸易试验区经验推广类政策统计

时间	政策文件
2015 年 2 月	《国务院关于推广中国（上海）自由贸易试验区可复制改革试点经验的通知》（国发〔2014〕65 号）
2016 年 11 月	《国务院关于做好自由贸易试验区新一批改革试点经验复制推广工作的通知》（国发〔2016〕63 号）
2017 年 7 月	《商务部 交通运输部 工商总局 质检总局 外汇局关于做好自由贸易试验区第三批改革试点经验复制推广工作的函》
2018 年 5 月	《国务院关于做好自由贸易试验区第四批改革试点经验复制推广工作的通知》（国发〔2018〕12 号）
2019 年 4 月	《国务院关于做好自由贸易试验区第五批改革试点经验复制推广工作的通知》（国函〔2019〕38 号）
2020 年 7 月	《国务院关于做好自由贸易试验区第六批改革试点经验复制推广工作的通知》（国函〔2020〕96 号）

表 8-7 显示了自由贸易试验区全国范围经验推广内容汇总。试点经验推广内容表现出自由贸易试验区制度型开放的鲜明特征，为政府机构管理审批企业活动手续、企业经营主体接受政府监管和开放领域资本流动减少流程限制，提供了广泛的便利性。诸多政府机构管理审批企业活动手续相关环节的经验推广较好地利用了我国服务型政府改革的数字化优势，如投资管理领域的网上业务办理、贸易便利化领域实现“检验检疫通关无纸化”、金融开放创新领域“保理公司接入央行企业征信系统”等。另外，相较于制造业领域开放，服务业领域开放政策的制定要更为精细，自由贸易试验区先行先试也为我国服务业开放特别是金融行业开放积累了重要经验，外商投资准入、涉外资金业务等实现逐步、渐进式开放。

表 8-7 自由贸易试验区全国范围经验推广内容汇总

批次	全国范围试点推广内容
第一批	(1) 投资管理领域：外商投资广告企业项目备案制、涉税事项网上审批备案、税务登记号码网上自动赋码、网上自主办税、纳税信用管理的网上信用评级、组织机构代码实时赋码、企业标准备案管理制度创新、取消生产许可证委托加工备案、企业设立实行“单一窗口”等。 (2) 贸易便利化领域：全球维修产业检验检疫监管、中转货物产地来源证管理、检验检疫通关无纸化、第三方检验结果采信、出入境生物材料制品风险管理等。 (3) 金融领域：个人其他经常项下人民币结算业务、外商投资企业外汇资本金意愿结汇、银行办理大宗商品衍生品柜台交易涉及的结售汇业务、直接投资项下外汇登记及变更登记下放银行办理等。 (4) 服务业开放领域：允许融资租赁公司兼营与主营业务有关的商业保理业务、允许设立外商投资资信调查公司、允许设立股份制外资投资性公司、融资租赁公司设立子公司不设最低注册资本限制、允许内外资企业从事游戏游艺设备生产和销售等。 (5) 事中事后监管措施：社会信用体系、信息共享和综合执法制度、企业年度报告公示和经营异常名录制度、社会力量参与市场监督制度以及各部门的专业监管制度
第二批	(1) 投资管理领域：负面清单以外领域外商投资企业设立及变更审批改革、税控发票领用网上申请、企业简易注销。 (2) 贸易便利化领域：依托电子口岸公共平台建设国际贸易单一窗口，推进单一窗口免费申报机制、国际海关经认证的经营者（AEO）互认制度、出境加工监管、企业协调员制度、原产地签证管理改革创新、国际航行船舶检疫监管新模式、免除低风险动植物检疫证书清单制度。 (3) 事中事后监管措施：引入中介机构开展保税核查、核销和企业稽查，海关企业进出口信用信息公示制度
第三批	经商相关部门同意，自由贸易试验区第三批改革试点经验包括会展检验检疫监管新模式、进口研发样品便利化监管制度、海事集约登轮检查制度、融资租赁公司收取外币租金、市场主体名称登记便利化改革，向全国范围内复制推广
第四批	(1) 服务业开放领域：扩大内地与港澳合伙型联营律师事务所设立范围，国际船舶运输领域扩大开放，国际船舶管理领域扩大开放，国际船舶代理领域扩大开放，国际海运货物装卸、国际海运集装箱场站和堆场业务扩大开放。 (2) 投资管理领域：船舶证书“三合一”并联办理、国际船舶登记制度创新、对外贸易经营者备案和原产地企业备案“两证合一”、低风险生物医药特殊物品行政许可审批改革、一般纳税人登记网上办理、工业产品生产许可证“一企一证”改革。 (3) 贸易便利化领域：跨部门一次性联合检查，保税燃料油供应服务船舶准入管理新模式，先放行、后改单作业模式，铁路运输方式舱单归并新模式，海运进境集装箱空箱检验检疫便利化措施，入境大宗工业品联动检验检疫新模式，国际航行船舶供水“开放式申报+验证式监管”，进境保税金属矿产品检验监管制度，外锚地保税燃料油受油船舶“申报无疫放行”制度。 (4) 事中事后监管措施：企业送达信息共享机制、边检服务掌上直通车、简化外锚地保税燃料油加注船舶入出境手续、国内航行内河船舶进出港管理新模式、外锚地保税燃料油受油船舶便利化海事监管模式、保税燃料油供油企业信用监管新模式、海关企业注册及电子口岸入网全程无纸化

表8-7(续)

批次	全国范围试点推广内容
第五批	(1) 投资管理领域：公证“最多跑一次”；自然人“一人式”税收档案；网上办理跨区域涉税事项；优化涉税事项办理程序，压缩办理时限；企业名称自主申报制度。 (2) 贸易便利化领域：海运危险货物查验信息化，船舶载运危险货物及污染危害性货物合并申报；国际航行船舶进出境通关全流程“一单多报”；保税燃料油跨港区供应模式；海关业务预约平台；生产型出口企业出口退税服务前置；中欧班列集拼集运模式。 (3) 事中事后监管措施：审批告知承诺制、市场主体自我信用承诺及第三方信用评价三项信用信息公示，公共信用信息“三清单”（数据清单、行为清单、应用清单）编制，实施船舶安全检查智能选船机制，进境粮食检疫全流程监管，优化进口粮食江海联运检疫监管措施，优化进境保税油检验监管制度
第六批	(1) 投资管理领域：出版物发行业务许可与网络发行备案联办制度，绿色船舶修理企业规范管理，电力工程审批绿色通道，以三维地籍为核心的土地立体化管理模式，不动产登记业务便民模式，增值税小规模纳税人智能辅助申报服务，证照“一口受理、并联办理”审批服务模式，企业“套餐式”注销服务模式，医疗器械注册人委托生产模式。 (2) 贸易便利化领域：“融资租赁+汽车出口”业务创新、飞机行业内加工贸易保税货物便捷调拨监管模式、跨境电商零售进口退货中心仓模式、进出口商品智慧申报导航服务、冰鲜水产品两段准入监管模式、货物贸易“一保多用”管理模式、边检行政许可网上办理。 (3) 金融开放创新领域：保理公司接入央行企业征信系统、分布式共享模式实现“银政互通”、绿色债务融资工具创新、知识产权证券化。 (4) 事中事后监管措施：“委托公证+政府询价+异地处置”财产执行云处置模式、多领域实施包容免罚清单模式、海关公证电子送达系统、商事主体信用修复制度、融资租赁公司风险防控大数据平台、大型机场运行协调新机制。 (5) 人力资源领域：领事业务“一网通办”、直接采认台湾地区部分技能人员职业资格、航空维修产业职称评审、船员远程计算机终端考试、出入境人员综合服务“一站式”平台

资料来源：笔者根据各批次自由贸易试验区可复制改革试点经验内容编制。

表8-8显示了自由贸易试验区适用特定区域经验推广内容汇总。根据不同批次的试点推广内容来看，其多为针对海关特殊监管区域的复制推广，涉及监管制度改革及优化。第五批、第六批试点推广内容开始涉及更多特定领域，自由贸易试验区先行先试开始在更多非贸易领域探索制度型开放。

表 8-8 自由贸易试验区适用特定区域经验推广内容汇总

批次	特定区域试点推广内容
第一批	在海关特殊监管区域复制推广：入境维修产品监管新模式；一次备案，多次使用；委内加工监管；仓储货物按状态分类监管；大宗商品现货保税交易；保税展示交易货物分线监管、预检验和登记核销管理模式；海关特殊监管区域间保税货物流转监管模式
第二批	在全国其他海关特殊监管区域复制推广。 (1) 海关监管制度创新：期货保税交割海关监管制度、境内外维修海关监管制度、融资租赁海关监管制度等措施。 (2) 检验检疫制度创新：进口货物预检验、分线监督管理制度、动植物及其产品检疫审批负面清单管理等措施
第三批	无
第四批	(1) 在海关特殊监管区域复制推广：海关特殊监管区域"四自一简"监管创新、"保税混矿"监管创新。 (2) 在海关特殊监管区域及保税物流中心（B 型）复制推广：先出区、后报关
第五批	在自由贸易试验区复制推广的改革事项。投资管理领域："推进合作制公证机构试点"
第六批	(1) 在自由贸易试验区复制推广"建设项目水、电、气、暖现场一次联办模式""股权转让登记远程确认服务""野生动植物进出口行政许可审批事项改革"等 3 项。 (2) 在二手车出口业务试点地区复制推广"二手车出口业务新模式"。 (3) 在保税监管场所复制推广"保税航煤出口质量流量计计量新模式"。 (4) 在成都铁路局局管范围内复制推广"空铁联运一单制货物运输模式"

资料来源：笔者根据各批次自由贸易试验区可复制改革试点经验内容编制。

四、制度创新类政策

中央对自由贸易试验区在制度创新方面的全国性政策推行主要有三次（见表 8-9）。第一次为 2018 年进行自由贸易试验区深化改革创新①，主要内容包括营造优良投资环境、提升贸易便利化水平、推动金融创新服务实体经济和推进人力资源领域先行先试，共 53 条制度创新改革措施，由不同中央部门作为执行主体，并在相应自由贸易试验区内部进行适用试点。第二次为 2019 年开展"证照分离"改革试点②，在上海、广东、天津、福建、辽宁、浙江、河南、湖北、重庆、四川、陕西、海南、山东、江

① 详见《国务院关于支持自由贸易试验区深化改革创新若干措施的通知》(http://www.gov.cn/zhengce/content/2018-11/23/content_5342665.htm.)。

② 详见《国务院关于在自由贸易试验区开展"证照分离"改革全覆盖试点的通知》(http://www.gov.cn/zhengce/content/2019-11/15/content_5451900.htm.)。

苏、广西、河北、云南、黑龙江等自由贸易试验区，对所有涉企经营许可事项实行全覆盖清单管理，按照直接取消审批、审批改为备案、实行告知承诺、优化审批服务四种方式分类推进改革，在法律、行政法规和国务院决定允许范围内，各省、自治区、直辖市人民政府可以决定在其他有条件的地区开展“证照分离”改革全覆盖试点。第三次为2021年进行投资便利化改革创新[①]，其中最重要的措施为加大了对港澳投资的开放力度，在内地与香港、澳门关于建立更紧密经贸关系的安排（CEPA）框架下，将港澳服务提供者在自由贸易试验区投资设立旅行社的审批权限由省级旅游主管部门下放至自由贸易试验区。该次投资便利化改革创新政策涉及放开国际登记船舶法定检验、开展进口贸易创新、释放新型贸易方式潜力、推进“两头在外”保税维修业务等十九项内容。

表8-9 自由贸易试验区制度创新类政策统计

时间	政策文件
2018年11月	《国务院关于支持自由贸易试验区深化改革创新若干措施的通知》（国发〔2018〕38号）
2019年11月	《国务院关于在自由贸易试验区开展“证照分离”改革全覆盖试点的通知》（国发〔2019〕25号）
2021年9月	《国务院印发关于推进自由贸易试验区贸易投资便利化改革创新若干措施的通知》（国发〔2021〕12号）

五、法规调整类政策

为了适应自由贸易试验区进一步扩大对外开放的发展需要，中央多次出台自由贸易试验区专项适用的法规调整类政策（如表8-10所示），对自由贸易试验区所在省（自治区、直辖市）制定的规章、规范性文件做相应调整，旨在建立与试点要求相适应的管理制度。这类法规调整政策最早在上海自由贸易试验区进行实践，在其他省（自治区、直辖市）自由贸易试验区批准设立后实施范围进一步拓展，为精准匹配海南自由贸易港建设需求，国务院2020年6月为海南自由贸易试验区专门制定行政法规调整方案。法规调整基于自由贸易试验区先行先试的实践需要，为自由贸易试验区探索新的开放模式、经济政策开通了绿色通道，扫清了过时的政策限制障碍。

① 详见《国务院印发关于推进自由贸易试验区贸易投资便利化改革创新若干措施的通知》（http://www.gov.cn/zhengce/content/2021-09/03/content_5635110.htm.）。

表 8-10 自由贸易试验区法规调整类政策统计

时间	政策文件
2014 年 1 月	《国务院关于在中国（上海）自由贸易试验区内暂时调整有关行政法规和国务院文件规定的行政审批或者准入特别管理措施的决定》（国发〔2013〕51 号）
2014 年 9 月	《国务院关于在中国（上海）自由贸易试验区内暂时调整实施有关行政法规和经国务院批准的部门规章规定的准入特别管理措施的决定》（国发〔2014〕38 号）
2016 年 7 月	《国务院关于在自由贸易试验区暂时调整有关行政法规、国务院文件和经国务院批准的部门规章规定的决定》（国发〔2016〕41 号）
2017 年 12 月	《国务院关于在自由贸易试验区暂时调整有关行政法规、国务院文件和经国务院批准的部门规章规定的决定》（国发〔2017〕57 号）
2020 年 1 月	《国务院关于在自由贸易试验区暂时调整实施有关行政法规规定的通知》（国函〔2020〕8 号）
2020 年 6 月	《国务院关于在中国（海南）自由贸易试验区暂时调整实施有关行政法规规定的通知》（国函〔2020〕88 号）
2021 年 11 月	《国务院关于同意在中国（上海）自由贸易试验区临港新片区暂时调整实施有关行政法规规定的批复》（国函〔2021〕115 号）

六、其他类政策

除了上述提到的五类自由贸易试验区中央级政策之外，中央部门基于各自由贸易试验区发展的专有项目需要，也出台了其他政策文件（见表 8-11）。海关总署最早在上海自由贸易试验区开展了通关无纸化应用试点。此项试点经过上海自由贸易试验区探索实践后进一步推广至全国各自由贸易试验区。2015 年，国务院批准建立了自由贸易试验区工作部际联席会议制度，在顶层设计方面形成了较为系统的自由贸易试验区布局发展指挥模式。另外，中央根据福建、浙江自由贸易试验区重点领域产业需要，分别明确了福建自由贸易试验区企业申请原油非国营贸易进口的资格条件和程序以及推进了浙江自由贸易试验区油气全产业链开放发展。

表 8-11 自由贸易试验区其他类别政策统计

时间	政策文件
2014 年 8 月	《公告在中国（上海）自由贸易试验区开展通关无纸化应用试点有关事项》（海关总署 商务部公告 2014 年第 58 号）
2015 年 2 月	《国务院关于同意建立国务院自由贸易试验区工作部际联席会议制度的批复》（国函〔2015〕18 号）
2019 年 10 月	《中国（福建）自由贸易试验区企业申请原油非国营贸易进口资格条件和程序》（商务部公告 2019 年第 46 号）
2020 年 3 月	《国务院关于支持中国（浙江）自由贸易试验区油气全产业链开放发展若干措施的批复》（国函〔2020〕32 号）

第二节　自由贸易试验区地方级政策

一、通用型政策

自由贸易试验区地方级通用型政策以国务院批准的总体方案为依据，紧密围绕总体方案中规划的发展目标和建设内容开展相关工作。各地区通过修改和解释中央层面的法律法规，与中央级政策形成多层次联动，带动并推进营商环境、制度、金融、贸易、政府管理的创新，为我国经济改革提供可靠的示范。我国自由贸易试验区地方级通用型政策主要涵盖规划方案、贸易投资便利化、外资准入、监管制度、深化改革、金融开放、证照分离七大内容。

1. 规划方案

为贯彻落实中央出台的自由贸易试验区总体方案，指导自由贸易试验区的建设工作，各自由贸易试验区相继出台了以条例、规划、建设实施方案等内容为主的规划方案。自由贸易试验区条例是为了推进和保障自由贸易试验区建设与发展，深化改革开放，推动经济高质量发展，依据中央出台的自由贸易试验区总体方案和有关法律、行政法规的规定，结合本地区实际，出台的地方性法规，是自由贸易试验区各项制度创新的“基本法”。例如，江苏省在2021年出台了《中国（江苏）自由贸易试验区条例》①，从管理体制、投资开放、贸易便利等方面推动自由贸易试验区的发展。北京、湖南等随即也出台了该地区的自由贸易试验区条例，内容涵盖投资开放与贸易便利、科技创新、数字经济发展等多个方面。

第一章 总则
第二章 管理体制
第三章 投资开放
第四章 贸易便利
第五章 实体经济创新发展
第六章 创新金融服务
第七章 服务国家战略
第八章 法治保障
第九章 附则

——《中国（江苏）自由贸易试验区条例》

① 详见《中国（江苏）自由贸易试验区条例》（https://scftz.ccpit.org/articles/378.）。

第一章　总则
第二章　管理体制
第三章　投资开放与贸易便利
第四章　科技创新
第五章　数字经济发展
第六章　金融服务
第七章　优势产业开放
第八章　京津冀协同发展
第九章　管理创新
第十章　人才保障
第十一章　附则

——《中国（北京）自由贸易试验区条例》

建设自由贸易试验区是党中央、国务院在新时代推进改革开放的一项战略举措，为深入贯彻落实党中央、国务院决策部署，以更大力度谋划和推进自由贸易试验区高质量发展，各地区积极制定“十四五”规划，打造高标准建设自由贸易试验区的基本蓝图和行动纲领。

到2025年，重庆自由贸易试验区形成以贸易投资自由便利为重点的高水平开放政策体系和产业体系，成为具有全国影响力的互联互通枢纽、产业发展样板、营商环境标杆。

制度创新实现新突破、辐射带动作用实现新提升、开放型经济呈现新成果、营商环境取得新成效。

到2035年，重庆自由贸易试验区全面建成改革开放新高地，成为西部地区高质量发展的重要增长极。产业相融、市场相通、创新相促、规则相联的水平大幅提高，接近国际先进自由贸易港标准。集聚全球资源要素能力大幅增强，成为陆海内外联动、东西双向互济开放格局的核心载体和平台。

——《中国（重庆）自由贸易试验区“十四五”规划》

到2022年，全面完成改革试点任务，形成更多可复制可推广的制度创新成果。

到2025年，自由贸易试验区在制度创新、投资环境、经济实力、功能拓展、辐射带动等方面成效更加明显，成为推动云南高质量跨越式发展的新引擎，我国面向南亚东南亚辐射中心和环印度洋地区开放的前沿窗口。

制度创新取得新成果、投资环境呈现新面貌、经济实力实现新提升、功能拓展实现新突破、辐射带动开创新局面。

展望2035年，自由贸易试验区扩区扩容取得新突破，功能不断完善，竞争优势显著提升，辐射能力明显增强，使其成为以高水平开放推动高质量发展的样板区、深度融入区域经贸合作和经济全球化的引领区。

——《云南省人民政府办公厅关于印发“十四五”中国（云南）自由贸易试验区建设规划的通知》

部分自由贸易试验区“十四五”规划政策文件如表8-12所示。

表8-12　部分自由贸易试验区“十四五”规划政策文件

自由贸易试验区	时间	政策文件
陕西	2019年9月	《陕西省商务厅 陕西省发展和改革委员会关于印发〈中国（陕西）自由贸易试验区“十四五”规划〉的函》(陕商函〔2021〕493号)
广东	2021年9月	《广东省人民政府办公厅关于印发〈中国（广东）自由贸易试验区发展“十四五”规划〉的通知》(粤府办〔2021〕26号)
天津	2021年12月	《中国（天津）自由贸易试验区管理委员会关于印发〈中国（天津）自由贸易试验区发展“十四五”规划〉的通知》(津自贸发〔2021〕10号)
海南	2021年12月	《海南省发展和改革委员会关于印发〈海南自由贸易港口岸建设“十四五”规划（2021—2025）〉的通知》(琼发改投资〔2021〕1008号)

2. 贸易投资便利化

为贯彻落实《国务院关于印发优化口岸营商环境促进跨境贸易便利化工作方案的通知》要求，深化“放管服”改革，优化口岸营商环境，实施更高水平跨境贸易便利化措施，打造国际化营商环境，各地区积极制订促进贸易投资便利化的方案，采取不同措施更大力度推进自由贸易试验区建设，提升贸易投资便利化水平。

一、提升贸易便利度

（一）开展进口贸易创新

（二）释放新型贸易方式潜力

（三）推进保税维修业务

（四）提升医药产品进口便利度

（五）完善期货保税交割监管政策

二、提升投资便利度

（六）加大对港澳投资开放力度

（七）放开国际登记船舶法定检验

（八）开展网络游戏属地管理试点

（九）提高土地资源配置效率

三、提升国际物流便利度

（十）推进开放通道建设

（十一）加快推进多式联运“一单制”

（十二）创新铁路运输单证融资方式

（十三）提升航运

四、提升金融服务实体经济便利度管理服务效率

（十四）创新账户体系管理

（十五）开展融资租赁公司外债便利化试点

（十六）开展知识产权证券化试点

五、探索司法对贸易投资便利的保障功能

（十七）探索赋予多式联运单证物权凭证功能

（十八）提升商事法律服务水平

六、强化保障实施

（十九）加强组织领导

（二十）健全工作机制

（二十一）强化协同联动

（二十二）加强风险防控

——《重庆市人民政府办公厅关于印发〈重庆口岸提升跨境贸易便利化若干措施（试行）〉的通知》（渝府办〔2018〕6号）

（一）深化口岸监管创新，优化通关流程和作业方式

1. 深入推进通关一体化

2. 推进跨部门联合查验

3. 全面推广“双随机、一公开”监管

4. 公开通关流程和物流作业时限

5. 提升口岸查验区作业效率

6. 推进关税保证保险改革

7. 优化检验检疫作业

（二）推动口岸降费增效，降低进出口环节合规成本

8. 实行口岸收费目录清单制度

9. 降低进出口环节合规成本

10. 加强口岸收费联合督促检查

（三）压缩整体通关时间，提高口岸物流服务效率

11. 推广应用“提前申报”模式

12. 加强7×24小时通关保障能力建设

13. 提高查验准备工作效率

14. 加快发展多式联运

15. 加快大宗和时效性商品通关速度

16. 建立口岸通关时效评估机制

17. 减少进出口环节监管证件并简化办理流程

（四）推进信息体系建设，提升口岸管理智能化水平

18. 加强国际贸易“单一窗口”建设

19. 推进口岸物流信息电子化

20. 提升口岸查验智能化水平

——《河南省人民政府关于印发〈优化口岸营商环境促进跨境贸易便利化工作实施方案〉的通知》(豫政〔2018〕39号)

部分自由贸易试验区贸易投资便利化政策如表8-13所示。

表8-13 部分自由贸易试验区贸易投资便利化政策

自由贸易试验区	时间	政策文件
河南	2018年12月	《河南省人民政府关于印发优化口岸营商环境促进跨境贸易便利化工作实施方案的通知》（豫政〔2018〕39号）
浙江	2020年4月	《中国（浙江）自由贸易试验区油品贸易跨境人民币结算便利化试点展业规范》
天津	2021年1月	《关于贯彻落实推进自由贸易试验区贸易投资便利化改革创新若干措施的通知》（津自贸办〔2021〕7号）
广西	2020年7月	《广西壮族自治区人民政府办公厅关于印发促进中国（广西）自由贸易试验区跨境贸易便利化若干政策措施的通知》（桂政办发〔2020〕45号）
河北	2021年12月	《河北省人民政府印发关于推进河北自由贸易试验区贸易投资便利化改革创新若干措施的通知》（冀政字〔2021〕78号）

3. 外资准入

为进一步深化“放管服”改革，规范自由贸易试验区外商投资项目管理制度，积极有效引进境外资金、先进技术和高端人才，提升利用外资综合水平，打造高质量外资集聚地，促进自由贸易试验区外商投资和境外投资工作。各地区按照自由贸易试验区总体方案、《国务院办公厅关于印发自由贸易试验区外商投资准入特别管理措施（负面清单）（2017 年版）的通知》《国务院关于进一步做好利用外资工作的意见》（国发〔2019〕23 号）等政策，进一步减少外商投资准入限制，提高开放度和透明度，按照内外资一致的原则，对外商投资企业做好与负面清单管理方式相适应的事中事后监管。

一、扩大外商投资重点领域开放
二、优化外商投资导向
三、深化重点国家地区外商投资合作
四、提升金融领域外商投资水平
五、提升开放平台引资质量
六、打造优良营商环境
七、提高外商投资便利度
八、保障外商投资合法权益
九、加大知识产权保护力度
十、完善公平竞争机制
十一、强化监管政策执行规范性
十二、落实外商投资财政支持政策
十三、拓宽外商投资融资渠道
十四、保障重点外商投资项目落地
十五、完善考核评价机制

——《辽宁省人民政府关于进一步做好利用外资工作的实施意见》

部分自由贸易试验区外资准入政策如表 8-14 所示。

表 8-14 部分自由贸易试验区外资准入政策

自由贸易试验区	时间	政策文件
上海	2014 年 6 月	《中国（上海）自由贸易试验区外商投资准入特别管理措施（负面清单）（2014 年修订）》（上海市人民政府公告 2014 年第 1 号）
	2018 年 10 月	《上海市人民政府关于印发〈中国(上海)自由贸易试验区跨境服务贸易负面清单管理模式实施办法〉的通知》（沪府规〔2018〕19 号）

表8-14（续）

自由贸易试验区	时间	政策文件
天津	2015 年 4 月	《天津市人民政府办公厅关于印发中国（天津）自由贸易试验区外商投资和境外投资项目备案管理两个办法的通知》（津政办发〔2015〕24 号）
福建	2015 年 4 月	《福建省发展和改革委员会关于印发《中国（福建）自由贸易试验区外商投资项目备案管理办法》的通知（闽发改外经〔2015〕120 号）
浙江	2017 年 5 月	《中国（浙江）自由贸易试验区管委会关于印发〈中国（浙江）自由贸易试验区扩大对外开放积极利用外资暂行办法〉的通知》（浙自贸委发〔2017〕3 号）
陕西	2017 年 7 月	《陕西省发展和改革委员会关于深化投资管理改革促进中国（陕西）自由贸易试验区外商投资和境外投资工作的通知》（陕发改外资〔2017〕1056 号）
河南	2019 年 9 月	《郑州市人民政府关于稳外贸稳外资的实施意见》（郑政文〔2019〕143 号）
河北	2020 年 7 月	《河北省发展和改革委员会 河北省商务厅关于贯彻落实〈外商投资准入特别管理措施（负面清单）（2020 年版）〉和〈自由贸易试验区外商投资准入特别管理措施（负面清单）（2020 年版）〉的通知》
辽宁	2020 年 8 月	《辽宁省人民政府关于进一步做好利用外资工作的实施意见》（辽政发〔2020〕15 号）
广西	2021 年 3 月	《广西壮族自治区发展和改革委员会 广西壮族自治区商务厅关于印发〈市场准入负面清单（2020 年版）广西实施分工方案〉的通知》（桂发改体改〔2021〕168 号）
安徽	2021 年 7 月	《安徽省人民政府关于建立中国（安徽）自由贸易试验区特别清单的决定》（皖政〔2021〕36 号）
北京	2021 年 12 月	《自由贸易试验区外商投资准入特别管理措施（负面清单）（2021 年版）》（国家发展和改革委员会、商务部令 2021 年第 48 号）

4. 监管制度

加强和规范自由贸易试验区事中事后监管可以有效防范化解市场监管领域重大风险，以公开透明促进市场公平竞争，使市场在资源配置中起决定性作用和更好地发挥政府的作用。各自由贸易试验区深入推进简政放权、放管结合、优化服务改革，全面提升开放条件下的公共治理能力，着力解决市场体系不完善、政府干预过多和监管不到位等问题。

二、重点任务

（一）建立“三项清单”

1. 市场监管事项清单

2. 轻微违法免罚清单

3. 生产经营风险清单

（二）防范“四种风险”

1. 市场准入退出风险

2. 食品药品安全风险

3. 重要产品和特种设备风险

4. 市场交易秩序风险

（三）实施“五类监管”

1. 公平公正监管

2. 包容审慎监管

3. 信用分类监管

4. 重点领域监管

5. 科学智慧监管

——《加强海南自由贸易港事中事后监管工作实施方案（试行）》

一、转变环评监管方式，提升企业守法意识

二、引导企业环保自律，建立环评信用档案

三、完善信息公开制度，强化社会监督管理

四、建立信用等级制度，探索企业信用承诺

五、加强结果动态调整，确保信息及时准确

六、逐步建立奖惩机制，实现信息互联互通

——《福建省环保厅关于探索中国（福建）自由贸易试验区环评审批事中事后监管方式的通知》（闽环保评〔2015〕22号）

二、主要任务

（一）引导市场主体自律

筑牢市场主体自律的第一道防线，对市场机制可以解决的问题交由市场解决，促使市场自我约束、自我净化。

（二）探索业界自治

充分发挥行业协会和商会对促进行业规范发展的重要作用，推进政府监管和业界自治的良性互动。

（三）推动社会监督

充分发挥社会力量的重要作用，调动一切积极因素，推动形成社会性约束和惩戒。

（四）加强政府监管

增强政府各部门行政管理协同能力，形成分工明确、沟通顺畅、齐抓共管的政府监管格局。

（五）强化专业监管

聚焦重点行业、重点市场、重点领域，制定和落实各项监管措施，并进一步完善与上海自由贸易试验区投资贸易便利化改革相适应的监管举措。

（六）创新监管体制机制

探索审批、执法适度分离，深化大部门制改革，完善综合执法体系，推进一级地方政府监管体制创新。

（七）创新监管方式方法

多管齐下、多措并举，创新监管方式方法，切实提升监管效能。充分运用大数据、“互联网+”等方式，建立和完善以信息共享为基础、以信息公示为手段、以信用约束为核心的现代化监管制度。

（八）加强监管基础平台建设

加大监管基础平台建设力度，尽快改变信息“孤岛”“烟囱”“蜂窝煤”状况，实现跨部门、跨区域、政府与社会等信息互通共享和综合应用，加强事中事后监管基础设施保障。

——《上海市政府办公厅关于印发〈进一步深化中国（上海）自由贸易试验区和浦东新区事中事后监管体系建设总体方案〉的通知》（沪府办发〔2016〕30号）

部分自由贸易试验区监管制度政策如表8-15所示。

表8-15 部分自由贸易试验区监管制度政策

自由贸易试验区	时间	政策文件
福建	2015年6月	《福建省环保厅关于探索中国（福建）自由贸易试验区环评审批事中事后监管方式的通知》（闽环保评〔2015〕22号）
上海	2016年8月	《上海市政府办公厅关于印发〈进一步深化中国（上海）自由贸易试验区和浦东新区事中事后监管体系建设总体方案〉的通知》（沪府办发〔2016〕30号）
辽宁	2018年3月	《辽宁省人民政府办公厅关于进一步优化全省投资审批服务的指导意见》（辽政办发〔2018〕9号）

表8-15(续)

自由贸易试验区	时间	政策文件
浙江	2019 年 12 月	《浙江省商务厅关于做好石油成品油流通管理“放管服”改革工作的通知》
海南	2020 年 6 月	《加强海南自由贸易港事中事后监管工作实施方案（试行）》
河南	2021 年 7 月	《印发河南省服务“六稳”“六保”进一步做好“放管服”改革工作实施方案的通知》（豫政办〔2021〕29 号）

5. 深化改革

各自由贸易试验区相继制定深化改革措施以深入贯彻落实党中央、国务院关于自由贸易试验区工作的决策部署，进一步深化自由贸易试验区改革创新，加快构建现代产业体系和开放型经济体系，深度融入以国内大循环为主体、国内国际双循环相互促进的新发展格局，建设新时代改革开放新高地。

一、营造优良投资环境

二、提升便利化水平

三、推动金融创新服务实体经济

四、推进人力资源领域先行先试

——《广东省人民政府关于印发支持自由贸易试验区深化改革创新若干措施分工方案的通知》（粤府函〔2019〕36 号）

一、进一步发展高端产业，加快打造战略性新兴产业和高技术产业集聚区

二、进一步对标国际高标准市场规则体系，建设市场化、法治化、国际化的营商环境

三、进一步创新贸易监管与服务，促进外贸转型升级

四、进一步推动金融开放创新，提升金融服务实体经济能力

五、进一步加强科技体制机制创新，积极培育创新发展新动能

六、进一步优化人才集聚的体制机制，夯实产业发展的人才支撑

七、进一步建设开放型经济新平台，不断拓展自由贸易试验区口岸功能

八、进一步加强产业招商，积极承接境外资本和沿海高端产业转移

九、进一步加强自由贸易试验区内外联动发展，充分发挥自由贸易试验区改革先行、开放引领作用

——《湖北省人民政府办公厅关于印发支持中国（湖北）自由贸易试验区深化改革创新若干措施的通知》（鄂政办发〔2021〕7 号）

三、主要任务

（一）建立以贸易投资自由化便利化为核心的制度体系

（二）打造以油气为核心的大宗商品全球资源配置基地

（三）打造新型国际贸易中心

（四）打造国际航运和物流枢纽

（五）打造数字经济发展示范区

（六）打造先进制造业集聚区

（七）构建安全高效的风险防控体系

——《浙江省人民政府关于印发中国（浙江）自由贸易试验区深化改革开放实施方案的通知》（浙政发〔2020〕32号）

部分自由贸易试验区深化改革政策如表 8-16 所示。

表 8-16 部分自由贸易试验区深化改革政策

自由贸易试验区	时间	政策文件
辽宁	2018 年 6 月	《辽宁省人民政府关于借鉴推广中国（辽宁）自由贸易试验区首批改革创新经验的通知》（辽政发〔2018〕16 号）
广东	2019 年 2 月	《广东省人民政府关于印发支持自由贸易试验区深化改革创新若干措施分工方案的通知》（粤府函〔2019〕36 号）
重庆	2019 年 3 月	《重庆市人民政府关于贯彻落实国务院支持自由贸易试验区深化改革创新若干措施的通知》（渝府〔2019〕3 号）
江苏	2019 年 11 月	《江苏省商务厅关于支持中国（江苏）自由贸易试验区改革创新的若干措施》（苏商自贸〔2019〕610 号）
浙江	2020 年 12 月	《浙江省人民政府关于印发中国（浙江）自由贸易试验区深化改革开放实施方案的通知》（浙政发〔2020〕32 号）
湖北	2021 年 1 月	《湖北省人民政府办公厅关于印发支持中国（湖北）自由贸易试验区深化改革创新若干措施的通知》（鄂政办发〔2021〕7 号）
陕西	2021 年 3 月	《陕西省人民政府关于印发中国（陕西）自由贸易试验区进一步深化改革开放方案的通知》
河南	2021 年 4 月	《关于推进中国（河南）自由贸易试验区深化改革创新打造新时代制度型开放高地的意见》
河北	2021 年 8 月	《关于进一步深化“放管服”改革持续推进河北自由贸易试验区创新发展的贯彻落实意见》

6. 金融开放

各自由贸易试验区为创新自由贸易试验区投融资机制、强化自由贸易试验区金融服务的各项工作，制定了相关金融政策措施。以上海市为例，上海市在 2018 年出台了《中国（上海）自由贸易试验区关于扩大金融服务业对外开放进一步形成开发开放新优势的意见》①，以加强上海国际金融中心与上海自由贸易试验区建设联动，将上海自由贸易试验区打造成为扩大金融开放的新高地，继续保持上海自由贸易试验区金融业对外开放度的全国领先地位，进一步形成开发开放新优势。

一、实施吸引外资金融机构集聚的新政策

二、建立便利外资金融机构落户的新机制

三、构筑全面深化金融改革创新的新平台

四、开创金融服务科创中心建设的新格局

五、打造高层次金融人才集聚发展的新高地

六、构建与国际规则接轨的金融法治新生态

——《中国（上海）自由贸易试验区关于扩大金融服务业对外开放进一步形成开发开放新优势的意见》（中〔沪〕自贸管〔2018〕66号）

一、加大重点领域融资支持力度

二、加快产业链供应链金融发展

三、缓解中小微企业融资难、融资贵

四、强化科技创新金融扶持

五、实施企业上市"破零倍增"计划

六、完善城乡金融服务体系

七、加大绿色低碳产业金融支持

八、创新中国（湖南）自贸试验区金融服务

九、加快湖南金融中心发展

十、优化金融发展环境

——《湖南省金融服务"三高四新"战略若干政策措施》（湘政办发〔2021〕11号）

一、推动各类市场主体创新发展供应链金融

（一）推动地方金融组织加强服务实体经济

（二）发挥供应链核心企业作用

（三）推动金融机构深入开展供应链金融服务

二、重点支持动产质押融资类新型供应链金融创新

（一）支持数字仓库建设和"可信仓单"业务开展

① 详见《中国（上海）自由贸易试验区关于扩大金融服务业对外开放进一步形成开发开放新优势的意见》（中〔沪〕自贸管〔2018〕66号）（http://www.china-shftz.gov.cn/PublicInformation.aspx?GID=3591cbaf-99d3-4b12-8b94-533b29be372e&CID=953a259a-1544-4d72-be6a-264677089690&MenuType=1&navType=1.）。

（二）支持依托“可信仓单”开展动产质押融资和交易流转

（三）支持开展基于仓单的场外期权等风险管理业务

（四）积极打造新型动产质押融资服务平台

三、营造发展供应链金融良好市场环境

（一）积极开展与在地金融基础设施合作

（二）加强供应链金融前瞻性研究

（三）推动供应链金融领域应用金融科技

（四）鼓励设立供应链金融领域基金

四、加强对供应链金融的风险防控和管理

（一）强化行业自律管理

（二）加强供应链金融管理工作

——《关于促进中国（天津）自由贸易试验区供应链金融发展的指导意见》（津自贸发〔2020〕6号）

部分自由贸易试验区金融开放政策如表8-17所示。

表8-17 部分自由贸易试验区金融开放政策

自由贸易试验区	时间	政策文件
上海	2015年2月	《上海海关关于在中国（上海）自由贸易试验区实施“离岸服务外包全程保税监管制度”的公告（中华人民共和国上海海关公告2015年第6号）
	2018年9月	《中国（上海）自由贸易试验区关于扩大金融服务业对外开放进一步形成开发开放新优势的意见（中〔沪〕自贸管〔2018〕66号）
福建	2016年5月	《福建省经济和信息化委员会 福建省国税局关于做好福建自由贸易试验区内资融资租赁试点企业推荐确认工作的函》（闽经信函中小〔2016〕234号）
浙江	2017年7月	《浙江省商务厅 浙江省国家税务局关于中国（浙江）自由贸易试验区内资租赁企业从事融资租赁业务有关事项的通知》
广西	2019年12月	《中国人民银行南宁中心支行等四部门关于金融支持中国（广西）自由贸易试验区建设的若干政策措施》（桂政办发〔2020〕45号）
黑龙江	2019年12月	《中国人民银行哈尔滨中心支行 国家外汇管理局黑龙江省分局关于金融支持中国（黑龙江）自由贸易试验区建设的通知》
天津	2020年12月	《关于促进中国（天津）自由贸易试验区供应链金融发展的指导意见》（津自贸发〔2020〕6号）
河北	2020年10月	《河北银保监局关于加强中国（河北）自由贸易试验区金融服务工作的指导意见》（冀银保监发〔2020〕51号）
湖南	2021年4月	《湖南省金融服务“三高四新”战略若干政策措施》（湘政办发〔2021〕11号）

7. 证照分离

各自由贸易试验区开展“证照分离”工作主要是为优化营商环境，明晰政府和企业责任，激发市场活力和社会创造力，加快营造市场化、法治化、国际化的营商环境，克服“准入不准营”现象。

二、改革任务

（一）建立涉企经营许可事项清单管理制度。制定黑龙江省“证照分离”改革全覆盖试点事项清单，按照“证照分离”改革全覆盖要求，将涉企经营许可事项全部纳入清单管理，逐项列明事项名称、设定依据、审批层级和部门、改革方式、具体改革举措、事中事后监管措施等内容。

（二）分类推进审批制度改革。对全部涉企经营许可事项，按照直接取消审批、审批改为备案、实行告知承诺、优化审批服务等四种方式分类推进改革，有效区分“证”“照”功能，突出“照后减证”，能减尽减，能优则优。

（三）规范企业登记经营范围与申办经营许可的衔接。省市场监管局要按照国家有关要求并商有关主管部门明确涉企经营许可事项对应的经营范围表述，推行经营范围规范化登记，理清证照对应关系。

（四）强化涉企经营信息归集共享。按照相关规定，有关部门要将企业登记注册、经营许可、备案、执法检查、行政处罚等信息及时归集至全省一体化在线政务服务平台、省信用信息共享平台、国家企业信用信息公示系统（黑龙江），除涉及国家秘密外实现涉及企业经营的政府信息集中共享。

（五）持续提升审批服务质量和效率。有关主管部门要深入推进审批服务标准化，制定并公布准确完备、简明易懂的办事指南，规范自由裁量权，严格时限约束，消除隐性门槛。

（六）创新和加强事中事后监管。要坚持放管结合、并重，按照“谁审批、谁监管，谁主管、谁监管”原则，加强审批与监管的衔接，健全监管规则和标准，逐项研究细化自律准则和标准，强化日常监管和社会监督，确保无缝衔接、不留死角。

（七）坚持依法推进改革。按照重点改革于法有据的要求，依照法定程序开展相关工作，建立与试点要求相适应的管理制度。

——《黑龙江省人民政府关于印发黑龙江省在自由贸易试验区推进“证照分离”改革全覆盖试点实施方案的通知》（黑政规〔2019〕9号）

二、工作任务

（一）改革的范围和事项

（二）改革的方式

1. 直接取消审批

2. 审批改为备案

3. 实行告知承诺

4. 优化审批服务

（三）改革的协同配套举措

1. 建立和完善涉企经营许可事项清单管理制度

2. 进一步深化商事制度改革

3. 推进电子证照归集运用

4. 强化涉企经营信息归集共享

（四）创新和加强事中事后监管

1. 明确监管责任

2. 健全监管规则

3. 创新监管方式

——《省政府关于印发江苏省深化“证照分离”改革进一步激发市场主体发展活力实施方案的通知》（苏政发〔2021〕47号）

三、重点内容

对纳入“证照分离”改革的涉企经营许可事项分别采取以下四种方式进行管理。

（一）直接取消审批。对设定必要性已不存在、市场机制能够有效调节、行业组织或中介机构能够有效实现行业自律管理、通过事中事后监管能够有效规范的涉企经营许可事项，直接取消审批。

（二）审批改为备案。对可以取消审批的涉企经营许可事项，需要企业及时主动提供有关信息，以便有关主管部门有效实施行业管理，维护公共利益的，由审批改为备案。坚决防止以备案之名行审批之实。

（三）实行告知承诺。对确需保留的涉企经营许可事项，企业就符合经营许可条件做出承诺，有关主管部门通过事中事后监管能够纠正不符合经营许可条件行为，有效防范风险的，实行告知承诺。

（四）优化审批服务。对关系国家安全、公共安全、金融安全、生态安全和公众健康等重大公共利益，不具备取消审批或实行告知承诺条件的涉企经营许可事项，应当采取切实措施优化审批服务，提高审批效率，降低办事成本。

——《中国（海南）自由贸易试验区开展“证照分离”改革全覆盖试点实施方案》

部分自由贸易试验区证照分离政策如表 8-18 所示。

表 8-18　部分自由贸易试验区证照分离政策

自由贸易试验区	时间	政策文件
四川	2017 年 12 月	《四川省人民政府关于印发中国（四川）自由贸易试验区“证照分离”改革试点方案的通知》（川府发〔2017〕63 号）
广东	2018 年 3 月	《广东省人民政府关于公布在中国（广东）自由贸易试验区和“证照分离”改革试点区域调整实施的本省有关地方性法规规定的公告》（粤府〔2018〕33 号）
上海	2019 年 11 月	《上海市人民政府办公厅印发〈关于在中国（上海）自由贸易试验区开展“证照分离”改革全覆盖试点的实施方案〉的通知》（沪府办〔2019〕126 号）
河南	2019 年 11 月	《河南省人民政府办公厅关于印发中国（河南）自由贸易试验区“证照分离”改革全覆盖试点实施方案的通知》（豫政办〔2019〕61 号）
辽宁	2019 年 11 月	《辽宁省人民政府关于印发中国（辽宁）自由贸易试验区“证照分离”改革全覆盖试点实施方案的通知》（辽政发〔2019〕21 号）
山东	2019 年 11 月	《山东省人民政府印发关于在自由贸易试验区开展“证照分离”改革全覆盖试点的实施方案的通知》（鲁政字〔2019〕230 号）
陕西	2019 年 11 月	《陕西省人民政府办公厅关于印发中国（陕西）自由贸易试验区“证照分离”改革全覆盖试点实施方案的通知》（陕政办发〔2019〕35 号）
广西	2019 年 11 月	《中国（广西）自由贸易试验区“证照分离”改革全覆盖试点实施方案的通知》
河北	2019 年 11 月	《河北省人民政府印发关于在自由贸易试验区开展“证照分离”改革全覆盖试点工作实施方案的通知》（冀政发〔2019〕5 号）
黑龙江	2019 年 11 月	《黑龙江省人民政府关于印发黑龙江省在自由贸易试验区推进“证照分离”改革全覆盖试点实施方案的通知》（黑政规〔2019〕9 号）
福建	2020 年 1 月	《福建省人力资源和社会保障厅办公室关于做好福建自由贸易试验区人社领域行政许可事项“证照分离”改革工作的通知》（闽人社办〔2020〕3 号）
湖北	2020 年 5 月	《关于印发〈湖北省住房和城乡建设领域自由贸易试验区“证照分离”改革全覆盖试点实施方案〉的通知》（鄂建办〔2020〕24 号）
重庆	2021 年 1 月	《重庆市人民政府关于印发重庆市“证照分离”改革全覆盖实施方案的通知》（渝府发〔2021〕2 号）
江苏	2021 年 6 月	《省政府关于印发江苏省深化“证照分离”改革进一步激发市场主体发展活力实施方案的通知》（苏政发〔2021〕47 号）
天津	2021 年 7 月	《天津市人民政府关于印发天津市深化“证照分离”改革进一步激发市场主体发展活力工作方案的通知》（津政发〔2021〕12 号）

表8-18(续)

自由贸易试验区	时间	政策文件
北京	2020 年 7 月	《北京市开展“证照分离”改革全覆盖试点工作方案》（京市监发〔2020〕98 号）
海南	2021 年 9 月	《海南自由贸易港深化“证照分离”改革进一步激发市场主体发展活力实施方案》（琼府〔2021〕31 号）

二、专项型政策

自由贸易试验区地方级政策既包含通用型政策，又包含专项型政策，其中专项型政策包罗万象，主要根据各自由贸易试验区的发展特色而提出，能够更有针对性地应对不同自由贸易试验区特有的问题，也能够以区域特色发展为导向更全面地促进各自由贸易试验区的健康持续高质量发展。专项型政策在不同的自由贸易试验区之间呈现出独特性、多样性与差异性，包含特有的制度改革、金融服务创新、供应链服务创新、人才培养创新、纠纷解决指导意见、专项试点方案等。例如，中国（广东）自由贸易试验区试行“一照三号”登记制度改革，中国（河南）自由贸易试验区的金融服务以及多式联运服务体系建设专项方案，中国（湖北）自由贸易试验区试行进一步激发人才创新创业活力的措施，中国（陕西）自由贸易试验区知识产权纠纷多元解决指导意见，中国（海南）自由贸易试验区试点专项自由贸易试验区施行政策，中国（广西）自由贸易试验区“极简审批”改革实施方案，中国（北京）自由贸易试验区境外职业资格认可目录等。本书汇编了地方专项型政策，详见本书附录。

自由贸易试验区地方专项型政策列举如表 8-19 所示。

表 8-19 自由贸易试验区地方专项型政策列举

自由贸易试验区	时间	政策文件
广东	2015 年 2 月	《广东省人民政府关于在中国（广东）自由贸易试验区试行“一照三号”登记制度改革的批复》（粤府函〔2015〕25 号）
河南	2017 年 12 月	《中国（河南）自由贸易试验区金融服务体系建设专项方案》
河南	2017 年 12 月	《中国（河南）自由贸易试验区多式联运服务体系建设专项方案》
湖北	2020 年 1 月	《湖北省人民政府关于在中国（湖北）自由贸易试验区试行进一步激发人才创新创业活力措施的意见》（鄂政函〔2020〕9 号）

表8-19（续）

自由贸易试验区	时间	政策文件
陕西	2020年12月	《中国（陕西）自由贸易试验区知识产权纠纷多元解决指导意见》
海南	2019年12月	《关于在中国（海南）自由贸易试验区试点专项自由贸易试验区施行政策的通知》（商自贸函〔2019〕619号）
广西	2019年12月	《中国(广西)自由贸易试验区建设指挥部政府职能转变工作部关于印发〈中国(广西)自由贸易试验区"一事通办"改革实施方案〉的函》
北京	2021年8月	《北京市人力资源和社会保障局 北京市人才工作局关于印发〈国家服务业扩大开放综合示范区和中国（北京）自由贸易试验区境外职业资格认可目录(1.0版)〉的通知》（京人社事业发〔2021〕33号）

为发挥中国（广东）自由贸易试验区先行先试的带动示范效应，进一步深化商事制度改革，《广东省人民政府关于在中国（广东）自由贸易试验区试行"一照三号"登记制度改革的批复》（粤府函〔2015〕25号）同意在广东自由贸易试验区试行"一照三号"登记制度改革。有关部门对在广东自由贸易试验区登记设立的企业核发加载工商注册号、组织机构代码和税务登记号的营业执照，不再单独核发组织机构代码证、税务登记证。

为做好自由贸易试验区金融服务体系建设工作，提升金融服务效率和水平，促进贸易投融资便利化，扎实有效推进自由贸易试验区建设，《中国（河南）自由贸易试验区金融服务体系建设专项方案》提出了建立符合自由贸易试验区发展定位的金融机构体系、提供优质高效的金融服务、推进多元化的境内外融资、推动双向便利的跨境投资、建立法治化的金融风险防控机制的主要任务和措施。

为加快构建"两体系一枢纽"，充分发挥多式联运在服务自由贸易试验区建设中的支撑和引领作用，服务国家"一带一路"建设提供可复制、可推广的"河南方案"，《中国（河南）自由贸易试验区多式联运服务体系建设专项方案》提出了经过3~5年的努力，基本建成网络联通内外、运转顺畅高效、标准衔接协同、支撑保障有力的现代立体交通体系和现代物流体系，把河南打造成全国货物流通最快最好的多式联运国际性物流中心的总体目标以及优化完善国际通道网络、优化完善国内集疏网络、完善提升物流枢纽功能、创制多式联运标准规范、创新推广先进运输组织方式、组织实施"多式联运+"工程、加快信息开放共享、培育多式联运市场主体的主要任务和措施。

为深入贯彻习近平总书记关于科技创新重要论述和视察湖北重要讲话精神，鼓励和支持中国（湖北）自由贸易试验区“大胆试、大胆闯、自主改”，充分发挥湖北科教优势，以科技创新推动产业创新，塑造更多依靠创新驱动、更多发挥先发优势的引领型发展，推动湖北经济社会高质量发展，《湖北省人民政府关于在中国（湖北）自由贸易试验区试行进一步激发人才创新创业活力措施的意见》（鄂政函〔2020〕9号）提出了要推动高校院所向科技成果完成人让渡科技成果所有权、促进高校院所科研人员向服务企业创新一线流动、激励高校院所领导人员带头转化科技成果、设立支持科研人员创新创业的专项基金、对重点企业高端人才给予专项奖励。

为促进中国（陕西）自由贸易试验区知识产权保护工作，依法保障知识产权权利人和各类市场主体的合法权益，利用自由贸易试验区制度创新优势，推动知识产权纠纷多元化解决，优化自由贸易试验区知识产权保护环境，《中国（陕西）自由贸易试验区知识产权纠纷多元解决指导意见》提出了要充分发挥部门在知识产权纠纷多元解决机制建设中的引领、推动作用，建设职责明晰、运行规范的自由贸易试验区知识产权纠纷化解平台，畅通纠纷解决渠道，在引导当事人选择适当的纠纷解决方式，完善调解、仲裁、行政裁决与诉讼有机衔接、相互协调的知识产权纠纷多元解决机制等方面先行先试，为社会公众提供多样、便捷和高效的纠纷解决服务。

为贯彻党中央、国务院决策部署，落实《中国（海南）自由贸易试验区总体方案》，推进海南自由贸易试验区建设和发展，《关于在中国（海南）自由贸易试验区试点专项自由贸易试验区施行政策的通知》（商自贸函〔2019〕619号）提出了要提升投资贸易便利化水平、扩大金融领域开放、加快航运领域发展等方面适用于海南自由贸易试验区的政策内容。

为高标准高质量推进自由贸易试验区建设，深入推进政府职能转变，打造一流营商环境，《中国（广西）自由贸易试验区“一事通办”改革实施方案》提出了要推行“只进一扇门”和“一窗受理”集成服务、“一件事”套餐服务、“一表申请”整合服务，并建立政务服务事项集中统一管理机制、事项目录和实施清单规范化调整机制，围绕转变政府职能的要求，以为企业和群众办好“一件事”为标准，推进关联政务服务事项归并、整合，优化再造办事流程，通过“一门”“一窗”“一网”办好“一件事”，实现“一事通办”。

为大力推进国家服务业扩大开放综合示范区和中国（北京）自由贸易试验区建设，深入推进更高水平的对外开放，构建具有国际竞争力的引才用才机制，北京市人力资源和社会保障局、北京市人才工作局会同相关行业主管部门共同研究制定了《国家服务业扩大开放综合示范区和中国（北京）自由贸易试验区境外职业资格认可目录（1.0版）》（以下简称《目录》），通过提供便利化服务、强化支持保障、构建查询验证服务平台和建立《目录》动态调整机制，支持和鼓励持有《目录》内境外职业资格的专业人员在北京创新创业。

为贯彻落实《中国（安徽）自由贸易试验区总体方案》《中国（安徽）自由贸易试验区专项推进行动计划方案》，提升利用外资水平，促进安徽省股权投资市场发展，安徽省地方金融监督管理局、安徽省商务厅、安徽省市场监督管理局、国家外汇管理局安徽省分局、安徽证监局联合印发了《安徽省自贸试验区合格境外有限合伙人（QFLP）境内股权投资试点暂行办法》，提出了有外商投资股权投资企业管理和运作经验的境内私募股权、创业投资基金管理机构可在安徽自由贸易试验区范围内发起设立或受托管理外商投资股权投资企业等有关细则。

参考文献

[1] 白仲林，孙艳华，未哲. 自贸区设立政策的经济效应评价和区位选择研究[J]. 国际经贸探索，2020，36（8）：4-22.

[2] 宾建成. 积极借鉴亚洲主要自由贸易园区经验推进上海自贸试验区又快又好发展[J]. 国际贸易，2014（8）：54-59.

[3] 蔡之兵. 高质量发展的区域经济布局的形成路径：基于区域优势互补的视角[J]. 改革，2020（8）：132-146.

[4] 曹翔，张双龙，余升国. 自贸试验区的就业效应：虹吸还是辐射[J]. 当代财经，2020（11）：3-14.

[5] 常金玲，任照博. 河南自贸区信息协同平台建设研究[J]. 评价与管理，2017，15（3）：21-24，30.

[6] 常忠义. 区域创新创业政策支持体系研究[J]. 中国科技论坛，2008（6）：21-24，30.

[7] 陈晖. 世界自由贸易园区制度经验及其启示[J]. 竞争情报，2016，12（1）：50-58.

[8] 陈利强. 中国自由贸易试验区法治建构论[J]. 国际贸易问题，2017（1）：3-14.

[9] 陈林，邹经韬. 中国自由贸易区试点历程中的区位选择问题研究[J]. 经济学家，2018（6）：29-37.

[10] 陈奇星. 强化事中事后监管：上海自贸试验区的探索与思考[J]. 中国行政管理，2015（6）：25-28.

[11] 陈炜. 论我国自由贸易试验区差异化竞争与合作的立法保障[J]. 江汉论坛，2017（10）：117-122.

[12] 陈颖君，黄景贵. 鹿特丹自由贸易港发展经验及对海南自由贸易港的启示[J]. 中国经贸导刊，2021（5）：8-12.

[13] 陈宇翔，张潇潇. 习近平关于新时代对外开放的重要论述、实践及其重大价值 [J]. 马克思主义理论学科研究，2019，5（2）：95-107.

[14] 程波辉. 政府职能转变视域下自贸区营商环境评估：以 A 自贸区企业满意度测量为中心 [J]. 理论探讨，2021（5）：138-144.

[15] 程慧，张威. 中国自贸试验区法治建设展望 [J]. 国际贸易，2017（10）：26-29.

[16] 仇华飞，叶心明. 习近平对外开放战略理论与实践的继承和创新 [J]. 国外社会科学，2021（5）：4-12，156.

[17] 崔凡. 全球三大自由贸易港的发展经验及其启示 [J]. 人民论坛·学术前沿，2019（22）：48-53，158.

[18] 崔日明，陈永胜，李丹. 自贸试验区设立与区域经济增长：基于动力机制与空间带动效应的研究 [J]. 国际贸易问题，2021（11）：1-20.

[19] 戴秋燕. 中国自由贸易试验区知识产权保护浅探 [J]. 知识产权与市场竞争研究，2019（1）：183-198.

[20] 邓慧慧，赵家羚，赵晓坤. 自由贸易试验区助推产业升级的效果评估：基于产业技术复杂度视角 [J]. 国际商务，2020（5）：35-48.

[21] 邓明亮，尹礼汇，吴传清. 湖北自由贸易试验区联动发展研究 [J]. 长江大学学报（社会科学版），2021，44（1）：95-100.

[22] 丁国杰. 中国（上海）自由贸易区影响效应分析 [J]. 宏观经济管理，2014（6）：49-51.

[23] 丁宏. 新一轮自贸试验区制度创新的趋势与路径研究 [J]. 江苏社会科学，2020（4）：121-127，243-244.

[24] 丁松. 构建“一带一路”自由贸易区合作与治理机制的思考 [J]. 区域经济评论，2019（5）：104-109.

[25] 丁伟. 中国（上海）自由贸易试验区法制保障的探索与实践 [J]. 法学，2013（11）：107-115.

[26] 董梅艳，朱英明. 高铁建设能否重塑中国的经济空间布局：基于就业、工资和经济增长的区域异质性视角 [J]. 中国工业经济，2016（10）：92-108.

[27] 杜国臣，徐哲潇，尹政平. 我国自贸试验区建设的总体态势及未来重点发展方向［J］. 经济纵横，2020（2）：73-80.

[28] 杜永红. 内陆自贸区产业聚集对策研究：基于"一带一路"跨境电商视域［J］. 技术经济与管理研究，2020（8）：123-128.

[29] 敦志刚. 全球自由贸易园区的比较研究及对中国的借鉴［D］. 北京：中共中央党校，2016.

[30] 樊一帆. 新加坡自由港模式对中国（上海）自由贸易试验区的启示［D］. 天津：天津师范大学，2014.

[31] 方初. 我国自由贸易实验区政策制度体系创新策略研究［J］. 江苏社会科学，2021（6）：114-118.

[32] 方五一，陈小平，张尉，等. 论自由贸易试验区的金融布局：基于上海自贸区金改预期与实效差距的分析视角［J］. 福建金融，2015（5）：13-18.

[33] 方云龙，王博. 天津自由贸易试验区经济增长效应：机制检验与政策应对［J］. 商业研究，2020（5）：34-43.

[34] 方云龙. 自由贸易试验区建设促进了区域产业结构升级吗？来自沪津闽粤四大自贸区的经验证据［J］. 经济体制改革，2020（5）：178-185.

[35] 冯碧梅，陈芳芳. 福建自贸区对闽台经贸关系的影响［J］. 福建江夏学院学报，2016，6（3）：25-34.

[36] 冯辉，靳岩岩. 论我国自贸区金融监管法制的完善与创新［J］. 大连理工大学学报（社会科学版），2022（1）：1-9.

[37] 冯梦骐. 对我国内陆自由贸易港建设问题的思考［J］. 管理现代化，2019，39（1）：30-32.

[38] 冯敏. 金融创新下的服务贸易等项目对外支付便利化探索：基于上海自贸区非居民税收管理的实践与思考［J］. 纳税，2020，14（9）：18，20.

[39] 符正平. 探索自贸区差异化发展路径［J］. 人民论坛，2020（27）：23-25.

[40] 付亦重，杨嫣. 美国内陆自由贸易区监管模式及发展研究［J］. 国际经贸探索，2016，32（8）：53-63.

[41] 高娟，吕长红，周文平，等. 新加坡自由贸易园区运营的经验及启示［J］. 世界海运，2014，37（3）：4-6.

[42] 高新伟. 自由贸易区与城市空间共生发展关系研究［D］. 大连：大连理工大学，2020.

[43] 高增安，张鹏强，李肖萌. 境外典型内陆自贸区税收优惠政策比较研究[J]. 西南民族大学学报（人文社科版），2018，39（6）：142-148.

[44] 高自旺. 河北自贸区曹妃甸片区的发展定位、困境及对策研究[J]. 产业与科技论坛，2021，20（4）：18-19.

[45] 龚缘. 海南自贸区（港）建设的经验借鉴研究[J]. 现代商业，2021（32）：6-9.

[46] 郭德香. 中国（河南）自由贸易试验区法制建设问题研究[J]. 河南财经政法大学学报，2021，36（2）：41-49.

[47] 郭佳，杨慧瀛. 黑龙江自贸区跨境物流发展对策研究[J]. 商业经济，2020（10）：5-6，31.

[48] 哈肯，郭治安. 协同学的基本思想[J]. 科学，1990（1）：3-5，79.

[49] 韩剑. 新发展格局下上海自贸区的定位与担当[J]. 人民论坛，2020（27）：26-29.

[50] 韩民春，张燕玲. 中国内陆自由贸易试验区发展模式研究：基于国际比较视角[J]. 价格月刊，2018（2）：51-56.

[51] 韩晓梅. 马克思主义理论对形成全面开放新格局的启示[J]. 经济学家，2018（2）：5-11.

[52] 韩钰，苏庆义，白洁. 上海自贸区金融改革与开放的规则研究：阶段性评估与政策建议[J]. 国际金融研究，2020（8）：46-55.

[53] 杭州思诺博会展服务有限公司. 杰贝·阿里自由区投资必读[J]. 中国海关，2010（12）：46-47.

[54] 郝婷婷. 中国（四川）自由贸易试验区经济效应研究[D]. 贵阳：贵州财经大学，2019.

[55] 何骏. 上海自贸试验区对产业结构优化的影响[C] // 中国特色社会主义：实践探索与理论创新：纪念改革开放四十周年（上海市社会科学界第十六届学术年会文集），2018.

[56] 何树全，吴佳. 贸易自由化对资本要素流动的影响：来自上海自贸试验区的经验证据[J]. 现代经济探讨，2020（9）：46-53.

[57] 何枭吟，吕荣艳. 空港型自贸区发展趋势与我国内陆空港自贸区战略抉择[J]. 国际经济合作，2018（8）：52-59.

［58］贺德方，周华东，陈涛．我国科技创新政策体系建设主要进展及对政策方向的思考［J］．科研管理，2020，41（10）：81-88.

［59］洪联英，黄汝轩．上海自贸区的功能定位反思及其调整：基于平台经济理论框架的分析［J］．国际商务研究，2017，38（1）：54-64.

［60］胡凤乔．世界自由港演化与制度研究［D］．杭州：浙江大学，2016.

［61］胡浩．空间发展规划视角的自由贸易试验区审视：以中国（上海）自由贸易试验区九大板块协同发展为例［J］．规划师，2020，36（9）：29-34

［62］胡剑波，丁子格，宋光辉．内陆自由贸易园区发展的国际经验与启示［J］．经济体制改革，2014（5）：172-176.

［63］胡剑波．国外自由贸易园区发展离岸服务外包的经验及启示［J］．亚太经济，2015（2）：121-126.

［64］胡漠，马捷．信息协同视角下无边界化智慧政务推进机制研究［J］．情报资料工作，2019，40（1）：44-51.

［65］黄汇，翟鹏威．中国自贸区知识产权保护的挑战、思路与应对［J］．社会科学家，2019（6）：122-129.

［66］黄蕙萍，缪子菊，袁野，等．生产性服务业的全球价值链及其中国参与度［J］．管理世界，2020，36（9）：82-97.

［67］黄建忠，吴瑕．差异化试验下中国自贸试验区创新的研究：以临港新片区为例［J］．国际贸易，2020（10）：4-11.

［68］黄茂兴，王珍珍，余兴，等．中国（福建）自由贸易试验区发展报告2018—2019［M］．北京：社会科学文献出版社，2019.

［69］黄启才．自贸试验区设立促进外商直接投资增加了吗：基于合成控制法的研究［J］．宏观经济研究，2018（4）：85-96.

［70］黄启才．自由贸易试验区设立对地区经济发展的促进效应：基于合成控制法研究［J］．福建论坛（人文社会科学版），2018（9）：53-62.

［71］蒋硕亮，潘玉志．长江经济带城市群工业生态效率时空差异及影响因素分析［J］．统计与决策，2021，37（9）：51-54.

［72］靳曲彤．天津自贸区对京津冀经济辐射效应研究［D］．保定：河北大学，2019.

［73］康峰．激发市场活力需弘扬企业家精神［N］．经济日报，2021-04-30（10）.

［74］孔庆峰. 我国自贸区建设如何对标国际先进经验［J］. 人民论坛·学术前沿，2020（2）：65-71.

［75］匡增杰，孙浩. 上海自贸试验区国际贸易“单一窗口”建设研究［J］. 经济体制改革，2018（5）：73-77.

［76］赖庆晟，郭晓合. 上海自贸区扩容强化制度变迁辐射能力研究［J］. 技术经济与管理研究，2015（12）：127-131.

［77］赖庆晟. 我国从保税区到自由贸易试验区的渐进式扩大贸易开放路径研究［D］. 上海：华东师范大学，2016.

［78］赖伟娟，廖志明. 我国自贸试验区贸易便利化改革的实践经验与借鉴：以上海、广东、天津、福建自贸试验区为例［J］. 特区经济，2020（3）：78-81.

［79］郎丽华，冯雪. 自贸试验区促进了地区经济的平稳增长吗？基于数据包络分析和双重差分法的验证［J］. 经济问题探索，2020（4）：131-141.

［80］李成刚. 大数据发展助推实体经济提升实证研究：基于2013—2018年省级面板数据［J］. 贵州社会科学，2020（1）：132-141.

［81］李玫. 山东自贸区：面朝大海 春暖花开［J］. 山东国资，2019（9）：48-49.

［82］李光辉，王芮. 我国自贸区建设的成就与今后重点发展方向［J］. 国际贸易，2017（7）：4-6.

［83］李鸿阶. 世界自贸区发展趋势与福建自贸区建设选择［J］. 学术评论，2014（2）：37-43.

［84］李华. 美国自贸区实践对中国自由港建设的启示：兼论用“自由港+”引领我国新时代的自由港建设［J］. 对外经贸实务，2019（9）：21-24.

［85］李建忠，杨运涛. 论中国自由贸易试验区知识产权保护制度的完善：以上海自贸试验区为例［J］. 浙江理工大学学报（社会科学版），2019，42（6）：691-698.

［86］李莉娜. 国外自由贸易区发展的经验及其启示［J］. 价格月刊，2014（2）：47-54.

［87］李墨丝，彭羽，沈玉良. 中国（上海）自由贸易试验区：实现国家战略的可复制和可推广［J］. 国际贸易，2013（12）：4-11.

［88］李琼，吴小雨，成春林. 基于合成控制法的自由贸易试验区政策对金融开放的影响研究：以上海自贸区为例［J］. 金融理论与实践，2021（10）：34-44.

［89］李善民，史欣向. 高质量高标准建设自由贸易港的现实路径［J］. 人民论坛，2020（19）：58-61.

［90］李善民. 中国自贸区的发展历程及改革成就［J］. 人民论坛，2020（27）：12-15.

［91］李世杰，赵婷茹. 自贸试验区促进产业结构升级了吗？基于中国（上海）自贸试验区的实证分析［J］. 中央财经大学学报，2019（8）：118-128.

［92］李思敏. 自贸试验区：基本原理、中国实践与金融创新［J］. 南方金融，2016（6）：3-9.

［93］李香琪，易爱军，韩晓建，等. 自由贸易试验区知识产权保护和运用体系研究综述［J］. 大陆桥视野，2021（2）：37-38，43.

［94］李晓钟，叶昕. 自贸试验区对区域产业结构升级的政策效应研究［J］. 国际经济合作，2021（4）：46-53.

［95］李雪松，龚晓倩. 地区产业链、创新链的协同发展与全要素生产率［J］. 经济问题探索，2021（11）：30-44.

［96］李宜钊，叶熙. 海南自由贸易试验区政策发展评价：基于151件政策文本的量化分析［J］. 海南大学学报（人文社会科学版），2020，38（1）：43-51.

［97］李永华. 产业链 强链、补链，自主可控［J］. 中国经济周刊，2020（24）：21-23.

［98］李志勤. 高质量发展下自贸试验区创新发展思路：以四川自贸试验区为例［J］. 宏观经济管理，2021（2）：34-39.

［99］李子联，刘丹. 中国自由贸易试验区建设的"质量效应"研究［J］. 经济学家，2021（9）：58-68.

［100］林桂军. 从上海看自贸（试验）区服务业开放的定位和顺序［J］. 深圳大学学报（人文社会科学版），2015，32（6）：43-44.

［101］林昆勇，张海龄. 海南自贸区（港）建设背景下的广西创新发展：以推进北部湾城市群协同发展为导向［J］. 城市，2019（2）：45-52.

［102］林晓伟，李非. 福建自贸区建设现状及战略思考［J］. 国际贸易，2015（1）：11-14，35.

［103］刘彬，李麟. 自贸区金融创新机理研究：基于试错机制的视角［J］. 上海金融，2016（6）：40-44.

［104］刘秉镰，吕程. 自贸区对地区经济影响的差异性分析：基于合成控制法的比较研究［J］. 国际贸易问题，2018（3）：51-66.

[105] 刘翠，李金山. 天津自贸区金融创新对经济发展影响的实证分析 [J]. 产权导刊，2020 (9)：29-37.

[106] 刘刚. 上海自贸试验区营商环境优化研究 [D]. 上海：中共上海市委党校，2018.

[107] 刘海云. 以自贸试验区建设为契机推动京津冀协同发展：2020 京津冀协同发展参事研讨会综述 [J]. 经济与管理，2020，34 (6)：1-5.

[108] 刘贺. 从自贸区扩容看我国区域经济均衡发展路径 [J]. 经济问题探索，2018 (2)：67-74.

[109] 刘晶，杨珍增. 中国自由贸易试验区综合绩效评价指标体系研究 [J]. 亚太经济，2016 (3)：113-121.

[110] 刘帅帅. 美国自由贸易园区体制带来的启示 [J]. 中国商论，2016 (10)：120-122.

[111] 刘晓宁. 双循环新发展格局下自贸试验区创新发展的思路与路径选择 [J]. 理论学刊，2021 (5)：59-67.

[112] 刘晓宁. 中国自贸区战略实施的现状、效果、趋势及未来策略 [J]. 国际贸易，2020 (2)：16-23.

[113] 刘晔. 中国自由贸易区的制度创新路径分析：以河南自贸区为例 [J]. 管理学刊，2018，31 (3)：57-62.

[114] 刘一鸣，王艺明，刘志红. 自贸试验区的经济增长与外溢效应：基于改进的政策效应评估方法 [J]. 山东大学学报（哲学社会科学版），2020 (5)：118-130.

[115] 刘长松. 加快构建绿色低碳自贸园区 [J]. 中国发展观察，2017 (14)：18-21.

[116] 龙云安，张健，王雪梅. 科技创新支撑自贸区与长江上游地区协同发展：效应与模式 [J]. 科学管理研究，2019，37 (4)：92-97.

[117] 卢迪. 上海自由贸易试验区制度创新的演进过程与推进机制 [J]. 当代经济研究，2018 (2)：81-87.

[118] 陆夏. 世界自由贸易园区的历史沿革与现状 [J]. 政策，2016 (12)：36-37.

[119] 罗舟，胡尊国. 中国自贸试验区政策试点对地区外商直接投资的影响：基于双重差分法的验证 [J]. 财经理论与实践，2021，42 (2)：67-72.

[120] 吕颖. 国外自由贸易区的建设经验及对我国的启示：以美国对外贸易区为例 [J]. 工业经济论坛，2018，5 (3)：7-15.

[121] 毛艳华. 自贸试验区是新一轮改革开放的试验田 [J]. 经济学家, 2018 (12): 47-56.

[122] 孟广文, 刘函, 赵园园, 等. 巴拿马科隆自贸区的发展历程及启示 [J]. 地理科学, 2017, 37 (6): 876-884.

[123] 孟广文. 国际经验对海南自由贸易港规划建设的启示 [J]. 资源科学, 2021, 43 (2): 217-228.

[124] 孟茂倩. 对接"一带一路"的内在逻辑与推进策略: 以中国 (河南) 自由贸易试验区为例 [J]. 河南大学学报 (社会科学版), 2020, 60 (5): 52-57.

[125] 倪外. 国际先进自贸区核心竞争力构成及其启示研究 [J]. 世界地理研究, 2015, 24 (3): 126-133.

[126] 裴长洪, 陈丽芬. 中国 (上海) 自由贸易试验区功能扩区研究 [J]. 学习与实践, 2015 (2): 5-16.

[127] 裴长洪, 刘斌, 杨志远. 综合竞争合作优势: 中国制造业国际竞争力持久不衰的理论解释 [J]. 财贸经济, 2021, 42 (5): 14-30.

[128] 裴长洪, 刘洪愧. 习近平新时代对外开放思想的经济学分析 [J]. 经济研究, 2018, 53 (2): 4-19.

[129] 裴长洪. 中国特色开放型经济理论研究纲要 [J]. 经济研究, 2016, 51 (4): 14-29, 46.

[130] 彭羽, 杨作云. 自贸试验区建设带来区域辐射效应了吗: 基于长三角、珠三角和京津冀地区的实证研究 [J]. 国际贸易问题, 2020 (9): 65-80.

[131] 全毅, 张婷玉. 中国自由贸易试验区转型升级方向与发展路径 [J]. 经济学家, 2021 (10): 100-109.

[132] 上海财经大学自由贸易区研究院, 上海发展研究院. 全球 100 个自由贸易区概览 [M]. 上海: 上海财经大学出版社, 2013.

[133] 盛斌. 天津自贸区: 制度创新的综合试验田 [J]. 国际贸易, 2015 (1): 4-10.

[134] 盛朝迅. 推动实体经济向创新驱动转型的政策措施研究 [J]. 学习与实践, 2020 (2): 78-86.

[135] 施锦芳. 推进辽宁自贸试验区发展的战略思考 [J]. 国际贸易, 2017 (6): 34-37.

[136] 宋鹏霖, 李飞, 夏小娟. 对标新加坡提升自贸试验区贸易便利化的路径与思考: 以上海自贸试验区为例 [J]. 上海对外经贸大学学报, 2018, 25 (1): 59-66.

[137] 宋哲. RCEP：我国自贸区战略的理论深化、实践突破和工作启示 [J]. 国际税收，2021 (11)：23-29.

[138] 孙海波，陈健生. 内陆自贸区促进地区经济增长的宏观效应：基于合成控制法的四川实证 [J]. 财经科学，2021 (8)：119-132.

[139] 孙恒有，聂欢. 双循环新发展格局下中国自由贸易试验区体制机制创新的瓶颈与对策 [J]. 对外经贸实务，2021 (5)：10-13.

[140] 孙杨杰. 福建自由贸易试验区政府服务质量评估体系设计初探 [J]. 中共福建省委党校学报，2017 (8)：49-54.

[141] 孙元欣，郑春荣，牛志勇，等. 2021 中国自由贸易试验区发展研究报告：赋予自贸试验区更大改革自主权 [M]. 上海：格致出版社，上海人民出版社，2021.

[142] 陶立峰. 对标国际最高标准的自贸区负面清单实现路径：兼评 2018 年版自贸区负面清单的改进 [J]. 法学论坛，2018，33 (5)：145-152.

[143] 汪海. 沿海创新增长极引领中国经济转型升级 [J]. 现代经济探讨，2015 (4)：49-53.

[144] 汪文姣，戴荔珠，赵晓斌. 广东自贸区对粤港澳经济联系强度的影响效应评估：基于反事实分析法的研究 [J]. 国际经贸探索，2019，35 (11)：49-65.

[145] 王爱俭，方云龙. 双循环新发展格局视域下中国自由贸易试验区发展再定位：兼论中国经济高质量发展的自贸区改革路径 [J]. 现代经济探讨，2021 (11)：37-48.

[146] 王春雷，杨晓萌，金哲. 海南自贸试验区（自贸港）税收政策与制度安排的思考 [J]. 南海学刊，2019，5 (3)：42-52.

[147] 王得新. 自由贸易试验区创新发展的路径研究 [J]. 区域经济评论，2018 (6)：71-77.

[148] 王方宏. 我国自贸试验区“十三五”发展和“十四五”展望 [J]. 海南金融，2020 (9)：22-31.

[149] 王冠凤. 长江经济带高端服务业创新发展研究：基于供给侧改革的视角 [J]. 上海经济，2021 (2)：42-55.

[150] 王洪. 我国自由贸易试验区发展比较分析及提升对策 [J]. 天津师范大学学报（社会科学版），2017 (3)：67-74.

[151] 王家庭，张换兆. 国家综合配套改革试验区：制度内生增长极模型的解释 [J]. 社会科学辑刊，2009 (1)：85-89.

[152] 王江，吴莉. 中国自贸试验区贸易投资便利化指标体系构建 [J]. 统计与决策，2018，34 (22)：65-67.

[153] 王杰宁. 国外自贸园区比较研究 [D]. 沈阳：辽宁大学，2018.

[154] 王昆强，唐蒙，成睿熙，等. 海南自贸区科技创新战略路径解析与管理对策 [J]. 科学管理研究，2021，39 (1)：90-95.

[155] 王力. 自贸试验区发展应与国家重大区域战略实现对接 [J]. 银行家，2019 (11)：34-38.

[156] 王丽娅，裴珊，李世杰. 自贸试验区金融开放优化区域产业结构了吗？来自上海周边城市群的面板数据考察 [J]. 海南大学学报（人文社会科学版），2022，40 (3)：58-67.

[157] 王敏. 浅谈区域创新创业政策支持体系 [J]. 东方企业文化，2015 (15)：240.

[158] 王庆德，李海波，吴欣哲. 广西自贸区创新实践：打造中国东盟开放合作先行示范区 [J]. 中国经贸导刊，2020 (5)：18-22.

[159] 王胜，康拜英，韩佳，等. 新加坡自贸港发展策略探析 [J]. 今日海南，2018 (5)：30-33.

[160] 王受文. 推进自由贸易试验区建设彰显改革开放试验田作用 [J]. 时事报告，2017 (5)：66-81.

[161] 王铁山，裴兵兵. 自贸试验区：推动陕西经济高质量发展 [J]. 国际经济合作，2019 (2)：125-133.

[162] 王晓辉. 国外自由贸易区发展经验及对我国的启示 [J]. 价格月刊，2017 (2)：86-89.

[163] 王孝松，张国旺，周爱农. 上海自贸区的运行基础、比较分析与发展前景 [J]. 经济与管理研究，2014 (7)：52-64.

[164] 王亚飞，张毅. 自贸区设立对城市全要素生产率的影响研究：兼论资本错配的中介效应和产业集聚的调节作用 [J]. 软科学，2021，35 (11)：52-57.

[165] 王瑗媛. 上海自贸区设立背景及发展现状分析 [J]. 物流科技，2018，41 (8)：124-125.

[166] 王喆，和军. "双循环"视角下自由贸易试验区创新发展研究 [J]. 中国特色社会主义研究，2021 (5)：47-56.

[167] 王珍珍，甘雨娇. 贸易监管制度创新：四地自贸试验区建设的经验总结及路径探索：基于贸易通关便利化视角 [J]. 全球化，2017 (9)：100-112，136.

[168] 王珍珍. 四地自贸试验区建设的比较研究：共性、个性及着力点 [J]. 东南学术，2015 (5)：96-103，248.

[169] 韦倩青，苏宣云，黄英嫚. 中国自贸试验区投资环境改善的效果评价研究 [J]. 市场论坛，2021 (8)：15-23.

[170] 翁智妍，徐丽华. 陕西自贸试验区发展绩效评价研究 [J]. 新西部，2019 (34)：85-89.

[171] 吴传清，董旭. 新发展理念与中国区域经济学科创新发展研究 [J]. 新疆师范大学学报（哲学社会科学版），2018，39 (1)：84-91.

[172] 吴国誉. 中国区域信息化研究述评 [J]. 商业经济研究，2016 (7)：199-202.

[173] 吴挺可，黄亚平. 自由贸易试验区产业功能与空间布局研究：以襄阳自由贸易试验区为例 [J]. 现代城市研究，2019 (2)：86-93，116.

[174] 吴兆春. 粤港澳大湾区战略下广州建设国际科技创新中心的对策研究：聚集高端创新要素的视角 [J]. 社科纵横，2020，35 (1)：45-49.

[175] 谢丽彬，李民. 自贸试验区创新绩效评价指标体系研究 [J]. 广西民族师范学院学报，2016 (6)：72-75.

[176] 徐静，王谢勇. 我国自由贸易试验区：研究回顾、发展现状及展望 [J]. 大连大学学报，2018，39 (1)：124-131.

[177] 徐明棋. 上海自由贸易试验区金融改革开放与人民币国际化 [J]. 世界经济研究，2016 (5)：3-10，134.

[178] 徐越倩，李拓. 浙江自贸试验区营商环境评估与优化 [J]. 观察与思考，2019 (8)：68-76.

[179] 许培源，罗琴秀. "一带一路" 自由贸易区网络构建及其经济效应模拟 [J]. 国际经贸探索，2020，36 (12)：4-19.

[180] 雅玲. 上海自由贸易试验区综合绩效评价指标体系研究 [J]. 现代商业，2021 (14)：68-71.

[181] 杨剑，张威，张丹. 制度型开放注意力配置研究：基于自贸试验区方案文本 [J]. 国际经济合作，2021 (3)：50-58.

[182] 杨立卓. 重庆自贸区的建设基础、功能定位和发展策略：与上海自贸区的比较研究 [J]. 西部论坛，2018，28 (4)：106-115.

[183] 杨梦莎. 自贸园区与自由贸易协定协同法律制度研究 [J]. 河北法学, 2019, 37 (2): 100-109.

[184] 杨荣. 自由贸易园区的区位选择模式研究 [D]. 上海: 华东师范大学, 2016.

[185] 杨胜群. 邓小平对中国特色社会主义理论与实践的开创性贡献 [J]. 党的文献, 2021 (4): 89-98.

[186] 杨晓娟, 马文琼, 赵柏伊. 中国自由贸易试验区发展态势与规划方法研究 [J]. 规划师, 2020, 36 (9): 5-12, 40.

[187] 杨艳红, 胡加琪. 上海自贸试验区经济溢出效应的量化分析: 基于贸易转移效应视角简 [J]. 湖北经济学院学报, 2018, 16 (2): 22-31.

[188] 杨志远, 谭文君, 张廷海. 中国 (上海) 自由贸易试验区服务业开放研究 [J]. 经济学动态, 2013 (11): 58-67.

[189] 仰炬, 唐莹. 中国 (上海) 自由贸易试验区金融创新研究 [J]. 国际商务研究, 2014, 35 (3): 38-44, 67.

[190] 叶欣, 程慧, 张丹, 等. 关于中国自由贸易试验区建设的思考 [J]. 国际贸易, 2015 (11): 13-20.

[191] 叶修群. 中国自由贸易园区 (FTZ) 经济效应研究 [D]. 上海: 华东师范大学, 2018.

[192] 叶永霞. 内陆自贸试验区产业发展差异化建设研究 [J]. 价值工程, 2020, 39 (15): 81-82.

[193] 佚名. 西半球最大自由贸易区: 科隆自贸区 [J]. 中国远洋航务, 2016 (7): 37-38.

[194] 殷华, 高维和. 自由贸易试验区产生了“制度红利”效应吗? 来自上海自贸区的证据 [J]. 财经研究, 2017, 43 (2): 48-59.

[195] 余颖丰. 化解改革瓶颈: 关于上海自贸试验区金融改革思考及政策建议 [J]. 经济学动态, 2013 (11): 76-81.

[196] 张汉林, 盖新哲. 自由贸易区来龙去脉、功能定位与或然战略 [J]. 改革, 2013 (9): 98-105.

[197] 张建鹏, 黄菁. 新加坡经验对上海自贸区建设的启示 [J]. 新金融, 2014 (3): 38-41.

[198] 张建平，韩旭. 把握“成都优势”全面建设四川自贸区 [J]. 先锋，2016 (12)：22-24.

[199] 张金杰. 中国自贸区的战略布局与发展重点 [J]. 人民论坛，2020 (27)：20-22.

[200] 张娟. 迪拜杰贝·阿里自由贸易区 (JAFZA) 解密 [J]. 国际市场，2014 (5)：37-40.

[201] 张明生. 迪拜多样化经济发展研究 [D]. 北京：北京外国语大学，2015.

[202] 张时立，虞阳，武祥琦. 中美自贸区空间布局比较研究 [J]. 世界地理研究，2016，25 (1)：49-58，74.

[203] 张威. 创新发展的中国自由贸易试验区 [J]. 国际经济合作，2021 (1)：4-11.

[204] 张向先，国佳，马捷. 企业信息生态系统的信息协同模式研究 [J]. 情报理论与实践，2010，33 (4)：10-13.

[205] 张鑫，杨兰品. 沿海、内陆、沿边自贸试验区开放优势特色与协同开放研究 [J]. 经济体制改革，2021 (3)：59-64.

[206] 张怡. 中国自由贸易试验区制度创新研究 [D]. 长春：吉林大学，2018.

[207] 张云开，马捷，张子钊，等. 面向智慧政务的政府信息协同网络结构与测度研究 [J]. 情报科学，2021，39 (4)：165-173.

[208] 赵爱玲. 自贸区发展路径正凸显差异化 [J]. 中国对外贸易，2019 (2)：18-19.

[209] 赵亮. 自贸试验区是否助力了东北地区工业振兴? 来自辽宁自贸试验区的反事实证据 [J]. 企业经济，2020，39 (4)：138-146.

[210] 赵亮. 自贸试验区驱动区域产业结构升级的机理探讨 [J]. 经济体制改革，2021 (3)：122-127.

[211] 赵杨，郭明晶. 分布式信息资源协同配置机制研究 [J]. 图书情报工作，2008 (6)：71-74，123.

[212] 赵玉华. 中国社会主义对外开放思想发展研究 [D]. 兰州：兰州大学，2019.

[213] 赵忠秀，胡旭东，刘鲁浩. 我国自贸试验区建设中的地方特色特征研究 [J]. 国际贸易，2021 (1)：4-9.

[214] 郑燕，殷功利. 新加坡模式的经验及其对上海自贸区建设启示 [J]. 商业经济研究，2015 (10)：38-39.

[215] 郑展鹏，曹玉平，刘志彪. 我国自由贸易试验区制度创新的认识误区及现实困境［J］. 经济体制改革，2019（6）：53-59.

[216] 支宇鹏，黄立群，陈乔. 自由贸易试验区建设与地区产业结构转型升级：基于中国286个城市面板数据的实证分析［J］. 南方经济，2021（4）：37-54.

[217] 致公党中央调研组，曹鸿鸣，郑业鹭，等. 关于推动生态文明试验区与自由贸易港建设的调研思考［J］. 中国发展，2021，21（2）：83-88.

[218] 周念利，姚亭亭. 中国自由贸易试验区推进数据跨境流动的现状、难点及对策分析［J］. 国际商务研究，2021，42（3）：3-13.

[219] 周璇，陶长琪. 创新要素集聚、制度质量与产业结构高端化［J］. 数量经济研究，2021，12（4）：127-151.

[220] 朱福林. 世界现代自由贸易港现状、发展趋势与经验借鉴［J］. 兰州学刊，2018（11）：144-153.

[221] 朱福林. 自由贸易港建设的国际镜鉴［J］. 改革，2018（8）：113-119.

[222] 朱福林. 中国自由贸易试验区发展脉络、主要成效及高质量发展对策［J］. 北京工商大学学报（社会科学版），2021，36（3）：14-22，49.

[223] 朱孟楠，陈冲，朱慧君. 从自贸区迈向自由贸易港：国际比较与中国的选择：兼析厦门自由贸易港建设［J］. 金融论坛，2018，23（5）：3-12.

[224] 朱薇. 牢牢把握海南自贸港的国家战略定位：专访复旦大学上海自贸区综合研究院研究员张湧［J］. 今日海南，2020（10）：51-53.

[225] 朱文龙. 新加坡自由贸易园区建设及对我国自由贸易试验区的启示［J］. 国别和区域研究，2019，4（2）：150-171.

附录

附表 1　2008—2019 年上海三次产业结构变化数据

指标	2008	2009	2010	2011	2012	2013	2014	2015	2016	2017	2018	2019
第一产业增加值占地区生产总值比重/%	0. 82	0. 76	0. 66	0. 65	0. 63	0. 6	0. 53	0. 44	0. 39	0. 36	0. 32	0. 27
第二产业增加值占地区生产总值比重/%	45. 52	39. 88	42. 05	41. 3	38. 92	37. 16	34. 66	31. 81	29. 83	30. 46	29. 78	26. 99
第三产业增加值占地区生产总值比重/%	53. 66	59. 36	57. 28	58. 05	60. 45	62. 24	64. 82	67. 76	69. 78	69. 18	69. 9	72. 73

数据来源：国家统计局。数据计算四舍五入，下同。

附表 2　2008—2019 年上海年末金融机构各项贷款余额和地区生产总值

指标	2008	2009	2010	2011	2012	2013	2014	2015	2016	2017	2018	2019
上海地区生产总值/亿元	13 698. 15	15 046. 45	17 165. 98	19 195. 69	20 181. 72	21 602. 12	23 567. 7	25 123. 45	28 178. 65	30 632. 99	32 679. 87	38 156
上海年末金融机构各项贷款余额/亿元	24 166. 12	29 684. 1	16 249. 29	37 196. 79	36 485. 9	44 357. 88	47 915. 81	53 387. 21	53 985. 1	61 188. 87	67 567. 94	73 823. 66

数据来源：国家统计局。

附表 3　2011—2020 年我国普通高等学校在校学生人数数量排名前十的省份数据

单位：人

省份	2011	2012	2013	2014	2015	2016	2017	2018	2019	2020	2011—2020 年普通高等学校在校人数总数
山东省	1 645 589	1 658 490	1 698 545	1 796 665	1 900 612	1 995 880	2 015 345	2 040 793	2 183 944	2 291 483	19 227 346
河南省	1 500 142	1 559 025	1 618 320	1 679 744	1 766 869	1 874 752	2 004 662	2 140 780	2 319 653	2 492 185	18 956 132
广东省	1 527 254	1 616 838	1 709 881	1 794 188	1 856 355	1 892 878	1 925 775	1 963 170	2 053 977	2 400 227	18 740 543
江苏省	1 659 415	1 671 173	1 684 455	1 698 636	1 715 749	1 745 847	1 767 877	1 806 277	1 874 084	2 014 698	17 638 211
湖北省	1 340 298	1 386 086	1 421 434	1 419 699	1 410 567	1 401 840	1 400 918	1 438 242	1 500 819	1 616 873	14 336 776
四川省	1 139 316	1 223 680	1 270 818	1 328 329	1 387 889	1 446 559	1 499 715	1 564 710	1 661 737	1 800 903	14 323 656
河北省	1 149 252	1 168 796	1 174 374	1 164 341	1 179 172	1 216 096	1 268 873	1 342 631	1 473 971	1 604 798	12 742 304
湖南省	1 067 852	1 082 235	1 100 770	1 136 302	1 180 643	1 225 016	1 273 208	1 326 828	1 407 108	1 510 332	12 310 294
安徽省	991 267	1 023 033	1 052 123	1 080 545	1 130 748	1 145 007	1 147 401	1 139 112	1 241 151	1 368 465	11 318 852
陕西省	964 773	1 026 254	1 077 627	1 099 613	1 099 693	1 076 254	1 069 374	1 054 808	1 121 990	1 210 048	10 800 434

数据来源：国家统计局。

附表 4　2011—2020 年我国专利授权数量排名前十的省份数据

单位：万件

省份	2011	2012	2013	2014	2015	2016	2017	2018	2019	2020	2011—2020 年专利申请数量总数
广东省	128 413	153 598	170 430	179 953	241 176	259 032	332 652	478 082	527 390	709 725	3 180 451
江苏省	199 814	269 944	239 645	200 032	250 290	231 033	227 187	306 996	314 395	499 167	2 738 503
浙江省	130 190	188 463	202 350	188 544	234 983	221 456	213 805	284 621	285 342	391 700	2 341 454
山东省	58 844	75 496	76 976	72 818	98 101	98 093	100 522	132 382	146 481	238 778	1 098 491

附表4（续）

省份	2011	2012	2013	2014	2015	2016	2017	2018	2019	2020	2011—2020 年专利申请数量总数
北京市	40 888	50 511	62 671	74 661	94 031	100 578	106 948	123 496	131 716	162 824	948 324
上海市	47 960	51 508	48 680	50 488	60 623	64 230	72 806	92 460	100 587	139 780	729 122
福建省	21 857	30 497	37 511	37 857	61 621	67 142	68 304	102 622	98 955	145 928	672 294
安徽省	32 681	43 321	48 849	48 380	59 039	60 983	58 213	79 747	82 524	119 696	633 433
四川省	28 446	42 218	46 171	47 120	64 953	62 445	64 006	87 372	82 066	108 386	633 183
河南省	19 259	26 791	29 482	33 366	47 766	49 145	55 407	82 318	86 247	122 809	552 590

数据来源：国家统计局。

附表 5　Logit 模型和 Probit 模型回归结果数据

省份	年份	FTZ 是否为自由易贸试验区	Secindu 第二产业增加值占地区生产总值的比重/%	Sea 是否为沿海省份	One 是否为“一带一路”沿线省份	Pergdp 人均地区生产总值/元	Sale 社会消费品零售总额/亿元	Book 总藏量/千册	NX 进出口贸易总额/万美元	Road 公路客运量/万人	Student 在校学生数/人	Inv 专利授权数/件
北京市	2008	0	25. 7	0	0	63 029. 0	4 645. 5	14 031. 0	9 504 137. 0	117 118. 0	585 624. 0	17 747. 0
北京市	2009	0	23. 5	0	0	70 452. 0	5 309. 9	15 887. 8	8 708 705. 0	121 373. 0	586 685. 0	22 921. 0
北京市	2010	0	24. 0	0	0	75 943. 0	6 229. 3	17 154. 0	11 069 440. 0	126 130. 0	587 106. 0	33 511. 0
北京市	2011	0	23. 1	0	0	81 658. 0	6 900. 3	19 120. 0	12 930 059. 0	129 918. 0	587 887. 0	40 888. 0
北京市	2012	0	22. 7	0	0	87 475. 0	7 702. 8	20 830. 0	12 866 591. 0	132 333. 0	591 243. 0	50 511. 0
北京市	2013	0	22. 3	0	0	93 213. 0	8 375. 1	20 720. 0	13 156 078. 0	52 481. 0	598 904. 0	62 671. 0
北京市	2014	0	21. 3	0	0	99 995. 0	9 638. 0	22 233. 4	14 311 066. 0	52 354. 1	604 578. 0	74 661. 0

附表5(续1)

省份	年份	FTZ 是否为自由易贸试验区	Secindu 第二产业增加值占地区生产总值的比重/%	Sea 是否为沿海省份	One 是否为“一带一路”沿线省份	Pergdp 人均地区生产总值/元	Sale 社会消费品零售总额/亿元	Book 总藏量/千册	NX 进出口贸易总额/万美元	Road 公路客运量/万人	Student 在校学生数/人	Inv 专利授权数/件
北京市	2015	0	19.7	0	0	106 497.0	10 338.0	24 245.0	13 077 543.8	49 931.0	603 557.0	94 031.0
北京市	2016	0	19.3	0	0	118 198.0	11 005.1	25 943.8	12 232 232.1	48 040.4	599 188.0	100 578.0
北京市	2017	0	19.0	0	0	128 927.0	11 575.4	27 591.5	12 158 650.9	44 940.1	592 878.0	106 948.0
北京市	2018	0	18.6	0	0	140 211.2	11 747.7	28 764.3	12 741 859.7	44 577.2	594 933.0	123 496.0
北京市	2019	0	16.2	0	0	164 220.0	15 063.7	30 123.1	11 227 627.3	48 151.4	601 545.0	131 716.0
天津市	2008	0	60.1	1	0	55 473.0	2 078.7	11 067.0	8 690 306.0	20 850.0	386 437.0	6 790.0
天津市	2009	0	53.0	1	0	62 574.0	2 430.8	11 587.2	7 203 488.0	21 090.0	405 968.0	7 404.0
天津市	2010	0	52.5	1	0	72 994.0	2 902.6	12 583.0	9 161 184.0	21 883.0	429 224.0	11 006.0
天津市	2011	0	52.4	1	0	85 213.0	3 395.1	13 540.0	11 167 988.0	22 054.0	449 702.0	13 982.0
天津市	2012	0	51.7	1	0	93 173.0	3 921.4	14 690.0	12 284 792.0	24 483.0	473 114.0	19 782.0
天津市	2013	0	50.6	1	0	99 607.0	4 470.4	14 740.0	13 460 007.0	14 556.0	489 919.0	24 856.0
天津市	2014	0	49.2	1	0	105 231.0	4 738.7	15 980.9	14 442 068.0	14 530.0	505 795.0	26 351.0
天津市	2015	1	46.6	1	0	107 960.1	5 257.3	16 969.3	11 896 003.4	14 219.0	512 854.0	37 342.0
天津市	2016	1	42.3	1	0	115 053.0	5 635.8	18 060.9	10 697 369.4	13 741.0	513 842.0	39 734.0
天津市	2017	1	40.9	1	0	119 238.0	5 729.7	16 621.4	12 171 478.6	12 538.0	514 669.0	41 675.0
天津市	2018	1	40.5	1	0	120 710.8	5 533.0	18 672.9	14 174 115.3	12 259.5	523 349.0	54 680.0
天津市	2019	1	35.2	1	0	90 370.6	4 218.2	20 992.1	13 636 901.1	12 205.9	539 366.0	57 799.0
河北省	2008	0	54.2	1	0	23 239.0	4 991.1	14 505.0	5 088 479.0	66 242.0	1 000 033.0	5 496.0

附表5（续2）

省份	年份	FTZ 是否为自由易贸试验区	Secindu 第二产业增加值占地区生产总值的比重/%	Sea 是否为沿海省份	One 是否为“一带一路”沿线省份	Pergdp 人均地区生产总值/元	Sale 社会消费品零售总额/亿元	Book 总藏量/千册	NX 进出口贸易总额/万美元	Road 公路客运量/万人	Student 在校学生数/人	Inv 专利授权数/件
河北省	2009	0	52. 0	1	0	24 581. 0	5 764. 9	15 492. 1	4 026 728. 0	70 579. 0	1 060 450. 0	6 839. 0
河北省	2010	0	52. 5	1	0	28 668. 0	6 821. 8	16 109. 0	6 205 240. 0	83 289. 0	1 105 118. 0	10 061. 0
河北省	2011	0	53. 5	1	0	33 969. 0	8 035. 5	17 390. 0	8 415 023. 0	91 857. 0	1 149 252. 0	11 119. 0
河北省	2012	0	52. 7	1	0	36 584. 0	3 921. 4	19 350. 0	8 228 900. 0	97 218. 0	1 168 796. 0	15 315. 0
河北省	2013	0	52. 2	1	0	38 716. 0	10 516. 7	19 370. 0	9 021 936. 0	52 956. 0	1 174 374. 0	18 186. 0
河北省	2014	0	51. 0	1	0	39 984. 0	11 820. 5	21 047. 8	9 426 876. 0	51 150. 8	1 164 341. 0	20 132. 0
河北省	2015	0	48. 3	1	0	40 255. 0	12 990. 7	21 998. 3	8 024 918. 6	43 563. 0	1 179 172. 0	30 130. 0
河北省	2016	0	47. 6	1	0	43 062. 0	14 364. 7	23 399. 3	7 499 145. 5	39 925. 1	1 216 096. 0	31 826. 0
河北省	2017	0	46. 6	1	0	47 985. 0	15 907. 6	25 468. 9	8 146 225. 5	38 494. 0	1 268 873. 0	35 348. 0
河北省	2018	0	44. 5	1	0	47 772. 2	16 537. 1	27 174. 7	8 747 074. 5	35 132. 6	1 342 631. 0	51 894. 0
河北省	2019	1	38. 7	1	0	46 347. 9	12 985. 5	30 635. 9	9 472 511. 2	31 718. 7	1 473 971. 0	57 809. 0
山西省	2008	0	61. 5	0	0	20 398. 0	2 421. 1	11 015. 0	2 019 298. 0	31 397. 0	526 756. 0	2 279. 0
山西省	2009	0	54. 3	0	0	21 522. 0	2 809. 0	11 764. 2	932 262. 0	31 122. 0	547 391. 0	3 227. 0
山西省	2010	0	56. 9	0	0	26 283. 0	3 318. 2	12 079. 0	1 385 985. 0	32 606. 0	562 924. 0	4 752. 0
山西省	2011	0	59. 0	0	0	31 357. 0	3 903. 4	13 200. 0	1 622 226. 0	32 866. 0	594 469. 0	4 974. 0
山西省	2012	0	55. 6	0	0	33 628. 0	4 506. 8	14 620. 0	1 659 174. 0	33 662. 0	637 330. 0	7 196. 0
山西省	2013	0	53. 9	0	0	34 813. 0	5 139. 3	14 660. 0	1 716 093. 0	28 487. 0	676 817. 0	8 565. 0
山西省	2014	0	49. 3	0	0	35 070. 0	5 717. 9	14 717. 5	1 851 160. 0	27 090. 9	713 218. 0	8 371. 0

附表5(续3)

省份	年份	FTZ 是否为自由易贸试验区	Secindu 第二产业增加值占地区生产总值的比重/%	Sea 是否为沿海省份	One 是否为“一带一路”沿线省份	Pergdp 人均地区生产总值/元	Sale 社会消费品零售总额/亿元	Book 总藏量/千册	NX 进出口贸易总额/万美元	Road 公路客运量/万人	Student 在校学生数/人	Inv 专利授权数/件
山西省	2015	0	40.7	0	0	34 918.7	6 033.7	15 484.6	1 744 690.9	22 085.0	740 245.0	10 020.0
山西省	2016	0	38.5	0	0	35 532.0	6 480.5	17 271.4	1 883 934.2	18 701.9	756 287.0	10 062.0
山西省	2017	0	43.7	0	0	40 557.0	6 918.1	17 511.9	2 075 406.4	17 333.0	762 974.0	11 311.0
山西省	2018	0	42.2	0	0	45 328.0	7 338.5	18 599.2	2 465 025.6	15 718.9	765 580.0	15 060.0
山西省	2019	0	43.8	0	0	45 724.0	7 030.5	20 262.2	2 285 796.0	14 010.0	802 005.0	16 598.0
内蒙古自治区	2008	0	55.0	0	1	32 214.0	2 463.0	8 311.0	1 043 351.0	16 207.0	316 700.0	1 328.0
内蒙古自治区	2009	0	52.5	0	1	40 282.0	2 855.3	8 704.0	946 371.0	17 998.0	351 928.0	1 494.0
内蒙古自治区	2010	0	54.6	0	1	47 347.0	3 384.0	9 400.0	1 168 203.0	19 830.0	371 388.0	2 096.0
内蒙古自治区	2011	0	56.0	0	1	57 974.0	3 991.7	10 980.0	1 482 340.0	21 807.0	384 440.0	2 262.0
内蒙古自治区	2012	0	55.4	0	1	63 886.0	4 572.5	12 100.0	1 396 918.0	23 310.0	391 434.0	3 084.0
内蒙古自治区	2013	0	54.0	0	1	67 498.0	5 114.2	13 250.0	1 438 946.0	16 184.0	399 201.0	3 836.0
内蒙古自治区	2014	0	51.3	0	1	71 046.0	5 657.6	14 486.6	1 529 478.0	13 494.3	406 414.0	4 031.0
内蒙古自治区	2015	0	50.5	0	1	71 100.5	6 107.7	15 133.8	1 390 605.4	11 017.0	420 807.0	5 522.0
内蒙古自治区	2016	0	47.2	0	1	72 064.0	6 700.8	17 038.7	1 322 471.8	10 347.0	436 699.0	5 846.0
内蒙古自治区	2017	0	39.8	0	1	63 786.0	7 160.2	17 868.6	1 586 193.6	9 421.0	448 092.0	6 271.0
内蒙古自治区	2018	0	39.4	0	1	68 302.0	7 311.1	19 040.9	1 983 485.1	7 822.5	455 284.0	9 625.0
内蒙古自治区	2019	0	39.6	0	1	67 852.1	5 051.1	19 959.6	2 012 119.2	6 518.4	472 033.0	11 059.0
辽宁省	2008	0	55.8	1	1	31 259.0	5 032.4	25 844.0	8 216 385.0	77 510.0	820 374.0	10 665.0

附表5（续4）

省份	年份	FTZ 是否为自由贸易试验区	Secindu 第二产业增加值占地区生产总值的比重/%	Sea 是否为沿海省份	One 是否为“一带一路”沿线省份	Pergdp 人均地区生产总值/元	Sale 社会消费品零售总额/亿元	Book 总藏量/千册	NX 进出口贸易总额/万美元	Road 公路客运量/万人	Student 在校学生数/人	Inv 专利授权数/件
辽宁省	2009	0	52. 0	1	1	35 239. 0	5 812. 6	27 848. 6	6 984 732. 0	81 585. 0	852 467. 0	12 198. 0
辽宁省	2010	0	54. 1	1	1	42 355. 0	6 887. 6	29 533. 0	9 529 180. 0	87 699. 0	880 247. 0	17 093. 0
辽宁省	2011	0	54. 7	1	1	50 760. 0	8 095. 3	30 930. 0	11 295 144. 0	86 013. 0	902 231. 0	19 176. 0
辽宁省	2012	0	53. 2	1	1	56 649. 0	9 346. 6	34 710. 0	11 833 784. 0	90 650. 0	934 078. 0	21 223. 0
辽宁省	2013	0	52. 7	1	1	61 686. 0	10 581. 4	33 550. 0	12 136 051. 0	78 168. 0	968 034. 0	21 656. 0
辽宁省	2014	0	50. 2	1	1	65 201. 0	11 857. 0	35 629. 5	12 538 878. 0	80 789. 0	998 281. 0	19 525. 0
辽宁省	2015	0	45. 5	1	1	65 354. 4	12 787. 2	37 362. 9	10 707 318. 7	60 269. 0	1 005 650. 0	25 182. 0
辽宁省	2016	0	38. 7	1	1	50 791. 0	13 414. 1	39 287. 0	9 612 824. 0	59 054. 0	998 719. 0	25 104. 0
辽宁省	2017	1	39. 3	1	1	54 745. 0	13 807. 2	39 640. 1	11 224 268. 6	57 665. 0	980 995. 0	26 495. 0
辽宁省	2018	1	39. 6	1	1	58 007. 5	14 142. 8	41 751. 7	13 407 557. 6	56 355. 0	963 208. 0	35 149. 0
辽宁省	2019	1	38. 3	1	1	57 191. 0	9 670. 6	43 950. 9	13 383 700. 7	54 599. 0	1 041 144. 0	40 037. 0
吉林省	2008	0	47. 7	0	1	23 514. 0	2 549. 2	13 454. 0	1 362 256. 0	50 511. 0	504 084. 0	2 984. 0
吉林省	2009	0	48. 7	0	1	26 595. 0	2 957. 3	13 384. 1	1 188 309. 0	52 723. 0	530 975. 0	3 275. 0
吉林省	2010	0	52. 0	0	1	31 599. 0	3 504. 9	13 802. 0	1 702 313. 0	58 577. 0	544 392. 0	4 343. 0
吉林省	2011	0	53. 1	0	1	38 460. 0	4 119. 8	15 750. 0	2 305 211. 0	61 830. 0	562 831. 0	4 920. 0
吉林省	2012	0	53. 4	0	1	43 415. 0	4 772. 9	17 100. 0	2 447 836. 0	66 175. 0	578 953. 0	5 930. 0
吉林省	2013	0	52. 8	0	1	47 191. 0	5 426. 4	15 970. 0	2 519 066. 0	27 403. 0	599 526. 0	6 219. 0
吉林省	2014	0	52. 8	0	1	50 160. 0	6 080. 9	16 622. 0	2 703 680. 0	27 866. 0	618 273. 0	6 696. 0

附表5(续5)

省份	年份	FTZ 是否为自由易贸试验区	Secindu 第二产业增加值占地区生产总值的比重/%	Sea 是否为沿海省份	One 是否为“一带一路”沿线省份	Pergdp 人均地区生产总值/元	Sale 社会消费品零售总额/亿元	Book 总藏量/千册	NX 进出口贸易总额/万美元	Road 公路客运量/万人	Student 在校学生数/人	Inv 专利授权数/件
吉林省	2015	0	49.8	0	1	51 086.0	6 651.9	17 680.3	1 997 889.0	29 013.0	632 723.0	8 878.0
吉林省	2016	0	47.4	0	1	53 868.0	7 310.4	18 617.4	1 924 134.1	27 186.0	642 263.0	9 995.0
吉林省	2017	0	46.8	0	1	56 102.0	7 855.8	19 727.6	1 980 013.4	25 203.0	643 872.0	11 090.0
吉林省	2018	0	42.5	0	1	55 610.9	7 520.4	20 516.3	2 154 166.6	23 372.0	658 327.0	13 885.0
吉林省	2019	0	35.2	0	1	43 475.0	4 212.9	21 680.2	1 924 494.3	22 881.0	700 145.0	15 579.0
黑龙江省	2008	0	52.5	0	1	21 727.0	2 928.3	15 056.0	2 041 976.0	31 379.0	678 139.0	4 574.0
黑龙江省	2009	0	47.3	0	1	22 447.0	3 401.8	15 716.2	1 336 087.0	32 947.0	708 935.0	5 079.0
黑龙江省	2010	0	50.2	0	1	27 076.0	4 039.2	16 439.0	1 833 902.0	36 001.0	719 117.0	6 780.0
黑龙江省	2011	0	50.3	0	1	32 819.0	4 750.1	17 700.0	2 616 172.0	39 424.0	709 968.0	12 236.0
黑龙江省	2012	0	44.1	0	1	35 711.0	5 491.0	18 230.0	2 821 302.0	41 551.0	704 538.0	20 268.0
黑龙江省	2013	0	41.1	0	1	37 509.0	6 251.2	18 430.0	2 739 638.0	35 102.0	717 856.0	19 819.0
黑龙江省	2014	0	36.9	0	1	39 226.0	7 015.3	17 206.1	2 942 394.0	36 379.0	730 614.0	15 412.0
黑龙江省	2015	0	31.8	0	1	39 461.6	7 640.2	18 272.6	1 632 350.7	32 632.0	735 151.0	18 943.0
黑龙江省	2016	0	28.6	0	1	40 432.0	8 402.5	19 260.2	1 394 168.7	28 550.0	735 857.0	18 046.0
黑龙江省	2017	0	25.5	0	1	42 699.0	9 099.2	21 584.1	1 670 738.5	23 917.0	734 166.0	18 221.0
黑龙江省	2018	0	24.6	0	1	43 274.4	9 317.4	22 329.3	2 373 607.7	20 739.0	732 082.0	19 435.0
黑龙江省	2019	1	26.6	0	1	36 182.8	5 603.9	23 191.4	2 487 550.3	18 212.0	778 160.0	19 989.0
上海市	2008	0	45.5	1	1	73 124.0	4 577.2	63 941.0	31 388 271.0	2 934.0	502 899.0	24 468.0

附表5(续6)

省份	年份	FTZ 是否为自由易贸试验区	Secindu 第二产业增加值占地区生产总值的比重/%	Sea 是否为沿海省份	One 是否为“一带一路”沿线省份	Pergdp 人均地区生产总值/元	Sale 社会消费品零售总额/亿元	Book 总藏量/千册	NX 进出口贸易总额/万美元	Road 公路客运量/万人	Student 在校学生数/人	Inv 专利授权数/件
上海市	2009	0	39.9	1	1	78 989.0	5 173.2	65 934.3	27 332 902.0	2 995.0	512 809.0	34 913.0
上海市	2010	0	42.1	1	1	76 074.0	6 070.5	68 087.0	36 544 330.0	3 634.0	515 661.0	48 215.0
上海市	2011	0	41.3	1	1	82 560.0	6 814.8	68 930.0	43 314 947.0	3 477.0	511 283.0	47 960.0
上海市	2012	0	38.9	1	1	85 373.0	7 412.3	72 020.0	43 415 712.0	3 748.0	506 596.0	51 508.0
上海市	2013	1	37.2	1	1	90 092.0	8 052.0	72 390.0	43 427 799.0	3 476.0	504 771.0	48 680.0
上海市	2014	1	34.7	1	1	97 370.0	9 303.5	73 626.1	45 260 273.0	3 754.0	506 644.0	50 488.0
上海市	2015	1	31.8	1	1	103 795.5	10 131.5	75 681.8	42 303 709.0	3 766.0	511 623.0	60 623.0
上海市	2016	1	29.8	1	1	116 562.0	10 946.6	76 764.1	40 461 380.5	3 402.0	514 683.0	64 230.0
上海市	2017	1	30.5	1	1	124 571.0	11 830.3	77 730.8	44 728 816.7	3 420.0	514 917.0	72 806.0
上海市	2018	1	29.8	1	1	134 982.0	12 668.7	78 942.1	48 586 375.9	3 151.0	517 796.0	92 460.0
上海市	2019	1	27.0	1	1	157 279.0	15 847.6	80 628.1	47 369 989.6	3 168.0	526 585.0	100 587.0
江苏省	2008	0	55.0	1	0	39 622.0	9 905.1	37 758.0	43 046 700.0	174 000.0	1 572 632.0	44 438.0
江苏省	2009	0	53.9	1	0	44 744.0	11 484.1	40 709.6	36 593 194.0	191 001.0	1 653 427.0	87 286.0
江苏省	2010	0	52.5	1	0	52 840.0	13 606.8	43 700.0	49 878 258.0	215 850.0	1 649 430.0	138 382.0
江苏省	2011	0	51.3	1	0	62 290.0	15 988.4	53 820.0	58 124 401.0	235 673.0	1 659 415.0	199 814.0
江苏省	2012	0	50.2	1	0	68 347.0	18 331.3	64 900.0	58 866 594.0	255 358.0	1 671 173.0	269 944.0
江苏省	2013	0	49.2	1	0	74 607.0	20 796.5	57 700.0	59 329 528.0	135 555.0	1 684 455.0	239 645.0
江苏省	2014	0	47.4	1	0	81 874.0	23 458.1	62 796.8	60 912 947.0	137 269.6	1 698 636.0	200 032.0

附表5(续7)

省份	年份	FTZ 是否为自由易贸试验区	Secindu 第二产业增加值占地区生产总值的比重/%	Sea 是否为沿海省份	One 是否为“一带一路”沿线省份	Pergdp 人均地区生产总值/元	Sale 社会消费品零售总额/亿元	Book 总藏量/千册	NX 进出口贸易总额/万美元	Road 公路客运量/万人	Student 在校学生数/人	Inv 专利授权数/件
江苏省	2015	0	45.7	1	0	87 995.0	25 876.8	68 469.3	58 097 322.5	119 800.0	1 715 749.0	250 290.0
江苏省	2016	0	44.7	1	0	96 887.0	28 707.1	76 015.0	54 713 574.9	113 493.9	1 745 847.0	231 033.0
江苏省	2017	0	45.0	1	0	107 189.0	31 737.4	85 976.2	63 677 977.6	104 566.0	1 767 877.0	227 187.0
江苏省	2018	0	44.5	1	0	115 168.4	33 230.4	93 227.2	71 712 954.3	97 025.0	1 806 277.0	306 996.0
江苏省	2019	1	44.4	1	0	123 607.0	37 672.5	98 870.4	67 852 576.0	94 475.0	1 874 084.0	314 395.0
浙江省	2008	0	53.9	1	1	42 214.0	7 533.3	31 790.0	24 440 735.0	206 110.0	832 224.0	52 953.0
浙江省	2009	0	51.8	1	1	44 641.0	8 622.3	35 516.7	21 071 173.0	188 364.0	866 496.0	79 945.0
浙江省	2010	0	51.6	1	1	51 711.0	10 245.4	37 612.0	28 725 008.0	215 708.0	884 867.0	114 643.0
浙江省	2011	0	51.2	1	1	59 249.0	12 028.0	44 640.0	35 140 667.0	218 415.0	907 482.0	130 190.0
浙江省	2012	0	50.0	1	1	63 374.0	13 588.3	53 440.0	34 818 733.0	220 517.0	932 292.0	188 463.0
浙江省	2013	0	49.1	1	1	68 462.0	15 225.5	51 650.0	36 550 758.0	121 185.0	959 629.0	202 350.0
浙江省	2014	0	47.7	1	1	73 002.0	17 835.3	56 340.8	37 826 956.0	112 915.0	978 216.0	188 544.0
浙江省	2015	0	46.0	1	1	77 643.7	19 784.7	62 497.9	35 905 883.0	92 304.0	991 149.0	234 983.0
浙江省	2016	0	44.9	1	1	84 916.0	21 970.8	69 691.5	34 344 919.5	83 033.0	996 143.0	221 456.0
浙江省	2017	1	43.0	1	1	92 057.0	24 308.5	78 129.1	38 406 386.3	80 099.0	1 002 346.0	213 805.0
浙江省	2018	1	41.8	1	1	98 643.4	25 007.9	86 076.3	44 144 940.6	72 013.0	1 019 449.0	284 621.0
浙江省	2019	1	42.6	1	1	107 623.6	27 343.8	94 329.4	45 171 293.6	72 799.0	1 074 688.0	285 342.0
安徽省	2008	0	46.6	0	0	14 485.0	3 045.2	10 734.0	1 955 057.0	124 427.0	808 276.0	4 346.0

附表5（续8）

省份	年份	FTZ 是否为自由易贸试验区	Secindu 第二产业增加值占地区生产总值的比重/%	Sea 是否为沿海省份	One 是否为“一带一路”沿线省份	Pergdp 人均地区生产总值/元	Sale 社会消费品零售总额/亿元	Book 总藏量/千册	NX 进出口贸易总额/万美元	Road 公路客运量/万人	Student 在校学生数/人	Inv 专利授权数/件
安徽省	2009	0	48.7	0	0	16 408.0	3 527.8	11 362.2	1 565 521.0	135 984.0	877 782.0	8 594.0
安徽省	2010	0	52.1	0	0	20 888.0	4 197.7	12 358.0	2 338 008.0	153 697.0	938 954.0	16 012.0
安徽省	2011	0	54.3	0	0	25 659.0	4 955.1	13 750.0	3 033 058.0	179 440.0	991 267.0	32 681.0
安徽省	2012	0	54.6	0	0	28 792.0	5 736.6	22 640.0	3 295 935.0	206 888.0	1 023 033.0	43 321.0
安徽省	2013	0	54.6	0	0	31 684.0	6 542.4	17 760.0	3 892 753.0	119 433.0	1 052 123.0	48 849.0
安徽省	2014	0	53.1	0	0	34 425.0	7 957.0	17 533.7	4 320 262.0	131 403.0	1 080 545.0	48 380.0
安徽省	2015	0	49.7	0	0	35 996.6	8 908.0	19 423.6	4 249 288.5	78 072.0	1 130 748.0	59 039.0
安徽省	2016	0	48.4	0	0	39 561.0	10 000.2	21 624.8	4 096 883.8	70 523.0	1 145 007.0	60 983.0
安徽省	2017	0	47.5	0	0	44 206.0	11 192.6	25 371.0	5 061 475.2	57 365.0	1 147 401.0	58 213.0
安徽省	2018	0	46.1	0	0	47 711.7	12 100.1	29 096.8	5 940 124.7	50 769.7	1 139 112.0	79 747.0
安徽省	2019	0	41.3	0	0	58 495.6	17 862.1	31 225.2	6 377 758.2	45 643.2	1 241 151.0	82 524.0
福建省	2008	0	50.0	1	1	30 123.0	3 866.7	14 579.0	8 671 960.0	68 409.0	562 595.0	7 937.0
福建省	2009	0	49.1	1	1	33 840.0	4 481.0	15 423.5	8 123 952.0	71 586.0	606 284.0	11 282.0
福建省	2010	0	51.0	1	1	40 025.0	5 310.0	16 817.0	11 054 966.0	70 714.0	647 774.0	18 063.0
福建省	2011	0	51.6	1	1	47 377.0	6 276.2	20 430.0	13 457 421.0	73 259.0	674 779.0	21 857.0
福建省	2012	0	51.7	1	1	52 763.0	7 256.5	28 940.0	14 619 103.0	75 044.0	701 392.0	30 497.0
福建省	2013	0	52.0	1	1	57 856.0	8 275.3	24 670.0	15 448 303.0	46 895.0	730 510.0	37 511.0
福建省	2014	0	52.0	1	1	63 472.0	9 346.7	26 602.0	16 450 372.0	48 579.7	748 480.0	37 857.0

附表5(续9)

省份	年份	FTZ 是否为自由易贸试验区	Secindu 第二产业增加值占地区生产总值的比重/%	Sea 是否为沿海省份	One 是否为"一带一路"沿线省份	Pergdp 人均地区生产总值/元	Sale 社会消费品零售总额/亿元	Book 总藏量/千册	NX 进出口贸易总额/万美元	Road 公路客运量/万人	Student 在校学生数/人	Inv 专利授权数/件
福建省	2015	1	50.3	1	1	67 965.5	10 505.9	28 211.3	14 756 639.6	40 394.0	758 452.0	61 621.0
福建省	2016	1	48.9	1	1	74 707.0	11 674.5	30 510.2	13 680 367.9	39 137.2	756 392.0	67 142.0
福建省	2017	1	47.7	1	1	82 976.0	13 013.0	33 222.6	15 309 661.3	37 584.8	750 987.0	68 304.0
福建省	2018	1	48.1	1	1	91 197.2	14 317.4	37 449.9	17 283 026.5	34 080.7	772 361.0	102 622.0
福建省	2019	1	48.5	1	1	107 139.3	18 896.8	42 535.4	17 477 086.0	31 199.3	861 231.0	98 955.0
江西省	2008	0	52.7	0	0	14 781.0	2 142.0	13 984.0	1 500 715.0	60 573.0	764 182.0	2 295.0
江西省	2009	0	51.2	0	0	17 335.0	2 484.4	14 735.7	1 383 094.0	64 770.0	793 488.0	2 915.0
江西省	2010	0	54.2	0	0	21 253.0	2 956.2	15 201.0	2 095 316.0	70 628.0	816 484.0	4 349.0
江西省	2011	0	54.6	0	0	26 150.0	3 485.1	16 650.0	2 799 027.0	72 527.0	828 599.0	5 550.0
江西省	2012	0	53.6	0	0	28 800.0	4 027.2	18 220.0	3 023 567.0	77 650.0	851 119.0	7 985.0
江西省	2013	0	53.5	0	0	31 771.0	4 576.1	19 900.0	3 365 242.0	57 915.0	861 849.0	9 970.0
江西省	2014	0	52.5	0	0	34 674.0	5 292.6	21 274.7	3 911 316.0	59 674.0	916 415.0	13 831.0
江西省	2015	0	50.3	0	0	36 724.0	5 925.5	21 588.8	4 065 078.1	53 687.0	984 489.0	24 161.0
江西省	2016	0	47.7	0	0	40 400.0	6 634.6	21 778.1	3 536 224.6	53 366.0	1 038 951.0	31 472.0
江西省	2017	0	48.1	0	0	45 187.0	7 448.1	24 287.7	3 689 325.2	52 506.0	1 048 289.0	33 029.0
江西省	2018	0	46.6	0	0	47 433.9	7 566.4	25 221.2	4 116 859.0	49 302.0	1 054 400.0	52 819.0
江西省	2019	0	44.2	0	0	53 164.0	10 068.1	26 590.5	4 435 319.6	45 933.0	1 134 950.0	59 140.0
山东省	2008	0	57.0	1	0	33 083.0	10 658.8	31 407.0	18 764 359.0	205 917.0	1 534 009.0	26 688.0

附表5(续10)

省份	年份	FTZ 是否为自由易贸试验区	Secindu 第二产业增加值占地区生产总值的比重/%	Sea 是否为沿海省份	One 是否为“一带一路”沿线省份	Pergdp 人均地区生产总值/元	Sale 社会消费品零售总额/亿元	Book 总藏量/千册	NX 进出口贸易总额/万美元	Road 公路客运量/万人	Student 在校学生数/人	Inv 专利授权数/件
山东省	2009	0	55.8	1	0	35 894.0	12 363.0	35 153.2	16 352 216.0	226 134.0	1 592 974.0	34 513.0
山东省	2010	0	54.2	1	0	41 106.0	14 620.3	36 358.0	22 516 027.0	240 044.0	1 631 373.0	51 490.0
山东省	2011	0	52.9	1	0	47 335.0	17 155.5	38 900.0	28 455 579.0	241 457.0	1 645 589.0	58 844.0
山东省	2012	0	51.5	1	0	51 768.0	19 651.9	42 370.0	29 664 642.0	254 711.0	1 658 490.0	75 496.0
山东省	2013	0	50.1	1	0	56 323.0	22 294.8	44 220.0	31 494 209.0	64 019.0	1 698 545.0	76 976.0
山东省	2014	0	48.4	1	0	60 879.0	25 111.5	44 803.4	32 841 013.0	62 052.0	1 796 665.0	72 818.0
山东省	2015	0	46.8	1	0	64 168.3	27 761.4	47 273.8	27 837 439.2	46 960.0	1 900 612.0	98 101.0
山东省	2016	0	46.1	1	0	68 733.0	30 645.8	50 651.2	27 339 622.1	48 823.0	1 995 880.0	98 093.0
山东省	2017	0	45.4	1	0	72 851.0	33 649.0	55 393.1	31 474 231.3	49 111.0	2 015 345.0	100 522.0
山东省	2018	0	44.0	1	0	76 267.3	33 605.0	62 129.0	36 411 394.5	50 044.0	2 040 793.0	132 382.0
山东省	2019	1	39.8	1	0	70 652.6	29 251.2	66 155.8	35 875 624.3	49 581.0	2 183 944.0	146 481.0
河南省	2008	0	56.9	0	0	19 593.0	5 815.4	16 326.0	1 988 860.0	122 414.0	1 250 204.0	9 133.0
河南省	2009	0	56.5	0	0	20 597.0	6 746.4	17 244.6	1 506 824.0	136 279.0	1 368 813.0	11 425.0
河南省	2010	0	57.3	0	0	24 446.0	8 004.2	18 372.0	2 001 529.0	158 630.0	1 456 730.0	16 539.0
河南省	2011	0	57.3	0	0	28 661.0	9 453.6	21 220.0	3 558 760.0	184 213.0	1 500 142.0	19 259.0
河南省	2012	0	56.3	0	0	31 499.0	10 915.6	22 570.0	5 433 308.0	197 785.0	1 559 025.0	26 791.0
河南省	2013	0	55.4	0	0	34 174.0	12 426.6	22 180.0	6 277 358.0	125 450.0	1 618 320.0	29 482.0
河南省	2014	0	51.0	0	0	37 072.0	14 005.0	23 123.3	6 847 515.0	128 279.0	1 679 744.0	33 366.0

附表5（续11）

省份	年份	FTZ 是否为自由易贸试验区	Secindu 第二产业增加值占地区生产总值的比重/%	Sea 是否为沿海省份	One 是否为“一带一路”沿线省份	Pergdp 人均地区生产总值/元	Sale 社会消费品零售总额/亿元	Book 总藏量/千册	NX 进出口贸易总额/万美元	Road 公路客运量/万人	Student 在校学生数/人	Inv 专利授权数/件
河南省	2015	0	48.4	0	0	39 122.6	15 740.4	24 723.0	7 695 655.1	112 535.0	1 766 869.0	47 766.0
河南省	2016	0	47.6	0	0	42 575.0	17 618.4	26 458.1	7 411 383.0	106 415.0	1 874 752.0	49 145.0
河南省	2017	1	47.4	0	0	47 130.0	19 666.8	28 740.6	8 135 230.7	98 753.0	2 004 662.0	55 407.0
河南省	2018	1	45.9	0	0	50 152.2	20 594.7	31 687.0	8 748 989.5	93 707.0	2 140 780.0	82 318.0
河南省	2019	1	43.5	0	0	56 387.8	23 476.1	34 094.2	8 799 589.6	91 281.0	2 319 653.0	86 247.0
湖北省	2008	0	43.8	0	0	19 860.0	5 109.7	21 057.0	2 135 966.0	82 532.0	1 184 915.0	8 374.0
湖北省	2009	0	46.6	0	0	22 677.0	5 928.4	21 812.5	1 767 294.0	88 703.0	1 249 061.0	11 357.0
湖北省	2010	0	48.6	0	0	27 906.0	7 013.9	23 611.0	2 602 903.0	96 873.0	1 296 920.0	17 362.0
湖北省	2011	0	50.0	0	0	34 197.0	8 275.2	24 110.0	3 374 970.0	104 971.0	1 340 298.0	19 035.0
湖北省	2012	0	50.3	0	0	38 572.0	9 562.5	25 210.0	3 243 783.0	118 369.0	1 386 086.0	24 475.0
湖北省	2013	0	49.3	0	0	42 613.0	10 885.9	26 480.0	3 563 528.0	80 670.0	1 421 434.0	28 760.0
湖北省	2014	0	46.9	0	0	47 145.0	12 449.3	28 215.6	4 084 718.0	87 803.0	1 419 699.0	28 290.0
湖北省	2015	0	45.7	0	0	50 653.9	14 003.2	30 025.3	4 456 280.4	87 953.0	1 410 567.0	38 781.0
湖北省	2016	0	44.9	0	0	55 665.0	15 649.2	33 179.3	3 901 543.8	88 220.9	1 401 840.0	41 822.0
湖北省	2017	1	43.5	0	0	61 972.0	17 394.1	35 967.6	4 619 664.6	86 772.0	1 400 918.0	46 369.0
湖北省	2018	1	43.4	0	0	66 615.7	18 333.6	39 102.6	5 129 647.0	80 989.5	1 438 242.0	64 106.0
湖北省	2019	1	41.7	0	0	77 386.5	22 722.3	42 208.4	5 376 849.8	69 584.4	1 500 819.0	73 940.0
湖南省	2008	0	44.2	0	0	17 521.0	4 222.6	17 660.0	1 359 924.0	124 274.0	952 330.0	6 133.0

附表5（续12）

省份	年份	FTZ 是否为自由易贸试验区	Secindu 第二产业增加值占地区生产总值的比重/%	Sea 是否为沿海省份	One 是否为“一带一路”沿线省份	Pergdp 人均地区生产总值/元	Sale 社会消费品零售总额/亿元	Book 总藏量/千册	NX 进出口贸易总额/万美元	Road 公路客运量/万人	Student 在校学生数/人	Inv 专利授权数/件
湖南省	2009	0	43.5	0	0	20 428.0	4 913.7	18 394.0	1 160 739.0	133 359.0	1 016 833.0	8 309.0
湖南省	2010	0	45.8	0	0	24 719.0	5 839.5	19 614.0	1 560 837.0	148 235.0	1 047 241.0	13 873.0
湖南省	2011	0	47.6	0	0	29 880.0	6 884.7	23 620.0	2 010 303.0	161 980.0	1 067 852.0	16 064.0
湖南省	2012	0	47.4	0	0	33 480.0	7 921.9	25 250.0	2 145 234.0	174 386.0	1 082 235.0	23 212.0
湖南省	2013	0	47.0	0	0	36 763.0	9 018.6	22 820.0	2 431 607.0	149 015.0	1 100 770.0	24 392.0
湖南省	2014	0	46.2	0	0	40 271.0	10 723.5	24 221.9	2 830 014.0	150 582.9	1 136 302.0	26 637.0
湖南省	2015	0	44.3	0	0	42 753.9	12 024.0	25 552.5	2 930 411.3	119 266.0	1 180 643.0	34 075.0
湖南省	2016	0	42.3	0	0	46 382.0	13 436.5	28 331.9	2 315 396.2	108 627.4	1 225 016.0	34 050.0
湖南省	2017	0	41.7	0	0	50 563.0	14 854.9	30 501.6	3 000 933.2	100 390.2	1 273 208.0	37 916.0
湖南省	2018	0	39.7	0	0	52 948.6	15 638.3	33 052.9	3 545 749.2	91 007.1	1 326 828.0	48 957.0
湖南省	2019	0	37.6	0	0	57 540.3	16 683.9	35 669.4	4 209 873.8	84 162.0	1 407 108.0	54 685.0
广东省	2008	0	51.6	0	1	37 589.0	12 986.6	39 948.0	71 777 681.0	462 997.0	1 216 390.0	62 031.0
广东省	2009	0	49.2	0	1	41 166.0	14 891.8	43 673.7	63 198 852.0	406 704.0	1 334 089.0	83 621.0
广东省	2010	0	50.0	0	1	44 736.0	17 458.4	46 155.0	83 400 617.0	442 224.0	1 426 624.0	119 343.0
广东省	2011	0	49.7	0	1	50 807.0	20 297.5	58 900.0	100 679 396.0	493 618.0	1 527 254.0	128 413.0
广东省	2012	0	48.5	0	1	54 095.0	22 677.1	65 670.0	111 532 842.0	556 510.0	1 616 838.0	153 598.0
广东省	2013	0	47.3	0	1	58 540.0	25 453.9	61 010.0	128 119 159.0	133 305.0	1 709 881.0	170 430.0
广东省	2014	0	46.3	0	1	63 469.0	28 471.1	63 668.1	124 194 253.0	157 233.9	1 794 188.0	179 953.0

附表5(续13)

省份	年份	FTZ 是否为自由易贸试验区	Secindu 第二产业增加值占地区生产总值的比重/%	Sea 是否为沿海省份	One 是否为“一带一路”沿线省份	Pergdp 人均地区生产总值/元	Sale 社会消费品零售总额/亿元	Book 总藏量/千册	NX 进出口贸易总额/万美元	Road 公路客运量/万人	Student 在校学生数/人	Inv 专利授权数/件
广东省	2015	1	44.8	0	1	67 503.0	31 517.6	70 077.4	116 518 847.7	98 050.0	1 856 355.0	241 176.0
广东省	2016	1	43.4	0	1	74 016.0	34 739.1	78 998.5	106 012 356.1	102 094.2	1 892 878.0	259 032.0
广东省	2017	1	42.4	0	1	81 089.0	38 200.1	87 083.0	111 281 812.5	105 919.3	1 925 775.0	332 652.0
广东省	2018	1	41.8	0	1	86 412.0	39 501.1	95 475.7	121 124 811.9	105 248.8	1 963 170.0	478 082.0
广东省	2019	1	40.4	0	1	94 172.0	42 951.8	105 425.2	118 426 536.7	101 012.1	2 053 977.0	527 390.0
广西壮族自治区	2008	0	42.4	1	1	14 966.0	2 395.8	16 952.0	1 486 427.0	60 645.0	484 189.0	2 228.0
广西壮族自治区	2009	0	43.6	1	1	16 045.0	2 790.7	17 597.1	1 355 990.0	65 405.0	528 342.0	2 702.0
广西壮族自治区	2010	0	47.1	1	1	20 219.0	3 312.0	18 809.0	1 954 881.0	72 208.0	567 516.0	3 647.0
广西壮族自治区	2011	0	48.4	1	1	25 326.0	3 908.2	19 970.0	3 232 115.0	79 300.0	600 094.0	4 402.0
广西壮族自治区	2012	0	47.9	1	1	27 952.0	4 516.6	21 270.0	4 087 472.0	86 449.0	629 243.0	5 900.0
广西壮族自治区	2013	0	47.7	1	1	30 588.0	5 133.1	21 100.0	3 869 607.0	45 606.0	656 127.0	7 884.0
广西壮族自治区	2014	0	46.7	1	1	33 090.0	5 772.8	24 815.2	4 488 752.0	46 623.0	701 913.0	9 664.0
广西壮族自治区	2015	0	45.9	1	1	35 190.0	6 348.1	26 062.7	4 621 247.9	41 522.0	751 181.0	13 573.0
广西壮族自治区	2016	0	45.2	1	1	38 027.0	7 027.3	27 195.5	4 390 505.9	39 750.0	810 282.0	14 858.0
广西壮族自治区	2017	0	40.2	1	1	41 955.0	7 813.0	27 859.8	5 261 345.9	38 083.0	866 716.0	15 270.0
广西壮族自治区	2018	0	39.7	1	1	41 489.2	8 291.6	27 499.4	6 073 395.6	36 134.0	942 227.0	20 551.0
广西壮族自治区	2019	1	33.3	1	1	42 964.0	8 200.9	29 015.3	6 533 081.3	34 539.0	1 076 408.0	22 687.0
海南省	2008	0	29.8	1	1	17 175.0	463.2	2 572.0	959 046.0	36 578.0	126 355.0	341.0

附表5(续14)

省份	年份	FTZ 是否为自由易贸试验区	Secindu 第二产业增加值占地区生产总值的比重/%	Sea 是否为沿海省份	One 是否为“一带一路”沿线省份	Pergdp 人均地区生产总值/元	Sale 社会消费品零售总额/亿元	Book 总藏量/千册	NX 进出口贸易总额/万美元	Road 公路客运量/万人	Student 在校学生数/人	Inv 专利授权数/件
海南省	2009	0	26.8	1	1	19 254.0	537.5	3 407.5	848 318.0	39 461.0	142 082.0	630.0
海南省	2010	0	27.7	1	1	23 831.0	639.3	2 850.0	1 037 055.0	42 785.0	150 806.0	714.0
海南省	2011	0	28.3	1	1	28 898.0	759.5	5 160.0	1 344 905.0	43 677.0	156 700.0	765.0
海南省	2012	0	28.2	1	1	32 377.0	870.8	8 980.0	1 456 054.0	44 374.0	168 270.0	1 093.0
海南省	2013	0	27.7	1	1	35 317.0	992.9	3 770.0	1 475 804.0	10 583.0	172 143.0	1 331.0
海南省	2014	0	25.0	1	1	38 924.0	1 224.5	4 118.7	1 692 781.0	11 042.0	180 565.0	1 597.0
海南省	2015	0	23.7	1	1	40 818.0	1 325.1	4 236.2	1 551 519.0	10 363.0	182 944.0	2 061.0
海南省	2016	0	22.4	1	1	44 347.0	1 453.7	4 584.1	1 217 443.5	9 920.0	184 875.0	1 939.0
海南省	2017	0	22.3	1	1	48 430.0	1 618.8	4 898.5	1 364 527.8	10 107.0	185 538.0	2 133.0
海南省	2018	1	22.7	1	1	51 955.3	1 717.1	5 512.9	1 809 461.3	9 636.8	189 179.0	3 292.0
海南省	2019	1	20.7	1	1	56 506.8	1 951.1	5 979.0	1 717 416.7	9 365.8	207 424.0	4 423.0
重庆市	2008	0	47.7	0	1	18 025.0	2 147.1	9 323.0	904 836.0	102 680.0	450 008.0	4 820.0
重庆市	2009	0	52.8	0	1	22 920.0	2 479.0	9 879.9	771 709.0	110 150.0	484 199.0	7 501.0
重庆市	2010	0	55.0	0	1	27 596.0	2 938.6	10 308.0	1 182 931.0	122 125.0	522 719.0	12 080.0
重庆市	2011	0	55.4	0	1	34 500.0	3 487.8	11 490.0	2 447 955.0	136 142.0	567 813.0	15 525.0
重庆市	2012	0	52.4	0	1	38 914.0	4 033.7	15 220.0	4 524 093.0	152 249.0	623 605.0	20 364.0
重庆市	2013	0	50.5	0	1	42 795.0	4 599.8	11 290.0	5 878 523.0	61 243.0	659 400.0	24 828.0
重庆市	2014	0	45.8	0	1	47 850.0	5 710.7	12 422.5	8 255 857.0	63 630.0	691 555.0	24 312.0

附表5(续15)

省份	年份	FTZ 是否为自由易贸试验区	Secindu 第二产业增加值占地区生产总值的比重/%	Sea 是否为沿海省份	One 是否为“一带一路”沿线省份	Pergdp 人均地区生产总值/元	Sale 社会消费品零售总额/亿元	Book 总藏量/千册	NX 进出口贸易总额/万美元	Road 公路客运量/万人	Student 在校学生数/人	Inv 专利授权数/件
重庆市	2015	0	45.0	0	1	52 321.0	6 424.0	13 038.0	5 871 182.5	57 556.0	716 580.0	38 914.0
重庆市	2016	0	44.5	0	1	58 502.0	7 271.4	14 418.3	5 185 066.3	55 594.0	732 475.0	42 738.0
重庆市	2017	1	44.2	0	1	63 689.0	8 067.7	16 717.9	5 657 396.4	53 307.0	746 859.0	34 780.0
重庆市	2018	1	40.9	0	1	65 932.7	7 977.0	18 079.4	6 819 295.4	52 150.0	762 811.0	45 688.0
重庆市	2019	1	40.2	0	1	75 828.0	11 631.7	19 013.4	7 555 589.4	50 990.0	834 864.0	43 872.0
四川省	2008	0	46.3	0	0	15 378.0	4 944.8	23 049.0	1 992 717.0	196 055.0	991 072.0	13 369.0
四川省	2009	0	47.4	0	0	17 339.0	5 758.7	24 803.6	2 151 570.0	211 288.0	1 035 934.0	20 132.0
四川省	2010	0	50.5	0	0	21 182.0	6 810.1	25 991.0	2 629 637.0	230 988.0	1 086 215.0	32 212.0
四川省	2011	0	52.5	0	0	26 133.0	8 044.6	31 360.0	4 011 162.0	242 615.0	1 139 316.0	28 446.0
四川省	2012	0	51.7	0	0	29 608.0	9 268.6	33 630.0	5 170 202.0	266 338.0	1 223 680.0	42 218.0
四川省	2013	0	51.7	0	0	32 454.0	10 561.4	30 480.0	5 509 468.0	124 145.0	1 270 818.0	46 171.0
四川省	2014	0	48.9	0	0	35 128.0	12 393.0	31 621.4	6 123 689.0	126 691.0	1 328 329.0	47 120.0
四川省	2015	0	44.1	0	0	36 775.0	13 877.7	33 277.6	4 694 177.1	124 014.0	1 387 889.0	64 953.0
四川省	2016	0	40.8	0	0	40 003.0	15 601.9	35 175.7	4 805 673.8	109 716.0	1 446 559.0	62 445.0
四川省	2017	1	38.8	0	0	44 651.0	17 480.5	37 928.8	6 663 746.4	94 098.0	1 499 715.0	64 006.0
四川省	2018	1	37.7	0	0	48 883.2	18 254.5	39 483.6	9 322 669.5	81 462.0	1 564 710.0	87 372.0
四川省	2019	1	37.3	0	0	55 774.0	21 343.0	41 716.9	10 439 776.5	72 387.0	1 661 737.0	82 066.0
贵州省	2008	0	42.3	0	0	8 824.0	1 075.2	7 314.0	480 665.0	36 019.0	267 526.0	1 728.0

附表5（续16）

省份	年份	FTZ 是否为自由易贸试验区	Secindu 第二产业增加值占地区生产总值的比重/%	Sea 是否为沿海省份	One 是否为“一带一路”沿线省份	Pergdp 人均地区生产总值/元	Sale 社会消费品零售总额/亿元	Book 总藏量/千册	NX 进出口贸易总额/万美元	Road 公路客运量/万人	Student 在校学生数/人	Inv 专利授权数/件
贵州省	2009	0	37.7	0	0	10 309.0	1 247.3	8 003.4	272 716.0	59 981.0	299 072.0	2 084.0
贵州省	2010	0	39.1	0	0	13 119.0	1 482.7	8 121.0	345 836.0	65 452.0	323 293.0	3 086.0
贵州省	2011	0	38.5	0	0	16 413.0	1 751.6	11 940.0	491 956.0	66 303.0	344 100.0	3 386.0
贵州省	2012	0	39.1	0	0	19 710.0	2 027.6	13 870.0	505 244.0	77 172.0	383 815.0	6 059.0
贵州省	2013	0	40.5	0	0	22 922.0	2 366.2	11 560.0	475 700.0	77 359.0	419 040.0	7 915.0
贵州省	2014	0	41.6	0	0	26 437.0	2 936.9	12 173.2	513 809.0	80 231.0	460 401.0	10 107.0
贵州省	2015	0	39.5	0	0	29 847.2	3 283.0	12 205.8	782 973.8	80 621.0	500 882.0	14 115.0
贵州省	2016	0	39.7	0	0	33 246.0	3 709.0	12 580.2	520 405.7	82 199.0	573 932.0	10 425.0
贵州省	2017	0	40.1	0	0	37 956.0	4 154.0	13 856.0	811 748.8	83 809.0	627 672.0	12 559.0
贵州省	2018	0	38.9	0	0	41 243.6	3 971.2	14 670.2	835 748.7	84 053.0	687 530.0	19 456.0
贵州省	2019	0	36.1	0	0	46 433.0	7 468.2	16 059.6	692 930.8	84 255.0	765 745.0	24 729.0
云南省	2008	0	43.0	0	1	12 587.0	1 764.7	14 527.0	932 894.0	31 157.0	347 732.0	2 021.0
云南省	2009	0	41.9	0	1	13 539.0	2 051.1	15 079.1	745 743.0	32 775.0	393 601.0	2 923.0
云南省	2010	0	44.6	0	1	15 752.0	2 500.1	15 660.0	1 033 256.0	36 230.0	439 042.0	3 823.0
云南省	2011	0	42.5	0	1	19 265.0	3 000.1	16 990.0	1 225 727.0	41 394.0	487 552.0	4 199.0
云南省	2012	0	42.9	0	1	22 195.0	3 511.6	18 790.0	1 211 937.0	44 839.0	512 178.0	5 853.0
云南省	2013	0	42.0	0	1	25 083.0	4 004.6	17 650.0	1 582 430.0	43 392.0	548 577.0	6 804.0
云南省	2014	0	41.2	0	1	27 264.0	4 632.9	18 642.4	1 991 378.0	44 502.0	577 044.0	8 124.0
云南省	2015	0	39.8	0	1	28 806.0	5 103.2	19 442.2	1 899 069.6	43 688.0	614 569.0	11 658.0

附表5（续17）

省份	年份	FTZ 是否为自由易贸试验区	Secindu 第二产业增加值占地区生产总值的比重/%	Sea 是否为沿海省份	One 是否为“一带一路”沿线省份	Pergdp 人均地区生产总值/元	Sale 社会消费品零售总额/亿元	Book 总藏量/千册	NX 进出口贸易总额/万美元	Road 公路客运量/万人	Student 在校学生数/人	Inv 专利授权数/件
云南省	2016	0	38. 5	0	1	31 093. 0	5 722. 9	20 912. 3	1 741 401. 5	41 208. 0	656 594. 0	12 032. 0
云南省	2017	0	37. 9	0	1	34 545. 0	6 423. 1	21 106. 3	2 139 450. 4	38 569. 0	705 854. 0	14 230. 0
云南省	2018	0	38. 9	0	1	37 136. 3	6 826. 0	21 540. 9	2 717 742. 8	34 642. 0	764 659. 0	20 340. 0
云南省	2019	1	34. 3	0	1	47 944. 0	10 158. 2	23 382. 6	3 343 887. 1	30 681. 0	864 035. 0	22 324. 0
西藏自治区	2008	0	29. 2	0	1	13 861. 0	130. 0	498. 0	34 968. 0	6 786. 0	29 409. 0	93. 0
西藏自治区	2009	0	31. 0	0	1	15 295. 0	156. 6	500. 1	28 875. 0	7 759. 0	30 264. 0	292. 0
西藏自治区	2010	0	32. 3	0	1	17 319. 0	185. 3	535. 0	58 947. 0	8 066. 0	31 109. 0	124. 0
西藏自治区	2011	0	34. 5	0	1	20 077. 0	219. 0	570. 0	110 210. 0	3 659. 0	32 374. 0	142. 0
西藏自治区	2012	0	34. 6	0	1	22 936. 0	254. 6	690. 0	211 540. 0	3 739. 0	33 452. 0	133. 0
西藏自治区	2013	0	36. 3	0	1	26 068. 0	293. 2	1 000. 0	210 415. 0	1 326. 0	33 562. 0	121. 0
西藏自治区	2014	0	36. 6	0	1	29 252. 0	364. 5	1 252. 4	213 562. 0	1 408. 0	33 474. 0	146. 0
西藏自治区	2015	0	36. 7	0	1	31 999. 0	408. 5	1 620. 9	66 492. 4	871. 0	34 203. 0	198. 0
西藏自治区	2016	0	37. 3	0	1	35 184. 0	459. 4	1 773. 2	59 209. 3	889. 5	35 034. 0	245. 0
西藏自治区	2017	0	39. 2	0	1	39 259. 0	523. 3	1 951. 4	61 349. 6	999. 0	35 643. 0	420. 0
西藏自治区	2018	0	42. 5	0	1	43 398. 0	597. 6	2 210. 6	63 552. 5	1 047. 2	35 717. 0	755. 0
西藏自治区	2019	0	37. 4	0	1	48 902. 0	773. 4	2 446. 6	61 675. 7	1 019. 6	36 226. 0	1 020. 0
陕西省	2008	0	56. 1	0	1	18 246. 0	2 317. 1	10 022. 0	1 045 586. 0	70 566. 0	839 658. 0	4 392. 0
陕西省	2009	0	51. 9	0	1	21 688. 0	2 699. 7	10 587. 6	867 300. 0	79 033. 0	893 748. 0	6 087. 0
陕西省	2010	0	53. 8	0	1	27 133. 0	3 195. 7	11 271. 0	1 170 366. 0	87 457. 0	927 769. 0	10 034. 0

附表5（续18）

省份	年份	FTZ 是否为自由易贸试验区	Secindu 第二产业增加值占地区生产总值的比重/%	Sea 是否为沿海省份	One 是否为“一带一路”沿线省份	Pergdp 人均地区生产总值/元	Sale 社会消费品零售总额/亿元	Book 总藏量/千册	NX 进出口贸易总额/万美元	Road 公路客运量/万人	Student 在校学生数/人	Inv 专利授权数/件
陕西省	2011	0	55.4	0	1	33 464.0	3 790.0	12 230.0	1 408 348.0	101 062.0	964 773.0	11 662.0
陕西省	2012	0	55.9	0	1	38 564.0	4 383.8	14 000.0	1 518 973.0	105 647.0	1 026 254.0	14 908.0
陕西省	2013	0	55.5	0	1	42 692.0	4 999.5	13 770.0	2 021 975.0	63 650.0	1 077 627.0	20 836.0
陕西省	2014	0	54.1	0	1	46 929.0	5 918.7	15 140.6	2 768 833.0	66 720.0	1 099 613.0	22 820.0
陕西省	2015	0	50.4	0	1	47 626.0	6 578.1	15 063.5	2 987 709.1	61 436.0	1 099 693.0	33 350.0
陕西省	2016	0	48.9	0	1	51 015.0	7 367.6	16 260.1	2 946 867.4	61 093.0	1 076 254.0	48 455.0
陕西省	2017	1	49.7	0	1	57 266.0	8 236.4	17 332.2	4 043 915.6	58 579.5	1 069 374.0	34 554.0
陕西省	2018	1	49.8	0	1	63 477.5	8 938.3	18 927.4	5 225 478.8	60 269.0	1 054 808.0	41 479.0
陕西省	2019	1	46.4	0	1	66 649.0	10 213.0	20 967.8	4 907 365.7	59 015.0	1 121 990.0	44 101.0
甘肃省	2008	0	46.3	0	1	12 110.0	1 023.6	9 288.0	656 253.0	43 962.0	331 895.0	1 047.0
甘肃省	2009	0	45.1	0	1	12 872.0	1 183.0	9 509.8	448 460.0	47 755.0	361 490.0	1 274.0
甘肃省	2010	0	48.2	0	1	16 113.0	1 394.5	10 418.0	738 809.0	51 404.0	381 526.0	1 868.0
甘肃省	2011	0	47.4	0	1	19 595.0	1 648.0	11 600.0	782 746.0	58 355.0	405 306.0	2 383.0
甘肃省	2012	0	46.0	0	1	21 978.0	1 906.5	12 120.0	716 339.0	61 884.0	431 069.0	3 662.0
甘肃省	2013	0	45.0	0	1	24 296.0	2 173.8	12 260.0	684 156.0	33 556.0	442 963.0	4 737.0
甘肃省	2014	0	42.8	0	1	26 433.0	2 668.3	13 066.4	526 673.0	36 224.0	452 300.0	5 097.0
甘肃省	2015	0	36.7	0	1	26 165.3	2 907.2	13 395.7	436 290.4	37 240.0	450 463.0	6 912.0
甘肃省	2016	0	34.9	0	1	27 643.0	3 184.4	13 939.5	446 959.9	37 932.0	457 204.0	7 975.0
甘肃省	2017	0	34.3	0	1	29 326.0	3 426.6	14 960.3	524 769.6	38 079.7	466 185.0	9 672.0

附表5（续19）

省份	年份	FTZ 是否为自由易贸试验区	Secindu 第二产业增加值占地区生产总值的比重/%	Sea 是否为沿海省份	One 是否为“一带一路”沿线省份	Pergdp 人均地区生产总值/元	Sale 社会消费品零售总额/亿元	Book 总藏量/千册	NX 进出口贸易总额/万美元	Road 公路客运量/万人	Student 在校学生数/人	Inv 专利授权数/件
甘肃省	2018	0	33.9	0	1	31 336.1	3 428.3	15 599.5	648 977.7	36 634.4	483 620.0	13 958.0
甘肃省	2019	0	32.8	0	1	32 994.6	3 700.3	17 003.2	537 979.8	36 084.6	524 948.0	14 894.0
青海省	2008	0	55.1	0	1	17 389.0	259.7	3 479.0	80 031.0	8 996.0	42 177.0	228.0
青海省	2009	0	53.2	0	1	19 454.0	300.5	4 023.3	71 710.0	9 603.0	43 782.0	368.0
青海省	2010	0	55.1	0	1	24 115.0	350.8	3 578.0	81 807.0	10 439.0	44 994.0	264.0
青海省	2011	0	58.4	0	1	29 522.0	410.5	3 680.0	76 168.0	11 308.0	45 721.0	538.0
青海省	2012	0	57.7	0	1	33 181.0	476.0	3 790.0	81 295.0	12 100.0	48 668.0	527.0
青海省	2013	0	57.3	0	1	36 510.0	544.1	3 790.0	85 572.0	4 140.0	50 675.0	502.0
青海省	2014	0	53.6	0	1	39 671.0	620.8	3 937.0	62 005.0	4 769.3	52 907.0	619.0
青海省	2015	0	49.9	0	1	41 252.0	691.0	4 147.6	59 104.1	4 596.0	57 460.0	1 217.0
青海省	2016	0	48.6	0	1	43 531.0	767.3	4 506.4	52 047.8	4 873.3	61 860.0	1 357.0
青海省	2017	0	44.3	0	1	44 348.0	839.0	4 585.3	45 028.3	5 069.7	66 974.0	1 580.0
青海省	2018	0	43.5	0	1	47 689.5	835.6	4 788.9	58 364.5	5 091.7	70 288.0	2 668.0
青海省	2019	0	39.1	0	1	48 981.5	948.5	4 940.8	48 872.9	5 070.6	73 182.0	3 046.0
宁夏回族自治区	2008	0	52.9	0	1	17 892.0	295.4	5 234.0	258 137.0	11 363.0	70 454.0	606.0
宁夏回族自治区	2009	0	48.9	0	1	21 777.0	339.3	4 350.1	196 133.0	12 034.0	75 564.0	910.0
宁夏回族自治区	2010	0	49.0	0	1	26 860.0	403.6	4 623.0	256 731.0	12 919.0	80 206.0	1 081.0
宁夏回族自治区	2011	0	50.2	0	1	33 043.0	477.6	5 170.0	280 921.0	14 440.0	87 870.0	613.0
宁夏回族自治区	2012	0	49.5	0	1	36 394.0	548.8	5 330.0	267 310.0	15 666.0	96 440.0	844.0

附表5（续20）

省份	年份	FTZ 是否为自由易贸试验区	Secindu 第二产业增加值占地区生产总值的比重/%	Sea 是否为沿海省份	One 是否为“一带一路”沿线省份	Pergdp 人均地区生产总值/元	Sale 社会消费品零售总额/亿元	Book 总藏量/千册	NX 进出口贸易总额/万美元	Road 公路客运量/万人	Student 在校学生数/人	Inv 专利授权数/件
宁夏回族自治区	2013	0	49.3	0	1	39 420.0	610.5	5 950.0	260 828.0	7 568.0	104 451.0	1 211.0
宁夏回族自治区	2014	0	48.7	0	1	41 834.0	737.2	6 896.0	401 292.0	8 311.0	111 432.0	1 424.0
宁夏回族自治区	2015	0	47.4	0	1	43 805.0	789.6	7 062.3	338 865.8	8 444.0	115 007.0	1 865.0
宁夏回族自治区	2016	0	47.0	0	1	47 194.0	850.1	6 874.6	310 341.3	7 910.0	117 149.0	2 677.0
宁夏回族自治区	2017	0	45.9	0	1	50 917.0	930.4	7 212.8	432 599.6	6 518.0	121 051.0	4 244.0
宁夏回族自治区	2018	0	44.5	0	1	54 094.2	935.8	7 323.0	404 628.6	5 342.0	125 253.0	5 658.0
宁夏回族自治区	2019	0	42.3	0	1	54 217.0	1 399.4	7 494.1	419 382.2	4 905.0	135 178.0	5 555.0
新疆维吾尔自治区	2008	0	49.6	0	1	19 893.0	1 041.5	8 943.0	2 497 547.0	31 506.0	230 971.0	1 493.0
新疆维吾尔自治区	2009	0	45.1	0	1	19 942.0	1 177.5	9 337.6	1 612 535.0	28 541.0	241 637.0	1 866.0
新疆维吾尔自治区	2010	0	47.7	0	1	25 034.0	1 375.1	11 134.0	2 136 330.0	30 413.0	251 160.0	2 562.0
新疆维吾尔自治区	2011	0	48.8	0	1	30 087.0	1 616.3	12 100.0	2 991 542.0	33 166.0	258 719.0	2 642.0
新疆维吾尔自治区	2012	0	46.4	0	1	33 796.0	1 858.6	13 230.0	3 362 737.0	36 206.0	268 716.0	3 439.0
新疆维吾尔自治区	2013	0	45.0	0	1	37 181.0	2 108.2	12 420.0	3 756 811.0	38 640.0	278 425.0	4 998.0
新疆维吾尔自治区	2014	0	42.6	0	1	40 648.0	2 436.5	12 922.3	3 888 867.0	34 847.0	290 418.0	5 238.0
新疆维吾尔自治区	2015	0	38.6	0	1	40 036.0	2 606.0	13 033.9	2 706 765.7	33 229.0	304 682.0	8 761.0
新疆维吾尔自治区	2016	0	37.8	0	1	40 564.0	2 825.9	14 176.3	2 499 886.6	28 993.0	319 875.0	7 116.0
新疆维吾尔自治区	2017	0	39.8	0	1	45 099.0	3 044.6	15 016.8	3 046 015.4	23 568.0	346 044.0	8 094.0
新疆维吾尔自治区	2018	0	40.3	0	1	49 474.7	3 187.0	14 204.0	3 470 458.6	17 394.0	374 944.0	9 658.0
新疆维吾尔自治区	2019	0	35.3	0	1	54 280.0	3 617.0	14 898.6	3 727 899.9	15 726.0	426 966.0	8 652.0

附表 6　自由贸易试验区中央级政策文件

类型	时间	政策文件
总体方案类	2013 年 9 月	《国务院关于印发中国(上海)自由贸易试验区总体方案的通知》(国发〔2013〕38 号)
	2015 年 4 月	《国务院关于印发中国(广东)自由贸易试验区总体方案的通知》(国发〔2015〕18 号)
	2015 年 4 月	《国务院关于印发中国(天津)自由贸易试验区总体方案的通知》(国发〔2015〕19 号)
	2015 年 4 月	《国务院关于印发中国(福建)自由贸易试验区总体方案的通知》(国发〔2015〕20 号)
	2017 年 3 月	《国务院关于印发中国(辽宁)自由贸易试验区总体方案的通知》(国发〔2017〕15 号)
	2017 年 3 月	《国务院关于印发中国(浙江)自由贸易试验区总体方案的通知》(国发〔2017〕16 号)
	2017 年 3 月	《国务院关于印发中国(河南)自由贸易试验区总体方案的通知》(国发〔2017〕17 号)
	2017 年 3 月	《国务院关于印发中国(湖北)自由贸易试验区总体方案的通知》(国发〔2017〕18 号)
	2017 年 3 月	《国务院关于印发中国(重庆)自由贸易试验区总体方案的通知》(国发〔2017〕19 号)
	2017 年 3 月	《国务院关于印发中国(四川)自由贸易试验区总体方案的通知》(国发〔2017〕20 号)
	2017 年 3 月	《国务院关于印发中国(陕西)自由贸易试验区总体方案的通知》(国发〔2017〕21 号)
	2018 年 10 月	《国务院关于印发中国(海南)自由贸易试验区总体方案的通知》(国发〔2018〕34 号)
	2019 年 8 月	《国务院关于印发 6 个新设自由贸易试验区总体方案的通知》(国发〔2019〕16 号)
	2020 年 9 月	《国务院关于印发北京、湖南、安徽自由贸易试验区总体方案及浙江自由贸易试验区扩展区域方案的通知》(国发〔2020〕10 号)
	2015 年 4 月	《国务院关于印发进一步深化中国(上海)自由贸易试验区改革开放方案的通知》(国发〔2015〕21 号)
	2018 年 5 月	《国务院关于印发进一步深化中国(广东)自由贸易试验区改革开放方案的通知》(国发〔2018〕13 号)
	2018 年 5 月	《国务院关于印发进一步深化中国(天津)自由贸易试验区改革开放方案的通知》(国发〔2018〕14 号)
	2018 年 5 月	《国务院关于印发进一步深化中国(福建)自由贸易试验区改革开放方案的通知》(国发〔2018〕15 号)
	2017 年 3 月	《国务院关于印发全面深化中国(上海)自由贸易试验区改革开放方案的通知》(国发〔2017〕23 号)
	2019 年 8 月	《国务院关于印发中国(上海)自由贸易试验区临港新片区总体方案的通知》(国发〔2019〕15 号)
	2020 年 9 月	《国务院关于印发北京、湖南、安徽自由贸易试验区总体方案及浙江自由贸易试验区扩展区域方案的通知》(国发〔2020〕10 号)
市场准入类	2015 年 4 月	《国务院办公厅关于印发自由贸易试验区外商投资国家安全审查试行办法的通知》(国办发〔2015〕24 号)
	2015 年 4 月	《国务院办公厅关于印发自由贸易试验区外商投资准入特别管理措施(负面清单)的通知》(国办发〔2015〕23 号)
	2017 年 6 月	《国务院办公厅关于印发自由贸易试验区外商投资准入特别管理措施(负面清单)(2017 年版)的通知》(国办发〔2017〕51 号)
	2018 年 6 月	《自由贸易试验区外商投资准入特别管理措施(负面清单)(2018 年版)》(发展改革委 商务部令 2018 年第 19 号)
	2019 年 6 月	《自由贸易试验区外商投资准入特别管理措施(负面清单)(2019 年版》(发展改革委 商务部令 2019 年第 26 号)

附表6(续1)

类型	时间	政策文件
	2020 年 6 月	《自由贸易试验区外商投资准入特别管理措施(负面清单)(2020 年版)》(发展改革委 商务部令 2020 年第 33 号)
	2020 年 12 月	《海南自由贸易港外商投资准入特别管理措施(负面清单)(2020 年版)》(发展改革委 商务部令 2020 年第 39 号)
	2021 年 12 月	《自由贸易试验区外商投资准入特别管理措施(负面清单)(2021 年版)》(发展改革委 商务部令 2021 年第 48 号)
经验推广类	2015 年 2 月	《国务院关于推广中国(上海)自由贸易试验区可复制改革试点经验的通知》(国发〔2014〕65 号)
	2016 年 11 月	《国务院关于做好自由贸易试验区新一批改革试点经验复制推广工作的通知》(国发〔2016〕63 号)
	2017 年 7 月	《商务部 交通运输部 工商总局 质检总局 外汇局关于做好自由贸易试验区第三批改革试点经验复制推广工作的函》
	2018 年 5 月	《国务院关于做好自由贸易试验区第四批改革试点经验复制推广工作的通知》(国发〔2018〕12 号)
	2019 年 4 月	《国务院关于做好自由贸易试验区第五批改革试点经验复制推广工作的通知》(国函〔2019〕38 号)
	2020 年 7 月	《国务院关于做好自由贸易试验区第六批改革试点经验复制推广工作的通知》(国函〔2020〕96 号)
制度创新类	2018 年 11 月	《国务院关于支持自由贸易试验区深化改革创新若干措施的通知》(国发〔2018〕38 号)
	2019 年 11 月	《国务院关于在自由贸易试验区开展“证照分离”改革全覆盖试点的通知》(国发〔2019〕25 号)
	2021 年 9 月	《国务院印发关于推进自由贸易试验区贸易投资便利化改革创新若干措施的通知》(国发〔2021〕12 号)
法规调整类	2014 年 1 月	《国务院关于在中国(上海)自由贸易试验区内暂时调整有关行政法规和国务院文件规定的行政审批或者准入特别管理措施的决定》(国发〔2013〕51 号)
	2014 年 9 月	《国务院关于在中国(上海)自由贸易试验区内暂时调整实施有关行政法规和经国务院批准的部门规章规定的准入特别管理措施的决定》(国发〔2014〕38 号)
	2016 年 7 月	《国务院关于在自由贸易试验区暂时调整有关行政法规、国务院文件和经国务院批准的部门规章规定的决定》(国发〔2016〕41 号)
	2017 年 12 月	《国务院关于在自由贸易试验区暂时调整有关行政法规、国务院文件和经国务院批准的部门规章规定的决定》(国发〔2017〕57 号)
	2020 年 1 月	《国务院关于在自由贸易试验区暂时调整实施有关行政法规规定的通知》(国函〔2020〕8 号)
	2020 年 6 月	《国务院关于在中国(海南)自由贸易试验区暂时调整实施有关行政法规规定的通知》(国函〔2020〕88 号)
	2021 年 11 月	《国务院关于同意在中国(上海)自由贸易试验区临港新片区暂时调整实施有关行政法规规定的批复》(国函〔2021〕115 号)

附表6(续2)

类型	时间	政策文件
其他类	2014 年 8 月	《公告在中国(上海)自由贸易试验区开展通关无纸化应用试点有关事项》(海关总署 商务部公告 2014 年第 58 号)
	2015 年 2 月	《国务院关于同意建立国务院自由贸易试验区工作部际联席会议制度的批复》(国函〔2015〕18 号)
	2019 年 10 月	《中国(福建)自由贸易试验区企业申请原油非国营贸易进口资格条件和程序》(商务部公告 2019 年第 46 号)
	2020 年 3 月	《国务院关于支持中国(浙江)自由贸易试验区油气全产业链开放发展若干措施的批复》(国函〔2020〕32 号)

附表 7 自由贸易试验区地方级政策文件——通用型

自由贸易区	类型	时间	政策文件
上海	外资准入	2013 年 9 月	《上海市人民政府关于印发〈中国(上海)自由贸易试验区境外投资开办企业备案管理办法〉的通知》(沪府发〔2013〕74 号)
	贸易投资便利化	2014 年 5 月	《上海海关关于简化中国(上海)自由贸易试验区进出口(境)货物报关单(备案清单)随附单证的公告》(中华人民共和国上海海关公告 2014 年 第 16 号)
	外资准入	2014 年 6 月	《中国(上海)自由贸易试验区内企业海关注册登记纳入企业准入"单一窗口"的公告》(中华人民共和国上海海关公告 2014 年第 30 号)
	外资准入	2014 年 6 月	《中国(上海)自由贸易试验区外商投资准入特别管理措施(负面清单)(2014 年修订)》(上海市人民政府公告 2014 年 第 1 号)
	贸易投资便利化	2014 年 11 月	《中国(上海)自由贸易试验区管委会、上海市商务委员会、上海市金融服务办公室关于印发〈中国(上海)自由贸易试验区大宗商品现货市场交易管理规则(试行)〉的通知》(中〔沪〕自贸管[2014]266 号)
	贸易投资便利化	2014 年 12 月	《上海海关关于在中国(上海)自由贸易试验区开展"自主报税、自助通关、自动审放、重点稽核"改革项目试点的公告》(2014 年第 44 号)
	金融开放	2015 年 2 月	《中国人民银行上海总部关于印发〈中国(上海)自由贸易试验区分账核算业务境外融资与跨境资金流动宏观审慎管理实施细则(试行)〉的通知》(银总部发〔2015〕8 号)
	贸易投资便利化	2016 年 2 月	《上海海关关于在中国(上海)自由贸易试验区实行境外入区货物"先进区、后报关"作业模式的公告》(2016 第 2 号)
	金融开放	2016 年 3 月	《商务部 税务总局关于天津等 4 个自由贸易试验区内资租赁企业从事融资租赁业务有关问题的通知》(商流通函〔2016〕90 号)
	金融开放	2016 年 6 月	《上海海关关于在中国(上海)自由贸易试验区实施"离岸服务外包全程保税监管制度"的公告》(中华人民共和国上海海关公告 2015 年第 6 号)
	监管制度	2016 年 8 月	《上海市政府办公厅关于印发〈进一步深化中国(上海)自由贸易试验区和浦东新区事中事后监管体系建设总体方案〉的通知》(沪府办发〔2016〕30 号)
	监管制度	2016 年 8 月	《上海市政府办公厅关于印发〈进一步深化中国(上海)自由贸易试验区和浦东新区事中事后监管体系建设总体方案〉的通知》(沪府办发〔2016〕30 号)

附表7(续1)

自由贸易区	类型	时间	政策文件
上海	监管制度	2016 年 10 月	《关于进一步优化中国(上海)自由贸易试验区银行业机构和高管准入监管的通知》(沪银监通〔2016〕16 号)
	外资准入	2017 年 6 月	《关于印发〈中国(上海)自由贸易试验区金融服务业对外开放负面清单指引(2017 年版)〉的通知》(沪金融办〔2017〕137 号)
	金融开放	2018 年 9 月	《中国(上海)自由贸易试验区关于扩大金融服务业对外开放进一步形成开发开放新优势的意见》(中〔沪〕自贸管〔2018〕66 号)
	外资准入	2018 年 10 月	《上海市人民政府关于印发〈中国(上海)自由贸易试验区跨境服务贸易负面清单管理模式实施办法〉的通知》(沪府规〔2018〕19 号)
	金融开放	2018 年 12 月	《中国(上海)自由贸易试验区关于进一步促进融资租赁产业发展的若干措施》(中〔沪〕自贸管〔2018〕77 号)
	证照分离	2019 年 11 月	《上海市人民政府办公厅印发〈关于在中国(上海)自由贸易试验区开展"证照分离"改革全覆盖试点的实施方案〉的通知》(沪府办〔2019〕126 号)
广东	规划方案	2015 年 7 月	《广东省人民政府关于印发中国(广东)自由贸易试验区建设实施方案的通知》(粤府〔2015〕68 号)
	贸易投资便利化	2016 年 4 月	《广东省人民政府办公厅关于进一步深化中国(广东)自由贸易试验区投资管理体制改革的若干意见》(粤办函〔2016〕176 号)
	证照分离	2018 年 3 月	《广东省人民政府关于公布在中国(广东)自由贸易试验区和"证照分离"改革试点区域调整实施的本省有关地方性法规规定的公告》(粤府〔2018〕33 号)
	深化改革	2018 年 7 月	《广东省人民政府转发国务院关于印发进一步深化中国(广东)自由贸易试验区改革开放方案的通知》(粤府〔2018〕61 号)
	深化改革	2018 年 8 月	《广东省人民政府办公厅关于印发深化中国(广东)自由贸易试验区制度创新实施意见的通知》(粤府办〔2018〕34 号)
	深化改革	2019 年 2 月	《广东省人民政府关于印发支持自由贸易试验区深化改革创新若干措施分工方案的通知》(粤府函〔2019〕36 号)
	规划方案	2021 年 9 月	《广东省人民政府办公厅关于印发中国(广东)自由贸易试验区发展"十四五"规划的通知》(粤府办〔2021〕26 号)
天津	外资准入	2015 年 4 月	《天津市人民政府办公厅关于印发中国(天津)自由贸易试验区外商投资和境外投资项目备案管理两个办法的通知》(津政办发〔2015〕24 号)
	外资准入	2015 年 7 月	《天津市人民政府办公厅关于改进口岸工作支持外贸发展的实施意见》(津政办发〔2015〕60 号)
	外资准入	2015 年 12 月	《市发展改革委市商务委关于印发中国(天津)自由贸易试验区外商投资安全审查实施意见(试行)的通知》(津发改外资〔2015〕1089 号)
	外资准入	2016 年 1 月	《天津市商务委员会关于在中国(天津)自由贸易试验区内设立外商投资融资租赁企业实行备案管理的公告》(津商务资管〔2016〕2 号)
	贸易投资便利化	2017 年 3 月	《天津市人民政府办公厅关于转发市商务委拟定的中国(天津)自由贸易试验区汽车平行进口试点管理暂行办法的通知》(津政办发〔2017〕50 号)

附表7(续2)

自由贸易区	类型	时间	政策文件
	规划方案	2019 年 9 月	《天津市人民政府办公厅关于印发中国(天津)自由贸易试验区创新发展行动方案的通知》(津政办发〔2019〕37 号)
	证照分离	2019 年 11 月	《天津市人民政府关于印发天津市推进“证照分离”改革全覆盖试点工作方案的通知》(津政发〔2019〕30 号)
	金融开放	2020 年 12 月	《关于促进中国(天津)自由贸易试验区供应链金融发展的指导意见》(津自贸发〔2020〕6 号)
	证照分离	2021 年 7 月	《天津市人民政府关于印发天津市深化“证照分离”改革进一步激发市场主体发展活力工作方案的通知》(津政发〔2021〕12 号)
	贸易投资便利化	2021 年 10 月	《关于贯彻落实推进自由贸易试验区贸易投资便利化改革创新若干措施的通知》(津自贸办〔2021〕7 号)
	规划方案	2021 年 12 月	《中国(天津)自由贸易试验区管理委员会关于印发〈中国(天津)自由贸易试验区发展“十四五”规划〉的通知》(津自贸发〔2021〕10 号)
福建	监管制度	2015 年 4 月	《福建省林业厅关于印发〈中国(福建)自由贸易试验区国(境)外引种和松材线虫病疫木加工事中事后监管实施办法(试行)〉的通知》(闽林〔2015〕6 号)
	外资准入	2015 年 4 月	《福建省发展和改革委员会关于印发〈中国(福建)自由贸易试验区外商投资项目备案管理办法〉的通知》(闽发改外经〔2015〕120 号)
	外资准入	2015 年 4 月	《福建省发展和改革委员会关于印发〈中国(福建)自由贸易试验区境外投资项目备案管理办法〉的通知》(闽发改外经〔2015〕119 号)
	外资准入	2015 年 5 月	《福建省人民政府办公厅关于印发福建自贸试验区贯彻自由贸易试验区外商投资准入特别管理措施(负面清单)和自由贸易试验区外商投资国家安全审查试行办法实施意见的通知》(闽政办〔2015〕72 号)
	监管制度	2015 年 6 月	《福建省环保厅关于探索中国(福建)自由贸易试验区环评审批事中事后监管方式的通知》(闽环保评〔2015〕22 号)
	规划方案	2016 年 4 月	《福建省人民代表大会常务委员会关于颁布施行〈中国(福建)自由贸易试验区条例〉的公告》
	金融开放	2016 年 5 月	《福建省经济和信息化委员会 福建省国税局关于做好福建自由贸易试验区内资融资租赁试点企业推荐确认工作的函》(闽经信函中小〔2016〕234 号)
	外资准入	2018 年 12 月	《关于在中国(福建)自由贸易试验区设立外商投资建设工程企业有关事项的通知》(闽建筑〔2018〕40 号)
	证照分离	2020 年 1 月	《福建省人力资源和社会保障厅办公室关于做好福建自由贸易试验区人社领域行政许可事项“证照分离”改革工作的通知》(闽人社办〔2020〕3 号)
辽宁	贸易投资便利化	2017 年 10 月	《辽宁省人民政府办公厅关于在中国(辽宁)自由贸易试验区和沈抚新区先行先试深化简政放权放管结合优化服务改革的指导意见》(辽政办发〔2017〕113 号)
	证照分离	2017 年 12 月	《辽宁省人民政府关于印发〈中国(辽宁)自由贸易试验区“证照分离”改革试点方案〉的通知》(辽政发〔2017〕55 号)
	深化改革	2018 年 3 月	《辽宁省人民政府办公厅关于推进中国(辽宁)自由贸易试验区与重点产业园区协同发展的指导意见》(辽政办发〔2018〕8 号)

附表7(续3)

自由贸易区	类型	时间	政策文件
	证照分离	2018 年 3 月	《沈阳市“证照分离”改革试点工作方案》(沈政发〔2018〕12 号)
	监管制度	2018 年 3 月	《辽宁省人民政府办公厅关于进一步优化全省投资审批服务的指导意见》(辽政办发〔2018〕9 号)
	深化改革	2018 年 6 月	《辽宁省人民政府关于借鉴推广中国(辽宁)自由贸易试验区首批改革创新经验的通知》(辽政发〔2018〕16 号)
	证照分离	2019 年 11 月	《辽宁省人民政府关于印发中国(辽宁)自由贸易试验区“证照分离”改革全覆盖试点实施方案的通知》(辽政发〔2019〕21 号)
	外资准入	2020 年 8 月	《辽宁省人民政府关于进一步做好利用外资工作的实施意见》(辽政发〔2020〕15 号)
浙江	外资准入	2017 年 5 月	《中国(浙江)自由贸易试验区管委会关于印发〈中国(浙江)自由贸易试验区扩大对外开放积极利用外资暂行办法〉的通知》(浙自贸委发〔2017〕3 号)
	规划方案	2017 年 7 月	《浙江省人民政府关于印发中国(浙江) 自由贸易试验区建设实施方案的通知》(浙政发〔2017〕29 号)
	金融开放	2017 年 7 月	《浙江省商务厅 浙江省国家税务局关于中国(浙江)自由贸易试验区内资租赁企业从事融资租赁业务有关事项的通知》
	深化改革	2017 年 8 月	《浙江省国家税务局 浙江省地方税务局关于创新税收服务 支持中国(浙江)自由 贸易试验区发展的若干意见》(浙国税发〔2017〕96 号)
	监管制度	2019 年 12 月	《浙江省商务厅关于做好石油成品油流通管理“放管服”改革工作的通知》
	证照分离	2019 年 12 月	《舟山市(浙江自贸试验区)开展“证照分离” 改革全覆盖试点实施方案》
	贸易投资便利化	2020 年 4 月	《中国(浙江)自由贸易试验区油品贸易跨境人民币结算便利化试点展业规范》
	深化改革	2020 年 12 月	《浙江省人民政府关于印发中国(浙江)自由贸易试验区深化改革开放实施方案的通知》(浙政发〔2020〕32 号)
河南	贸易投资便利化	2018 年 6 月	《省商务厅、工商局关于印发河南省外资企业设立商务备案与工商登记“一口办理”工作方案的通知》(豫商资管〔2018〕05 号)
	贸易投资便利化	2018 年 6 月	《河南省工商局、省公安厅、省财政厅等 15 部门关于进一步深化“多证合一”改革的实施意见》(豫工商〔2018〕17 号)
	深化改革	2018 年 9 月	《郑州市人民政府办公厅关于印发郑州市全面推行 “双随机一公开” 监管工作实施方案的通知》(郑政办 〔2018〕87 号)
	贸易投资便利化	2018 年 12 月	《河南省人民政府关于印发优化口岸营商环境促进跨境贸易便利化工作实施方案的通知》(豫政〔2018〕39 号)
	贸易投资便利化	2018 年 12 月	《河南省人民政府办公厅关于印发河南省汽车平行进口试点 实施方案的通知》(豫政办〔2018〕72 号)
	金融开放	2018 年 12 月	《河南省人民政府关于积极有效利用外资推动经济高质量发展的通知》(豫政〔2018〕36 号)
	外资准入	2019 年 9 月	《郑州市人民政府关于稳外贸稳外资的实施意见》(郑政文〔2019〕143 号)

附表7(续4)

自由贸易区	类型	时间	政策文件
	证照分离	2019年11月	《河南省人民政府办公厅关于印发中国(河南)自由贸易试验区"证照分离"改革全覆盖试点实施方案的通知》(豫政办〔2019〕61号)
	深化改革	2021年4月	《关于推进中国(河南)自由贸易试验区深化改革创新打造新时代制度型开放高地的意见》
	监管制度	2021年7月	《河南省人民政府办公厅 关于印发河南省政务服务"跨省通办"实施方案的通知》(豫政办〔2021〕38号)
	监管制度	2021年7月	《关于印发河南省服务"六稳""六保"进一步做好"放管服"改革工作实施方案的通知》(豫政办〔2021〕29号)
湖北	规划方案	2017年4月	《中国(湖北)自由贸易试验区建设管理办法》(湖北省人民政府令第394号)
	贸易投资便利化	2017年5月	《湖北省人民政府关于印发中国(湖北)自由贸易试验区实施的第一批省级经济社会管理权限目录的通知》(鄂政发〔2017〕19号)
	贸易投资便利化	2019年4月	《湖北省人民政府关于印发中国(湖北)自由贸易试验区实施的第二批省级经济社会管理权限目录的通知》(鄂政发〔2019〕15号)
	证照分离	2019年12月	《湖北省人民政府办公厅关于印发在中国(湖北)自由贸易试验区开展"证照分离"改革全覆盖试点工作实施方案的通知》(鄂政办发〔2019〕57号)
	证照分离	2020年5月	《关于印发〈湖北省住房和城乡建设领域自由贸易试验区"证照分离"改革全覆盖试点实施方案〉的通知》(鄂建办〔2020〕24号)
	深化改革	2021年1月	《湖北省人民政府办公厅关于印发支持中国(湖北)自由贸易试验区深化改革创新若干措施的通知》(鄂政办发〔2021〕7号)
重庆	规划方案	2018年3月	《重庆市人民政府办公厅关于印发中国(重庆)自由贸易试验区产业发展规划(2018—2020)的通知》(渝府办发〔2018〕32号)
	贸易投资便利化	2018年5月	《重庆市人民政府办公厅关于印发重庆口岸提升跨境贸易便利化若干措施(试行)的通知》(渝府办〔2018〕6号)
	深化改革	2019年3月	《重庆市人民政府关于贯彻落实国务院支持自由贸易试验区深化改革创新若干措施的通知》(渝府〔2019〕3号)
	证照分离	2021年1月	《重庆市人民政府关于印发重庆市"证照分离"改革全覆盖实施方案的通知》(渝府发〔2021〕2号)
	规划方案	2021年4月	《中国(重庆)自由贸易试验区工作领导小组办公室关于印发中国(重庆)自由贸易试验区联动创新区建设方案的通知》(渝自贸办〔2021〕3号)
四川	规划方案	2017年11月	《四川省人民政府关于印发中国(四川)自由贸易试验区建设实施方案的通知》(川府发〔2017〕59号)
	证照分离	2017年12月	《四川省人民政府 关于印发中国(四川)自由贸易试验区"证照分离"改革试点方案的通知》(川府发〔2017〕63号)
	规划方案	2018年8月	《四川省人民政府办公厅关于印发中国(四川)自由贸易试验区协同改革先行区建设实施方案的通知》(川办函〔2018〕75号)

附表7(续5)

自由贸易区	类型	时间	政策文件
陕西	深化改革	2017 年 7 月	《陕西省发展和改革委员会关于深化投资管理改革促进中国(陕西)自由贸易区试验区外商投资和境外投资工作的通知》(陕发改外资〔2017〕1056 号)
	外资准入	2017 年 7 月	《陕西省发展和改革委员会关于深化投资管理改革促进中国(陕西)自由贸易试验区外商投资和境外投资工作的通知》(陕发改外资〔2017〕1056 号)
	证照分离	2017 年 12 月	《关于印发中国(陕西)自由贸易试验区"证照分离"改革试点工作方案的通知》
	规划方案	2018 年 4 月	《中国(陕西)自由贸易试验区工作领导小组办公室关于印发〈中国(陕西)自由贸易试验区 2018 年重点工作〉的通知》(陕自贸组办发〔2018〕5 号)
	深化改革	2018 年 10 月	《陕西省人民政府关于支持中国(陕西)自由贸易试验区深化改革创新若干措施的意见》(陕发改外资〔2017〕1056 号)
	规划方案	2018 年 12 月	《陕西省发展和改革委员会关于印发〈进一步支持中国(陕西)自由贸易试验区建设的若干意见〉的通知》(陕发改经贸〔2017〕1920 号)
	规划方案	2019 年 9 月	《陕西省商务厅 陕西省发展和改革委员会关于印发〈中国(陕西)自由贸易试验区"十四五"规划〉的函》(陕商函〔2021〕493 号)
	证照分离	2019 年 11 月	《陕西省人民政府办公厅关于印发中国(陕西)自由贸易试验区"证照分离"改革全覆盖试点实施方案的通知》(陕政办发〔2019〕35 号)
	规划方案	2020 年 4 月	《中国(陕西)自由贸易试验区工作领导小组办公室关于印发〈中国(陕西)自由贸易试验区建设 2020 年重点工作〉的通知》(陕自贸组办发〔2020〕5 号)
	规划方案	2021 年 3 月	《中国(陕西)自由贸易试验区工作领导小组办公室关于印发〈中国(陕西)自由贸易试验区建设 2021 年重点工作〉的通知》
	深化改革	2021 年 3 月	《陕西省人民政府关于印发中国(陕西)自由贸易试验区进一步深化改革开放方案的通知》
海南	规划方案	2018 年 12 月	《中国(海南)自由贸易试验区商事登记管理条例》(海南省人民代表大会常务委员会公告第 20 号)
	证照分离	2019 年 11 月	《中国(海南)自由贸易试验区开展"证照分离"改革全覆盖试点实施方案》(琼府办〔2019〕32 号)
	规划方案	2020 年 6 月	《中共海南省委关于贯彻落实〈海南自由贸易港建设总体方案〉的决定》
	监管制度	2020 年 6 月	《加强海南自由贸易港事中事后监管工作实施方案(试行)》
	证照分离	2021 年 9 月	《海南自由贸易港深化"证照分离"改革进一步激发市场主体发展活力实施方案》(琼府〔2021〕31 号)
	规划方案	2021 年 12 月	《海南省发展和改革委员会关于印发〈海南自由贸易港口岸建设"十四五"规划(2021—2025)〉的通知》(琼发改投资〔2021〕1008 号)
	规划方案	2021 年 12 月	《海南自由贸易港知识产权保护条例》
山东	证照分离	2019 年 11 月	《山东省人民政府印发关于在自由贸易试验区开展"证照分离"改革全覆盖试点的实施方案的通知》(鲁政字〔2019〕230 号)

附表7(续6)

自由贸易区	类型	时间	政策文件
江苏	深化改革	2019 年 11 月	《江苏省商务厅关于支持中国(江苏)自由贸易试验区改革创新的若干措施》(苏商自贸〔2019〕610 号)
	规划方案	2021 年 1 月	《中国(江苏)自由贸易试验区条例》
	证照分离	2021 年 6 月	《省政府关于印发江苏省深化“证照分离”改革进一步激发市场主体发展活力实施方案的通知》(苏政发〔2021〕47 号)
广西	证照分离	2019 年 11 月	《中国(广西)自由贸易试验区“证照分离”改革全覆盖试点实施方案的通知》
	金融开放	2019 年 12 月	《中国人民银行南宁中心支行等四部门关于金融支持中国(广西)自由贸易试验区建设的若干政策措施》(桂政办发〔2020〕45 号)
	外资准入	2020 年 3 月	《自治区商务厅关于印发〈市场准入负面清单(2019 年版)广西商务领域实施分工方案〉的通知》(桂商政发〔2020〕5 号)
	贸易投资便利化	2020 年 7 月	《广西壮族自治区人民政府办公厅关于印发促进中国(广西)自由贸易试验区跨境贸易便利化若干政策措施的通知》(桂政办发〔2020〕45 号)
	规划方案	2020 年 9 月	《中国(广西)自由贸易试验区条例》
	外资准入	2021 年 3 月	《广西壮族自治区发展和改革委员会广西壮族自治区商务厅关于印发〈市场准入负面清单(2020 年版)广西实施分工方案〉的通知》(桂发改体改〔2021〕168 号)
河北	证照分离	2019 年 11 月	《河北省人民政府印发关于在自由贸易试验区开展“证照分离”改革全覆盖试点工作实施方案的通知》(冀政发〔2019〕5 号)
	外资准入	2020 年 7 月	《河北省发展和改革委员会 河北省商务厅关于贯彻落实〈外商投资准入特别管理措施(负面清单)(2020 年版)〉和〈自由贸易试验区外商投资准入特别管理措施(负面清单)(2020 年版)〉的通知》
	金融开放	2020 年 10 月	《河北银保监局关于加强中国(河北)自由贸易试验区金融服务工作的指导意见》(冀银保监发〔2020〕51 号)
	深化改革	2021 年 8 月	《关于进一步深化“放管服”改革持续推进河北自由贸易试验区创新发展的贯彻落实意见》
	贸易投资便利化	2021 年 12 月	《河北省人民政府印发关于推进河北自贸试验区贸易投资便利化改革创新若干措施的通知》(冀政字〔2021〕78 号)
	规划方案	2021 年 12 月	《中国(河北)自由贸易试验区工作办公室关于印发〈中国(河北)自由贸易试验区发展“十四五”规划〉的通知》
云南	规划方案	2020 年 3 月	《中国(云南)自由贸易试验区管理办法》
	规划方案	2021 年 6 月	《中国(云南)自由贸易试验区参与〈区域全面经济伙伴关系协定〉(RCEP)行动方案》
	规划方案	2021 年 7 月	《中国(云南)自由贸易试验区产业发展规划(2021—2025 年)》

附表7(续7)

自由贸易区	类型	时间	政策文件
黑龙江	规划方案	2019 年 11 月	《哈尔滨海关关于印发支持中国(黑龙江)自由贸易试验区建设措施的通知》(哈关税发〔2019〕173 号)
	证照分离	2019 年 11 月	《黑龙江省人民政府关于印发黑龙江省在自由贸易试验区推进“证照分离”改革全覆盖试点实施方案的通知》(黑政规〔2019〕9 号)
	金融开放	2019 年 12 月	《中国人民银行哈尔滨中心支行 国家外汇管理局黑龙江省分局关于金融支持中国(黑龙江)自由贸易试验区建设的通知》
	规划方案	2020 年 3 月	《关于印发〈黑龙江省商务厅支持中国(黑龙江)自由贸易试验区建设措施〉的通知》
北京	外资准入	2020 年 6 月	《自由贸易试验区外商投资准入特别管理措施(负面清单)(2020 年版)》(国家发展和改革委员会商务部令第 33 号)
	证照分离	2020 年 7 月	《北京市开展“证照分离”改革全覆盖试点工作方案》(京市监发〔2020〕98 号)
	外资准入	2021 年 12 月	《自由贸易试验区外商投资准入特别管理措施(负面清单)(2021 年版)》(国家发展和改革委员会、商务部令 2021 年第 48 号)
湖南	金融开放	2021 年 4 月	《湖南省金融服务“三高四新”战略若干政策措施》(湘政办发〔2021〕11 号)
安徽	规划方案	2021 年 1 月	《中国(安徽)自由贸易试验区专项推进行动计划方案》(皖政〔2021〕9 号)
	外资准入	2021 年 7 月	《安徽省人民政府关于建立中国(安徽)自由贸易试验区特别清单的决定》(皖政〔2021〕36 号)

附表 8　自由贸易试验区地方级政策文件——专项型

自由贸易区	时间	政策文件
上海	2014 年 3 月	《质检总局办公厅关于支持中国(上海)自由贸易试验区 建设动植物检验检疫改革措施的通知》(质检办动函〔2014〕159 号)
	2014 年 8 月	《上海市人民政府关于印发〈中国(上海)自由贸易试验区相对集中行政复议权实施办法〉的通知》(沪府发〔2014〕49 号)
广东	2015 年 2 月	《广东省人民政府关于在中国(广东)自由贸易试验区试行“一照三号”登记制度改革的批复》(粤府函〔2015〕25 号)
天津	2021 年 1 月	《天津银保监局关于印发〈关于简化中国(天津)自由贸易试验区内银行保险相关机构和高管准入方式的实施细则〉的通知》(津银保监发〔2021〕1 号)
	2021 年 6 月	《中国(天津)自由贸易试验区管理委员会关于同意在国家干细胞工程产品产业化基地建设中国(天津)自由贸易试验区联动创新示范基地的批复》(津自贸函〔2021〕2 号)
福建	2015 年 7 月	《福建省人民政府关于印发中国(福建)自由贸易试验区实施的省级行政许可事项目录的通知》(闽政文〔2015〕250 号)
	2018 年 11 月	《福建省人民政府关于进一步推进中国(福建)自由贸易试验区改革创新三十五条措施的通知》(闽政〔2018〕27 号)

附表8(续1)

自由贸易区	时间	政策文件
浙江	2018 年 6 月	《关于印发中国(浙江)自由贸易试验区权责清单的通知》(浙自贸委发〔2018〕4 号)
	2020 年 9 月	《关于印发〈浙江自贸试验区营商环境特色指标体系(2020 年版)〉的通知》(舟营商办发〔2020〕6 号)
河南	2017 年 12 月	《中国(河南)自由贸易试验区金融服务体系建设专项方案》
	2017 年 12 月	《中国(河南)自由贸易试验区多式联运服务体系建设专项方案》
	2018 年 11 月	《河南省人民政府办公厅关于促进外贸转型发展的通知》(豫政办〔2018〕71 号)
湖北	2017 年 8 月	《关于支持自由贸易试验区建设加快行政审批下放事项落地的通知》(鄂建文〔2017〕54 号)
	2020 年 1 月	《省人民政府关于在中国(湖北)自由贸易试验区试行进一步激发人才创新创业活力措施的意见》(鄂政函〔2020〕9 号)
重庆	2017 年 9 月	《重庆市人民政府关于向中国(重庆)自由贸易试验区下放市级行政审批等管理事项的决定》(渝府发〔2017〕39 号)
	2018 年 5 月	《重庆市人民政府 关于印发重庆市企业境外投资管理办法的通知》(渝府发〔2018〕17 号)
	2021 年 4 月	《中国(重庆)自由贸易试验区工作领导小组办公室关于印发中国(重庆)自由贸易试验区联动创新区建设方案的通知》(渝自贸办〔2021〕3 号)
四川	2018 年 8 月	《四川省人民政府关于推进中国(四川)自由贸易试验区引领性工程建设的指导意见》(川府发〔2018〕30 号)
陕西	2017 年 9 月	《陕西省人民政府法制办公室关于印发〈关于加强省自贸试验区建设法治保障工作的意见〉的通知》(陕府法发〔2017〕50 号)
	2017 年 12 月	《关于印发〈中国(陕西)自由贸易试验区跨境人民币业务信息报送操作指引(试行)〉的通知》(西银发〔2017〕209 号)
	2020 年 12 月	《中国(陕西)自由贸易试验区跨部门知识产权执法协作指导意见》
	2020 年 12 月	《中国(陕西)自由贸易试验区知识产权纠纷多元解决指导意见》
	2020 年 12 月	《陕西省高级人民法院关于为中国(陕西)自由贸易试验区建设提供司法服务保障的意见》
海南	2019 年 12 月	《关于在中国(海南)自由贸易试验区试点专项自贸试验区施行政策的通知》(商自贸函〔2019〕619 号)
	2021 年 12 月	《海南自由贸易港科技开放创新若干规定》(海南省人民代表大会常务委员会第 101 号公告)
山东	2020 年 7 月	《山东省人民政府关于向中国(山东)自由贸易试验区和中国—上海合作组织地方经贸合作示范区下放部分省级行政权力事项的通知》(鲁政发〔2020〕11 号)
江苏	2020 年 6 月	《省政府关于赋予中国(江苏)自由贸易试验区第一批省级管理事项的决定》(苏政发〔2020〕56 号)

附表8(续2)

自由贸易区	时间	政策文件
广西	2019 年 12 月	《中国(广西)自由贸易试验区建设指挥部政府职能转变工作部关于印发〈中国(广西)自由贸易试验区“一事通办”改革实施方案〉的函》
	2020 年 9 月	《广西壮族自治区市场监督管理局关于支持中国(广西)自由贸易试验区高质量发展的实施意见》(桂政发〔2020〕3 号)
	2021 年 3 月	《广西壮族自治区人民政府关于做好中国(广西)自由贸易试验区首批自治区级制度创新成果复制推广工作的通知》(桂政函〔2021〕28 号)
云南	2020 年 6 月	《云南省人民政府关于支持中国(云南)自由贸易试验区高质量发展的若干意见》
黑龙江	2020 年 1 月	《黑龙江省知识产权局关于印发〈黑龙江省知识产权局加强中国(黑龙江)自由贸易试验区知识产权工作的支持措施〉的通知》
	2020 年 3 月	《黑龙江省市场监督管理局关于印发〈中国(黑龙江)自由贸易试验区反垄断工作指引〉的函》
	2020 年 3 月	《关于加强中国(黑龙江)自由贸易试验区公平竞争审查工作的指导意见》
	2020 年 3 月	《黑龙江省人民政府办公厅关于印发支持中国(黑龙江)自由贸易试验区加快发展若干财税政策的通知》
	2020 年 7 月	《关于印发〈黑龙江省人社厅支持中国(黑龙江)自由贸易试验区发展的配套措施〉的通知》(黑教规〔2020〕2 号)
	2020 年 7 月	《关于中国(黑龙江)自由贸易试验区用地保障的意见》
北京	2021 年 8 月	《北京市人力资源和社会保障局 北京市人才工作局关于印发〈国家服务业扩大开放综合示范区和中国(北京)自由贸易试验区境外职业资格认可目录(1.0 版)〉的通知》(京人社事业发〔2021〕33 号)
	2021 年 9 月	《北京市人力资源和社会保障局关于在中国(北京)自由贸易试验区内优化企业特殊工时办理流程推行告知承诺制的通告》(京人社发〔2021〕10 号)
	2021 年 11 月	《北京市人民政府关于支持综合保税区高质量发展的实施意见》(京政发〔2021〕33 号)
湖南	2021 年 1 月	《湖南省财政厅 湖南省商务厅关于印发〈支持中国(湖南)自由贸易试验区加快发展的若干财政政策措施(试行)〉的通知》(湘财外〔2021〕34 号)
	2021 年 8 月	《湖南省商务厅关于印发〈湖南省外商投资企业投诉工作办法〉的通知》
	2021 年 7 月	《中共湖南省委湖南省人民政府关于贯彻落实〈中共中央国务院关于新时代推动中部地区高质量发展的意见〉的实施意见》

后记

本书是在研究阐释党的十九届五中全会精神国家社会科学基金重大项目“完善自由贸易试验区布局”（项目号：21ZDA093）研究报告基础上形成的专著。从项目立项到成书，我和课题组成员不断学习与探索，历经数次集中讨论修改。

本书以完善自由贸易试验区布局为主题，全面分析了自由贸易试验区布局中存在的问题，提出了完善自由贸易试验区布局的战略路径，期望可以为新时代加快完善自由贸易试验区布局提供借鉴。

本书的撰写和出版得到了各相关单位与各界人士的关心和支持。在此，我们特别对关心和支持课题研究的西南财经大学的各位领导以及为本书的撰写提供宝贵意见和建议的林桂军教授、陆毅教授、陈波教授、罗长远教授等专家表示衷心的感谢，对承担出版任务的西南财经大学出版社的领导和编辑致以诚挚的谢意！本书直接或间接引用、参考了其他研究者的相关文献，我们在此对这些文献的作者表示诚挚的感谢和敬意。

同时，我要感谢在课题研究和本书出版过程中参与撰写工作的各位课题组成员，他们是史代敏、姜玉梅、王博、蒲岳、李雨浓、周茂、邓富华、许琳、张永忠、杨孟恺、王宗芳、赵锋祥、杜宇、曾昕怡、陆华以及为课题研究和本书出版贡献力量的高征、柏芊、黄宇、金灵、亢天、李瑞子、李彦昊、刘宇欣、苏颖、孙宏豪、王文静、辛悦、杨磊、余锋、玉米蓝、张松、赵佳敏等。

由于完善自由贸易试验区布局是一项复杂的系统工程，尽管课题组做了大量细致的研究工作，但囿于本书写作人员的能力和水平，不足之处在所难免，恳请学界同仁批评指正。

姚星

2021年12月于成都